Stefanie Michels

Schwarze deutsche Kolonialsoldaten

Histoire | Band 4

Stefanie Michels (Dr. phil) ist Nachwuchsgruppenleiterin im Exzellenzcluster »Die Herausbildung normativer Ordnungen« an der Goethe-Universität Frankfurt am Main. Ihre Forschungsschwerpunkte sind deutsch-afrikanische Verflechtungsgeschichte, atlantische Mobilitäten und (post-)koloniale Erinnerungstopografien.

STEFANIE MICHELS

Schwarze deutsche Kolonialsoldaten. Mehrdeutige Repräsentationsräume und früher Kosmopolitismus in Afrika

[transcript]

Bibliografische Information der Deutschen Nationalbibliothek
Die Deutsche Nationalbibliothek verzeichnet diese Publikation in der Deutschen Nationalbibliografie; detaillierte bibliografische Daten sind im Internet über http://dnb.d-nb.de abrufbar.

Umschlaggestaltung: Kordula Röckenhaus, Bielefeld
Umschlagabbildung: Archiv mission 21: Basler Mission, Ref. no. E-30.02.030 »Westafrikanischer Soldat mit Frau und Hausbursch im Dienst der deutschen Regierung in Buea« (Originalbildunterschrift);
Fotograf: Schkölziger, Otto, Aufnahmedatum: zwischen dem 01.01. 1891 und dem 31.12. 1905
Lektorat Satz: Katharina Raters
Druck: Majuskel Medienproduktion GmbH, Wetzlar
ISBN 978-3-8376-1054-3

Gedruckt auf alterungsbeständigem Papier mit chlorfrei gebleichtem Zellstoff.

Besuchen Sie uns im Internet:
http://www.transcript-verlag.de

Bitte fordern Sie unser Gesamtverzeichnis und andere Broschüren an unter:
info@transcript-verlag.de

Inhalt

Persönliche Annäherungen – statt eines Vorwortes

Terminologische Festlegungen sind häufig das Ergebnis schwieriger (Ent-)Scheidungsprozesse. Ich will meinen persönlichen Weg zu den „*schwarzen* deutschen Kolonialsoldaten" hier daher etwas breiter darstellen.

Schwarz-Weiß Denken, das weiß der Volksmund, nimmt eine bunte Realität allzu vereinfachend wahr. Es gibt in ihm nur das eine oder das andere und dazwischen eine klare Grenze. Schwarz kann nie Weiß sein und Weiß nie Schwarz. In dieser Farbsymbolik steht implizit das Schwarze für das Negative, Unangenehme, Unerfreuliche und das Weiße für das Positive, Reine, Angenehme. Wir stehen heute vor einer Situation, die in der Gegenwart leider immer noch Menschen in die dichotomen Kategorien „schwarz" und „weiß" einordnet und umgekehrt, Menschen zwingt, sich in diese Kategorien einzuordnen. Dabei wird in weiten Kreisen, insbesondere der kritischen, z. B. durch postkoloniale Theorie inspirierten Wissenschaft, die soziale Konstruktion dieser Kategorien längst betont. Das Konzept der „Rasse" wird darin als ein Mechanismus sozialer Exklusion auf der Grundlage biologischer und damit scheinbar natürlicher Phänomene, beschrieben. Rassismus, europäische Aufklärung und damit die europäische Moderne gingen Hand in Hand. Das unaufgeklärte, „schwarze Andere" wurde zur Projektionsfläche des sich als universal setzenden, aufgeklärten, „weißen Selbst". Die von Europa ausgehende jahrhundertelang erfolgte Exklusion von Menschen anhand „rassischer" Kriterien, mit Sklaverei, Kolonialismus und Völkermord, hat diese konstruierten Zuschreibungen zu tatsächlich gefühlten und erlebten Herrschaftsverhältnissen werden lassen. Auch die heute existierenden globalen Machtverhältnisse schreiben so konstruierte soziale Ungleichheit weiter fort, zwar meist nicht mehr overt „rassisch", in der erlebten Dominanzrelation jedoch häufig genau darauf rekurrierend.[1]

Das zeigen nicht nur die vielen rassistischen Übergriffe in Deutschland und anderswo, sondern auch das Verhältnis der meisten „weißen" Expatriates in afrikanischen Ländern zu der dort lebenden „schwarzen" Bevölkerung. Diese Konstellation führt in ein nicht nur sprachliches Dilemma, wenn es darum geht, ein Buch zu schreiben, in dem es um Menschen geht, die zu „Schwarzen" ge-

1 Vgl. zum „racism without races" Balibar (1988).

macht wurden und um andere Menschen, die sich zu „Weißen“ ernannten und damit eine evolutionistische Weltsicht, d. h. eine Dominanzverhältnis, verbanden. Einerseits gibt es keine „schwarzen“ und „weißen“ Menschen, und von daher wäre es konsequent nicht auf (Haut-)Farbe zu rekurrieren, andererseits wurden wir dazu gemacht und es macht keinen Sinn, Verhältnisse zu beschreiben, wenn man sie nicht benennen kann. Verändert wird die Situation dadurch, dass der Begriff „schwarz“ mittlerweile politisch umgedeutet und zu einer Selbstbeschreibung geworden ist, die sich explizit außerhalb von essentialisierenden Zuschreibungen verortet.

In Deutschland stehen beispielsweise die „Initiative Schwarze Menschen in Deutschland“ e.V. (ISD) und ADEFRA e.V. (Schwarze deutsche Frauen und Schwarze Frauen in Deutschland) für diese Position. Ihr Ziel ist unter anderem die Förderung eines „schwarzen Bewusstseins“.[2] „Der braune mob“ e.V., ein Verein für „Schwarze Deutsche in Medien und Öffentlichkeit“ möchte die Öffentlichkeit daran erinnern, „dass nicht alle Deutschen weiß sind, dass nicht alle ‚richtigen Deutschen' weiß sind, dass *Schwarze* nicht automatisch ‚Ausländer' sind, dass zwar einige aber nicht alle *Schwarzen* etwas mit Afrika zu tun haben, dass es keine ‚Farbigen' gibt, dass Afrika kein Land ist, dass seriöser Journalismus ohne einseitige Erwähnung von Hautfarben auskommt, dass Exotismus Rassismus ist“.[3]

Solche Initiativen widersprechen der Konstruktion der Deutschen und Deutschlands als „weißem Kollektiv“ und fordern so heraus, über implizite rassistische Einstellungen oder Wahrnehmungen nachzudenken. Dennoch besteht auch hier ein Paradox, bzw. Dilemma. Zwar werden die Begriffe „schwarz“ und „Schwarze“ selbstaffirmativ umgedeutet, fraglich ist jedoch, ob und auch wie die Mehrheitsgesellschaft erkennen kann, ob „schwarz“ im emanzipatorischen oder im diffamierenden Sinne verwendet wird. Die Sprechposition, aus der heraus dies geschieht, wird somit zentral. Diese Crux zeigt sich besonders deutlich an dem Begriff „Mulatte“ oder „Mischling“. „Der braune mob“ hat Recht mit seinem Hinweis darauf, dass ein solcher Begriff, der aus dem Tierreich stammt, nicht geeignet sei, um auf Menschen angewendet zu werden. Er lehnt seine Verwendung daher als beleidigend ab. Nun gibt es aber seit neuestem eine Gruppe, die sich „100Prozentmulatto“ nennt, sich also selbst als „Mulatten“ beschreibt, wobei sie durch den Zusatz „100Prozent“ gängige „Mischlings“-vorstellungen bricht. Sie wenden sich gegen die Einteilung der Welt in Schwarz/Weiß und gegen die „Eintropfenregel“, nach der jeder „schwarz“ ist, der nicht 100 Prozent „weiß“ ist, was umgekehrt eben nicht der Fall ist. Sie meinen:

---

2 Vgl. http://www.isdonline.de/, http://www.adefra.de/.

3 Vgl. http://www.derbraunemob.info/deutsch/index.htm.

„In Wirklichkeit ist die Welt zu komplex, als dass sie mit Hilfe von simplistischen Gegensätzen so leicht erklärt werden könnte. Rassismus ist lediglich eine von vielen ineinander greifenden Ursachen für Unterdrückung auf dieser Welt, neben Sexismus, stark ausgeprägten Klassengegensätzen, Imperialismus, ideologischer Unterdrückung, Egoismus, etc. ... All dies verursacht ebensoviel physisches und psychisches Leid wie Rassismus. Hier werden rassistische Herrschaftsverhältnisse jedoch unrealistischerweise entweder unabhängig von anderen Herrschaftsverhältnissen betrachtet oder zum *zentralen* gesellschaftlichen Widerspruch erklärt. Alle anderen Widersprüche werden dabei lediglich zu Neben- oder gar Folgeerscheinungen degradiert und vom Kriterium ‚Rasse' abhängig gemacht. Diese Vereinfachung komplexer gesellschaftlicher Zusammenhänge, sowie die künstliche Homogenisierung, die in der ‚schwarzen' US-amerikanischen Identitätskonstruktion stattfindet, stellt außerdem eine interessengebundene Instrumentalisierung dar, die den Machtinteressen der männlichen, ‚schwarzen' Mittel- und Oberschicht dient. Die Frage nach der Klasse entblößt jedoch nur noch eine weitere unzutreffende Zuweisung an ‚*die* Schwarzen' als angeblicher Vertreter aller Unterdrückten."[4]

Es bleibt festzuhalten, dass es in der politischen Emanzipationsbewegung von Rassismus diskriminierten Menschen nebeneinander und teilweise konkurrierende Selbstbezeichnungen gibt: neben „Schwarze (Deutsche)", „Afro-Deutsche" auch „Mulatte". Die politischen Auseinandersetzungen verweisen auf ein Spannungsfeld von Identifizierungen, das nicht klar dichotomisch gegliedert ist. Statt von *double vision* (Bhaba) oder *double consciousness* (DuBois) zu sprechen, möchte ich die Polyvalenz von Verortungen zeigen.[5] Dennoch muss die Frage bleiben, wie wir persönlich mit Differenzerfahrungen, beispielweise „rassischen" Erfahrungen, umgehen.

Ich bin mittlerweile bei Vorträgen öfter mit einer Situation konfrontiert worden, in der meine Verwendung der Begriffe „Schwarzer" und „Weißer" auf Widerspruch gestoßen ist. Dieser Widerspruch fußte darauf, dass ich von meiner Zuhörerschaft als „Weiße" wahrgenommen und kategorisiert wurde. Dem entsprechend sprach ich auch aus einer „weißen" Position. Aus dieser Position ist es schwierig, Begriffe wie „Schwarzer" oder „Mulatte" politisch emanzipatorisch umzukehren, denn aus deren Kollektiv bin ich „rassisch" ausgeschlossen. Andererseits sind „Rassen" nur eine Erfindung zur Aufrechterhaltung sozialer Ungleichheit (gewesen). Bin ich, wie Fanon meint, gezwungen *weiß* zu sein, genauso wie andere gezwungen sind *schwarz* zu sein und das mit allen Implikationen sozialer Ungleichheit? Mit Appiah bin ich der Überzeugung, dass dichotome Abgrenzungen des Selbst vom Anderen, des „Westen vom Rest" (Hall),

4 http://www.100prozentmulatto.de/keinschwarzweissdenken.html.

5 Vgl. dazu schon Rosenhaft 2003, die von Dreifachbewusstsein für Afrikaner/-innen in der Weimarer Republik spricht.

des Weißen vom Schwarzen imperiale Vermächtnisse sind, von denen wir uns verabschieden sollten (vgl. Appiah 2004: 405) – auch um der Gefahr zu begegnen, gegenwärtige und historische Erfahrungen zu weit zurück zu projizieren und sie damit zu universalisieren. Allerdings ist es natürlich wichtig zu bekennen, aus welcher Position heraus dies gefordert wird und von daher hat Noah Sow Recht, dass es „den Weißen" gut tut, mit einem unguten Gefühl konfrontiert zu werden, wenn sie rein phänotypisch reduktionistisch einer Gruppe zugeordnet werden (vgl. Sow 2008). Deswegen finde ich es auch persönlich wichtig, sich damit auseinanderzusetzen und die Widersprüche, Paradoxien und Dilemmata auszuhalten. Wenn ich also von „Weißen" und „Schwarzen" sprechen muss, tue ich das eigentlich wider Willens und sehe die Gefahr, essentialisierende und homogenisierende Vorstellungen zu wecken.

Persönliche Geschichten, Erfahrungen und Lebenswege – das ist meine Grundüberzeugung – können dazu führen, „schwarze" und „weiße" Positionen zu verwirren. Die 1945 in Kamerun geborene und aufgewachsene Tochter französischer Missionare, die in zweiter Ehe den *mfon* von Bangangté in Kamerun heiratete, schreibt zu ihrer persönlichen Erfahrung mit Schwarz-Weißheiten:

„Meine Haut ist eigentlich weiß [...]. Damals, als ich noch ein Kind war – und manchmal auch heute noch –, unterhielten wir uns mit Freunden über die ,Weißen', machten uns über sie lustig, weil uns ihr Benehmen, ihre Art zu leben und ihr Wesen so eigentümlich, so unbegreiflich erschien. Aber das Wort ,weiß' bezeichnete nicht nur ihre Hautfarbe. Ich denke, es bedeutete eher ,fremd' oder ,europäisch'. Meine Haut ist weiß, aber seit meiner Kindheit fühlte ich und betrachtete ich das Leben wie eine Schwarze. Ich sprach Bangangté, also war ich schwarz. Ich empfand mich nicht anders als meine Freundinnen in der Schule, meine ,Schwestern'. Und vor allem hatte ich nicht die geringste Lust, jemals wie eine Weiße zu leben. Man könnte also sagen, daß ich schon immer Afrikanerin war und auch heute noch bin. Wirklich Afrikanerin? Dieses Bemühen, mich in diese oder jene Kategorie einzuordnen, um zu beweisen, daß jede Situation das Ergebnis einer logischen Folge von Ereignissen sein muß, ist für mich eine typisch europäische Art zu denken." (Njike-Bergeret 1999: 10)

Es geht mir hier darum, die Aufmerksamkeit auf die historische und situative Wandelbarkeit der Zuordnungen in *Weiß* und *Schwarz* zu lenken. Damit möchte ich einer rein in der Gegenwart und auf Deutschland bezogenen Diskussion Tiefe und Differenziertheit hinzufügen. Mich interessieren in diesem Buch die Momente, an denen konstruierte Grenzen überschritten wurden, dominante Diskurse kollabierten und Menschen sich diskriminierenden sowie dominanten Zuschreibungen widersetzten. Es geht nicht darum, tatsächlich existierende und ausgeübte Herrschaftsverhältnisse zu negieren, sondern hegemoniale, andere würden sagen: „weiße" (gemeint sind aber auch patriarchale, elitäre und sonst wie chauvinistische) Allmachts- und Überlegenheitsphantasien zu brechen, ihnen zu widersprechen und den Blick erneut zu öffnen für Ambivalenz und Mehrdeutigkeiten. Allmachtsphantasien so zu entmächtigen bedeutet auch, sie im gilroy'schen Sinne zu dezentrieren und im chakrabarty'schen Sinne zu provinzialisieren (vgl. Gilroy 1993, Chakrabarty 2000). Der hegemoniale koloniale, bzw. moderne Diskurs war sicher geprägt durch einfache und vereinfachende binäre Ordnungs- und Normierungsschemata: eigen/fremd, zivilisiert/primitiv, weiß/schwarz, Mann/Frau. Da diese sich jedoch nicht einfach entsprechen konnten, öffneten sie ein Spannungsfeld, in dem Identifizierungen und Repräsentationen auch uneindeutig und widersprüchlich, sowie subversiv sein konnten. Wie der moderne europäische Diskurs versucht hat, normierte Ordnungen durchzusetzen, wo ihm dies gelungen ist und wo eben nicht, das ist ein Thema dieses Buches. Seinen Gegenstand zu benennen ist aus den oben beschriebenen sprachlichen Komplexitäten nicht ganz einfach. Ich habe mich für „*schwarze* deutsche Kolonialsoldaten" entschieden. Es handelt sich, wie ich zeigen werde, bei diesem Begriff keineswegs um die hegemoniale, geschweige denn konsensuale Bezeichnung. Meine kursive Setzung der Begriffe *weiß* und *schwarz*, wenn sie auf Menschen angewandt werden, soll auch optisch verdeutlichen, dass es sich dabei um eine sozial zugeschriebene und nicht etwa um eine biologisch gegebene Kategorie handelt.

Ausblick

Dieses Buch versteht sich nicht als Sozialgeschichte der *schwarzen* Kolonialsoldaten (vgl. dafür Mann 2002, Morlang 2008, und besonders Moyd 2008). Vielmehr soll die Verortung der Figur der *schwarzen* Kolonialsoldaten in einer komplexen Repräsentations- und Erinnerungstopografie gezeigt werden, die von vielerlei Achsen der Ungleichheit strukturiert wurde. Die Kategorien *race, class, gender* und *nation* (engl.) oder Nation (dt.) und deren Verschiebungen und Überwerfungen strukturieren meine Betrachtungsweise auf die textlichen und bildlichen kolonialen Repräsentationen. Das Ergebnis ist auch eine De-zentrierung herkömmlicher Sichtweisen auf (Kolonial-)Geschichte, indem gezeigt wird, wo diese Repräsentationen von ihrer eigenen Unmöglichkeit erzählen.

Im Kapitel „Die Entstehung imperialer Räume" (S. 27) werde ich zunächst einen anderen Zugang zur Kolonialgeschichte versuchen, nämlich einen, der von den lokalen Gegebenheiten ausgeht und nicht Europa ins Zentrum setzt. *Schwarze* Akteure, zunächst als Kontraktarbeiter, später als Kolonialsoldaten, sowie als lokale Autoritäten, und die Art, wie sie die sich verändernden Möglichkeiten in diesen Räumen nutzten, bilden meinen Ansatzpunkt dazu. Dadurch soll auch die Unilinearität der Vorstellung europäischer Expansion in Frage gestellt werden. Statt von „vorkolonialer" Geschichte, die auf eben diese verweist, zeige ich unterschiedliche transregionale Netzwerke und die verschiedenen Akteure, die darin agierten. Der Imperialismus, der Mitte des 19. Jahrhunderts auf diese unterschiedlichen (trans-)regionalen Situationen traf, musste sich in diese einordnen und sie transformieren. Koloniale Gewaltausübung vermochte europäische Imaginationen von „kolonialer Ordnung" zumindest temporär herbeizuführen und zu repräsentieren und führte zu einer zunehmenden nationalen Schließung kosmopolitischer Räume, so meine These. Sichtbar gemacht wird in diesem Kapitel, wie multifokal und vernetzt die zu kolonisierenden Räume waren, wie heterogen die Akteure und mit welchen Strategien die Deutschen sich in diese Netzwerke einpassten, Teile übernahmen und auch veränderten. Es wird sich an einigen Stellen zeigen, wie Vorstellungen von *race* und *class* das entstehende System strukturierten und welche unterschiedlichen Vorstellungen von Männlichkeit sich hineinschrieben. Es wird auch gezeigt, dass Europa und Afrika keine getrennten Arenen waren, dass die „totalen Kriege", die in den Kolonien geführt wurden, ebenso nach Europa ausstrahlten und im Ersten Weltkrieg, sowie in den Freicorps-Aktionen ab November 1918 dort auch erfahren und verarbeitet wurden. Die Figur der *schwarzen* Kolonialsoldaten stand in diesen Prozessen mit im Zentrum. Im Übergang vom „nehmenden zum gebenden Kolonialismus" kann dies an der seit den 1920er und dann wieder seit den 1960er Jahren geführten Debatte um die Auszahlung von Löhnen an ehemalige deutsche Kolonialsoldaten gezeigt werden.

Im Kapitel „(Post-)Koloniale (Un-)Ordnungen" (S. 155) beschäftige ich mich mit der Inszenierung und Repräsentation der Kolonialsoldaten aus kolonialdeutscher Perspektive. Dabei benutze ich sowohl textliche als auch bildliche Dokumente und zeige, wie Ordnungen geschaffen werden sollten, ebenso wie diese ständig kollabierten und diskursiv zensiert und verschwiegen wurden. Deutlich wird die bildliche Inszenierung von militärischer Überlegenheit und die grundlegende Bedeutung des Militärs für die (kolonial-)staatliche Ordnung. Das In- und Gegeneinanderwirken von kolonialen Hierarchien auf der Grundlage von *race, class, gender* und *nation* soll gezeigt werden. Der Versuch, klare Hierarchien und klare Grenzen herzustellen und das ständige Verschwinden und Verwischen derselben wird an der Darstellung der militärischen Körper gezeigt. Lokale Aneignungs- und Erinnerungsgeschichten an und über deutsche Kolonialsoldaten in den ehemals von Deutschland kolonialisierten Gebieten in Afrika verweisen noch eindringlicher auf die pluridirektionalen und ambivalenten Effekte des Kolonialismus. Am Beispiel von deutschen Dokumentarfilmen zum Thema „deutscher Kolonialismus" wird gezeigt, an welchen Stellen polyphone Geschichten sich kosmopolitisierend einschreiben und wo durch semantische Verschiebungen „koloniales Missverstehen" fortgeschrieben wird.

Der „Askari-Mythos" des kolonialen Diskurses soll in diesem Buch also doppelt marginalisiert werden: zum einen durch seine interne Brüchigkeit zum anderen durch externe Kritik und die An- und Umeignung durch die im „kolonialen Raum" (Noyes 1992) als „Andere" markierte.

Terminologie I: Kolonialsoldat und Kolonialarmee

Mit *schwarzen* deutschen Kolonialsoldaten meine ich die im (post-)kolonialen Diskurs als „nicht-weiß" markierten Soldaten in den deutschen Kolonialarmeen. „Schwarz" sowohl wegen der historischen Doppeldeutigkeit als Fremd- und Selbstbeschreibung, aber auch, weil es im angloamerikanischen Wissenschaftsbereich etabliert ist, wobei die Gefahren der Essentialisierung und Homogenisierung auch dort gesehen werden (vgl. Morgan/Hawkins 2004). Gerade der Begriff und das Konzept des „black atlantic" hat stark zu einer Re-zentrierung der transatlantischen Geschichte beigetragen und auch meine Arbeit inspiriert (vgl. Gilroy 1993; zu terminologischen Fragen dieses Konzept betreffend auch Dorsch 2000).

In den Kolonialarmeen Togos, Kameruns und Deutsch-Ostafrikas stellten als *schwarz* klassifizierte Männer die Mannschaften und Unteroffiziere. *Weiße* Deutsche besetzten in diesen Armeen Offiziers- und Unteroffiziersränge. In Deutsch-Ostafrika als historischem Sonderfall bekleideten „Farbige", wie sie zeitgenössisch auch genannt wurden, nicht nur die Unteroffiziersdienstränge Ombascha, Schausch, Betschausch und Sol sondern auch den Offiziersrang des Effendi. Damit war die deutsch-ostafrikanische die einzige deutsche Kolonialtruppe, die – zumindest zeitweise – *schwarze* Offiziere hatte. In Kamerun soll

Die herausgehobene Stellung der Dienstgrade wurde in der Repräsentation für Deutschland zum Verschwinden gebracht. Das Foto zeigt einen Schausch aus DOA, der an Uniformierung und Rangabzeichen deutlich erkennbar ist und in der Inszenierung als würdiges und militärisch potentes Individuum dargestellt wird. In der Postkartenversion wird ihm durch die Bildunterschrift: „Feldmarschmäßiger Askari. Deutsch-Ostafrika" jedoch nicht nur die Individualität, sondern auch sein Dienstrang abgesprochen. Mit Askari und Palmen vergewissert sich der deutsche Betrachter, dass er Teil an den imperialen Globalisierungserfahrungen hat. Das Foto wurde von dem professionellen Fotostudio Vincenti in Dar-es-Salaam gefertigt. Es ist zu vermuten, dass der Schausch es selbst in Auftrag gab. Zu welchem Zweck ist bisher unbekannt.

■ Zwei *schwarze* Offiziere in Deutsch-Ostafrika: Mihram Effendi und Achmed Fahim Effendi. Ein weiterer Effendi war Leopold Suror, der in Deutschland in einem Kloster aufgewachsen war und Deutsch als Muttersprache sprach (vgl. Kasten, S. 81).

ein einzelner *schwarzer* Unteroffizier 1915 ebenfalls zum Offizier befördert worden sein. 1906 gab es in DOA nur noch zwei Effendis (zu dem Verhältnis *schwarzer* Offiziere in kolonialen Hierarchien vgl. Kapitel 3.1 „Schwarz-Weiße Repräsentations(t)räume", S. 160).

Das Beispiel der *Effendi*, die nie auf Postkarten abgebildet wurden, zeigte recht deutlich, dass die duale Einteilung in „Schwarze" (bzw. in analoger Verwendung „Farbige") und „Weiße" ein politisches System zur Herstellung sozialer Ungleichheit war. Denn mehrere *Schwarze* in der deutsch-ostafrikanischen Kolonialarmee waren Europäer, so zum Beispiel Achmed Fahim Effendi, griechischer Herkunft, und Mihram Effendi, armenischer Abstammung. Mihram Effendi starb Anfang 1893 bei einem Gefecht in der Nähe von Tabora und ging in den Pantheon der in der Spezialliteratur namentlich lobend hervorgehobener *schwarzer* Offiziere der deutschen Kolonialtruppe ein.[6]

Die Mannschaftsdienstgrade in Deutsch-Ostafrika hießen Askari. Dieser Begriff wurde sowohl zeitgenössisch als auch in der kolonialromantischen Phase ab der Weimarer Zeit häufig und zunehmend häufiger generisch für alle *schwarzen* deutschen Kolonialsoldaten verwendet. Askari nehmen bis heute den zentralen Platz in der deutschen Erinnerung an „ihre" Kolonialsoldaten ein (vgl. dazu ausführlich S. 2.5 „Von den deutschen zu den armen Askari", S. 116).

6 Vgl. DKZ 1893, nr. 5: 65, Nigmann 1911: 73; Schmidt 1898: 87), vgl. dazu ausführlicher Kapitel 3. „(Post-)Koloniale (Un-)Ordnungen", S. 155.

Ich spreche von den „*schwarzen* **deutschen** Kolonialsoldaten“, obwohl sie keine deutschen Staatsbürger wurden, die wenigsten von ihnen je deutschen Boden betraten und einige derjenigen, die dies taten, zur NS-Zeit verfolgt und ermordet wurden, z. B. Mohamed Bayume Hussein, der 1944 im KZ Sachsenhausen starb.[7] Auch hier ist meine Entscheidung doppelt begründet – auf der einen Seite war es im zeitgenössischen Diskurs durchaus üblich von den „deutschen Askari“,[8] im Gegensatz zum Beispiel zu den „britischen Askari“ zu sprechen, auf der anderen Seite bezeichneten sich diese Männer in Kamerun beispielsweise selbst als *german soldiers* und werden auch so in den jeweiligen Gebieten bis heute erinnert. Der Begriff „german soldier“ verweist auf eine Grenzüberschreitung (vgl. dazu Kapitel 3.3 „Kosmopolitisierende Perspektiven“, S. 208). Diese Aneignungsgeschichte möchte ich mit dem vielleicht Widerstände hervorrufenden Begriff des „*schwarzen* deutschen Kolonialsoldaten“ sichtbar machen.

Der Begriff „Kolonialtruppen“ wurde von Koller (2001) in seiner Untersuchung über deren Verwendung in Europa definiert als „nichtweisse Einheiten aus den Kolonien und Dominions“ (ebd.: 14). Er verweist darauf, dass seine Definition abweicht von der zeitgenössischen Terminologie, die unscharf sei.[9] Für Koller ist deswegen ein „Kolonialsoldat“ qua seiner Definition „schwarz“. Ebenso wie in der zeitgenössischen englischen und französischen Terminologie mit „colonial troops“, bzw. „troupes coloniales“ auch *weiße* Verbände gemeint sein konnten, trifft dies auch auf die deutschen „Kolonialtruppen“ zu – paradigmatisch auf die „Schutztruppe“ in DSWA. Von daher ist die zeitgenössische Terminologie nicht unscharf, wenn sie zwischen „kolonialen Truppen“ und „schwarzen Truppen“ unterscheidet, sondern differenziert. Die Verengung des Begriffes „Kolonialsoldaten“ auf „nichtweiße Soldaten“ scheint mir ein ungeeigneter Ausweg aus einer – möglicherweise unliebsamen – „rassischen“ Unterscheidung zwischen *weißen* und *schwarzen* Soldaten zu sein. Da die Soldaten, die in Deutschland rekrutiert wurden, um in Afrika zu kämpfen, jedoch sowohl in damaligen, wie in heutigen Diskursen als *weiß* und die in Afrika rekrutierten Soldaten als *schwarz* (oder „farbig“) bezeichnet wurden, scheint mir diese Unterscheidung notwendig.

Die deutschen Kolonialarmeen hießen in Deutschland offiziell „Schutztruppen“ und „Polizeitruppen“. Der Begriff „*Schutz*truppe“ ist jedoch ebenso ver-

7 Vgl. zu seiner Biografie ausführlich Bechhaus-Gerst (2007).

8 Beispielsweise nennt Lettow-Vorbeck sie in seinen „Erinnerungen aus Ostafrika“ häufig die „deutschen Askari“ (Lettow-Vorbeck 1920).

9 In England „colonial troops“ – auch *weiße* Verbände einschließend, demgegenüber „native troops“, „coloured“ oder „black troops“. in Frankreich: „troupes coloniales“ auch *weiße* Verbände einschließend, „troupes indigènes“ als ‚nichtweiße‘ Truppen.

■ Das Wissmann-Denkmal am Hafentor in Hamburg 2004/2005 im Rahmen des Projekts afrika-hamburg.de der Künstlerin Jokinen.

schleiernd und verharmlosend, wie die Bezeichnung „*Schutzgebiete*" für die deutschen Kolonien. Die „Schutztruppen" waren Kolonialtruppen, d. h. bewaffnete Streitkräfte, die Deutschland in seinen Kolonien unterhielt. Die Polizeitruppen waren formell Teil der Zivilverwaltung. De facto erfüllten die „Polizeisoldaten" jedoch ähnliche Aufgaben, wie die „Schutztruppensoldaten". Auch hinsichtlich Zusammensetzung, Bewaffnung, Ausbildung, Uniformierung und Bezahlung gab es kaum Unterschiede, so dass es für die Soldaten keinen großen Unterschied machte, in welcher Truppe sie dienten. Ich werde „Schutz- und Polizeitruppe" hier als Kolonialarmeen, bzw. als Kolonialtruppen bezeichnen und deren Mitglieder als Kolonialsoldaten.

Die offiziellen „Schutztruppen" entstanden 1891 (DOA) und 1894 (Kamerun und DSWA) aus einer Umwandlung der vorher bereits existierenden „Polizeitruppen". Sie waren offiziell dritte Teilstreitkraft des deutschen Heeres. Die Zuständigkeiten blieben diffus und lagen ab 1896 bei zivilen Behörden in Deutschland. Vor Ort war der Gouverneur der Oberbefehlshaber, für militärische Fragen war der jeweilige Kommandeur zuständig. Im Ersten Weltkrieg in DOA führte diese Konstellation in einen Konflikt zwischen dem Gouverneur Schnee und dem Kommandeur Lettow-Vorbeck, mit dem Ergebnis, das Lettow-Vorbeck dort unter Befehlsverweigerung einen vierjährigen totalen Krieg führte, der eine halbe Million Menschenleben forderte (vgl. Morlang 2008: 21-22; Schulte-Vahrendorff 2006).

In vielen wissenschaftlichen wie politischen Abhandlungen, in denen es um *schwarze* Kolonialsoldaten geht, werden sie als „Söldner" bezeichnet. Gemeinhin gilt als Unterschied zwischen einem Soldaten und einem Söldner, dass der Soldat für ein wie auch immer geartetes höheres Ideal kämpfe, während der Söldner dies ausschließlich für Geld tue und damit – so meist mitgedacht – skrupellos und menschenverachtend vorgehe. Gerade in der seinerzeit bahnbrechenden Forschung zur Kolonialgeschichte in der DDR in den 1960er

Jahren, wurde dieses Bild für die deutschen Kolonialsoldaten geprägt und so letztlich das kapitalistische System verantwortlich gemacht und angeklagt. Peter Sebald schreibt über die „Söldner“ in Togo:

■ In Zeichnungen ihres „Wunschdenkmals“ thematisierten Schülerinnen und Schüler den afrikanischen Soldaten jedoch; Zeichnung aus dem Jahr 2005.

„Das Kennzeichen jeglicher Söldnertruppe trifft auch auf Togo zu: Die Söldner stammten aus unterschiedlichen Ethnien und bildeten diesbezüglich keine Einheit. Sie wurden auch nie in ihren Heimatgebieten eingesetzt. Die Söldner waren Fremde gegenüber der zu unterrückenden Bevölkerung, und das war von den Kolonialisten bewußt einkalkuliert, ließ die Söldner zu den Kolonialisten halten. Hinzu kam – wiederum typisch für alle Söldner – die bessere Bezahlung, die Aussicht auf Beute und das allgemein bessere Leben auf Seiten der Kolonialunterdrücker.“ (Sebald 1988: 282)

Der Kolonialsöldner entstand auch in Opposition zum Bild des „treuen Askari“ der kolonialapologetischen Fraktion. In (West-)Deutschland konnte sich der Kolonialsöldner scheinbar jedoch nicht gegen die Erinnerungsübermacht der „treuen Askari“ durchsetzen. Seit dem Jahr 2000 in Hamburg geführte Kontroversen um die unkritische Wiederaufstellung der so genannten „Askari-Reliefs“, des 1939 eingeweihten „Deutsch-Ostafrika-Kriegermals“, zeigten, wie stark die Figur des „treuen Askari“ im kollektiven Gedächtnis der Deutschen vorhanden ist. Befürworter der Wiederaufstellung wollten es in ein Denkmal zur Völkerverständigung umwidmen, schließlich verweise das harmonische Nebeneinander von *Schwarz* und *Weiß* auf gute Beziehungen. Ungebrochen bezogen sie sich dabei auf den Askari-Mythos der Zwischenkriegszeit und bestätigten so auch wieder die „Legende vom deutschen Kolonialidyll“ (Giordano). Wenn die Deutschen als Kolonialherren so unbeliebt gewesen wären, dann wären die Askari sicher nicht bis zum Ende des Krieges in Deutsch-Ostafrika ihrem „Führer“, Paul von Lettow-Vorbeck treu geblieben.[10]

Die Gegenfigur zum „treuen Askari“, der Kolonialsöldner, kam in den Hamburger Debatten kaum vor. Auch der Askari, der zusammen mit Hermann von Wissmann während der Kolonialzeit zu einem bronzenen Denkmal gegossen

10 Vgl. zu dieser Kontroverse zusammenfassend Möhle (2005) und aktualisiert Möhle (2008).

wurde, wurde in den erinnerungspolitischen Debatten im Rahmen des projektes afrika-hamburg.de in den Jahren 2004-2005 kaum thematisiert.[11]

Die Figur verweist, und das werde ich im Folgenden ausführlich zeigen, auf ambivalente und mehrdeutige Konstellationen, die nicht *schwarz-weiß* sind. Mit dem „treuen Askari" und dem „Kolonialsöldner" waren historisch gesehen binäre Oppositionen entstanden, die eine pro- die andere anti-kolonial.[12] Besonders für eine breitere interessierte deutsche Öffentlichkeit zeigt sich, dass es nicht einfach ist, diese ineinander aufzulösen. Mit dem neutralen Begriff „Kolonialsoldat" möchte ich mich keiner dieser Positionen zuordnen, sondern die Profession und damit die Professionalität dieser Menschen betonen.

Ich beschränke mich in dieser Arbeit auf die deutschen Kolonialarmeen in Afrika. Es gab sie jedoch auch in den anderen deutschen Kolonien: Neuguinea, Samoa, Mikronesien und China. Einige Elemente der Repräsentation, Organisation und den Auswirkungen ähneln denen in Afrika, andere hingegen sind nur aus den spezifischen lokalen Gegebenheiten zu klären (vgl. hierzu Morlang 2008). Ich konzentriere mich hier auf Afrika, weil es meinen eigenen Forschungsschwerpunkten entspricht.

Terminologie II: Askari auf Safari

Der zentralen Position der „Askari" geschuldet möchte ich hier einen kleinen Exkurs zu seiner Begriffsgenese anbieten und zeigen, wie deutsche Erinnerungsinhalte durch solche aus Tanzania widersprochen werden.

Die Figur der „treuen Askari" wurde, wie ich zeigen werde, in Deutschland zu einem Epistem verfestigt. Dieses Epistem kann in verschiedene erinnerungspolitische Kontexte gestellt werden – auf der einen Seite verklärend auf der anderen Seite anklagend. Neben der Konstruktion der Figur des „treuen Askari" in Texten wurde er in Deutschland als Bild prägend. Auf vielen Büchern über die deutsche Kolonialzeit und ihre kolonialen Helden ist der Askari auf dem Cover zu sehen. Das Bild wurde so über die bloße Illustration der Ordnung und Macht hinaus wirkungsmächtig. Die Askari und der „Mythos", der sie in Deutschland umgab und umgibt, war der Ausgangspunkt für die Recherchen zu diesem Buch. Das Wort „Askari" ist dabei als Lehnwort aus dem Swahili ins Deutsche übernommen worden. Damit dürfte es – neben dem Swahili-Wort „Safari" für „Reise" – eines der wenigen Lehnwörter des Deutschen aus einer

11 Vgl. www.afrika-hamburg.de.

12 Vgl. zu der Diskussion auch Moyd (2008): 6-9. Sie verweist auch auf die Bedeutung des Konzeptes der Söldner in Bezug auf die Askari in der tanzanischen Nationalgeschichtsschreibung.

■ Cover des Buches: Auf großer Safari mit treuen Askari von Reinhard Roehle aus dem Jahr 1921.

afrikanischen Sprache sein. Sowohl „Safari“ als auch, wenngleich in geringerem Maße „Askari“ sind relativ häufig gebrauchte Begriffe im Deutschen mit einem hohen Bekanntheitsgrad. Wie es dazu kam, dass gerade diesen beiden Wörter Eingang ins deutsche Vokabular gefunden haben und welchen Zusammenhang es zwischen diesen beiden gibt, soll sich aus der Lektüre dieses Buches ergeben. Wofür aber steht dieser Ausdruck genau, bzw. welche semantischen Verschiebungen ergeben sich synchron und diachron. Zunächst einmal erstaunt, dass deutsche Fremdwörterduden „Safari“ und „Askari“ als arabischen Ursprungs angeben. Tatsächlich gehen beide Wörter im Swahili auf arabischen Ursprung zurück. In der Form „Safari“ und „Askari“ hat das Deutsche sie aber direkt aus dem Swahili entlehnt. Hier machen die quasi offiziellen Fremdwörterduden also eine direkte deutsch-afrikanische Verflechtungsgeschichte unsichtbar.

Mit Safari wird heute gemeinhin die Fotosafari in ostafrikanischen Nationalparks verbunden. Der Begriff bezeichnet jedoch auch die Jagdsafari und gerade zur Kolonialzeit auch den Kriegszug. Erinnert bleibt dieser Zusammenhang im Refrain des Liedes „Heia Safari“, das bis heute von Männerchören und Burschenschaften gesungen wird (s. Kasten S. 21). Auch während des Zweiten Weltkrieges war dieses Lied fester Bestandteil des soldatischen Liedergutes. Was scheinbar lustig und nach Lagerfeuerromantik klingt, wie auch in dem gleichnamigen Buch von Lettow-Vorbeck, das 1920 erschien, erinnert eigentlich an den Ersten Weltkrieg in Ostafrika, der schätzungsweise einer halben Million Menschen das Leben gekostet hat (vgl. Lettow-Vorbeck 1920a).

Diese Geschichte wird aus dem Begriff „Safari“ heute ausgeblendet und verharmlost daher zeitgenössische Verwendungen. Die „Askari auf Safari“ werden so Teil *weißer* Abenteuervorstellungen, so wie Afrika in populären Filmen, Büchern und Reiseführern verkauft wird (vgl. Kapitel 4, S. 229).

Wie steht es nun mit dem Begriff „Askari“ in scheinbar „seriösen“ und „objektiven“ Nachschlagewerken. Das Fremdwörterlexikon des Duden 1990 sagt z. B.:

„**As|ka|ri** *[arab.] der;* -s, -s: afrikanischer Soldat im ehemaligen Deutsch-Ostafrika“.

Eine fast identische Definition findet sich in Herders Konversationslexikon von 1966, und im Großen Brockhaus von 1928 wobei hier der Begriff „eingeborener Soldat“ verwendet wird, der dann 1990 durch „afrikanischer Soldat“ ersetzt wurde.

„**Askari** m [arab.], die eingeborenen Soldaten der ehem. dt.-ostafrikan. Schutztruppe“. (Der neue Herder 1966).

„**Askari** [arab., türk. ‚Soldaten'], Bezeichnung der eingeborenen Mannschaften der früheren Schutztruppe in Deutsch-Ostafrika.“ (Der Große Brockhaus 1928)

Dies ist eine sehr enge Definition, die z. B. im Brockhaus von 1966 und im Großen Duden von 1964 (s.u.) auf alle „afrikanischen Eingeborenensoldaten in Kolonial-Armeen“ erweitert ist und somit durchaus nicht auf deutsche afrikanische Soldaten in DOA beschränkt bleibt. Dennoch fehlt auch hier der Hinweis auf die „Schutztruppe Deutsch-Ostafrikas“ nicht. Besonders interessant ist in diesem Eintrag im Brockhaus der Verweis darauf, dass sie „während des 1. Weltkriegs [...] zu ihren Führern hielten“ unter Hinweis auf General von Lettow-Vorbecks „Erinnerungen aus Ostafrika.“

„**Askari** [arab., türk. >Soldat<], die afrikan. Eingeborenensoldaten in Kolonial-Armeen, z. B. die farbigen Soldaten der Schutztruppe in Deutsch-Ostafrika. Sie hielten während des 1. Weltkriegs zu ihren Führern. P. von Lettow-Vorbeck: Meine Erinnerungen aus Ostafrika (1920).“ (Brockhaus Enzyklopädie 1966)

„**Askari** [arab.], eingeborener Soldat, bes. im ehem. Dt.- Ostafrika.“ (Das große Duden-Lexikon 1964)

Während also dieses westdeutsche Konversationslexikon 1966 auf den kolonialrevanchistischen Mythos des „treuen Askari“ rekurriert, findet sich in einem ostdeutschen Konversationslexikon von 1971 folgende Definition:

„**Askari** [arab. und türk., Soldat] m: eingeborener Soldat als Angehöriger der sog. Schutztruppe, die von den deutschen Imperialisten zur Aufrechterhaltung ihrer Gewaltherrschaft in der ehemaligen Kolonie Deutsch-Ostafrika gebildet wurde.“ (Meyers neues Lexikon 1971)

Auch hier findet also eine Einschränkung auf Deutsch-Ostafrika statt, wobei nach dieser Definition, die „so genannte Schutztruppe“ offensichtlich nur in Deutsch-Ostafrika und nicht in den anderen deutschen Kolonien „zur Aufrechterhaltung ihrer Gewaltherrschaft gebildet wurde“. Dieser Eintrag setzt sich deutlich kritisch mit der Rolle der Askari und dem Phänomen deutscher Kolonialismus auseinander, sei es dadurch, dass die deutschen Kolonialtruppen als „so genannte Schutztruppen“ ihres positiv klingenden Namens enthoben werden, sei es durch den Hinweis auf Gewalt, der die Basis für deutsche Kolonialismus bildete (offen bleibt, warum dies nur in DOA der Fall gewesen sein soll).

In neueren gesamtdeutschen Lexika klingen die Definitionen dann sowohl nüchterner, als auch allgemeiner:

„**Askari** [arab. >Soldat<] *der, -s/-s,* im ostafrikan. Sprachraum früher gebräuchl. Bez. für farbige Soldaten, z. B. bei der Schutztruppe in Dt.-Ostafrika.“ (Brockhaus Enzyklopädie 1996)

Die Einschränkung ist weiterhin temporal („früher“) und regional („ostafrikanischer Sprachraum“), allerdings nicht unbedingt auf die ehemalige deutsche Kolonie Deutsch-Ostafrika beschränkt.

Die Entwicklung der Einträge in deutschen Konversationslexika – und damit auch die verschiedenen spezifisch deutschen Diskursstränge, in die der Begriff Askari eingebettet war, wird umso deutlicher durch den Vergleich zu französisch- und englischsprachigen Pendants. In Encyclopedia Britannica und Encyclopedia Americana taucht der Begriff „Askari“ überhaupt nicht auf. Im Oxford English Reference Dictionary 1996 heißt es:

„**askari** n. (pl. same or askaris) an East African soldier or police officer [Arab. ‚askari' = soldier]“

Im „Hutchinson Dictionary of difficult words“ (2000) ist die Definition einfach:

„E. African soldier or policeman“

Heia, heia, Safari

Wie oft sind wir geschritten
auf schmalem Negerpfad,
wohl durch der Wüste Mitten,
wenn früh der Morgen naht.
Wie lauschten wir dem Klange,
dem altvertrauten Sange
der Träger und Askari:
Heia, heia, Safari.

Steil über Berg und Klüfte,
durch tiefe Urwaldnacht,
wo schwül und feucht die Lüfte
und nie die Sonne lacht.
Durch Steppengräserwogen
sind wir hindurchgezogen
mit Trägern und Askari:
Heia, heia, Safari.

Und saßen wir am Feuer
des Nachts wohl vor dem Zelt,
lag wie in stiller Feier
um uns die nächt'ge Welt.
Und über dunkle Hänge
Tönt es wie ferne Klänge
von Trägern und Askari:
Heia, heia, Safari.

Tret ich die letzte Reise,
die große Fahrt einst an,
auf, singt mir diese Weise
statt Trauerliedern dann.
Daß meinem Jägerohre,
dort vor dem Himmelstore,
Es klingt wie ein Halali:
Heia, heia, Safari.

Text: A. Aschenborn
Musik: Robert Götz - 1921

Vergleichsweise ausführlich ist der Eintrag im ‚Grand Larousse' von 1960:

„Askari, Ascari, Askri ou Asker n. m (ar. ‚askarî' soldat). Nom donné par les explorateurs ou les caravaniers de l'Afrique orientale à des autochtones armés assurant leur protection. Chaque caravane engage un certain nombre d'askaris. Au XVIIIe s., soldat d'un corps d'infanterie créé au Maroc par le sultan Sîdî Muhamad, et qui constitua à l'origine sa garde personnelle. Au XIXe et aus XXe s., soldat indigène des troupes coloniales italiennes (recrutées de 1889 à 1942 en Erythrée, Somalie et Arabie) et allemandes (recrutées de 1890 à 1918 dans le Sud-Est et le Sud-Ouest africains allemands)." Grand Larousse encyclopédique en dix volumes, librairie Larousse, Paris, 1960 (1. Band: 636).

Während also im englischsprachigen Raum der Begriff „Askari" nicht zwangsläufig mit kolonialen Armeen in Verbindung gebracht wird, sondern ganz generell ostafrikanische Polizisten oder Soldaten bezeichnet, und in französischsprachigen Lexika ein Wandel des Begriffes von bewaffneten Begleitern von Karawanen in Ostafrika bis zu den afrikanischen Soldaten in italienischen und deutschen Kolonialtruppen beschrieben wird, ist dieser Begriff im deutschsprachigen Raum untrennbar mit den deutschen afrikanischen Soldaten verbunden, mit besonderem Schwerpunkt auf Deutsch Ostafrika, dem Ersten Weltkrieg und Paul von Lettow-Vorbeck. Dies stellt eine Kontinuität bis ins 21. Jahrhundert dar.[13]

Die heutige Verwendung des Begriffes „Askari" in Deutschland ist geprägt durch die Kämpfe während des Ersten Weltkrieges in DOA – hernach wurde ein bestimmtes Bild des ‚treuen' deutschen Askari gezeichnet, das in engem Zusammenhang mit der ‚Kolonialschuldlüge' stand (s. dazu ausführlich Kapitel 2.5 „Von den deutschen zu den armen Askari", S. 116). Die ‚Erinnerungsübermacht' dieser Ereignisse hat den Blick weitgehend verstellt, auf andere Kontexte und auch die Genese des Begriffes „Askari" im kolonialdeutschen Diskurs. Wenn z. B. der Brockhaus von 1966 definiert „die afrikan[ischen] Eingeborenensoldaten in Kolonial-Armeen, z. B. die farbigen Soldaten der Schutztruppe in Deutsch-Ostafrika", dann verschwimmen hier zwei Konzepte, die zur deutschen Kolonialzeit zunächst durchaus unterschiedlich waren, namentlich „farbiger Soldat" und „Eingeborenensoldat". Ersterer mochte aus verschiedenen Ursprungsorten stammen, aber nicht notwendigerweise aus dem Gebiet der deutschen Kolonien selbst, während „Eingeborenensoldaten" meist diejenigen bezeichnete, die sich aus Bewohnern der jeweiligen Kolonie rekrutierten. Ausgehend von dem Konzept des Askari als für eine bestimmte Zeitdauer (Expedition, Handelskarawane) angeworbenen bewaffneten einheimischen Beschützers, der oft zugleich Träger und Jagdhelfer war, wurde der Begriff in DOA überführt in die generelle Bezeichnung für den *schwarzen* Soldaten in der Schutztruppe (vgl. dazu Kapitel 2.4 „‚Kriegerische Rasse' – koloniale Klasse", S. 78). In der italienischen Kolonialarmee in Äthiopien war dies ebenfalls der Fall. Die Deutschen bezeichneten auch die Soldaten anderer Nationen in Ostafrika als Askari, so der Belgier und Engländer im Weltkrieg (vgl. Schnee

13 Koller 2001 in seinem Glossar: Askari: < Arab., türk. ‚Soldat'; afrikanische Kolonialsoldaten, besonders der deutschen Schutztruppe (ebd.: 379).

1919). In den anderen deutschen Kolonien wurden die *schwarzen* Soldaten zeitgenössisch nie als Askari, sondern als „Soldaten" (Kamerun, Togo[14]) bezeichnet.

Askari ist im Swahili heute die Bezeichnung sowohl für Polizisten (*askari-polisi*), als auch für militärische Offiziere (*askari-jeshi*). Während im Wörterbuch Deutsch-Swahili von 1985[15], für Askari alleine nur die Bedeutung „Soldat" angegeben wird, verweist das ebenfalls ostdeutsche Wörterbuch „Suaheli-Deutsch von 1963" neben der Bedeutung „Soldat, Krieger, Militärperson" auch auf eine zweite Bedeutung: „Wächter, Aufseher" (z. B. *askari jela*: „Gefängnisaufseher").[16]

Während also alle Konversationslexika, deutsch-, englisch- oder französischsprachig, den Ursprung des Wortes „Askari" im Arabischen ansiedeln, fehlt überall der Hinweis darauf, dass „Askari" ebenfalls ein Wort des Swahili ist, als Lehnwort aus dem Arabischen. Stattdessen verweisen einige Lexika auf die Verwendung dieses Begriffes im Türkischen (Brockhaus 1966, Herder 1966, Meyers 1971).

„**asker** 1. Soldat, Wehrmachtsangehöriger, 2. Soldat (Ameisen- od. Termitenkrieger), 3. Soldaten pl. Militär, Truppen, 4. diszipliniert, ordnungsliebend, 5. militärisch tüchtig, 6. türk. Zigarettenmarke, 7. Moneten, Kies, Pinke (Geld), 8. Einpfundschein." (Türkisch-Deutsches Wörterbuch 1972)

Im Arabischen bedeutet das Wort *àskar* „Armee" und „Lager" und kommt dort seinerseits aus dem Persischen „Laškar".[17] Nur nebenbei sei hier erwähnt, dass „Lascars" die im indischen Ozean bekannten und von Europäern eingestellten nautischen Kontraktarbeiter wurden (vgl. Haupt 1916 für die Etymologien; vgl. zu den Lascars Kapitel 2.2 „Kont(r)aktarbeiter", S. 48 sowie Kasten S. 24).

Der Begriff „Askari" war in Ostafrika bereits lange vor der Kolonialzeit gebräuchlich und stand für die bewaffneten Begleiter von Karawanen und Forschungsreisen. Bei diesen Karawanen handelte es sich hauptsächlich um Fernhandelskarawanen zanzibarischer Händler, die von der Küste weit ins Inland vordrangen und des Schutzes der Askari bedurften. Damals stammten diese Askari meist aus der Kiswahili-sprachigen Küstenbevölkerung. Europäische

14 Obwohl es in Togo nie eine Kolonialarmee, also „Schutztruppe" gab, wurden die Angehörigen der Polizeitruppe als „Soldaten" bezeichnet, vgl. Jahresbericht Togo 1899/1900: 44, 57.

15 Höftmann, Hildegard (1985). Wörterbuch Swahili-Deutsch. VEB Verlag Enzyklopädie Leipzig.

16 Höftmann, Hildegard (1963). Suaheli-Deutsches Wörterbuch. VEB Verlag Enzyklopädie Leipzig.

17 Für diesen Hinweis danke ich Ali Al-Nasani.

„Lascar" geht auf die gleiche Wurzel im Persischen wie „Askari" zurück (vgl. „Askari und Safari").
Schwarze Seeleute befuhren nicht nur den Atlantik und so könnte analog auch von „Black Indian Ocean" gesprochen werden. Dort wurden „Lascars" bereits von dänischen Seefahrern angeheuert. Mit dem Begriff „Lascar" wurden Seeleute burmesischer, bengalischer, malayischer, chinesischer, siamesischer und suratischer Herkunft bezeichnet (vgl. Myers 1995). Asiaten besaßen einen besonders guten Ruf als Seeleute. Auf 17 der insgesamt 36 deutschen Segelschiffe, die 1875 nach Ostasien segelten, waren 80% der Mannschaft asiatischer Herkunft. Auf den Dampfschiffen waren die Mannschaften stärker gemischt (Küttner 2000: 40). Bestimmte Orte wurden im Laufe der Zeit bevorzugte Anwerbestationen für *schwarze* Seeleute. In der Indian Ocean World Hong Kong, seit Mitte des 19. Jahrhunderts Aden. Aden ist ein Küstenort im Südwesten der arabischen Halbinsel (heutiger Jemen). „Aden" war seit 1839 ein britisches Protektorat, wogegen das unmittelbar nördlich anschließende Yemen Teil des osmanischen Reiches blieb. Von daher galten „Adenesen" auch als britische Kolonialuntertanten. Unter den in Aden angeworbenen arabischen Seeleuten waren allerdings viele, die aus der Provinz Jemen kamen und damit offiziell osmanische Untertanen waren (vgl. Lawless 1995: 36-37; vgl. Küttner 2000: 25-30). In Aden lebten auch „Somali", die von Europäern für Expeditionen angeworben werden konnten (vgl. Morlang 2008: 16). Wissmann rekrutierte von dort einige Männer für die Truppe von 1889.

Forschungsreisende übernahmen dann Bezeichnung und Schutz und warben Askari an (vgl. Pesek 2005: 43). Die Deutsch-Ostafrikanische Gesellschaft (DOAG), die von 1884–1891 nach dem Vorbild der britischen *chartered companies* das Gebiet Deutsch-Ostafrika verwaltete, hatte stets Askari in ihren Diensten (vgl. Gann/Duignan 1977: 16). Diese stammten zum Teil aus der Armee des Sultans von Zanzibar und wurden auch als „unsere arabischen *askari*" bezeichnet (Brief v. A. Leue aus Dar-es-Salaam, den 28.12.1888, In: DKZ 1889, Nr. 4: 36; vgl. Michels 2004b). Allerdings weigerten sich eine große Zahl der Soldaten in den Dienst der DOAG zu treten und viele *walis* – meist arabische Dorfvorsteher – erkannten, den dadurch ausgedrückten Machtanspruch der DOAG nicht an. Dieser grundlegende Konflikt, der durch die Blockade des Meeres durch deutsche Kanonenboote und das Aufbringen von arabischen Sklavenschiffen zugespitzt wurde, führte unter anderem zu dem so genannten Araberaufstand, in dem gegen die Armeen der arabischen *walis* zunächst deutsche Marinesoldaten zum Einsatz kamen (DKZ 1889, Nr. 4: 36; vgl. ausführlicher dazu Kapitel 2.3 „Die gewaltvolle Errichtung der *frontier*", S. 55). In der Wissmanntruppe (1889–1891) wurden Sudanesen, Shangaan (Zulu) und Swahili-Askari nicht nur namentlich, sondern auch durch ihre Uniformierung unterschieden. Die Sudanesen trugen Schuhe, blaue Wickelgamaschen und einen grau-roten Turban, während die anderen barfuss und ohne Gamaschen gingen und einen roten Fes trugen. Sudanesen und Shangaan trugen kakifarbiges Hemd und Hose, das der Swahili-Askari war weiß. Seit der Gründung der „kaiserlichen Schutztruppe" gab es dann eine allgemeine Uniform für den Askari, die sich von der des Sudanesen der Wissmanntruppe nur dadurch unterschied, dass der Turban durch eine khakifarbene Kappe mit Nackentuch ersetzt war.

Die Polizisten trugen weiterhin den roten Fes (Nigmann 1911: 22, Tafeln 1 und 2) (vgl. zur Bedeutung der Uniformen Kap. 3.1 „Schwarz-Weiße Repräsentations(t)räume“, S. 160).

Spätestens bis zur Jahrhundertwende waren „einheimische Askari“ in Deutsch-Ostafrika nur eine ethnisierte Untergruppe der Kolonialsoldaten, ebenso, wie Sudanesen, Zulu (Shangaan) und Somali. Später wurde der Begriff ausgedehnt, auf alle Soldaten, die aus dem Gebiet DOAs kamen, also im Gegensatz zu den Sudanesen, Zulu und Somali nach kolonialer Logik „Eingeborene“ waren, also auch Wanyamwezi, „Manyema- und Bagamoyo-Träger von der Küste und Tabora“ (DKZ 1892). Allerdings begann der Begriff „Askari“ sich bereits auf alle afrikanischen Soldaten in deutschen Diensten in DOA auszuweiten, so wurden die Somali 1892 z.T. als Askari bezeichnet, teilweise auch alle „farbigen Truppen“ als Askari. Nachdem 1891 die offizielle „Schutztruppe“ für DOA, die erste deutsche Kolonialtruppe, gegründet worden war, war es nicht unüblich, neben den „offiziellen *schwarzen* Soldaten“ auch noch Askari für Expeditionen anzuwerben. 1896 scheinen sich allerdings die Konzepte Askari und „Schutztruppensoldat“ in DOA weitgehend angeglichen zu haben und spätestens seit 1904 werden die Expeditionen und Reisen begleitet von „Trägern und Askari“, wie auch in dem Refrain des Liedes „Heia Safari!“. Die Bezeichnung „Askari“, die bis heute paradigmatisch für die *schwarzen* (deutschen) Kolonialsoldaten steht, geht, auf eine im vorkolonialen Raum existierende professionalisierte Klasse zurück. Im Gegensatz zur Bezeichnung „Kru“ fand bei den Askari jedoch keine Ethnisierung des Terminus' statt (vgl. Kapitel 2.2 „Kont(r)aktarbeiter“, S. 44).

Der Begriff „Askari“ wurde auch von der gegen die deutschen Askari kämpfende Bevölkerung aufgegriffen. Die Kämpfer während des Maji-Maji-Krieges sollen sich beispielsweise „*askari ya mungu*“ (Gottes Askari) genannte haben (vgl. Biersteker 1996: 145). Im *utenzi vya maji maji*, einer Ballade über den Maji-Maji-Krieg, werden die Maji-Maji-Kämpfer dagegen als *asighari* bezeichnet. Der Gegensatz zwischen Askari (Kolonialsoldaten) und *asighari* (Maji-Maji-Kämpfer) funktioniert in diesen Gedichten ähnlich wie der zwischen *shauri* (Beratung) und *amri* (Befehl). Die deutsche Art (askari, amri) wird dabei negativ, die Einheimische (asighari, shauri) positiv dargestellt (vgl. ebd. 193-194). Der Begriff „Askari“ steht in der auf Swahili verfassten Literatur über die deutsche Kolonialzeit als DAS dominante Symbol deutscher Gewalt und spiegelt somit eine ähnlich Erinnerung, wie die an die *german soldiers* in Kamerun (vgl. Biersteker 1996: 194; Hussein 1969) (vgl. Kapitel 3.3 „Kosmopolitisierende Perspektiven“, S. 208).

Diese kurze Begriffsgeschichte zeigt, wie unterschiedlich die mit dem Begriff „Askari“ transportierten Erinnerungsinhalte, je nach Erinnerungsort und Erinnerungsmedium sein können. Die Begriffsgeschichten in Tanzania und Kamerun, Togo und Namibia, müssen somit als korrektive Gegengeschichten zu aus deutscher Perspektive dominierenden Erinnerungskontexten gelesen werden.

2. Die Entstehung imperialer Räume

I intend not only to question the credibility of a tidy, holistic conception of modernity but also to argue for the inversion of the relationship between margin and centre as it has appeared within the master discourses of the master race
(Gilroy 1993: 45)

Globalisierung wird häufig begriffen als ein frühneuzeitlicher Prozess, beginnend im 13. Jahrhundert, von den frühen Weltreisenden des Mittelalters über Entdeckungsfahrten und Weltumsegelungen bis zu den ersten europäischen Kolonien in Amerika, Indien, Sibirien und Afrika. Diese bisher weitgehend dominierende Perspektive auf die Geschichte des Imperialismus stellt Europa und europäische Akteure ins Zentrum und setzt Globalisierung gleich mit europäischer Expansion. Sie bringt so nicht-weiße Akteure zum Verschwinden und kreiert Peripherien. Die durch die europäische Expansion geöffneten neuen Räume waren jedoch „kosmopolitisch" (im Sinne von Beck 2004), multizentrisch, translokal und geprägt von einer heterogenen Bevölkerung in der *contact zone* (vgl. Pratt 1993, Clifford 1997). Die Kontaktzonen waren charakterisiert durch wechselseitigen Austausch, polyvalenter Mimikry, Bewegung, Ambivalenz und eben auch durch unterschiedliches Drohpotential. In ihr fanden ständige Prozesse von De- und Rekontextualisierung statt (vgl. dazu auch Reinwald 2005). Sie waren „heterotopisch" (Foucault) für jeden und jedes, das darin existierte.

Ich benutze im Folgenden häufig die Begriffe „kosmopolitsich" oder „kosmopolitisiert" um auf multifokale und translokale Prozesse zu verweisen – nicht nur (aber auch) was Bewegung von Akteuren angeht, auch in Bezug auf Techniken (Navigation, Fotografie), Lebensstile (Kleidung, Musik, Tanz, Konsumgüter) oder Ideen (Religion, Emanzipation). Meine These ist, dass in Afrika seit Ende des 19. Jahrhunderts, also mit dem Beginn formeller Kolonisation, versucht wurde, koloniale Grenzen zu errichten, die kosmopolitisierte Räume schließen und ausschließen sollten. Ich verstehe „Raum" dabei als sozial und symbolisch produzierten Raum (vgl. dazu zusammenfassend Dünne 2006). Die kolonialen Grenzen, die darin produziert wurden, begreife ich ebenfalls als soziale und symbolische. Die *frontier*, wie ich diese Versuche, Grenzen zu etablieren nennen werde, zwischen „zivilisiert/primitiv", „eigen/fremd" sowie „weißer Überlegenheit" und „schwarzer Unterordnung", wie sie für den kolonialen Diskurs prägend war, funktionierte in diesen Räumen und den lokalen sozialen Praktiken nicht. Nicht nur der Widerstand der kosmopolitischen „kreolen" Eliten Westafrikas gegen ihre Kategorisierung als „natives" (d. h. als „Eingeborene") und ihr Beharren darauf, Teil der Zivilisierungsmission zu sein, veranschaulichen dies (vgl. Bickford-Smith 2004). Linnebaugh/Rediker (2000) sprechen vom revolutionären Atlantik und entwerfen ein Bild einer „atlantischen Unterklasse", die sich im 17. und 18. Jahrhundert im atlantischen Raum etablierte und die eine mächtige Bedrohung für Herrschaftswünsche im Paradigma des Staates, des Imperialismus und des Kapitalismus war. Sie setzen die „modernen Herrschaftstechniken" mittels „race, class, gender" Ende des 18. Jahrhunderts, als die atlantischen revolutionären Potentiale (Haiti, USA, Frankreich) unkontrollierbar schienen. Ich möchte hier auch zeigen, wie unabgeschlossen diese Konflikte Ende des 19. Jahrhundert waren und wie sie sich bis ins 21. Jahrhundert fortschrieben. Ich verweise somit auch auf die Temporalität der kolonialen *frontier*. Indem ich den Begriff *frontier* verwende, vermeide ich andere, besonders den der „europäischen Expansion". Die *frontier* verstehe ich dabei auch als *contact zone* und zeigen möchte ich, dass die Bewegungen multidirektional waren. Die koloniale *frontier* wurde durch bereits bestehende *frontiers* mitgeformt und setzte wieder neue *frontiers* in Gang. Bisher wurde das *frontier*-Modell, das aus der Ost-West-Durchdringungung des nordamerikanischen Kontinents durch *weiße* Siedler stammt, besonders auf das südliche Afrika angewandt und meinte dort ebenfalls neue sozio-ökonomische Netzwerke und Organisationsformen, die – im weitesten Sinne – durch *weiße* Siedlungsbewegungen ausgelöst wurden. Afrikanische sozialhistorische Prozesse, die nicht durch europäische Expansion ausgelöst wurden, wurden als „internal African frontier" beschrieben – sie brachten Historizität, Agency und Wandel in die Sicht auf afrikanische Gesellschaften und wandten sich explizit gegen statische, essentialisierende Konzepte. Ich möchte hier nicht zwischen „externer" und „interner" *frontier* unterscheiden, sondern auf ständige sich überschneidende *frontiers* verweisen, in die die koloniale *frontier* sich einfand und versuchte ein- und umzuschreiben. Zudem verstehe ich die *frontier* sowohl sozialräumlich als auch symbolisch – repräsentationsräumlich.[18]

Das viel diskutierte und rezipierte Konzept des *black atlantic* hat den Blick auf eine spezifische politisch-kulturelle Formation gelenkt, die sich zwischen karibischen, US-amerikanischen und afrikanischen Stilen bewegte, die ihrerseits Phänomene einer Kontaktzone waren. Die eingeübte rassifizierte Wahrnehmung erweist sich dabei als so dominant, dass wir diese Phänomene nur unzulänglich in nicht-rassifizierter Sprache ausdrücken können. Gilroy beschreibt sie als stereophonisch, transnational und brüchig *(fractal)*. Die von Gil-

18 Vgl. Kopytoff (1987) und Widlok (2000) für überzeugende Studien zur „internal African frontier".

roy und anderen beschriebenen Kontaktzonen des *black atlantic* waren ihrerseits nicht geschlossen, sondern setzten sich unendlich fort. Die sich darin ergebenden neuen Handlungsmöglichkeiten wurden unterschiedlich von *schwarzen* Akteuren genutzt. Zum einen etablierten sich direkte und transregionale Kontakte (vor allem Handel), zum anderen Arbeitsverhältnisse und zum dritten auch unabhängige soziale, wirtschaftliche und politische Mobilität. Die präkoloniale Ausgangslage war also keine des expandierenden Europäers, der auf residierende Gruppen traf, sondern fand in einem kosmopolitisierten Raum statt, in dem sich verschiedene Akteure bewegten. Dabei entstanden neue politische, wirtschaftliche und kulturelle Muster, mit denen sich bestimmte Gruppen identifizierten. Diese neuen kulturellen Muster markierten sich durch Sprache, Nahrung, Verhalten, am deutlichsten jedoch am Körper, durch die Kleidung. Wie ich zeigen werde, spielte ein militarisierter Habitus dabei eine zentrale Rolle (vgl. dazu Kapitel 2.1 „Kosmopolitisierte Kontaktzonen", S. 31 und 2.2 „Kont(r)aktarbeiter", S. 44)

Ich werde argumentieren, dass sich die offenen kosmopolitischen Räume im Zuge des europäischen Imperialismus nationalisierten und geschlossen wurden. Dieser Prozess war geprägt durch unterschiedliche Interessenlagen und Allianzen, Gewinner und Verlierer und ein hohes Maß an Ambivalenz. Der Einsatz von Gewalt war letztlich in allen Gebieten ausschlaggebend für das „deutsche Ansehen" und wurde damit die Grundlage imperialer Ordnung.

Der Imperialismus des 19. Jahrhunderts ist jüngst definiert worden als: „herrschaftlicher Versuch einer ‚Weltaneignung', der das Eigene möglichst vorteilhaft mit dem Fremden in Beziehung zu setzen versucht und dabei die eigene Überlegenheit ausspielt" (Laak 2005: 12). Imperialismus ist dabei das dem Kolonialismus übergeordnete Konzept. Im Zusammenspiel mit weiteren Faktoren, wie der Entstehung absolutistischer Nationalstaaten in Europa und einer Erschütterung des christlich-theozentrischen Weltbildes, entwickelten sich dabei in Europa verschiedene Rassismen. Diese begründeten die Strukturierung der Beziehungen von Menschen untereinander. Unterschieden wird der klassische moderne nach außen gerichtete, von dem „antimodernistischen", „innerweißen" Rassismus des seine Privilegien schwindend sehenden Adels (Klassenrassismus). Beide Formen gelten als Erscheinungsformen einer machtstrategischen Praxis, die allerdings in komplexe Interaktionen treten konnten – ebenso zu anderen Ordnungskategorien wie Nation und Geschlecht. Der Mechanismus des Rassismus war die Schaffung und Begründung sozialer Distinktion zwischen Menschen. Dabei wurden die Unterschiede biologisch und kulturell verschränkt und somit unscharf. Letztlich waren alle als „objektiv" postulierten Unterscheidungsmerkmale nur Hilfskonstruktionen für die Schaffung und Aufrechterhaltung sozialer Unterschiede und damit Exklusionsprozessen (vgl. Priester 2003: 14-15; auch Dietrich 2007: 128-141; Geulen 2004). Die imperiale Ordnung entfaltete sich dabei in einem Spannungsverhältnis zwischen ‚Rasse', Klasse, Nation und Geschlecht, den wichtigsten In- und Exklusionsmechanismen der europäischen Moderne. Deren historischer Nexus Ende des 18. Jahrhunderts wird auf die revolutionären Potentiale der heterogenen atlantischen Unterschicht und die Reaktion der Oberschicht darauf zurückgeführt (vgl. Linnebaugh/Rediker 2000). Diese einzelnen Kategorien sind nicht voneinander zu trennen, sondern erheben den Anspruch der Gleichzeitigkeit und bedingen sich gegenseitig. Dabei treten jedoch Widersprüche und Ambivalenzen auf, die die imaginierte Ordnung unterlaufen, dekonstruieren, kritisieren oder auch verstärken können. Durch die tatsächliche Wirkung solcher auf dem Rassismus beruhenden Machtstrategien blieben sie nicht nur eine reine Ideologie, sondern eine tatsächlich existierende, gefühlte und gelebte Praxis. Diese war jedoch zu keiner Zeit unwidersprochen, im Gegenteil, ihre Gültigkeit stets bedroht. Die Verhandlungen zwischen den Kategorien ‚Rasse', Klasse, Nation und Geschlecht konfrontierten sie mit ihren jeweiligen Deplatzierungen und Grenzen und verweisen somit auch auf die Begrenztheit sozialer Macht (vgl. Bhaba 1994: 28). Der Ausschluss dieser Bedrohung erfolgte seit Ende des 19. Jahrhunderts auch durch imperiale Gewalt. Diese bildete die Grundlage und Legitimation der „eigenen Überlegenheit" und damit des Konzeptes der „kolonialen Herrschaft" (vgl. Trotha 1994). Aus ‚aufgeklärter' europäischer Sicht wurde dadurch vor-moderne, ‚primitive', ‚destruktive' Gewalt ersetzt durch staatlich monopolisierte, ‚fortschrittliche' ‚konstruktive' Gewalt. Eine Unterscheidung, die im Rahmen der Diskussionen um den Einsatz von Gewalt durch die USA im Irak seit 2005 aktualisiert wurde. „An die Stelle von (irrationalem) Krieg und (unbeherrschter) Gewalt sollte der vernunftmäßige Dialog und das allgemein geltende Recht treten" (Mann 2004: 113). Solcherart imperiale Gewalt konnte unterschiedliche Formen annehmen. Die Kolonialsoldaten, als Exekutive der Gewalt, waren zentraler Bestandteil des „Gewaltdispositivs" (ebd.) des Kolonialismus. Die Kolonialsoldaten und ihre Körper waren es, die die koloniale *frontier*, die Grenze, zwischen dem kolonialisierenden Eigenem und dem zu kolonialisierenden Fremden repräsentierten. Sie waren es aber auch, die diese Grenze gewaltvoll herstellten und aufrechterhielten. Diese Grenzen waren in der imperialen Ordnung stets präsent, wurden auf vielfältige Weise inszeniert und dienten sowohl der Selbstvergewisserung als auch der Legitimation des eigenen imperialen Unternehmens und der damit einhergehenden imperialen Gewalt (vgl. Kapitel 2.3 „Die gewaltvolle Errichtung der *frontier*", S. 55). Dennoch wurde zu allen Zeiten die koloniale Herrschaft vor Ort durch afrikanische Handlungsmacht entscheidend geprägt – als militärische Gegner, als Alliierte oder Angestellte. Deswegen erscheint es problematisch von DEM deutschen Kolonialismus zu sprechen, da er sich zu verschiedenen Zeiten und an verschiedenen Orten sehr unterschiedlich darstellte. Eine strenge chronologische Scheidung zwischen vor-, früh- und kolonialer Zeit ist ebenso nicht möglich. Stattdessen werde ich diese Phasen inhaltlich voneinander trennen und

Begriffe und Konzepte wie „Kolonialherrschaft" dekonstruieren. Dazu ist es notwendig, jeweils zeitlich und thematisch zu gliedern. Von daher erzähle ich die Geschichte nicht regional, sondern zeitlich kohärent und setze die jeweiligen lokalen Geschichten parallel. Ich beginne mit den kosmopolitisierten Kontaktzonen Mitte des 19. Jahrhunderts an der west- und ostafrikanischen Küste in den Gebieten, die später die deutschen Kolonien Togo, Kamerun und Deutsch-Ostafrika, heute Tanzania, Ruanda, Burundi, wurden und beschreibe die *frontier* des südlichen Afrika mit ihren Auswirkungen auf das spätere Deutsch-Südwestafrika, das heutige Namibia. In den folgenden Kapiteln zeige ich dann, wie imperiale Ordnungen diese Zonen transformierten und wie aus Kontraktarbeitern Kolonialsoldaten wurden, die diesem Transformationsprozessen dienten und koloniale Räume so auch mitgestalteten und herstellten.

2.1 Kosmopolitisierte Kontaktzonen bis Mitte des 19. Jahrhunderts

Konstitutiv stehen für den *black atlantic* Schiffe und Menschen afrikanischer Herkunft, die den Atlantik zwischen Afrika, Amerika (Süd-, Mittel-, Nordamerika) und Europa auf ihnen befuhren und das eben nicht nur als Sklaven der *middle passage* (vgl. Linebaugh/Rediker 2000 und Rediker 2007). Der so konstituierte Raum eröffnete neue Kommunikations- und Handlungsmöglichkeiten, die Menschen afrikanischer Herkunft auf unterschiedliche Art nutzten. Bisher stand vornehmlich die intellektuelle Elite der afrikanischen Diaspora in Europa und Amerika im Fokus.[19] Neben Seeleuten waren aber auch luso-afrikanische Händler, afro-brasilianische und jamaikanische Missionare, und eigenständige afrikanische Händler, mehrheitliche Teile der Krio-Diaspora[20], Teil des transatlantischen Raumes. Versuche, diese Gruppen sprachlich zu fassen, scheitern oft an den komplexen und heterogenen Wirklichkeiten. Der häufig benutze Begriff „Afro-Brasilianer" umfasst beispielsweise eine heterogene Gruppe: „weiße" Spanier und Portugiesen, Kubaner, Trinidader, Menschen aus Sierra-Leone, Menschen, die aus der Sklaverei kamen, sowie solche heterogener Herkunft, die durch zeitgenössische Begriffe wie *mulattos* oder *pardo* angedeutet wird (vgl. Strickrodt 2004). Diese Gruppen, ebenso wie entsprechende im Western Cape, werden in der Literatur auch als „kreole Eliten" bezeichnet. Gemeint waren diejenigen, deren Biografien transatlantische Erfahrungen aufwiesen, entweder, indem sie oder ihre Familien diese Mobilitätserfahrung

19 Vgl. Gilroy 1993; weiterführend: Dorsch (2000), Eckert (2007).

20 Vgl. für die Genese und Bedeutung der Krio-Diaspora Dorsch (2000): 70-72.

gemacht haben (s. zur Definition Bickford-Smith 2004: 195-199).[21] Ausschließlich eingeschlossen sind also auch Abkömmlinge von Europäern, die eine besondere soziale Schicht bildeten. Wie sich am Beispiel der Duala/Kamerun zeigen wird, ist der Begriff unscharf und wird hier deswegen auch erweiternd von „kosmopolitisierter Oberschicht" gesprochen. Diese Oberschicht brachte neue kulturelle Stile hervor. Sie orientierten sich dabei daran, was sie als prestigefördernd erachteten. Stärker als in der klassischen Sicht auf den *black atlantic* stelle ich die Wirkungen in Afrika selbst heraus, und das nicht nur, wie bisher meist der Fall auf Liberia und Sierra Leone. So partizipierten verschieden lokale Autoritäten an diesen Netzwerken, zum Beispiel durch persönliche Reisen, durch Aneignung von neuen Techniken, wie der Fotografie, verschiedenen Formen des Christentums, veränderten Modestilen oder neuen Luxuswaren. Als Ergebnisse einer „langen Unterhaltung" waren die Stile der Kontaktzone Ausdruck „transkultureller Übertragungs- und Übersetzungsprozesse" (Reinwald 2005: 26). In der sich schnell verändernden Konstellation in Afrika in der frühimperialen Phase, war die Zugehörigkeit zur kosmopolitisierten Elite ein wichtige Machtbasis (vgl. Bickford-Smith 2004: 202). Die etablierten politischen und kulturellen Gegebenheiten dieses Raumes schrieben sich in den Kolonisierungsprozess ein, bestimmten ihn entscheidend mit und wurden durch ihn ebenfalls verändert.

Westafrika

In Westafrika hatte die lokale Bevölkerung bereits seit dem 15. Jahrhundert Handelsbeziehungen zu europäischen Kaufleuten. Die Art dieser Geschäftsbeziehungen hatte sie entscheidend mitgeprägt (vgl. z. B. Bersselaar 2005, Eckert 1999, Wirz 1973). So erhob sie Einfuhrzölle und konnt ihren Ansprüchen gegen die Europäer Nachdruck verleihen, ihre effektivste Maßnahme war dabei die Unterbindung des Handels.

Im Gebiet des späteren Togo stammten die dominierenden Persönlichkeiten aus der Schicht der kosmopolitischen Afro-Brasilianer. Diese hatten – meist von Sierra Leone ausgehend – an der westafrikanischen Küste eigene Handelsposten gegründet und sich sukzessive als „Trader/Chiefs" etabliert (vgl. Sebald 1988: 29). Sie könnten auch als Pioniere der Globalisierung bezeichnet werden: Pedro Quadjo, zum Beispiel, der als junger Mann in Brasilien gelebt hatte und „sich dann an dieser Küste durch Gerechtigkeit gegen Schwarze und Weiße [...]

21 Anders waren die „Kreolen" in Lateinamerika definiert, wo hiermit *weiße* Spanier gemeint waren, die in Lateinamerika selbst geboren waren, vgl. dazu Anderson (1993).

einen gewissen Ruf erworben hat" (Zöller 1885a: 171). Eine der bedeutendsten Familien im Gebiet des späteren Togo war die Familie d'Almeida, zu der auch Pedro Quadjo gehörte. Mitglieder dieser Familie trieben an vielen Plätzen entlang der westafrikanischen Küste Handel. Ende des 19. Jahrhunderts baute sich ein Vertreter eines ihrer Zweige – George Lawson (Akuété Zankli), mittlerweile hatte er einen englischen Namen angenommen – als lokaler Konkurrent in Klein-Povo, dem heutigen Anecho an der Küste Togos, als einflussreiche Autorität auf. Nachdem er nach Klein-Povo gekommen war, wurde ein Vetter von ihm im Dorfe Badji, ebenfalls an der Togo-Küste, zum „König" eingesetzt (Zöller 1885a: 166). Die Familie Lawson hatte sich 1821 in einem Bürgerkrieg in Anecho durchgesetzt. Sie trieb auch in Lagos Handel (vgl. Strickrodt 2004: 214). Diese afro-brasilianischen Händler waren seit Mitte des 19. Jahrhunderts bis 1863 wichtiger Bestandteil des illegalen Sklavenhandels, der von Ouida ausgehend an die Togo-Küste verschoben wurde (vgl. Strickrodt 2004: 219; Sebald 1988: 28-29).

Ein noch wichtigerer Händler in der Gegend war Joaquim d'Almeida, lokal bekannt als „Zoki Azata". Er war ein befreiter Sklave aus Bahia, Brasilien, der 1845 nach Westafrika zurückkehrte. Den Namen d'Almeida hatte er von seinem früheren Herren übernommen, für den er selbst im Sklavenhandel tätig war (vgl. Strickrodt 2004: 221). Quadjo, Lawson und d'Almeida gehörten also zu der bereits erwähnten „kreolen Elite", die ihre ökonomische mit einer gesellschaftlich-politischen Funktion verknüpften. Der „King" von Porto Seguro – Mensah – war wahrscheinlich ein Kru. Die daraus entstehenden „Königreiche", wie zum Beispiel „Klein Povo" oder „Porto Seguro" umfassten jedoch mehrere soziale Gruppen und waren immer auch auf den Rückhalt der dort siedelnden bäuerlichen Bevölkerung angewiesen (vgl. Sebald 1988: 14). Sebald (1988) hat ausführlich dargestellt, wie die europäischen (Handels-)Vertreter Teil dieser politischen Landschaft wurden, meist ohne die Hintergründe konkret zu durchschauen. Den am wenigsten etablierten Deutschen gelangte eine bewaffnete Intervention im Jahre 1883, um als bedeutender Partner von afrikanischer Seite anerkannt zu werden. In Folge dieser Intervention wurden zwei Ratgeber des „Kings" Lawson von Klein-Povo mit Namen Wilson und Gomez, als Geiseln nach Deutschland gebracht. Sie kehrten zusammen mit Gustav Nachtigal, dem Reichskommissar, der die „Protektoratsverträge" unterzeichnete, im Juli 1884 zurück. Die Vertragspartner der Deutschen waren hier also mehrheitlich Mitglieder der „kreolen Elite", die sich als „Trader/Chiefs" an der Küste etabliert hatten.

Anders, aber dennoch ähnlich wie in Togo, war auch die prä-koloniale Ausgangslage in Kamerun. Kamerun wurde zu Beginn des 19. Jahrhunderts eine Meeresbucht genannt, die durch mehrere Flussmündungen entstand. Diese Bucht war seit dem 17. Jahrhundert ein Handelsplatz, den europäische Schiffe anfuhren. Ihre Handelspartner waren die Duala, die in mehreren „Towns" an der Bucht lebten. Mitte des 19. Jahrhunderts, als die Duala in den Fokus deutscher Aufmerksamkeit rückten, war deren Gesellschaft von zwei Familien, bzw. Häusern bestimmt. Diese wurden von den Europäern *Bell* und *Aqua* (später Akwa geschrieben) genannt und ihre jeweiligen Repräsentanten als „Kings" bezeichnet. Der Name „Bell" bezieht sich auf Bele, der ca. 1750 „King Bell" war und die Lineage Bonanjo (die Leute von Njo) repräsentierte. „Akwa" beruht auf Ngando a Kwa (d. h. Ngando, der Sohn von Kwa), der die Linie Bonambela (die Leute von Mbela) repräsentierte. Obwohl die Duala-Gesellschaft Ende des 19. Jahrhunderts von der Bell-Akwa Hegemonie bestimmt war, war diese zu keinem Zeitpunkt unwidersprochen. Zu Beginn des 19. Jahrhunderts hatte sich das Gleichgewicht zwischen Bell und Akwa eingestellt, wobei die Akwa-Linie „jünger" als die von Bell und außerdem mit einem Sklavenstigma besetzt war. Der Erfolg der Akwa zeigte sich daran, dass im gesamten 19. Jahrhundert die Bevölkerung von Akwa größer war, als die von Bell. Bonaberi, von den Engländern „Hickory" genannt, wurde ein dritter Handelsplatz am linken Ufer der Bucht. Der Name „Hickory" ist eine englische Verballhornung von Ekre (vgl. KöZ, 10.1.1885), die Lineage heißt Bonaberi, bzw. Bonabele (vgl. Ndumbe 1986: 44). Mitte des 19. Jahrhunderts hatten sich dann die Deido von den Akwa abgespalten und ihre eigene Town mit Handelsplatz unmittelbar nördlich von Akwa-Town gegründet (vgl. Austen & Derrick 1999). Da der Handel mit den Europäern zu diesem Zeitpunkt die maßgebliche Grundlage für den beträchtlichen Reichtum der Duala war, war es für den Erfolg eines Hauses entscheidend, von den Europäern als einflussreicher Handelspartner anerkannt zu werden. Im Gegensatz zu den Kings Bell und Akwa wurde der Repräsentant der Deido, Ned Deido, hingegen nur als „chief" oder „headman" bezeichnet. Bell und Akwa verteidigten ihre Vorherrschaft auch mit militärischen Mitteln. 1856 griff Akwa, möglicherweise mit Beteiligung von Bell, Deido an und als es innerhalb der Deido zu Autoritätskonflikten kam, griffen Akwa und Bell ebenfalls ein und ließen den Herausforderer öffentlich hinrichten. Dadurch blieb Deido in untergeordneter politischer Stellung. Allerdings schlossen die Bell auch Bündnisse mit den Deido gegen eine vierte Gruppe, die Bonapriso (Joss-Town), die sich 1872 den Akwa anschließen wollten. Unmittelbar vor dem Beginn offizieller deutscher Kolonialherrschaft war die Autorität des King Bell von dreien seiner Brüder mit Unterstützung von Akwa und Bonaberi (Hickory) herausgefordert worden. Es ist also nicht verwunderlich, dass Kamerun im 19. Jahrhundert unter den europäischen Händlern berüchtigt war für seine ständigen, auch gewaltsamen Konflikte und seine komplexen politischen Strukturen. Diese fanden nicht nur innerhalb der Duala Towns und untereinander statt, sondern auch mit den Nachbarn im Inland, sowie in Konfrontation mit den Europäern. Zwei handelspolitische Einrichtungen verbanden die Europäer und die Duala und waren immer wieder Grund für Konflikte: auf der einen Seite der *comey*, eine Art Handelssteuer, die die Händler an die jeweiligen „Kings" und „chiefs" als Festbetrag zahlten und dafür die Erlaubnis bekamen, Handel zu treiben und auf der anderen

Seite der *trust*, Handelskredite, die verteilt und wieder eingetrieben werden mussten. Die westafrikanische Küste war ein offener Markt und so waren die europäischen Firmen gezwungen, diese Kredite zu gewähren, auch wenn das damit verbundene Risiko für sie sehr hoch war. Im Rahmen der Kreditsicherung hatten die Europäer sporadisch in innerafrikanische Angelegenheiten interveniert.

Im Prinzip war die Kamerunbucht am Ende des 19. Jahrhunderts Teil des britischen informellen Empire. Von den acht Firmen, die dort handelten, waren sechs britisch und nur zwei deutsch: Wörmann seit 1868, Jantzen & Thormählen seit 1875. Es gab britische Missionen in Kamerun, die allerdings wenig Erfolg hatten. Die britische *Royal Navy* dominierte die Gewässer. Seit 1840 wurden diverse Verträge mit England abgeschlossen und britische Konsule eingesetzt, die über die Institution der *Courts of Equity* eine minimale Kontrolle über kommerzielle Dispute herstellen sollten. Die Autorität dieser *Courts of Equity* war stets fraglich und ihre Arbeit meist ineffektiv. Es wurde zu keiner Zeit eine effektive Kontrolle über afrikanische Politik erreicht. Die Distanz zwischen Europäern und Duala drückte sich auch dadurch aus, dass erst 1884 die erste Handelsniederlassung auf dem Festland errichtet wurde, und zwar von Wörmann in Akwa (bis hierher Austen & Derrick 1999). Es handelte sich also um „boat trade" und nicht um „fort trade", wie in Ghana. „Boat trade" wurde auch „black trade" genannt, da Afrikaner hier bedeutend größeren Anteil am Handel und dessen Organisation hatten, als beim „fort trade" (vgl. Rediker 2007: 78)

Die Duala der Kamerunbucht würden klassischerweise nicht in die Kategorie der „kreolen Elite" gezählt werden, obwohl ihre soziale, politische und wirtschaftliche Praxis vergleichbar war. Sie waren Teil der kosmopolitisierten westafrikanischen Oberschicht. Hier zeigt sich eine weitere Unschärferelation in dem Versuch, klar umgrenzbare Gruppen zu schaffen. Die Duala können als klassische Protagonisten *schwarzer* Mobilität im gilroy'schen Sinne verstanden werden. An der westafrikanischen Küste war es seit Jahrhunderten nicht unüblich, Einzelne – meist Söhne einflussreicher Persönlichkeiten – nach Europa zu entsenden, damit sie dort die europäischen Sprachen lernten und dann wichtige Vermittler in Handel und Politik werden konnten. Das früheste bekannte Beispiel ist Benin, das bereits 1486 eine Handelsdelegation nach Portugal sandte (vgl. Northrup 2004: 36). Auch in Kamerun waren schon vor Beginn der formalen „Kolonialherrschaft" der Deutschen einige junge Männer zur Ausbildung in Europa gewesen. So hatte sich ein in den Quellen als „Gagangha Acqua" bekannter Mann bereits 1832 in England aufgehalten. Seine Reise begann auf einem Sklavenschiff und sollte nach Kuba führen. Über diverse Umwege gelangte er nach Jamaika, wo er freigelassen wurde und nach England reiste. Dort kam er in Kontakt mit einflussreichen Sklavenhandelsgegnern. Er wurde christianisiert und ging zurück nach Kamerun, um Warenhändler zu werden und Plantagen aufzubauen. Vor ihm waren bereits zwei seiner Brüder in Liverpool gewesen (vgl. Debrunner 1979: 213-214). Seine Geschichte ähnelt der Olaudah

Equianos, des wohl bekanntesten frühen Protagonisten eines *black atlantic* (vgl. Richardson 2004; Rediker 2007). Es könnte ein Zusammenhang zwischen der Emanzipation der Akwa/Bonambela und dem Aufenthalt von Ngando in England angenommen werden. Die Reise eines Mitgliedes der Bonambela/Akwa von der Kamerunbucht nach England, steht also einerseits in der Tradition von Mobilität im *black atlantic*, andererseits ist sie auch ein Verweis darauf, wie neue Möglichkeiten für sozialen und politischen Erfolg geschaffen und genutzt wurden. Ngand'a Kwa könnte eigentlich den Status eines „Sklaven" innerhalb der Duala-Gesellschaft gehabt haben und erst durch seine überseeischen Erfahrungen zur angesehenen Autorität mit sozial gleichen Rechten aufgestiegen sein. Um 1870 ging dann auch ein Mitglied der Bonanjo (Bell) nach England und zwar Manga Ndumbe, der später auch als August Manga Bell bekannt wurde. Damals war sein Vater „King Bell", ein Titel, den Manga Ndumbe 1897 von ihm übernahm (vgl. Austen/Derrick: 67, 204). Sein Aufenthalt in Europa kann möglicherweise als Antwort auf die Politik der Bonambela (Akwa) und die Reise Ngand'a Kwas gesehen werden. Das Haus der Deido spaltete sich Mitte des 19. Jahrhunderts von den Akwa ab. Auch die Deido waren mit Schiffen aktiv – möglicherweise haben sie sich zunächst als „Seeräuber" Zugang zu Handelsgütern verschafft. Zum Ende des 19. Jahrhundert scheinen sie diese Strategie allerdings zugunsten einer direkten Betätigung im überseeischen Handel aufgegeben zu haben.[22]

An der gesamten westafrikanischen Küste waren Konkurrenzen zwischen europäischen Firmen und afrikanischen Kaufleuten, die selbst nach Europa reisten, um dort Waren einzukaufen, bedeutsam (vgl. Zöller 1885a: 209). Die *frontier* zwischen diesen Gruppen wurde im europäischen Diskurs jedoch umso deutlicher produziert. Mittels rassifizierter Sprache wurden *schwarze* Händler, wie die „Sierra-Leone-Leute" von der *weißen* Kaufmannschaft ausgeschlossen und ihre wirtschaftliche Tätigkeit diskreditiert. Die soziale Praxis war jedoch eine deutlich komplexere: Viele der Kaufleute aus Sierra-Leone und Liberia waren aus den USA migrierte ehemalige Sklaven. Sierra-Leone war seit 1821 de facto eine Kolonie der USA. Die aus den USA stammenden Menschen stellten in dieser die Oberschicht, d. h. sie schlossen die afrikanische Bevölkerung systematisch von bestimmten ökonomischen Aktivitäten aus und wiesen ihnen die Rolle der landwirtschaftlichen Produzenten oder der Angestellten zu. Massing (1980) sieht hierin die Reproduktion des Habitus der *weißen* Oberschicht in den USA, die möglichst viele (*schwarze*) Angestellte hatte, die die (Plantagen-)Arbeit für sie erledigten. Soziale Beziehungen waren in Sierra Leone streng segregiert. Diese Verhältnisse ließen sich nur mit ständiger militärischer Unterstützung der USA aufrechterhalten (vgl. ebd.: 96-98). Ähnliches galt aber auch für die von europäi-

22 Siehe zur atlantischen Mobilität und zur vorkolonialen Situation der Kamerunbucht: Michels (2008b), Félix-Eyoum/Michels/Zeller (2005), Michels (2005).

schen Händlern angestellten so genannten *Clerks.* Diese entstammten meist der „kreolen Elite“ und galten im europäischen Diskurs als „farbige Portugiesen oder sonstige Mulatten“ (Zöller 1885a: 32). Sie waren versiert im Schreiben und Buchführen, sowie allen kaufmännischen Tätigkeiten. Dennoch bezeichnet der 1885 an der westafrikanischen Küste reisende deutsche Journalist Hugo Zöller sie als „Kaufleute von geringerer Güte“, die „fast ausnahmslos als unehrlich (gelten)“ (ebd.: 207). Obwohl sie ihr Habitus eigentlich innerhalb der *weißen* Identitätssphäre angesiedelt hätte, wurden sie also diskursiv umso vehementer exkludiert. Dieser Vorgang entspricht dem sukzessiven Ausschluss der „kreolen Eliten“ aus den politischen und wirtschaftlichen Machtbereichen, die im Zuge der Kolonisierung stetig segregierter wurden (vgl. Bickford-Smith 2004).

Ostafrika

In Ostafrika war die Lage in Bezug auf die komplexen und weit reichenden Netzwerke ähnlich. Allerdings gab es entscheidende Unterschiede in der Ausgangssituation und folglich der europäischen Reaktion darauf. Auch Ostafrika war geprägt durch jahrhundertelange Austauschprozesse – vorstellbar als *Black Indian Ocean* nach Arabien und Indien, aber auch – beginnend mit den Portugiesen – nach Europa (vgl. Deutsch/Reinwald 2002). Indische Händler standen seit dem 18. Jahrhundert in Beziehung zum Oman (arabische Halbinsel) und vernetzten diesen mit Handelshäusern in Bombay. Seit Anfang des 19. Jahrhunderts war die Insel Zanzibar vor der ostafrikanischen Küste der Herrschaftssitz des Sultans von Oman – seither wurde er auch Sultan von Zanzibar genannt. Seit dem 1830er Jahren unterhielten europäische und amerikanische Händler Handelshäuser auf Zanzibar. Indische Handelshäuser verstärkten zu dieser Zeit ihr für den Karawanenhandel eingesetztes Kapital, so dass einige zanzibarische Händler auf indische Rechnung handelten (vgl. Pesek 2005: 49-50). Die ostafrikanische Küste hatte also interregional an Bedeutung für den Handel in der „Indian Ocean World“ gewonnen. Die beiden wichtigsten Handelsgüter waren Elfenbein und Sklaven, sowie die Plantagenprodukte Zucker und Gewürze (vgl. zum Verhältnis von Elfenbein- und Sklavenhandel Pesek 2005: 55). Entlang der Küste hatte sich eine komplexe sozial stratifizierte Gesellschaft etabliert. Diese kosmopolitisierte „Elite“ der ostafrikanischen Küste und auch die Händler zeichneten sich durch diverse ethnisch-regionale Hintergründe aus. Gemein war ihnen ihr Habitus, wie Kleidung und der Islam als Religion. Sie wurden von den Europäern als „Araber“ bezeichnet und als übelste Sklavenjäger etikettiert. Neben diesen gab es Inder (eine kulturell, sprachlich, religiös und beruflich heterogene Gruppe) (vgl. Becher 1997), Komorenser und Afrikaner aus dem Landesinneren, die im Fernhandelsgeschäft tätig waren (vgl. Pesek 2005: 44-49).

Die Gruppe, die die Deutschen als „Araber" ethnisierten, war in sich ebenfalls sehr heterogen. Nicht alle islamisierten Fernhändler waren dem Sultan von Zanzibar gegenüber loyal. Sie waren vielmehr in eigener Sache tätig und etablierten im Inland mit militärischer, wirtschaftlicher und politischer Macht bedeutende Einflusssphären. Kooperationen mit lokalen Machthabern und Heiratsallianzen waren dabei sehr wichtig, es gab also keineswegs ein kohärentes Staatsgebilde. Lediglich an der ostafrikanischen Küste hatte der zanzibarische Staat minimale Verwaltungsstrukturen errichtet. Zanzibar war zwar der bedeutendste Handelsort im Karawanenhandel des 19. Jahrhunderts, jedoch nicht der einzige. An der Küste hatten sich Pangani, Bagamoyo und Kilwa etabliert, weiter im Landesinneren Tabora, Ujiji, Nyangwe und Kassongo. Die Übergänge vom lokalen zum transregionalen Handel waren fließend und die Kontaktzone der Karawanen hatte neue kulturelle Muster (*wangwana*) entstehen lassen, die stark vom Swahili-Habitus der Küste inspiriert waren. Europäische Reisende und Deutsche Kolonialpioniere stellten dies jedoch anders dar. Pesek (2005) spricht von der „virtuellen Erschaffung" des zanzibarischen Staates in den europäischen Diskursen. Ende des 19. Jahrhunderts, als deutsche Kolonialpioniere begannen, Deutsch-Ostafrika entstehen zu lassen, waren einige zanzibarische Händler sehr hoch verschuldet – zu einem Großteil bei indischen Finanziers. Viele konnten daher nicht nach Zanzibar zurückkehren. Der Sultan von Zanzibar versuchte seinen Einfluss auszuweiten und die ausstehenden Schulden auch im Inland einzutreiben. Inspiriert durch Reisen nach Mekka, Ägypten, Palästina und Jerusalem versuchte der Sultan von Zanzibar einen modernen islamischen Staat zu schaffen. Hierzu gehörte auch der Aufbau einer Armee, in der auch Sklaven als Soldaten dienten (vgl. Pesek 2005: 49-63; zu „military slavery" Moyd 2008).

Da die Bevölkerungsgruppen der Küste in starker Polarität und Wettbewerb zu einander standen, verschärft durch den Handelsboom der 1870er und 1880er Jahre, gab es unterschiedliche Reaktionen auf die deutsche Präsenz ab 1888. Seit 1840 hatten sich die *Omani*-Araber auf Zanzibar und an der Küste etabliert und mit ihren indischen Bankiers begonnen die gestiegene Nachfrage nach Elfenbein und Sklaven zu befriedigen. Sie dominierten zwar die Küstenbevölkerung, die Spannungen waren aber relativ gering, da es viel neuen Reichtum zu verteilen gab. Bushiri bin Salim, der zu einem der wichtigsten Antagonisten deutschkolonialen Machtanspruchs werden sollte, zählte sich zu den *Omani*-Siedlern. Er war ein bedeutender Plantagenbesitzer und damit Teil der neuen Elite an der ostafrikanischen Küste, die alle Nicht-Araber als minderwertig ansahen. Bushiri sah sich kulturell und sozial als *Omani*-Araber, durch seine Mutter soll er jedoch Galla-Vorfahren gehabt haben (vgl. Mann 2002: 60). Seine Geschichte ist also auch die eines sozialen Aufsteigers. In den Küstenstädten entstand ebenfalls eine neue Oberschicht, sie wurden *shiraz* oder *wangwana* genannt und grenzte sich scharf von der Unterschicht, den *washenzi* ab, die meist aus dem Hinterland kamen. Wangwana (oder waungwana) zeichneten sich aus durch bestimmte

Kleidungsstile, Bekenntnis zum Islam, dem Gebrauch des Kiswahili, dem Sklavenbesitz und der Akkumulation bestimmter Prestigegüter. Die Ausübung von Gewalt – im Zuge von Sklavenraub und -handel – gehörte entscheidend dazu (vgl. Moyd 2008: 10). Die *washenzi*-Unterschicht, die zum Beispiel auch aus Sklaven bestand, war ein potentielles Element von Unzufriedenheit. Außerdem war es für Fernhändler aus dem Hinterland, z. B. die Wanyamwezi schwierig bis unmöglich geworden, im Wettbewerb mit den Küstenhändlern zu bestehen, da sie dort Zoll bezahlen mussten und weniger Zugang zu Kredit und Trägern hatten. In Pangani war die Situation anders als in Bagamoyo und Dar-es-Salaam. Dort waren die Hinterlandsfernhändler autonomer und mächtiger, da die *shirazi* finanziell nicht so mächtig waren und die *Omani*-Araber sich auf den Plantagenbereich konzentrierten. Durch die Bindungen zwischen *shirazi* und nicht-*shirazi*-Bevölkerung waren sie stärker gegen Bedrohung durch Dritte, z. B. die *Omani*-Araber oder die Deutschen geeint (vgl. Mann 2002: 58-59). Die *shirazi*-Bevölkerung von Pangani fühlte sich erneut bedroht, als die *Omani*-Araber Siedler begannen, Plantagen aufzubauen und ihnen somit ihr Land wegnahmen. Da die *shirazi* aber hoch verschuldet waren, mussten sie oft Hypotheken auf ihr Land aufnehmen und verloren es auf diese Weise. Es gab also an der ostafrikanischen Küste innerhalb der Bevölkerung starke Spannungen. Die Missionen, die seit 1868 im Gebiet des späteren Deutsch-Ostafrika präsent waren, verstärkten und bestätigten diesen Antagonismus (vgl. Pesek 2005: 107).

Südliches Afrika

Das südliche Afrika des 19. Jahrhunderts gilt als klassische *frontier society*, wobei das Zentrum in Cape Town in Südafrika lag und die später von Deutschland kolonialisierten Gebiete an der westlichen Peripherie. Bickford-Smith (2004) weist darauf hin, dass die „kreolen Eliten" des südlichen Afrika stärker in rassifizierter Sprache beschrieben wurden, als jene in Westafrika. Das Gebiet des späteren Deutsch Südwest-Afrika war seit Mitte des 19. Jahrhunderts in die südafrikanische Handelssphäre eingebunden. Waffen und Munition bildeten eine wichtige Grundlage dieser Handelsökonomien, wichtigster Gegenpart waren Rinder und Arbeitskräfte. Kriege und Soldaten waren dabei mit ausschlaggebend dafür, wer die Handelswege kontrollierte. Auch europäische, bzw. südafrikanische Händler versuchten mit „Privatarmeen" Handelsvorteile zu erringen und zu verteidigen. Europäische Händler bauten mitunter in der vorkolonialen Zeit ein Heer aus afrikanischen Soldaten auf, das eine zeitgemäße europäischen Militär-Symbolik pflegte, beispielsweise die „Otjimbingwe British Volunteer Artillery" von Charles John Anderson 1860. Die Soldaten waren uniformiert, hatten eine Hymne und eine Flagge. Dieses Vorbild wurde lokal aufgegriffen und so ein Phänomen der dortigen Kontaktzone.

Zwischen 1830 und 1865 waren in Zentralnamibia und im Namaland Oorlam-Gruppen dominant. Oorlam waren dabei eine heterogene Gruppe, die seit dem 18. Jahrhundert aus unterschiedlichsten Gründen von Südafrika nach Westen gezogen war: entlaufene und freigelassene Sklaven, Vertriebene, Abenteurer. Europäische Händler, wie Anderson, kooperierten mit Oorlam und Herero-Gruppen, bei „trade wars", bei denen es maßgeblich um Viehraub ging. Dabei war die Zahl der eingesetzten Soldaten – Gewald nennt sie „mercenaries", also Söldner – beträchtlich, bis zu 3000 auf einer Seite (vgl. Gewald 1999: 18-23; 63-69).

Im Gebiet des späteren Deutsch-Südwestafrika, waren die Missionsstationen der rheinischen Mission bereits seit 1842 die ersten europäischen Boten der expandierenden Kapkolonie. Seit den 1860er Jahren besuchten Herero-Kinder diese Missionsschulen. So etablierte sich eine neue christianisierte Oberschicht, die bevorzugt untereinander heiratete und sich durch Patenschaften eher mit den Missionaren verwandtschaftlich verband als mit Herero geringeren Status' (vgl. Krüger 1999: 30-39). Die Missionsstationen wurden dabei als Handelsstationen auch zu zentralisierenden Einrichtungen verschiedener Herero-Gruppen (vgl. Gewald 1999).

Die Expansion der Oorlam und anderer Gruppen im 19. Jahrhundert war eine Reaktion auf die *weiße* Expansion des 18. und 19. Jahrhunderts. Die Oorlam waren mit Pferden und Gewehren ausgerüstet und zum Großteil Christen. Die ökonomische Grundlage ihrer Expansion war Jagd, Handel, Viehzucht, sowie eine Tribut- und Raubökonomie. Die Oorlamkriege unter Jonker Afrikaner (1840–1861) hatten schwere wirtschaftliche und politische Folgen für die Gegend. Besonders betroffen waren davon die Namagruppen. Herero-Gruppen, wie Kahitjene und Tjamuaha, hatten mit den Oorlam kooperiert und profitiert. Der Sitz von Jonker Afrikaner war Windhoek, was später Regierungssitz von DSWA wurde und heute die Hauptstadt des unabhängigen Namibia ist. Seit dem Tod von Jonker Afrikaner 1861 ließ die Oorlam-Hegemonie schnell nach und das „goldene Zeitalter" der Herero begann. Es gibt mehrere otjiherero-sprachige Gruppen: neben der stärksten Gruppe, den „Herero" in Zentralnabia, die „Mbanderu", die „Tjimba/ Himba", sowie einige im südwestlichen Angola lebende Gruppen. Die Mbanderu siedelten eher im südöstlichen Hereroland bis zur Kalahari. Sie waren wahrscheinlich aus dieser Gegend zugezogen und Ende des 19. Jahrhunderts stark an die Herero assimiliert, unterschieden sich jedoch durch einige Aspekte. Tjimba und Himba leben im Kaokoveld. Sie kontrollierten die Handelswege zwischen den Ovambo-Königreichen im Norden und der Kapkolonie in Südafrika und konnten dort Zölle erheben. Die Herero benutzten durch die Oorlam eingeführte Strukturen und begannen so eine Zentralisierung von Macht in der Gegend, in denen diese vorher dezentralisiert war. Wichtige politische Begriffe, wie *omuhona* (zentrale politische Autorität) und *ovetta* (Gesetz) wurden über die Oorlam-Gruppen vom Kapholländischen übernommen (vgl. Gewald 1999: 26-28).

Nama-Oorlam-*komandos* zogen Zentralnamibia im Verlaufe des 19. Jahrhunderts in das von der Kapkolonie ausgehende Handelsnetzwerk mit ein. Diese *komandos* glichen Raubzügen, in deren Zentrum Vieh stand. Die in Zentralnamibia lebenden Menschen, Damara, Herero und San, wurden mitsamt ihrem Wirtschaftssystem, Weideflächen und Wasserstellen von den Nama-Oorlam in ein Tributsystem gedrängt und so in das global bestehende ökonomische System integriert. Ab 1863/64 gelang es bestimmten Herero-Gruppen die Nama-Oorlam-Hegemonie zu beenden und sich selbst als neue Viehhalter der Region zu etablieren. Henrichsen charakterisiert die 1860er Jahre auch als einen Prozess der Repastoralisierung der Herero (vgl. Henrichsen 2004b). Die deutsch-imperiale Geschichte begann von einem anderen geografischen und sozio-ökonomischen Ort her, nämlich von der westnamibischen Küste. Von dort aus trafen sie auf die bereits etablierten dynamischen Prozesse der *frontier*-Ökonomien. Als die Deutschen mit ihren kolonialen Ansprüchen in diese Arena eintraten, befand sich dieser Prozess im Fluss und war weiterhin umstritten und verhandelbar. Die deutsche Partei konnte also, ebenso wie die Missionare und die Händler, als Machtressource für interne Konflikte angezapft werden, was auch geschah. Die Deutschen wiederum sahen dies als Möglichkeit, ihre eigene Position auszubauen, was recht schnell zu offenen Konflikten führte.

Europa

Die Wirkungen von Kontaktzonen waren multidirektional und wirkten auch in die europäischen Räume. Mitte des 19. Jahrhunderts entstand der Typ des europäischen Reisenden in der Tradition Alexander von Humboldts. Viele der folgenden Reisenden und Entdecker bewegten sich lange Jahre in verschiedenen Kontaktzonen, sehr häufig in muslimisch-arabischen Milieus (z. B. Gustav Nachtigal und Gerhard Rohlfs). Am deutlichsten zeigte sich der Einfluss dieser Erfahrungen bei Eduard Karl Oskar Theodor Schnitzler, der 1840 in Schlesien als Sohn eines jüdischen Kaufmannes geboren, später evangelisch getauft wurde, sein Abitur an einer katholischen Schule machte und dann Medizin studierte. Er diente zunächst in der mexikanischen und dann in der osmanischen Armee als Arzt, lernte türkisch und trat zum Islam über. Äußerlich zeigte sich sein kosmopolitischer Habitus durch seine Kleidung, besonders den roten Fes und seinen neuen Namen: Emin Pascha (vgl. Gann/Duignan 1977: 59-61). Er, der kosmopolitische Exot und langjähriger Statthalter des ägyptischen Khedive im Sudan, wurde mehr nolens als volens zu einer imperialen Größe. Die öffentliche Aufmerksamkeit kaprizierte sich während des so genannten „Mahdi-Aufstandes“ auf sein Schicksal, denn es gab keine Nachrichten mehr von ihm in Europa. Öffentlichkeitswirksam wurde er vom berühmtesten Afrikareisenden, Henry Morton Stanley, 1883 „gerettet“. Diese „Rettung“, die Emin Pascha selbst nicht für nötig gehalten hatte, wurde als Sieg der Zivilisation über die Barbarei und als ein Stück *weißer* heroischer Kultur inszeniert. Das deutsche Reich nutzte dann Emin Paschas Ruhm für seine imperialen Ziele. In deutschem Auftrag reiste er 1890 nach Uganda und später nach Tabora im heutigen Zentral-Tanzania. Seine imperialen Pläne beruhten auf einem Netz von Stationen, aus Sklaven rekrutierten Askari und Tributzahlungen der so militärisch beherrschten Bevölkerung. Die Ähnlichkeit seiner Vorstellungen zur Praxis der omanischen Händler an der Küste ist frappierend. Imperiale Reisende in anderen Gegenden, zum Beispiel Zintgraff in Kamerun (1887–1891) entwickelten zeitgleich ähnliche Vorstellungen und scheiterten daran – genau wie Pascha (vgl. Michels 2004a: 93-130).

Die frühen Kolonialreisenden, wie Emin Pascha, Gustav Nachtigal und Gerhard Rohlfs, waren Kosmopoliten. Der national-aggressive Kolonialismus brachte dann einen neuen Typus hervor, stellvertretend für ihn können Carl Peters, Kurt von Morgen und Hans Dominik stehen. Sie waren weniger durch Neugierde als durch machtpolitische Ziele motiviert (vgl. Geulen 2004: 346-354). Pesek spricht für diese von „kolonialer Mimikry", der Mimikry einer imperialen Kultur, die sich auf die Imagination der Europäer über „Afrika" bezog – eine Imagination, die durch frühere Reisende in ihrem Büchern Teil des europäischen Wissens über Afrika geworden war (vgl. Pesek 2005: 170). Der Kolonialismus, bzw. die koloniale Kultur, wurde daher durch die präkolonialen Kontakte zwischen Europa und Afrika entscheidend mitbestimmt, allerdings auch deutlich verändert. Die wohl wichtigste dieser Veränderungen war die Intensität der eingesetzten militärischen Gewalt, die diskursiv und praktisch eine deutlich sichtbare *frontier* errichtete (vgl. Kapitel 2.3 „Die gewaltvolle Errichtung der *frontier*", S. 55). Diese klare *frontier* zwischen „Zivilisation" und „Wildnis" – und damit das Konzept der „Eroberung" und „Unterwerfung", war ein Konstrukt des kolonialen Diskurses. Das Eigene wurde dabei konstruiert als „Zivilisation", das Fremde als „Wildnis".

Die Aneignung europäischer, bzw. kosmopolitisierter Güter, Sprache und Gepflogenheiten und besonders des militärischen Habitus', wie sie in den Kontaktzonen seit langem geschah, war eine direkte Bedrohung des Gefühls „weißer Überlegenheit", indem es die klare Trennung von eigen und fremd, zivilisiert und primitiv unterlief. Diese Überlegenheit war jedoch letztlich die Legitimation, die Kolonisation überhaupt erst ermöglichte. Das „unvermischte" und „ursprüngliche" wurde daher stets gelobt und gegenüber dem angeeigneten europäischen positiv abgesetzt. So heißt es in Bezug auf die Kriegskleidung King Bells aus Kamerun im Jahr 1884:

„König Bell selbst hat zu viel Verstand und Geschmack, um sich mit fremdem Tand zu behängen, und trug dementsprechend den landesüblichen, mit schwarzem Affenfell überzogenen Kriegshelm, der sowohl an antike wie an moderne bairische

Vorbilder erinnert. Aber bei seinen Begleitern bemerkte man einen französischen Cuirassierhelm, mehrere dreispitzige Hüte aus dem vorigen Jahrhundert und einen Landwehrhelm." (KöZ, 28.1.1885, wörtlich gleich in Zöller 1885a)

Hugo Zöller (1885):
„Unter allen Nationen Europas hat sich keine so gut wie die Portugiesen auf die einzig richtige Behandlung des Negers (rücksichtslose aber gerechte und sozusagen patriarchalische Strenge ohne allzu große Vertraulichkeit) verstanden, aber – seltsamer Gegensatz – keine einzige ist während dieser Erfolge und durch diese Erfolge so tief gesunken. Der Einfluß der Portugiesen hat alle Sitten und Gebräuche der Küstenbewohner bis weit ins Innere hinein mit spezifisch portugiesischen Kulturformen durchtränkt und insofern, obwohl zur Zeit die Machtstellung Englands und Frankreichs unendlich viel größer ist, dennoch etwas Dauerhafteres geleistet, als alle andern [sic] europäischen Nationen miteinander. Aber die Portugiesen selbst sind dabei zu Negern geworden, sind auch, wo sie noch halbwegs ihre weiße Hautfarbe bewahrt haben, zu der denkbar traurigsten Rolle, zu gänzlicher Machtlosigkeit, ja, sogar zu Fetischdienst, Vielweiberei und Geschwisterehen herabgestiegen. Auch Engländer, Franzosen und Deutsche zeigen sich den Töchtern des Landes gegenüber nichts weniger als zurückhaltend, aber sie bewahren doch stets ihr ***europäisches Aristokratentum***, sie kehren nach so und so viel Jahren wieder in ihre Heimat zurück, um durch neue Ankömmlinge, die noch keine Negergebräuche angenommen haben, ersetzt zu werden."

(Zöller 1885: 182, Hervorhebung SM)

Wie oben dargestellt, fanden die Mimikry in den Kontaktzonen jedoch in mehrere Richtungen statt. Im kolonialen Diskurs wurde daher auch die „Ursprünglichkeit" und „Unvermischtheit" der Europäer beschworen. Als latente Gefahr galt die „Verkafferung", wie sie bei den Buren im südlichen Afrika konstatiert wurde. Aber auch die heterogene Bevölkerung, die sich im transatlantischen Raum gebildet hatte, wurde verurteilt. Es zeigte sich hier, wie Diskurse um ‚Rasse' als Exklusionsmechanismus eingesetzt wurden. Den Europäern wurde ein „Aristokratentum" gegenüber der afrikanischen Bevölkerung bescheinigt. Der frühe deutsche Kolonialreisende Hugo Zöller beschrieb die „kreolen Eliten", indem er auf die Fragilität dieser „rassischer Grenzen" verwies, und von Portugiesen sprach, die „selbst zu Negern geworden sind", während ihr Einfluss „alle Sitten und Gebräuche der Küstenbewohner bis weit ins Innere hinein mit spezifisch portugiesischen Kulturformen durchtränkt hat" (vgl. Zöller 1885a: 182). Die kulturelle – und auch biologische – Annäherung und Hybridisierung gälte es, laut Zöller, zu verhindern. Aus diesem Grunde stand er der Arbeit der Missionen skeptisch gegenüber.

„Der Kaufmann sagt zu den Eingebornen [sic]: ‚Ich bin der Herr und ihr seid die Diener. Bis auch ihr einmal Herren werdet, müßt ihr euch noch recht tüchtig plagen.' Eins der wirksamsten Mittel der Missionare, Schüler herbeizuziehen, besteht aber darin, daß man ihnen erklärt, ‚vor Gott seien alle Menschen gleich'. Der Eingeborne [sic] überträgt diesen christlich-humanen Lehrsatz vom moralischen Gebiete auf das thatsächliche und glaubt nunmehr dem Europäer gleichzustehn. Es gehört ja schon ein ziemliches Maß von Bildung dazu, um zu verstehen, daß es trotz aller Gleichheit vor Gott dennoch **Standesunterschiede** geben kann.“ (Zöller 1885a:185, Hervorhebung SM)

So wurde das in Europa heftig debattierte Konzept der Standesunterschiede, d. h. der Klassenzugehörigkeit, in der früh-kolonialen Situation biologistisch zementiert und um die Komponente „Rasse“ erweitert. Für diese doppelte Zuweisung steht die Kategorie „Neger“, die durch von sich selbst als Herren träumenden Europäern mit gewünschten und imaginierten Eigenschaften gefüllt wurde. De facto sollte sie den idealen kolonialen Untertan beschreiben, im kolonialen Jargon ubiquitär und damit epistemisch verfestigt als „Neger“.[23]Als grundlegend für dieses dichotome Verhältnis war der Respekt des „Negers“ vor dem Herrn, bzw. der Herrschaft (vgl. Michels 2004a: 97). In der Praxis vor Ort zeigten sich jedoch einige Angehörige der höheren Klassen beunruhigt darüber, dass dadurch bei „einfachen Deutschen“ (z. B. Matrosen) das „Herrengefühl“ geweckt würde. In diesem „jüngsten Deutschtum“ stecke eine „neue Junkerei“ (Buchner 1914: 200). „Je niedriger die Persönlichkeit, desto höher das Rassebewußtsein“ (ebd.). Daran zeigt sich, dass es – zumindest im frühkolonialen Diskurs – nicht gelang, die Hierarchien und Zuschreibungen zwischen „Rasse“ und „Klasse“ klar ineinander fallen zu lassen.

2.2 Kont(r)aktarbeiter – Professionalisierung, Militarisierung, Ethnisierung

In der vor- und frühkolonialen Phase war ein wichtiges, tatsächlich existierendes Verhältnis zwischen Europäern und Afrikanern das Dienstverhältnis, in dem Europäer als Arbeitgeber und Afrikaner als Arbeitnehmer auftraten. Die Entwicklung von für Europäer arbeitenden nautische Kontraktarbeitern zu nationalisierten Kolonialsoldaten veranschaulicht die bereits angesprochene sukzessive nationale Schließung der offenen Räume. Diese Entwicklung begann in den oben beschriebenen Kontaktzonen der vorkolonialen Zeit. Von Anfang an spielten *schwarze* Seeleute eine wichtige Rolle bei der Konstitution der globalisierten Räume. Diese sozialen Praktiken führten zur Entstehung professioneller Arbeiter, die ich doppeldeutig als Kontakt- und Kontraktarbeiter bezeichne. Was von deren Seite her als eine Professionalisierung zu sehen ist,

23 Besonders aus *schwarzer* Perspektive wird die Wiederholung diskriminierender Sprache kritisiert und nur von N-Wort gesprochen. Ich selbst bin auch der Überzeugung, dass die Wiederholung solcher Wörter immer ein Stück Affirmation bedeutet. An dieser Stelle des Buches tue ich es nur, um den historischen Sachverhalt klar benennen zu können.

übersetzten die Europäer ethnisch und rassifiziert. Solche bereits in vorkolonialer Zeit etablierten Prozesse schrieben sich – mit der Erfindung der „martial races", bzw. der „kriegerischen Rassen" – in die kolonialen Verhältnisse und insbesondere in die Rekrutierung und Bewertung von Kolonialsoldaten ein (vgl. Kapitel 2.4 „‚Kriegerische Rasse' – koloniale Klasse", S. 78). Diese Prozesse sollen hier in ihrer historischen Tiefe exemplifiziert werden.

Bereits seit Ende des 18. Jahrhunderts gelangten asiatische Seeleute durch ihre Arbeit auf europäischen Schiffen nach Europa und in die Amerikas (vgl. Myers 1995). In Neu-England gab es regelrechte *schwarze* Seefahrergemeinden und Afroamerikaner verfolgten seemännische Karrieren bis hin zum Erwerb des Kapitänspatents. Erst im Laufe des 19. Jahrhunderts verschwanden diese Möglichkeiten für sie (vgl. Küttner 2000: 44-45). Am Ende des 18. Jahrhunderts bestand schätzungsweise ein Viertel der britischen Marine aus Afrikanern (vgl. Gilroy 1993: 13). Im Laufe des 19. Jahrhunderts wurde die „rassische" und ethnische Segregation eines der Grundprinzipien europäischer Seefahrt. Kontakte zwischen „weiß" und „schwarz" sollten möglichst nur in der Form des Vorgesetzten zum Untergebenen bestehen (vgl. Küttner 2000: 37). Es gab Ende des 19. Jahrhunderts europäische Schiffe, auf denen die gesamte Besatzung von *schwarzen* Arbeitern, in Westafrika meist Kru, gestellt wurde. Sie wurden von *weißen* Offizieren befehligt. Während der Dienstherr, der oberste Befehlshaber also stets ein *Weißer* war, waren die Mannschaften häufig gemischt.

Kru und andere *schwarze* Seeleute entwickelten im Laufe dieses Prozesses einen Habitus, der Aspekte der europäischen Militärhierarchien, bzw. der Schiffsbesatzungen aufgriff. Vorarbeiter wurden „headmen" genannt – ihnen oblag auch die Disziplinierung der ihnen unterstellten Arbeiter. Die „headmen" waren auch meist direkt für die Anwerbung der Arbeiter verantwortlich und vertraten auch den Europäern gegenüber deren Interessen (vgl. Frost 2005: 104; Küttner 2000: 31-36). Diese markierten ihren Rang auch symbolisch. So wurden verschiedene europäische Uniformjacken getragen, teilweise Matrosenmützen und auch europäische Ränge samt ihren Symbolen übernommen (vgl. beispielsweise Zimmermann 1912: 295).

Hierarchien wurden durch körperliche Inszenierungen, wie zum Beispiel die Uniformierung zum Ausdruck gebracht. So erstaunt es nicht, dass Ende des 19. Jahrhunderts europäische Uniformjacken im atlantischen Raum zu begehrten Prestigegütern geworden waren. Aus europäischer Sicht handelte es sich um anachronistiche Uniformierungen, die sowohl in das Bild des exotischen Anderen aufgenommen wurden, als auch Grund zur überlegenen Abgrenzung boten.

DAS „PHÄNOMEN KRU" IN WESTAFRIKA

Als geradezu paradigmatisch für die Entstehung professioneller Arbeiter, die von den Europäern ethnisiert, bzw. ‚rassifiziert' wahrgenommen und dargestellt wurden, kann das „Phänomen Kru" gelten (Ofener 1992). Es soll hier stellvertretend für viele weitere Beispiele detailliert diskutiert werden und zeigen, wie europäische Diskurse und Praktiken ein bestimmtes utilitäres Wissen erzeugten, das sich gemäß den politisch-ökonomischen Verhältnissen verändern konnte. Dieses Wissen wurde strukturiert durch In- und Exklusionsprozesse, die sich in rassifizierter und ethnisierter Sprache ausdrückten. Ebenso soll aber auch der Anteil der so Etikettierten an der Aushandlung und Aufrechterhaltung solcher Begriffe, die ich auch „Marken" nennen werde, deutlich gemacht werden.

Es scheint plausibel, die Wortschöpfung „Kru" auf das englischen Wort „crew" zurückzuführen (vgl. Ofener 1992: 5; Frost 2005: 97; Zöller 1885a: 56). Von „Kru" sprachen Europäer seit Mitte des 18. Jahrhunderts und bezeichneten damit die Gesamtheit der nautischen Kontraktarbeiter mit lokaler Verwurzelung entlang der liberianischen Küste; z. B. auch auf Malinke-sprachige Gruppen.[24] Die Deutschen nannten sie meist „Kruboys" oder „Krujungen". Erste Kontakte dieser Gegend mit europäischen Seefahrern werden bereits im 3./4. Jahrhundert vermutet. Die Rolle der „Kru" als Matrosen und Händler begann während des europäischen Sklavenhandels mit Westafrika Ende des 17. Jahrhunderts, nachdem sie sich erfolgreich militärisch gegen die europäische Überfälle auf ihre eigenen Dörfer zur Versklavung ihrer Leute gewehrt hatten. Der Kauf von Sklaven von den Dorf-Höchsten fand nur in sehr geringem Umfang und zu hohen Preisen statt. Das Kru-Gebiet war also kein wichtiges Sklavenhandelsgebiet. Hauptorte in Westafrika waren Senegal und Ghana/Dahomey (vgl. Massing 1980: 75-77). Auch nach dem offiziellen Ende des Sklavenhandels, waren „Kru" bis 1850 an dessen illegalisierter Weiterführung beteiligt (vgl. Ofener 1992: 15-18). Auch später blieben sie begehrte Arbeitskräfte auf europäi-

> *Crew* bedeutete ursprünglich seinerseits eine Gruppe bewaffneter Männer, erst am Ende des 17. Jahrhundert hatte sich seine Bedeutung verschoben, hin zu einer beaufsichtigten Gruppe von Arbeitern, die zu einem bestimmten Zweck angeworben worden waren (vgl. Linnebaugh/Rediker 2000: 153).

24 Massing (1980) hat darauf hingewiesen, dass auch die üblichen ethnischen Bezeichnungen, die sich im „Kru culture area" finden, durch externe Zuschreibungen entstanden sind. Er verweist auf die generelle Problematik der Konstruktion umgrenzter sozio-politischer Einheiten in der Gegend. Folgende ethnischen Bezeichnungen subsumiert er unter den Begriff „Kru culture area": We (Kran, Guere, Wobe), Kru (Kru, Grebo, Krou), Bassa, Bete, Dida, Godie, Bakwe-Oubi, Niedeboua, Niaboua, Kouzie, Kouya, Kodia, De, Belle, Gbi-Doru, Kotrohou, Wane (vgl. ebd.: 16-17).

■ Eine Gruppe von „Kru" in Uniformen, die sehr wahrscheinlich in europäischen Diensten standen. Dieses Bild stammt aus dem Nachlass des Schweizer Reisenden Carl Passavant, der es 1885 von seiner Reise entlang der westafrikanischen Küste mitbrachte. Es wurde zuerst veröffentlicht in: Schneider/Röschenthaler/Gardi: 105-106. Genaues Datum und Ort der Aufnahme sind unbekannt.

schen Handels- und Kriegsschiffen. Gegenüber den europäischen Matrosen besaßen sie die einzigartige Fähigkeit der Anlandung in Brandungsbooten, so wurden sie unentbehrlich für jeglichen europäischen Warenaustausch an großen Teilen der westafrikanischen Küste (bevor Landungsbrücken gebaut wurden) (ebd.: 19; vgl. Scheer 1925: 64, 84-85; Rüger 1960b: 181). Sie wurden hauptsächlich als so genannte Ladungsarbeiter eingesetzt und entlang der liberianischen Küste, meist in Monrovia, angeworben und blieben für die gesamte Zeit, da sich das Schiff in (west-)afrikanischen Gewässern aufhielt an Bord (vgl. Küttner 2000: 49). Dadurch bereisten die Kru die gesamte afrikanische Westküste bis ins südliche Afrika. 1893 landeten elf Kru an der Tsoakhaub-Mündung in DSWA (François 1895: 154). Noch während des Krieges gegen die Herero 1904 waren es in Monrovia angeworbene Kru, die die Ladung in Swakopmund löschten (vgl. Krüger 1999: 100). Bei schnellen und eiligen Truppentransporten an den Kriegsschauplatz Ende Juli 1904, als die Anwerbung in Monrovia aus Zeitgründen nicht stattfand, gab es erhebliche Verzögerungen beim Löschen der Schiffe und bei der Abreise der Kolonnen von Swakopmund gen Waterberg (vgl. Lettow-

Die „Ethnisierung" eigentlich heterogener Gruppen geht bis auf die Zeit der Sklaverei im 15. Jahrhundert zurück. Auch damals schon wurden viele „Ethnien" geschaffen, die eigentlich nur den Erwerbsort bezeichneten, dann aber von den Betroffenen auch selbst übernommen wurden (vgl. Sweet 2003: 20). Lovejoy (2003) betont ebenfalls die „Ethnisierung" durch den Sklavenhandel, geht aber nicht von einer reinen Konstruktion der benannten Entitäten von außen aus. Da „San Jorge de Mina" bereits zur portugiesischen Zeit im 16. Jahrhundert eine Sklavenfestung an der Küste im heutigen Ghana war (die Stadt heisst bis heute „Elmina"), waren „die Mina" seit dieser Zeit die Sklaven, die von dort aus in die neue Welt verschifft wurden. Allerdings büßte Elmina seine Bedeutung nach 1637 ein und es ist davon auszugehen, dass „Mina" für die gesamte Küste östlich von Elmina stand. Ihr Hintergrund war divers, sie sprachen mehrheitlich Gbe-Sprachen (Ewe, Aja, Fon). Es wurde tatsächlich auch eine afrikanische Ethnie „Mina" genannt, die in der Nähe lebte. In Brasilien wurden sie zur „Mina nation" oder „Mina casta". Seit dem 17. Jahrhundert lebten aber auch „Mina"-Flüchtlinge in einigen westafrikanischen Küstenorten, z.B. Little Povo (Anecho) (vgl. Karasch 2004; Hall 2002).

Vorbeck 1904, B. 14). 1908 wurden 66 Kru in einer Bevölkerungszählung als Bewohner von DSWA gezählt, waren also offensichtlich dauerhafter dort verblieben (vgl. Bühler 2003: 337). Einige Kru waren auch für die gesamte Zeit auf den europäischen Schiffen angestellt und bereisten so auch die europäischen Metropolen (Liverpool, London, Hamburg) (vgl. Frost 1995). An vielen Stellen entlang der westafrikanischen Küste (Sierra Leone/ Liberia) hatten sich Ende des 19. Jahrhunderts Kru-Wohnorte gebildet. 1885 gab es zwei Kru-Viertel in Monrovia, eines wurde „das deutsche" genannt, weil die Einwohner hauptsächlich bei den Deutschen arbeiteten (eine der Woermannschen Hauptfaktoreien beand sich dort) (vgl. Zöller 1885a: 35; Ofener 1992: 27-28).

Zwar erwarben sich im Laufe der Zeit auch andere Gruppen einen guten Ruf bei Europäern was das Anlanden in Brandungsbooten anging (z. B. „Mina" oder „Elmina" aus Ghana, vgl. Morgen 1893: 232), aber die Kru blieben die bekanntesten und am häufigsten eingesetzten. Mitte des 19. Jahrhunderts dominierten sie sowohl als Arbeitskräfte auf den europäischen Schiffen, die auch den Handel mit den jeweiligen Bevölkerungen an der Küste abwickelten (vgl. Rüger 1960b: 181, Nipperdey 1886). Ihre nautische Kontraktarbeit war dabei eingebunden in die Gegebenheiten ihrer Heimat. Meist waren es junge Männer, die sich durch die Arbeit für die Europäer Geld und Ansehen für eine spätere Heirat verdienten. Die wirtschaftliche Hauptaktivität der Kru-Gruppen war die Landwirtschaft und ihre Verträge waren häufig an den dadurch vorgegebenen saisonalen Arbeitskalender angepasst (vgl. Massing 1980, Frost 1995 – dies galt ähnlich auch für die „Lascars" aus Indien, vgl. Myers 1995: 8 und die Araber aus Aden, vgl. Lawless 1995: 37)[25].

25 Myers meint, die Kru wären im Gegensatz zu den Lascars „full-time sailors" gewesen (ebd.: 10).

Der lange Kontakt mit den Europäern hatte hier zur Etablierung ausgefeilter Geschäftsmethoden geführt, auf die zurückgegriffen werden konnte. „Kru" war Ende des 19. Jahrhunderts nicht nur eine Berufsbezeichnung sondern stand auch als Qualitätsmerkmal für gut ausgebildetes nautisches Personal. Entsprechend wurde diese Bezeichnung auch von den Protagonisten selbst geschützt. Sie wurden zu „Objekten hegemonialer Begehrlichkeit" (Ofener 1992: 23, 31). Dabei stand der Begriff „Kru", bzw. „Kruboy" für die Europäer sowohl für eine berufliche Bezeichnung, als auch für eine, wenn auch konstruierte, ethnische Gruppe. Diese Gruppe und ihre Eigenschaften wurden innerhalb der europäischen Aneignung des westafrikanischen Raumes zu einer Einheit essentialisiert. Die so etikettierten Gruppen hatten selbst ein großes Interesse an der Aufrechterhaltung ihrer „Marken". Den Kru gelang es zum Beispiel lange Zeit, die nautische Arbeit zu monopolisieren (vgl. Frost 2005). In der frühkolonialen Phase wurde ihr Aufgabengebiet ausgeweitet und sie wurden als bewaffnete Träger von Expeditionen und Arbeitskräfte im Handel und der Landwirtschaft eingestellt.

In Europa gab es eine lange Tradition, kulturelle und biologische Eigenschaften zusammen zu denken. Im ständischen Europa hatte sich die Adelsschicht biologisch von den niederen Ständen abgegrenzt, fielen also soziale und biologische Exklusion zusammen. Die Zuschreibung bestimmter Eigenschaften gemäß biologischer Kriterien, in der kolonialen Sprache bezüglich der Zugehörigkeit zu „Rassen" und „Stämmen", wurde ein fundamentales koloniales Ordnungsschema. Es diente zur Hierarchisierung und Klassifizierung von Menschen und verquickte so die Konzepte „Rasse" und „Klasse". Dabei wurden bestimmte Eigenschaften quasi naturalisiert und synonym mit ethnischen Bezeichnungen, z. B. die Kru als geschickte Seeleute, „Accra" als gute Köche. Die Bezeichnungen waren jedoch sehr häufig nicht mehr als die Angabe des Anwerbeortes. Erwähnt wurden bereits die „Mina" (aus Elmina, s. Kasten links), die „Accra", die nicht nur als Köche, ebenso wie „Lagos- und Togoleute", sondern auch als bewaffnete Träger für Expeditionen angeworben wurden (vgl. Zöller 1885a:37; Morgen 1895). Neben den Kru wurden in Monrovia auch Vai (von den Deutschen meist „Wey" oder „Weyjungen" genannt) eingestellt. Dabei galten die Kru als Wasser- und die Vai als Landarbeiter (vgl. Zöller 1885a). Mit fortschreitender territorialer Unterwerfung nahm daher die Bedeutung der Kru ab und die der Vai und anderer „Landarbeiter" zu (vgl. Zintgraff 1895; Rüger 1960b 193-194; DKZ 1893, nr. 6: 77; vgl. Riebe 1897; DKB 1904. nr. 20: 603). Die ersten für Kamerun eingestellten „Polizisten" waren Kru (vgl. Morlang 2008: 13), was zeigt, wie sich die in den kosmopolitisierten Kontaktzonen etablierten Muster in das koloniale Projekt einschrieben.

Wanyamwezi in Ostafrika: von Askari und *ruga-ruga*

Während des Karawanenhandels des 19. Jahrhunderts zwischen der ostafrikanischen Küste und Zentral-Tanganyika hatten sich Gruppenbezeichnungen etabliert, die ebenfalls weniger eine ethnische denn eine professionelle Rolle bezeichneten. Beispielhaft können hier die Wanyamwezi (auch Nyamwezi) genannt werden. Die Karawanenökonomien erschufen viele Berufe: Köche, Soldaten, Dolmetscher und Führer. Wanyamwezi wurde eine „Marke" für den ostafrikanischen Trägermarkt. Zanzibarische Händler stellten bevorzugt „Nyamwezi" als Träger ein. „Wanyamwezi" bedeutet dabei „Menschen des Mondes" und ist eine relationale geografische Bezeichnung aus Richtung der Küste, der von den Menschen in der Region ursprünglich nicht selbst benutzt wurde (vgl. Moyd 2008: 92). Ende des 19. Jahrhunderts gingen schätzungsweise 80000 bis 100000 Wanyamwezi als Träger an die Küste. Ähnlich wie in Westafrika war diese Etikettierung – ein Ergebnis der Kontaktzone – zum Vorteil für beide Vertragsparteien, stand sie für Qualitätsstandards auf der einen Seite und für bessere Bezahlung und Behandlung auf der anderen. Dennoch kam es während der oft mehrere Monate dauernden Karawanenreisen oft zu Konflikten, Streik, Meuterei und Desertion der Träger und häufig brutaler Gewaltanwendung der Händler. Im Zentrum stand die nachhaltige Loyalität der Träger, die Gegenstand immer wiederkehrender Aushandlungen war. Wie in West-, so organisierten sich auch die Träger in Ostafrika, und schufen eigene Hierarchien, die ihre Interessen vertreten konnten. Diese Macht der Träger, die nicht durch den Befehl gebunden waren, setzte sich bis in die koloniale Zeit fort. Desertion von Trägern blieb bis Anfang des 20. Jahrhunderts ein häufiger Grund für Misserfolge deutscher Expeditionen. Der Professionalisierung folgte hier wie da die Kommerzialisierung, d. h. der Abschluss formalisierter Verträge mittels Agenten. Der Anteil an Sklaven unter den Trägern war auf der zentralen Route durch Unyamwezi relativ hoch und bestand sowohl aus „Nyamwezi"-Sklaven, wie auch aus Sklaven, die von der Küste stammten. Diese Sklaven taten dies sowohl mit als auch ohne Wissen ihres Herrn. Ihre Stellung innerhalb der Karawanen unterschied sich nicht bedeutend von denen der Freien. Die Arbeit in den Karawanen brachte die Möglichkeit des sozialen Aufstiegs, nicht nur für die Sklaven. Ein Aufstieg innerhalb der Hierarchien der Karawanen bedeutete häufig ebenfalls einen sozialen Aufstieg innerhalb der eigenen Gruppe (vgl. Pesek 2005: 57-67, 235-243).

Die Wanyamwezi hatten den regionalen Handel seit 1800 dominiert. Nachdem Händler von der Küste auf der Suche nach Elfenbein und Sklaven in die Gegend vorgedrungen waren, kam es zu erbitterter Konkurrenz zwischen diesen und den Wanyamwezi-Karawanen, tendenziell ging der Handel vermehrt in die Hände der Küstenhändler, mit denen die Händler aus dem Hinterland nicht konkurrieren konnten. Die Karawanen mussten an die majumbes (*chiefs*)

Diese Fotografie, abgebildet in Dobbertin (1932), der die Aufnahme vermutlich auch selbst fertigte, sollte wahrscheinlich durch die damalige Bildunterschrift „Neun Monate im Felde" auf die Strapazen und die unorthodoxe Kriegsführung während des Ersten Weltkrieges in DOA verweisen und den Krieg in Afrika aus deutscher Perspektive exotisieren und romantisieren. Die Kopfbedeckungen der Askari verweisen aber auch auf die bereits vor der deutschen Zeit etablierten Militärtraditionen (beispielsweise *ruga-ruga* und Wangoni) und brechen das Bild des vollkommen durch die koloniale Ordnung disziplinierten Kolonialsoldaten. Sie entziehen sich dadurch der hegemonialen Repräsentation, drehen die Betrachtungsrichtung um und richten ihren verunsichernden Blick auf den deutschen Betrachter, der diese Zeichen nicht verstehen konnte.[26]

an die Küstenelite (*shirazi*) Zoll bezahlen, was ihnen den Handel sehr erschwerte. Sie identifizierten sich nicht mit der küstenstädtischen Lebensweise (z. B. Bagamoyo, Dar-es-Salaam). Die *Omani*-Araber hatten mit ihren indischen Bankern viel besseren Zugang zu Krediten. So war die Situation in diesen Städten stark polarisiert und die Wanyamwezi hatten Grund, die Deutschen 1888 willkommen zu heißen, da sie von den bisherigen Herrschaftsformen benachteiligt waren (vgl. Mann 2002: 58-59). Für junge Wanyamwezi-Männer

26 Die Künstlerin Jokinen hat mich auf eine solche mögliche Lesart aufmerksam gemacht.

■ Wie vielschichtig die Aushandlung der symbolischen Grenzen zwischen Deutschen und *ruga-ruga* auch auf der Ebene der Repräsentation war, zeigt eine bisher unveröffentlichte Fotografie. Links sieht man Sultan Kahigi aus Bukoba am Viktoriasee zusammen mit dem deutschen örtlichen „Residenten" Willibald von Stürmer. Kahigi stellt den Deutschen eigene Truppenkontingente (*ruga-ruga*) zur Verfügung. Das Foto ist deswegen interessant, weil es die Mimikry der Kontaktzonen verdeutlicht. Kahigi und der deutsche Kolonialbeamte unterscheiden sich in Bezug auf Kleidung und Pose kaum. Das Gleiche gilt für die Truppen Kahigis und die „Schutztruppe DOAs". Beide stellen die disziplinierten Körper der Soldaten als „Machtmittel" zur Schau. Auch das Element der

wurde der Dienst auf deutschen Militärexpeditionen zudem attraktiv, da sie dort die Möglichkeit hatten, ihre bei den Karawanen und Sklavenjagden erworbenen Fähigkeiten gewinnbringend einzusetzen. So schrieb sich die bereits etablierte militärische Tradition der Wanyamwezi in die deutsch-ostafrikanische Schutztruppe ein, in die sie seit 1895 in großen Zahlen eintraten. Der Anspruch der Deutschen auf das Gewaltmonopol spiegelt sich in diesen Entscheidungen deutlich wider (vgl. dazu Moyd 2008: 86-94).

Wanyamwezi und andere spielten auch als *ruga-ruga* eine wichtige Rolle im deutsch-kolonialen Projekt in DOA. *Ruga-ruga* war eine überethnische berufsständische Bezeichnung in Ostafrika seit Mitte des 19. Jahrhunderts. Die *ruga-ruga* waren junge Männer, die sich als Soldaten verdingten. Ihr Hintergrund

„Militärmusik" ist auf dem Bild präsent – allerdings gibt es hier Unterschiede zur deutschen „Militärmusik". Die Instrumente und auch die Bekleidung der Musiker Kahigis verweisen auf afrikanischen Habitus und die beni ngoma, der kanzu wiederum auf die islamisierte Küstenkultur. Die Fotografie ist zwischen 1906 und 1916 entstanden. Die sich ähnelnde Inszenierung auf dem rechten Bild, das die deutsch-ostafrikanische Truppe während der Feierlichkeiten zu „Kaisers Geburtstag" zeigt, mit Kahigi ist frappierend – *schwarz-weiße* Hierarchien, wie sie hier auch durch die Uniformierung errichtet werden, sind bei Kahigis *ruga-ruga* jedoch absent. Kahigi blieb während des Ersten Weltkrieges ein loyaler Verbündeter der Deutschen.

war heterogen: Träger, Karawanenführer, Kriegsgefangene, entlaufene Sklaven. Ihr Startkapital waren ihre Schusswaffen, ihre Arbeitgeber sowohl zanzibarische Händler als auch afrikanische Machthaber im Landesinnern. Ende des 19. Jahrhunderts verschob sich die Bedeutung des Terminus' *ruga-ruga*. Ab 1860 entstanden in der Unyamwezi-Gegend stehende, d. h. professionelle Armeen aus *ruga-ruga*. Sie wurden von lokalen Führern, wie Mirambo und Nyungu-ya-Mawe gegründet und aufrechterhalten. Moyd (2008) bezeichnet diese politischen Entwicklungen als „military revolution" (ebd.: 90). Sie war ausgelöst durch die Zentralisierung des überregionalen Karawanenhandels durch *Omani*-Araber ab 1860 und übernahm auch Anregungen aus der militärischen Struktur der Wangoni (vgl. dazu ausführlich Moyd 2008: 99-106). Mirambo beispielsweise verfügte 1880 über circa 10000 Soldaten. Die *ruga-ruga* inszenierten sich mittels einer Art Uniform. Zu vorkolonialer Zeit entsprechend dem Wangoni-Vorbild mit Federn, Perlenschnüren und bunten Tüchern um den Kopf (Moyd 2008: 107), später eher dem *wangwana*-Habitus folgend, mit *kanzu*, einem roten Umhang und dem Turban (vgl. Pesek 2005: 90-91). Es gab also im Inneren Ostafrikas Ende des 19. Jahrhunderts eine bestehende Militärkultur mit professionellen Soldaten. Dieser Berufsstand wurde auch von den Deutschen engagiert, die sie weiterhin *ruga-ruga* nannten. Jedoch wurde eine deutliche Trennung zwischen Askari und *ruga-ruga* etabliert, die einen wurden die offiziellen Kolonialsoldaten (bzw. ein Mannschaftsdienstgrad), die anderen zu „Hilfstruppen". Bereits bei der Erstürmung des Bushiri-Lagers in Bagamoyo 1889 waren Wanyamwezi-*ruga-ruga* beteiligt. *Ruga-ruga* wurden ab 1890 auch beliebtes Rekrutierungsreservoir für die offizielle deutsche Kolonialtruppe. Gerade während der massiven Mobilisierung während des Ersten Weltkrieges, wurden die *ruga-ruga* wieder wichtig. Sie wurden monatlich bezahlt und verdienten annähernd das Gehalt eines Askari.[27] Hier zeigt sich, dass der koloniale Diskurs eine deutliche sprachliche und symbolische Grenze errichtete, die aus individueller Sicht jedoch durchaus übertretbar war, bzw. sich wahrscheinlich nicht deutlich manifestierte. Auch offizielle Askari der deutsch-ostafrikanischen Schutztruppe trugen durchaus Kleidungs- und Schmuckelemente, die eher auf vorkoloniale *ruga-ruga* oder Wangoni-Stile verwiesen (vgl. Kasten S. 51). Auch die nicht unwichtige Bedeutung von Drogen, wie Cannabis und Alkohol, scheint sich aus der *ruga-ruga*-Tradition in die deutsch-ostafrikanische Schutztruppe fortgeschrieben zu haben (vgl. Moyd 2008: 110-111).

27 Ein Sol bekam 60-80 Rupi, ein Betschausch 50, Schausch (40), Ombasha (35), langgediente Askari (30), Askari (20), *Ruga-Ruga* (15) (Zahlen aus PRO CAB 45/10, B. 19).

2.3 Die gewaltvolle Errichtung der *frontier* (1884 – ca.1890)

> *Am Anfang war die Gewalt. [...] Der Weg der Eroberung und ‚Pazifizierung' ist ein Weg der Menschenmassaker, der geplünderten und niedergebrannten Dörfer und Hütten, der Erschlagenen, der gefangenen Frauen und Kinder und der Flüchtlinge (Trotha 1994: 33)*

Im kolonialen Diskurs wurde das Vorschieben der *frontier* – als Zivilisationsmission – als Aufgabe deutscher Macht und ihrer „Machtmittel", wie es im zeitgenössischen Jargon stets hieß, beschworen. Das paradigmatische Machtmittel waren dabei die Kolonialsoldaten. Das Ziel, aber nicht das Ergebnis, war die imperiale Ordnung. Das Ergebnis war stattdessen, wie Thoralf Klein es formulierte, eine koloniale Situation, die als Gesamtheit unterschiedlichster spezifischer Einzelsituationen ein „höchst komplexes Gebilde" darstellte (vgl. Klein 2004: 327). Wie sich dies zu Beginn von Deutschlands formaler „Kolonialherrschaft" darstellte, soll hier vorgestellt werden, um die Diskrepanz zwischen sozialer Praxis und europäischer Imagination zu veranschaulichen, sowie auf die Bedeutung kolonialer Gewalt hinzuweisen, die diese Lücke schließen musste. An dieser Stelle werden von daher zunächst die sozialen, politischen und kulturellen Hintergründe für Deutschlands koloniales Engagement dargestellt. Der moderne Imperialismus, bzw. die Moderne selbst, wird dabei als doppelte Bewegung – Homogenisierung nach innen und Differenzverlagerung nach außen – verstanden.[28]

In Deutschland gewann das Thema Kolonialismus/Imperialismus seit den 1840er Jahren aus dem liberalen Bürgertum heraus an Gewicht. Frühe deutsche Kolonialphantasien waren vornehmlich auf Lateinamerika gerichtet. Ihre Unerfüllbarkeit gilt als „koloniales Urerlebnis" für Deutschland (vgl. Zantop 1999). Neben Handelsinteressen ging es bei Deutschlands kolonialen Ambitionen auch um ein Minderwertigkeitsgefühl anderen europäischen Nationalstaaten gegenüber (vgl. dazu ausführlicher Kapitel 3 „(Post-)koloniale (Un-)Ordnungen", S. 155). Voller Neid und Bewunderung schaute man auf England,

28 Vgl. für den folgenden Abschnitt Gann/Duignan (1977); Melber (1992); Möhle (1999); Gründer (2000); Mann (2000); Kundrus (2003); Michels (2004); Laak (2005); Pesek (2005); Conrad (2006); Dietrich (2007).

dessen Königin Victoria 1876 Kaiserin von Indien wurde. Das Deutsche Reich entstand erst 1870/71 als Nationalstaat. Die Reichsgründung in Versailles wurde jedoch nicht vom Bürgertum, sondern von Adel und Militär getragen. Der Weg zum deutschen Nationalstaat führte über eine ganze Reihe von Kriegen, die aus Sicht Preußens als „Eroberungsfeldzüge" bezeichnet werden können. So steht die Einigung Deutschlands unter Preußens Vorherrschaft am Beginn imperialer Machtpolitik. Die Disziplinierung, sowohl des individuellen als auch des „Bevölkerungskörpers" durch die moderne Staatlichkeit und die Industrialisierung kann so auch als ein nach innen gerichtetes koloniales Projekt gelesen werden. „Industriöses Verhalten" wurde nicht emanzipativ für das Individuum, sondern durch äußeren Druck des Staates hergestellt, z. B. die „Armenerziehung durch Arbeit" (Melber 1992: 32). Zu diesem staatlichen Druck kam die Sozialkontrolle, die Verinnerlichung der Normativität von „Industriösität". Es sollte keinen Raum mehr ohne Funktion, keine Zeit ohne Kontrolle, keine Bewegung ohne Ziel mehr geben.[29]

Die Einbindung des Bürgertums in den deutschen Nationalstaat gelang auch durch die Überführung des ursprünglich in bürgerlichen Kreisen vertretenen kolonialen Gedankens in nationale Politik. Der Weg zur äußeren Kolonisierung wurde sehr unstetig, emotionalisiert und umstritten ab 1884 formal beschritten. Zu diesem Zeitpunkt besaß Deutschland keine ausgeprägte imperiale Identität, wie andere europäische Staaten, insbesondere England. Die Vorstellungswelt der meisten deutschen Kolonialprotagonisten war daher beherrscht, von Nachahmung, Abgrenzung, Bewunderung und Neid und oszillierte zwischen den beiden Polen Minderwertigkeitsgefühl und kultureller Arroganz. Nationalpolitische und nationalpsychologische Beweggründe für kolonialen Enthusiasmus erscheinen als immer wiederkehrende Motive sowohl bei bürgerlichen Kolonialpionieren wie Carl Peters, als auch bei Gelehrten, wie Max Weber. Die prekäre deutsche Gemütslage verlangte nach Weltmacht. Militärische Macht, Heer und insbesondere Flotte, waren dafür die pragmatischen Voraussetzungen. Die grundlegende Legitimation war jedoch Deutschlands Begehren als „Kulturnation" einen Anspruch auf einen Anteil an „Weltherrschaft" zu haben (vgl. Fischer 1961: 19). Der so bereits von national-bürgerlichen Gruppen früh vertretene deutsche Weltmachtanspruch war innenpolitisch jedoch erst langsamer durchsetzbar.

Wichtig herauszustellen ist, dass die Mehrheit der Überseekaufleute bis in die 1880er Jahre Freihandelsbefürworter blieben und den Erwerb formaler

29 Conrad (2006) hat diese Gleichzeitigkeit in dem Kapitel „‚Eingeborenenpolitik' in Kolonie und Metropole – ‚Erziehung zur Arbeit' in Ostafrika und Ostwestfalen" anschaulich dargestellt (ebd.: 74-123) – einen ähnlichen Ansatz verfolgte bereits Norris (1993) für Deutschland und Togo.

Kolonialgebiete ablehnten. Der Handel blühte und sollte keiner staatlichen Kontrolle unterworfen werden. Allerdings begannen einige Kaufleute, die in Übersee private Investitionen getätigt hatten, z. B. Plantagen, die Forderungen nach der Errichtung von Kolonien zu unterstützen (Woermann, Jantzen & Thormählen, Gaiser, Godeffroy & Sohn, Hernsheim & Co). Der politische Einfluss von Adolph Woermann gab schließlich den Ausschlag für die kolonialfreundliche Haltung der Hamburger Handelskammer. Der Hamburger Senat hielt seine kolonialskeptische Haltung jedoch bis in die 1890er Jahre, also nach dem Erwerb von Kolonien, bei. Auch die Firmen O'Swald und Hansing, die sich seit Mitte des 19. Jahrhunderts in Zanzibar etabliert hatten und von dort aus schwunghaften Handel mit Elfenbein und Textilien trieben, waren gegen formalen Kolonialbesitz. Das Finanzkapital legte seine Kolonialskepsis eigentlich nie ab und bedingte so ein dauerhaftes Problem für die deutschen Kolonien, dass erst nach 1907 sich langsam aufzulösen begann.

Als Wegbereiter und -begleiter für den deutschen Kolonialismus kommt der organisierten mehrheitlich bürgerlichen Kolonialbewegung ein großer Stellenwert zu. Dennoch bleibt festzuhalten, dass diese gerade zu Beginn von eher kleinen Gruppen der deutschen Bevölkerung unterstützt wurden. Sie entstand Ende des 19. Jahrhunderts in Deutschland aus den geografischen Gesellschaften, in denen Forschungs- und Entdeckungsreisende dominierten. Carl Peters gründete 1884 die „Gesellschaft für deutsche Kolonisation", die sich Ende 1887 mit dem „Deutschen Kolonialverein" zur „Deutschen Kolonialgesellschaft" zusammenschloss. 1914 hatte diese Gesellschaft 42 000 Mitglieder, was im Vergleich zu anderen Interessensgruppen relativ wenig war. Die Mitgliedschaft bestand größtenteils aus Beamten und Vertretern des Bildungsbürgertums, war allerdings in den leitenden Positionen überproportional stark von Adeligen besetzt. Die Missionsgesellschaften waren eine weitere wichtige koloniale Lobby, deren Beziehung zum national-imperialen und wirtschaftlich-ausbeuterischen Kolonialismus in der Praxis gekennzeichnet war durch kritisch-distanzierte Interessenskonvergenz. Alle diese Gruppen produzierten in Deutschland konsumierbares Wissen über die außereuropäische Welt und Deutschlands Kolonien. Im „imperialen Konsens" Europas konnten sich somit auch Deutschlands Bürger einreihen. Die so eingeübte *weiße* deutsche imperiale Identität sprach sowohl Machterhaltungsbestrebungen gesellschaftlich und ökonomisch privilegierter Gruppen als auch das Prestige- und Identitätsbedürfnis breiterer Bevölkerungskreise an und kompensierte so subjektive Existenzängste in einer sich rasant ändernden Gesellschaft. Die imperiale Identität brachte einen neuen metropolitanen wilhelminischen Habitus hervor, der sich am aristokratischen orientierte, diesen aber für neue Gruppen aufschloss. Bezeichnenderweise kam die Mehrheit der hohen Kolonialbeamten und Schutztruppenoffiziere aus kleinen Städten oder gar ländlichen Gebieten und nicht etwa aus Hamburg oder Berlin (vgl. Gann/Duignan 1977: 42-43). Einige hohe

■ Dieses Buchcover aus dem Jahr 1914 verweist auf zweierlei: den zum Afrikaner gewordenen Wissmann und die gewaltsame „Zivilisierungsmission" für die der mit aufgepflanztem Gewehr voranschreitende Askari steht. Doppeldeutig steht der Untertitel: „Deutschlands größter Afrikaner" über dem *schwarzen* Soldaten, der ebenso wie Wissmann gemeint sein könnte – allerdings nur als Ikone, als Verweis, nicht als benanntes Individuum.

bürgerliche Offiziere, die in den Kolonien eingesetzt waren, wurden später geadelt, z. B. Hermann Wissmann, Tom Prince oder Kurt Morgen.

Dies war der „deutsche" Hintergrund, vor dem die ersten kolonialen Erfahrungen jenseits des Atlantiks gemacht wurden. Möglicherweise wäre zu argumentieren, dass diese Erfahrungen auch als globalisierende Erfahrungen gewertet werden könnten – wobei diese Art von „Globalisierung" mehrere Seiten einbeziehen würde – als dauernde in den Kontaktzonen. Dabei lösten sich die beiden Seiten jedoch keineswegs ineinander auf, sondern zogen auch gerade in der Grenzüberschreitung neue Grenzen. Die Deutschen, die in Deutschland als „Afrikaner" galten, wurden damit also keineswegs zu „Afrikanern", die im damaligen Wortgebrauch als „Eingeborene" oder „Neger" ausgegrenzt wurden. Sie waren *weiße Afrikaner*, also Deutsche mit einer kolonialen Afrikaerfahrung, die anderen waren *schwarze Afrikaner*, also biologistisch ausgeschlossen und abgegrenzt von dem handelnden, reisenden und durchdringenden Selbst, das die *weißen Afrikaner* für sich in Anspruch nahmen. Es wird sich zeigen, dass es gerade die koloniale Gewalt war, die diese Erfahrungen sehr ungleich verlaufen ließ. Auch diese – und das wird die Figur des Kolonialsoldaten veranschaulichen, schuf keine trennscharfe Dichotomie zwischen *Weiß* und *Schwarz*. Dieses Ziel *weißer* Expansion und kolonialer Gewalt scheiterte an den lokalen sozialen Praktiken und historischen Machtkonstellationen.

Wenden wir uns also den unterschiedlichen Schauplätzen des kolonialen Aufeinandertreffens zu. Die frühen Deutschen – Kolonial**herren** wäre hier sicher ein verfehlter Begriff – reihten sich, wie gezeigt, in eine bestehende komplexe politische Landschaft als ein weiterer Machtfaktor ein. Dies war eine Gemeinsamkeit der präkolonialen Ausgangslagen im westlichen, südlichen und östlichen Afrika.

Togo

An der Togo-Küste hatten, wie erwähnt, die beiden Familien Lawson und d'Almeida 1884 das größte Ansehen erreicht und standen sich in gewissem Maße als Konkurrenten gegenüber – eine Situation nicht unähnlich der in Kamerun. Der zu dieser Zeit reisende deutsche Journalist Hugo Zöller beschrieb sehr deutlich, wie stark die deutschen Kaufleute in diese Rivalitäten mit einbezogen wurden (Zöller 1885a: 167-168). Zollvorschriften, d. h. Zölle, die von den europäischen Händlern an die mächtigen Familien von den Kaufleuten abgeführt werden mussten, und die Weigerung, Boden an sie zu verkaufen, hatten dazu geführt, dass „1883 die deutschen Kaufleute und ihre schwarzen Arbeiter den Eingeborenen mit den Waffen in der Hand gegenüberstanden" (vgl. Zöller 1885a: 168-170). Daraufhin machten die deutschen Kaufleute eine Eingabe an das Auswärtige Amt in Deutschland und baten „um Schutz". In Folge landete im Februar 1884 eine deutsche Korvette mit *weißen* Marinesoldaten in Klein-Povo. Es bedurfte also einer militärischen Machtdemonstration, um den deutschen Kaufleuten die Machtbasis zu sichern, die sie für sich beanspruchten. Alle Konfliktparteien der Togo-Küste, außer Lawson, unterschrieben Verträge, in denen sie den deutschen Kaufleuten zusicherten, sie „nicht mehr über die bisher üblichen Auflagen hinaus bedrücken zu wollen" (ebd.: 71). Kurz nach Abfahrt der Korvette, versuchte Lawson die Verwendung von Bootsleuten, die nicht zu seinen Leuten gehörten, gewaltsam zu verhindern. Er erkannte also den deutschen Machtanspruch weiterhin nicht an. Die Korvette wurde zurückgerufen und landete Truppen. Lawson und eine Reihe seiner Leute wurden gefangen genommen. Geiseln wurden nach Deutschland verschleppt und die Zollzäune niedergerissen. Bereits vor der offiziellen Etablierung der kolonialen Herrschaft wurde im Gebiet der Togo-Küste also militärische Gewalt angewendet, um deutsche Machtansprüche durchzusetzen – damit änderten sich die lokalen Verhältnisse grundlegend, indem die Deutschen ein neues Drohpotential bei Konflikten einsetzen konnten.

Einige Monate später begannen – im Rahmen des sprichwörtlichen „Wettlaufs um Afrika", einer rein europäischen Disziplin – die Engländer mit Hausa-Truppen einzumarschieren. Die Bewohner der Togo-Küste sahen in dieser Situation, wie der deutsche Beobachter Hugo Zöller es ausdrückte, in den deutschen Kaufleuten eine Möglichkeit, ihre „Unabhängigkeit" zu schützen (ebd.: 72). Als dann der deutsche Reichskommissar Gustav Nachtigal auf einem Kanonenschiff erschien, nutzten einige Togo-Leute die Möglichkeit, die Deutschen als politische Partner zu gewinnen und schlossen Verträge mit ihnen ab. Aus deutscher Sicht wurden diese Verträge die Grundlage für Deutschlands kolonialen Anspruch auf diese Gebiete. Symbolisch und völkerrechtlich wurde dies durch das Hissen der deutschen Fahne am gleichen Tage, dem 5. Juli 1884, dokumentiert. Aus lokaler Sicht handelte es sich um ein freiwilliges politisches Bündnis, in

Die früheste „martial race" in Westafrika waren die „Hausa" (vgl. Kapitel 2.4, S. 78). Sie wurden seit den Ashanti-Kriegen (1873) von England eingesetzt. Sie stammten aus den Sahelgebieten Westafrikas, waren islamisiert und grenzten sich auf diese Art deutlich von den Bevölkerungen an der westafrikanischen Küste ab. Sie lebten Ende des 19. Jahrhunderts mit ihren Familien an der Goldküste und in Nigeria (Lagos). In der britischen Kolonialarmee konnten sie in Unteroffiziersränge aufsteigen und eigene Posten betreiben. Im Zuge der europäisch-imperialen Konkurrenz um Afrika stellten sie – als „englische Machtmittel" eine unmittelbare Bedrohung für deutsche Interessen im Grenzgebiet der Goldküste, also im späteren Togo, dar. Bei den lokalen Bevölkerungen waren die Hausa-Truppen wegen ihrer Übergriffe ebenfalls gefürchtet (vgl. Zöller 1885a: 89-90). Damals galten sie aus deutscher Perspektive noch als gewalttätig, gar blutrünstig, aber auch als feige (vgl. Zöller 1885a: 90; Trotha 1994: 45; Sebald 1988: 98). Die Deutschen warben dann aber sowohl für ihre frühen Expeditionen, als auch für die Schutztruppe in Kamerun später selbst Hausa an und die Zuschreibungen änderten sich schlagartig (vgl. DKZ 1894, nr. 10: 135; Strümpell 1926: 14). Die Verkehrssprache zwischen deutschen Vorgesetzen und den Hausa-Soldaten war Englisch, bzw. Pidgin-Englisch (vgl. ebd.). Von diesen ursprünglichen Soldaten desertierten mehrere, da das deutsche Regiment zu rassistisch und roh war (vgl. Sebald 1988: 97). Die letzten wurden 1890 entlassen. Dennoch galten Hausa-Soldaten in Kamerun als die besten Unteroffiziere und Leute aus Sierra-Leone als die diszipliniertesten Soldaten (vgl. Gann/ Duignan 1977: 116). Von den zwei *schwarzen* Unteroffizieren, die Togos Kolonialtruppe 1894 hatte, war einer Hausa. Von den fünf *schwarzen* Gefreiten (Mannschaftsdienstgrad) kamen drei aus dem Gebiet dem Süden Togos und zwei waren Hausa. Die einfachen Soldaten kamen aus Hausaländern, Dagomba, Anago, Yoruba und Dagomba (vgl. Sebald 1988: 99).

dem die Togo-Partei diejenige war, die Entscheidungsmacht ausgeübt hatte. Sie nutzte damit möglicherweise diese spezifische historische Situation auch, um die sozio-ökonomische Macht der „Trader/Chiefs" aus den kreolen Eliten zu brechen.

In Porto Seguro, ein Stück weiter westlich fielen andere Entscheidungen. Der lokale „Trader/Chief" Mensa wollte sich nicht unter deutschen „Schutz" begeben. Einige weitere lokale Autoritäten folgten ihm. Hugo Zöller merkte an, dass im Jahre 1885 auch die Togo-Leute befürchteten, Deutschland könne sie nicht gegen Übergriffe von Hausa-Soldaten schützen. Ein englischer Hausa-Posten war auf deutschem Gebiet – dreieinhalb bis vier Kilometer westlich von Lomé – errichtet und ohne deutsche Kriegsschiffe war diese Tatsache nicht zu ändern (vgl. Zöller 1885a: 73-89). Die Protagonisten vor Ort verhandelten parallel mit Engländern und Franzosen. Am 25. Juli errichteten die Deutschen weiter westlich Grenzpfähle und markierten so ihre Einflusssphäre für die Briten. Am 5. September wurde, während ein Kriegsschiff unmittelbar vor der Küste ankerte, in Porto Seguro ohne Vertragsunterzeichnung die deutsche Flagge gehisst.

Die Beispiele zeigen, wie unterschiedlich sich hier der Begriff „Herrschaft" füllt. Die Togo-Leute hatten erkannt, dass die Europäer, und zwar Deutsche, Engländer und Franzosen unterschiedslos, bereit waren, Gewalt als Mittel einzusetzen und setzten danach auf taktische Bündnispolitik mit der einen oder anderen Seite. Sie nutzten also innereuropäische Konkurrenzen und ihre eigene

Entscheidungsmacht. Zeitgenössischen Beobachtern, wie dem Nationalenthusiasten Zöller fiel es schwer, dieses Vorgehen mit den imperialen Ansprüchen Europas in Einklang zu bringen:

„Ganz seltsam nimmt es sich aus, wenn bei Ankunft eines Dampfers Quadjovi die deutsche, Pedro Quadjo die französische und Lawson die englische Flagge hißt; politische Beweggründe sind dabei nicht mit im Spiel, jeder hißt eben diejenige Flagge, die er gerade im Vorrat hat. [...] Immerhin ist, während die d'Almeida-Partei treu zu den Deutschen hält, Badji das deutschfeindliche Hauptquartier." (Zöller 1885a: 170)

Er argumentiert in den Kategorien „treu" und „deutschfeindlich", was die komplexen Machtverhältnisse und Interessenlagen nicht trifft, sich im europäischen Diskurs aber so etablierte und auch in kolonialhistorischen Überblickswerken wiederholt wird. Auch für die frühkoloniale Phase in Kamerun und den ersten deutschen Kolonialkrieg, der im Dezember 1884 dort geführt wurde, gilt diese Kontinuität, die lokale Perspektiven und Handlungsspielräume völlig verzerrt wiedergibt.

Kamerun

Die wichtigsten Duala-Persönlichkeiten und Autoritäten in Kamerun waren 1884 Ndumb'a Lobe („King Bell") für die Bonanjo, Ngand'a Mpondo („King Akwa") für die Bonambela, Epeye Ekwala („Headman" der Deido), Elame („Headman" der Bonapriso), sowie Kum'a Mbape („Lock Priso" von Bonaberi). Die Vertreter deutscher Handelsfirmen Eduard Schmidt, Johannes Voß, Eduard Wörmann, sowie der deutsche Konsul und Wörmannagent Schulze verhandelten wegen der Übertragung der Souveränität an das deutsche Reich mit Ndumb'a Lobe, Ngand'a Mpondo, Epeye Ekwala und Elame. Die Verhandlungen wurden unter Druck geführt, da die deutschen Vertreter – möglicherweise zu Recht – fürchteten, einige oder alle Duala-Repräsentanten könnten Verträge mit den Briten abschließen.[30] Es war, wie in Togo, für Deutschland also wichtig, politische Partner zu gewinnen. In kolonialer Sprache wurde auch hier von „deutschfreundlichen Parteien" gesprochen. Wie es bereits seit langem durch den *comey* etabliert war, wurden die Bündnisse durch die Zahlung hoher Geldbeträge besiegelt. Diese Zahlungen wurden von deutscher Seite nie in den Vordergrund gestellt, sie beweisen jedoch die Verhandlungsmacht der afrikani-

30 Es scheint allerdings erst das Auftreten der Franzosen an der Küste gewesen zu sein, das dem im Prinzip einträchtige Nebeneinander britischer und deutscher Firmen im Freihandel ein Ende machte (vgl. Austen & Derrick 1999: 91-92).

schen Seite. Die Geldzahlungen waren es auch, die innerhalb der Duala-Häuser, die – wie bereits erwähnt – in einem ständigen Konkurrenzverhältnis sowohl innerhalb als auch außerhalb standen, zu größeren politischen Auseinandersetzungen führten. Es kam zu heftigen Protesten innerhalb der Bonanjo und der Bonambela gegen ihre Repräsentanten, die die Vertragsunterzeichnung ins Stocken brachte. Erst als die Summen erhöht wurden und gleichzeitig das erste deutsche Kriegsschiff eintraf, kam wieder Bewegung in die Verhandlungen. Als erster unterschrieb Epeye Ekwala von den Deidos, der gegenüber Ndumb'a Lobes und Ngand'a Mpondos eine eher untergeordnete Autorität besaß. Die anderen „Kings und chiefs" zogen sich zu einer Beratung unter Ausschluss der Europäer zurück und legten schriftlich die „Wünsche der Kamerunleute" fest. Dort bestimmten sie, dass ihre wirtschaftliche, soziale und politische Autonomie gewahrt werden sollte. Explizit sicherten sie sich ihre Handelsmonopole und das Recht, ihren Grund und Boden zu behalten. Diese Wünsche verweisen darauf, dass der Vertrag, den sie unterschrieben, ausschließlich als Bündnis mit einer ausgesuchten europäischen Nation, bzw. deren Vertretern gesehen wurde. Die Gefahr, dass sich diese Allianz in eine Dominanz kehren konnte, sahen die afrikanischen Verhandlungsführer sehr wohl und sicherten sich mit dem Zusatzschriftstück dagegen ab. Eine „koloniale Herrschaft" im europäischen Sinne wurde dadurch keineswegs etabliert. Insgesamt wurden circa 13000 bis 14000 Mark in Waren von den Handelsfirmen bezahlt (vgl. Jaeck 1960: 64-68). Es handelte sich hierbei um sehr hohe Summen. Die Deutschen waren bereit, diesen Preis im „Wettlauf" mit den anderen Europäern zu zahlen, bedeuteten die in Kamerun abgeschlossenen Verträge für sie doch einen hohen Prestigegewinn – den Eintritt in den Kreis der „Kolonialmächte". So ist die Flaggenhissung am 14. Juli 1884 bis heute ein wichtiges Datum und gilt als die „Geburtsstunde" der Kolonie Kamerun. Aus damaliger lokaler kamerunischer Sicht stellte sich dies ganz anders dar. Schließlich waren die Europäer schon lange Handelspartner und die Zahlung von Geldsummen als Zugang und Sicherung von Handelskontakten lange etabliert. Denjenigen, die dieses Geld erhalten hatten, wurde später vorgeworfen, es nicht gerecht innerhalb ihrer Häuser aufgeteilt zu haben. Kum'a Mbape von Bonaberi hatte den Vertrag überhaupt nicht persönlich unterschrieben, dennoch hisste der deutsche Kommissar Gustav Nachtigal dort am 28. August die deutsche Flagge – gegen den Protest der dortigen Bevölkerung, deren Anliegen er sich weigerte anzuhören – ein ähnliches Vorgehen wie in Porto Seguro an der Togo-Küste. Im Dezember 1884 verbündete sich Kum'a Mbape dann mit der Opposition gegen das Duala-Deutsche Bündnis. Maßgeblich waren dabei die Bonapriso beteiligt, die zwar den Vertrag unterschrieben hatten, sich aber auch gegen die Bonanjo emanzipieren wollten. Auch ein Bruder Ndumb'a Lobes aus dem Haus der Bonanjo selbst, beteiligte sich an der Opposition (vgl. Austen & Derrick 1999: 96; Jaeck 1960: 72-73, KöZ, 27.1.1884).

Die Briten erkannten die deutsche Schutzherrschaft in Kamerun formal an, jedoch schlossen sie in unmittelbarer Umgebung eigene Verträge ab und widersetzten sich der Umorganisation der *Courts of Equity* in von Deutschen dominierte Räte. In dieser aufgeheizten Stimmung kam es im Dezember 1884 zu sich stetig steigernden gewaltvollen Konfrontationen. Am Ende wurde daraus ein Krieg, den Deutschland im Namen des Kolonialismus führte. Dieser erste deutsche Kolonialkrieg ist zu verschiedenen Zeiten und aus verschiedenen Blickwinkeln heraus sehr unterschiedlich eingeschätzt worden. Es fällt zunächst auf, dass er in der heutigen deutschen Kolonialgeschichtsschreibung keinen prominenten Platz einnimmt (vgl. Gründer 2000, Speitkamp 2005). Für den DDR-Historiker Jaeck hingegen war er „das entscheidende Ereignis der ‚friedlichen' Annexion" (Jaeck 1960: 71). Jaeck (1960) verwies damit als erster auf die Bedeutung kolonialer Gewalt bei der Durchsetzung deutscher kolonialer Interessen in Kamerun bereits 1884, wobei der zeitgenössische Beobachter und Gouverneur von Kamerun, Max Buchner, ebenfalls zu dieser Einschätzung gekommen war (vgl. Buchner 1914). Wie Trotha (1994) für Togo, sprach Jaeck (1960) von einem „Gemetzel" deutscher Marineeinheiten. 331 deutsche Marinesoldaten kämpften an Land, vier Dörfer wurden in Brand gesetzt und völlig zerstört. Nach deutschen Angaben wurden 25 Menschen getötet und 43 verwundet, nicht mitgerechnet wurden die Toten und Verwundeten, die von der fliehenden Bevölkerung mitgenommen wurden. Auf deutscher Seite wurde ein Mann getötet und einige weitere verletzt (ebd.: 75). Auch die Historiker Austen & Derrick (1999) kamen später zu dem Schluss, dass es sich für die Verhältnisse der Duala um einen großen Krieg handelte, der alle zukünftigen Überlegungen einer militärischen Konfrontation mit den Deutschen beendete (vgl. ebd.: 97).

Nach dem Aufbau eines vom Reich finanzierten Verwaltungssystems 1885 war es erklärte Politik der deutschen Kaufleute in Kamerun (besonders Thormählen und Woermann), die so genannten „Zwischenhandelsmonopole" mit militärischer Macht zu brechen. Zwar war den Duala der Weiterbestand ihrer Handelsmonopole schriftlich zugesichert worden, doch bestand von deutscher Seite nie die Absicht, dies zu respektieren. Buchner erwog 1885 bereits, den Duala ihr Dokument wegzunehmen, mit Verweis auf die Kampfhandlungen, bzw. die „Aufsässigkeit" vom November/Dezember 1884, oder durch Zahlung einer Abfindung an die Duala (vgl. Jaeck 1960: 85). Im Schutze der deutschen Kanonenboote wurden weitere Faktoreien im unmittelbaren Küstenhinterland angelegt, wobei es regelmäßig zum Einsatz von Gewalt kam (vgl. ebd.). Es wurden jedoch auch militarisierte Aktionen im Landesinneren durchgeführt, an denen die *weißen* Marinesoldaten nicht beteiligt waren. Jaeck (1960) erwähnt die ersten „afrikanischen Hilfstruppen" für Kamerun, die 1885 mit Buchner, einem Woermanagenten und einigen schwedischen Jägern von Bimbia aus gen Kamerunberg ziehen und dort Verträge abschließen (Jaeck 1960: 76-77; vgl. dazu auch Ardener 2002: 48-54). Zöller schrieb später darüber:

„Aus meinem von Nachtigal selbst angeordneten und durch Übertragung seiner Vollmachten überhaupt erst ermöglichten Eroberungszug ins Kamerungebirge, der uns eine ganze Anzahl kleiner Königreiche eingetragen hat, muß durchaus ein ‚friedlicher' Eroberungszug gemacht werden, obwohl er das in Wahrheit gewiß nicht gewesen ist."(Zöller, Hugo. Als Journalist und Forscher in Deutschlands großer Kolonialzeit, Leipzig 1930; zit. in Jaeck 1960: 77)

Von Zintgraff leitete die erste bedeutende Expedition von der Küste ausgehend ins Kameruner Hinterland von 1887–1889. Hier waren die bereits erwähnten ‚Kruboys', vor allem aber ‚Vai' (auch Wey) aus Sierra Leone und ‚Nangaleute aus Lagos', der waffentragende Schutz der Expedition. Genauso wichtig war allerdings ihre Aufgabe als Träger. Die Kruboys, die eher die Arbeit auf dem Meer und an der Küste gewohnt waren, wurden bald als ‚ungeeignet' für Inlandsexpeditionen klassifiziert (vgl. Zintgraff 1895; DKZ 1893, nr. 6: 77; Riebe 1897).

Kurt Morgen bei seiner Expedition nach Jaunde 1889 hatte Träger verschiedener Herkunft dabei. Sie weigerten sich zunächst zu Beginn der Expedition Waffen anzunehmen, da sie nicht als Soldaten, sondern als Träger eingestellt worden wären. Die Leute stammten aus Togo, Lagos und Ghana („Elmina") (vgl. Morgen 1893). Sie erklärten sich schließlich zwar bereit, die Gewehre zu nehmen, erreichten auch ohne kriegerischen Vorfall die Station Jaunde, weigerten sich dann aber in die unbekannte Graslandgegend nach Norden weiterzugehen. Sie wählten hier also das klassische Kampfmittel der Arbeiter, den Streik. Kurt Morgen konnte ihn nur mit Gegengewalt brechen und so den Fortgang seiner Expedition gewährleisten.

Die von Zintgraff 1892 eingesetzten Vai weigerten sich ebenfalls, mit den zu transportierenden Gewehren ins Grasland weiterzumarschieren. 1890 hatte Zintgraff als militärischer Partner des aufstrebenden *mfon* Garega von Bali mit den Vai an einem Feldzug gegen Bafut teilgenommen, wobei 66 Vai und drei Deutsche getötet worden war (vgl. Zintgraff 1895: 359-388; zu Njoya und dessen Verhältnis zu den Deutschen Kapitel 3.3 „Kosmopolitisierende Perspektiven", S. 219). Der Sprecher der Vai, Bai Tabe, bestand darauf, dass die vertraglich vereinbarte Arbeitszeit von einem Jahr beendet sei und sie nunmehr nach Liberia entlassen werden sollten. Zintgraff weigerte sich, dies zu tun, zerriss ihre Soldbücher, woraufhin es zu Tumulten und Gewaltanwendung kam. Die Mehrheit der Vai entschloss sich, auf eigene Faust zurück zur Küste zu marschieren. Ihre Gewehre verkauften sie teilweise unterwegs, um Nahrungsmittel und Unterkunft zu bekommen. Bai Tabe beschwerte sich nach seiner Rückkehr in Monrovia offiziell über Zintgraff beim deutschen Konsul und verlangte Kompensation für die getöteten Vai. Er drohte damit, alle künftigen Arbeitsverträge zu beendigen, wenn seinen Forderungen nicht entsprochen werde (vgl. Zintgraff 1893: 17-17; ANY FA 1/84: 33-34, 111; auch Michels 2004a: 124-125).

Beschwerde von Bai Tabe 1891

Ich hatte den Auftrag von Herrn Dr. Zintgraff, bei dem ich schon seit längerer Zeit in Diensten stand, durch Vermittlung der Firma A. Hedler, eine größere Anzahl Weileute für die Expedition anzuwerben mit der ganz bestimmten Zusage, daß die Leute nur als Träger für durchaus friedliche Zwecke verwendet werden sollten. Unter dieser Bedingung, für Gefechtszwecke nicht verwendet zu werden, wurden wir auch hier durch den liberianischen shipping master angenommen. Wir haben nun schließlich doch an Gefechten teilnehmen müssen und thaten das ohne Murren. Wohl oder Übel und der beste Beweis für unsere Mitwirkschaft ist der Umstand, daß uns 66 unserer Kameraden erschossen wurden. In Folge dieses Verlustes, da ich es nicht übernehmen konnte, noch mehr meiner Leute einzubüßen, denn mich hält man später im Weilande dafür verantwortlich, verlangte ich von Herrn Dr. Zintgraff die Zurücksendung meiner Leute in die Heimat, welche ihre contractlich bedingte Zeit, – ein Jahr – ausgedient hatten. Herr Dr. Zintgraff wollte uns unsere Entlassung nicht gewähren, sondern verlangte, daß wir warten sollten bis die 2000 Mauser [Gewehre, SM] aus Deutschland kämen und daß wir dann an der Wiederaufnahme des Krieges teilzunehmen hätten. Er verweigerte uns jegliche Ausbezahlung unseres Guthabens und sahen wir uns schließlich gezwungen unbezahlt abzufahren.
Da wir nun überzeugt sind, daß Dr. Zintgraff in keiner Weise berechtigt sein konnte, uns zu zwingen, länger als unsere contractlich bedingte Zeit zu bleiben und uns zu Gefechtszwecken zu benutzen, wozu wir garnicht angeworben waren, am allerwenigsten aber berechtigt war, uns unseren redlich verdienten Gehalt einzubehalten, –so haben wir jetzt, da wir hier in Monrovia mittellos herumliegen, unsere Ansprüche durch die liberianischen Gerichte gegen A. Hedler geltend gemacht.
Wir beanspruchen den uns schuldigen Gehalt für 10 Monate. Wir hatten einen Monat Vorschuß in Monrovia und einen Monat Vorschuß in Kamerun.
Ferner beanspruchen wir für die Familien der im Kampfe Getöteten eine Entschädigungssumme von $ 70 für jeden Kopf, da wir nicht als Soldaten engagiert waren sondern gegen unseren Contract zum Kampfe gezwungen wurden und diese Summe auch den s. z. der Expedition des Herrn Hauptmann Kundt gefallenen Weileuten von dem Kaiserlichen Konsul Jager in Monrovia zuteil wurde.
Wir haben unser Anliegen dem Kais. Konsul Herrn Hermann Jaeger in Monrovia unterbreitet und denselben um seine Vermittlung gebeten, unsere gerechte Forderung gegen Herrn Dr. Zintgraff dem Kaiserlichen Gouverneur bekannt zu geben, welchen wir um Schutz und Beistand bitten, damit Herrn Dr. Zintgraff uns unser unter Lebensgefahr verdientes Geld nicht länger widerrechtlich vorenthält und den ferneren Anwerbungen nach dort auf diese Weise ein Hemmnis setzt, was jedenfalls geschehen wird, wenn wir nicht zu unserem Rechte kommen. *Monrovia, December 20. 1891*

Der Anführer der 163 entlassenen Weileute Baitawe (es folgen die Namen aller 163 Vai). (Bai Tabe, 20.12.1891, „Protokoll bezüglich der in der Expedition Zintgraff engagiert gewesenen Weileute". In: ANY FA 1/84: 33-34).

Die fehlende Befehlsgewalt gegenüber den freiwilligen Kontraktarbeitern wurde zum nachhaltigen Problem zu Beginn des deutschen kolonialen Projektes. Die Macht der etablierten Arbeiter war einfach zu groß, als dass ein Vorgehen, wie das von Morgen nachhaltig sein konnte. Die Deutschen kamen als Arbeitgeber mehr und mehr in Verruf und es gelang ihnen kaum noch freiwillige Arbeitskräfte, geschweige denn bewaffnete Männer für „Expeditionen" zu gewinnen.

1898 beklagten die wichtigsten Plantagenbesitzer Kameruns die hohen Löhne für die Kru. Sie führten dies auf die Monopolstellung des europäischen Anwerbervermittlers Humpelmayr in Liberia zurück. Die Beschäftigung von Vai wurde ebenfalls als zu kostspielig angesehen. Sie forderten die „Arbeiteranwerbung" in Kamerun selbst. Bis weit in die 1890er Jahre hinein wurde die absolute Mehrheit der von Europäern beschäftigten Arbeiter noch von Arbeitsmigranten und nicht von Menschen aus Kamerun gestellt. Aus Kamerun waren es einige Mabea und Bali – die Mabea wahrscheinlich als Zwangsarbeiter, die Bali von *mfon* Garega gestellt möglicherweise mit sklavenähnlichem Status (vgl. Rüger 1960b: 181-209). Der schwedische Jäger und Abenteurer Knut Knutson, der sich zur vor- und frühkolonialen Zeit in Kamerun aufhielt, beschrieb die Beziehungen zwischen den deutschen Händlern und ihren afrikanischen Angestellten als im Großen und Ganzen gut. Die deutschen Beamten und Pflanzer hingegen, wären berüchtigt für ihre Misshandlungen gewesen (vgl. Ardener 2002: 135-143).

Deutsch-Ostafrika

In Ostafrika standen, wie beschrieben, die als „Araber" etikettierte Gruppe der Küstenelite und ihre Rolle als „Sklavenhändler" im Mittelpunkt zeitgenössischer europäischer Diskurse. Als größte Konkurrenten europäisch-imperialer Ansprüche lieferte diese diskursive Konstruktion eine bedeutende Legitimation deutscher Intervention, nämlich der „Kampf gegen den Sklavenhandel". Allerdings zeigte sich – wie auch in Westafrika – eine erhebliche Diskrepanz zwischen Diskurs und Praxis, Traum und Wirklichkeit.

Seitdem das deutsche Reich die – auch zeitgenössisch schon als fragwürdig eingeschätzten – Verträge von Carl Peters 1884 anerkannt hatte, gab es formal ein deutsches „Schutzgebiet" mit dem Namen „Deutsch-Ostafrika". Dieses wurde offiziell von der 1883 errichteten Deutsch-Ostafrikanischen Gesellschaft (DOAG) verwaltet. Die DOAG konnte sich weder wirtschaftlich noch politisch gegenüber arabischen und indischen Gruppen durchsetzen, errichtete bis 1887 ganze zehn Stationen entlang der Küste, teils Handelsstationen. Bereits seit 1884 wurden von der DOAG „bewaffnete Kräfte" eingestellt – offiziell wurde nicht von Soldaten oder Truppen gesprochen. Es handelte sich dabei um einige

Dutzend Askari von der Küste, die brutal vorgingen bei der Arbeiter- und Nahrungsmittelrequirierung, z. B. Dörfer von Menschen zerstörten, die sich weigerten, mit der DOAG zu handeln. Träger, die nicht zur Zufriedenheit der Deutschen arbeiteten, wurden erschossen (vgl. Mann 2002: 29). Aber wegen ihrer limitierten Macht blieben diese Übergriffe eher vereinzelt, dennoch legten sie einen Grundstein für die Unzufriedenheit der Küstenbevölkerung mit der DOAG.

Die Vertreter Deutschlands reihten sich – aus lokaler Sicht – als eine neue Gruppe in den etablierten kosmopolitischen Raum ein, nicht unähnlich den Verhältnissen in Westafrika. Dies entsprach natürlich nicht dem Selbstverständnis der DOAG. Aus dieser Frustration heraus ist vielleicht zu erklären, dass anmaßendes und provokantes Auftreten von Vertretern der DOAG eine angespannte Situation entstehen ließ. Die Unwilligkeit der kolonialen deutschen Repräsentanten, sich in die vorkolonialen Strukturen einzupassen, zeigte sich auch darin, dass sie ihre Expeditionen ins Inland nicht gemäß der etablierten „Ordnung der Karawane“ ausrichteten. Nahrungsmangel und brutale Behandlung der Träger führte zu massiven Rekrutierungsproblemen.

In dieser Situation versuchte der Sultan von Zanzibar, seinen Machtbereich gegenüber den Europäern zu behaupten, indem er ebenfalls schriftliche Verträge abschloss und nach Europa diplomatisch gegen die formelle Besitzergreifung protestierte. Er wurde dann durch die Demonstration militarischer Macht in Form von Kanonenbooten dazu gebracht, beizugeben. Hier blieb es also bei der Drohgebärde, wurde noch keine tatsächliche militärische Gewalt ausgeübt. 1888 übertrug der zanzibarische Sultan auf diesen Druck hin die Verwaltung in den wichtigsten Küstenstädten des Festlandes formell auf die DOAG (Tanga, Pangani, Bagamoyo, Dar-es-Salaam, Kilwa, Lindi, Mikindani). Auch während der Übergabezeremonie kreuzte ein deutsches Kanonenboot in Schussweite. In Bagamoyo weigerte sich der *liwali*, der lokale Vertreter des Sultans, die rote Sultansflagge einzuholen. Dies wurde dann von deutschen Marinesoldaten getan (vgl. Pesek 2005: 180-183). Dort wurde diese Aktion nicht unmittelbar militärisch beantwortet. Anders in Pangani: Der dortige *liwali* weigerte sich, seine Befugnisse an die DOAG zu übertragen. Emil Zelewski, der Agent der DOAG, der von den Einheimischen *nyondo* (Hammer) genannt wurde, versuchte darauf hin, ihn einzusperren. Im Zuge dieses Versuches betrat Zelewski die Moschee mit Hunden und entweihte sie so (vgl. Biersteker 1996: 197). Diese religiöse Desavouierung gab der folgenden Rebellion einen neuen Impetus. Laut Berichten der Leipziger Mission sollten Zelewski und andere DOAG-Agenten, z. B. Rochus Schmidt, außerdem 1887 drei Träger in der Nähe von Bagamoyo erschossen haben (vgl. Mann 2002: 61). Diese Ereignisse waren der unmittelbare Auslöser für den so genannten „Araberaufstand“ und die Errichtung der ersten formellen Kolonialarmee, der Wissmanntruppe.

Die gesamte lokale Elite der Küste, *omani*, *shirazi* und nicht-*shirazi* hatten das Gefühl, dass der Sultan von Zanzibar durch die Überschreibung der Gebiete an die Deutschen seine Kompetenzen überschritten hatte. Diese Solidarität nutzte der einflussreiche Bushiri für einen militärischen Angriff auf die DOAG-Stationen. Sein Ziel war die totale Unabhängigkeit von allen externen Mächten, auch vom Sultan von Zanzibar. Die Einheit der verschiedenen Bevölkerungsgruppen war allerdings nur von kurzer Dauer. Bereits im Oktober 1888 zeigte sich, dass sowohl die *omani*-Pflanzer, als auch die *shirazi* Bushiri gegenüber skeptisch waren. Die ersten sahen ihn nicht als einen der ihren an, die zweiten wollten keine „neue Elite". Als Bushiri und die Wissmanntruppe sich im Oktober 1889 gegenüberstanden, hatte Bushiri bereits keine breite Unterstützung mehr (vgl. Mann 2002: 61-62, Pesek 2005: 185-187). Der Sieg, den die Wissmanntruppe nominell über die „Araber", d. h. die ostafrikanische Küstenelite, errang, war später immer wieder Anlass zu Glorifizierung, umgab diese und ihren Gründer Wissmann mit einer besonderen Aura und wurde Teil der heroischen deutschen Kolonialerzählung. Die „Erstürmung des Buschirilagers" am 8.5.1889 war der erste solcherart heroisierte „Sieg" der Wissmanntruppe. Pesek (2005) hat auf die Schwierigkeit hingewiesen, die europäische Armeen hatten, einen kolonialen Sieg zu definieren. Der moderne europäische Krieg sah hierfür ein formelles Protokoll vor, das so nicht auf afrikanische Verhältnisse zu übertragen war. Die Europäer mussten ihren Sieg für sich visualisieren. Wie Pesek eindringlich beschreibt, waren erst die aufsteigenden Rauchsäulen der abgebrannten Dörfer oder der erhängte und gedemütigte Körper der lokalen Autorität die Gewissheit der Europäer für ihren Sieg. Und auch diese Visualisierungen blieben aus Sicht der Europäer ambivalent und bedrohlich, da sie sich über die Wirkung auf afrikanischer Seite nie sicher sein konnten. Die Erstürmung des Lagers von Bushiri gelang zwar – er selbst sowie alle seine Leute hatten das Lager jedoch geräumt – es war also fraglich, ob es sich dabei tatsächlich um einen Sieg handelte. Auf deutscher Seite waren die Verluste für die Einnahme eines leeren Lagers recht hoch.

Mit der Besetzung Tangas am 10. Juli 1889 galt die ostafrikanische Küste als wieder „in deutschen Händen". Die Wissmanntruppe setzte den geflohenen Araberführern, u. a. Bushiri, jedoch ins Innere nach. Damit zeigten sie, dass sie noch nicht an einen „Sieg" glaubten. Die nun folgenden Verfolgungszüge waren die ersten ausschließlich kriegerischen deutschen Expeditionen ins Innere von Deutsch-Ostafrika. Im Dezember wurde Bushiri gefangen genommen und hingerichtet. Erst 1891 erklärte Wissmann die ostafrikanische Küste endgültig als für das deutsche Reich erobert. Die öffentliche Demütigung und damit Sichtbarmachung deutscher Herrschaft durch die Erhängung Bushiris am 14.12.1889 in Pangani – eine unehrenhafte Todesstrafe – konnte den „Sieg" der Deutschen dann visualisieren (vgl. Abbildung auf S. 162).

Monson (1998) hat diese Konstellation auch für das südwestliche Tanzania herausgearbeitet. Sie konnte zeigen, wie europäische Protagonisten (zunächst als Reisende, dann als Missionare und Kolonialbeamte) in ein bestehendes

Netzwerk von politischen, strategischen und militärischen Allianzen eingebunden wurden. Sie betont die bedeutende Rolle afrikanischer Alliierter (unter ihnen auch Wahehe) für den Sieg der deutschen Truppen über die Wahehe und Mkwawa (1890–1898) und die Ansprüche, die auf Seiten dieser Alliierten dadurch gestellt wurden. Der während des Hehe-Krieges mit den Deutschen verbündete Bena-Führer Mwangela verlangte beispielsweise, dass er, und nicht Sangu-Repräsentanten, die Hehe-Autoritäten im nördlichen Njombe-Gebiet ablösen sollte. Mwangela glaubte sich durch eine politische Allianz mit dem Missionar Bunk unterstützt, der auf seinem Gebiet eine Missionsstation leitete. Zwar versuchte sich Bunk auf der deutschen Regierungsstation Iringa für Mwangelas Sache einzusetzen, er leistete jedoch keine militärische Hilfe bei den Kämpfen, die Mwangela gegen die Besatzung der deutschen Station Iringa führte. Dadurch hatten die Missionare – aus Sicht der Bena – ihren Teil des Vertrages nicht eingelöst und es begannen offene Feindseligkeiten gegen die Missionare. Vor diesem historischen Hintergrund fand der Angriff auf die Missionsstation im September 1905 im Rahmen des Maji-Maji-Krieges statt (vgl. Monson 1998: 105-106). Es zeigt sich für diese Gegend und für DOA, wie für die meisten kolonialisierten Gebiete, dass der Kriegszustand latent ständig vorhanden war. Die Konvention europäischer Geschichtsschreibung, einzelne „Kriege“ mit Jahreszahlen voneinander klar abzutrennen, verschleiert diese Tatsache.

Morlang (2006) charakterisiert den Krieg der Deutschen gegen die Hehe (1890–1998) als Vernichtungskrieg und geht davon aus, dass von den insgesamt ca. 50 000 Wahehe mehrere Tausend umkamen. Auf der deutschen Seite starben einige hundert alliierte Krieger, 336 Askari und 15 *Weiße*. Der Krieg gegen die Wahehe war auch durch die schwerste militärische Niederlage der deutschen Kolonialtruppe gekennzeichnet, bei der die ca. 570 Mann starke Zelewksi-Expedition, ein Fünftel der gesamten Schutztruppe, im Jahr 1890 fast vollständig vernichtet wurde. Zelewskis Expedition hatte vorher über einen Monat lang wahllos Dörfer im Wahehe-Gebiet angezündet, verwüstet und ausgeplündert. Beteiligte deutsche Offiziere sprachen von „Vernichtungsfeldzug“ und „Zerstörungskrieg“. Eine künstlich erzeugte Hungersnot wurde letztlich zur wirksamsten Waffe der Deutschen, der Krieg zum „Vernichtungskrieg“. Diese Kriegstaktik muss als grundlegend in der kolonialen Kriegsführung gelten, die deutsch-kolonialen Kriege daher mehrheitlich als „Vernichtungskriege“ (nicht nur die Kriege gegen die Wahehe, die Herero oder der Maji-Maji-Krieg, auch die *mpawmanku*-Kriege im Crossrivergebiet Kameruns; vgl. Michels 2004a).

Deutsch-Südwestafrika

Im späteren Deutsch-Südwestafrika musste sich das imperiale Deutschland noch deutlicher als in den anderen Gebieten als Teil der dort herrschenden Kriegsökonomie, ähnlich eines *war lords*, etablieren und die Kolonie sollte von extremer, vernichtender Gewalt geprägt bleiben. Das Militär selbst wurde hier zu der dominierenden Kontaktzone. Der Habitus von Gruppen wie den Herero und Nama verortete sie deutlich jenseits der idealisierten Grenze. Uniformjacken, breitkrempige Hüte, Pferde, Gewehre, der christliche Glaube und die schriftliche Kommunikation waren hier einige Bestandteile. Insofern fiel den Deutschen die Bestimmung und Etablierung der klassischen kolonialen *frontier* zwischen *weiß/schwarz*, zivilisiert/primitiv einigermaßen schwer. Die zeitgenössischen Berichte und auch noch die Memoiren von deutschen Akteuren veranschaulichen diese Situation und mögen vielleicht einen Erklärungsansatz liefern, warum es 1904 zum versuchten Völkermord an den Herero kam.

Dem Abschluss von staatlich anerkannten Schutzverträgen waren Aktivitäten der Rheinischen Missionsgesellschaft in Walfischbai vorausgegangen. Ihr Leiter, Friedrich Fabri, drang seit 1880 verstärkt auf eine formale Kolonialisation durch Deutschland. Von Berlin wurde dieser Wunsch nicht aufgegriffen. Das Gebiet war, wie dargestellt, Teil der informellen Ökonomie der Kapkolonie. Ebenfalls seit 1880 bemühte sich der bereits in Südwestafrika tätige Bremer Kaufmann Lüderitz, Deutschlands Interesse am südwestlichen Afrika zu wecken. Er hatte in Angra Pequena bereits Land erworben – unrechtmäßig, wie heute und damals wohl auch schon bekannt war. Tatsächlich wurde über diese Erwerbungen im April 1884 eine „Schutzerklärung" des deutschen Reiches erlassen. Offiziell war Deutsch-Südwestafrika damit das erste deutsche „Schutzgebiet". In der Folge erwarb Lüderitz als Privatmann große Gebiete entlang der südwestafrikanischen Küste, wurde jedoch aus finanziellen Gründen gezwungen, diese 1885 an die „Deutsche Kolonialgesellschaft für Südwestafrika" (DKGSWA) zu verkaufen. Die DKGSWA sollte nach Vorbild der englischen *chartered companies* die Kolonie verwalten, konnte dies jedoch aus finanziellen Gründen nicht leisten. Erst 1887, als Gerüchte über Goldvorkommen aufkamen, bemühte sich die DKGSWA um einen „Schutzbrief" des deutschen Reiches. Auch eine „kleine Polizeitruppe", offiziell „Schutztruppe der Deutschen-Colonial-Gesellschaft für Südwest-Afrika", wurde errichtet, in der auch Afrikaner Dienst taten (vgl. dazu Kapitel 2.4, S. 78).

1885 bereits hatten Vertreter der DKGSWA einen „Schutzvertrag", eigentlich „Freundschaftsvertrag", mit Kamaharero geschlossen. Dieser muss in der Tradition militärischer Allianzen in der Gegend gesehen werden und war ein Mittel Kamahareros, seine Position zu festigen und auszubauen. Ihm waren nämlich mehrere Angriffe auf Kamahareros Posten in Okahandja seitens des Nama-*Chiefs* Hendrik Witbooi vorausgegangen, bei dem beständig Vieh

Eine bekannte Namagruppe waren die Witbooi mit dem legendären *chief* Hendrick Witbooi. Witbooi war dabei eine Selbstbezeichnung, die sich auf einen weißen Stoffstreifen bezog, der als Erkennungsmerkmal meist als Hutband oder als Armbinde getragen wurde (vgl. Scheulen 1998: 54).

geraubt wurde, was die Basis der Exportökonomie und die wichtigste Grundlage des Reichtums bildete. Kamaharero schloss den Vertrag als „Oberhäuptling" aller Herero mit den Deutschen – eine Stellung, die es nicht gab und die er auch nicht innehatte. Die Verhandlungen wurden maßgeblich durch die Beratung der Missionare und den Ausschluss aller Herero-Berater erleichtert. Selbst die deutschen offiziellen Vertreter hatten allerdings Bedenken, dass Kamaharero wirklich über „das ganze Hereroland" gebieten könne (Gewald 1999: 31). 1884 noch hatte Kamaharero einen Konzessionsvertrag mit dem britischen Kapkommisar abgeschlossen, den die britische Regierung aus innereuropäischen kolonialpolitischen Überlegungen nicht mehr anerkannte. Als zudem noch Jan Jonker Afrikaner in Windhoek und Hermanus von Wyk in Rehoboth Verträge mit den Deutschen abschlossen, und sich die militärischen Verhältnisse ungünstig für Kamaharero entwickelten, entschloss er sich, den „Schutz- und Freundschaftsvertrag" zu unterzeichnen (vgl. Henrichsen 2004b). Die deutsche Seite konnte die Erwartungen, die Kamaharero in sie gesetzt hatte, allerdings nicht erfüllen und so kündigte er 1888 den Vertrag auf. Damit waren die, die das deutsche Reich „schützen" wollten, aus der Gegend verbannt. Militärisch konnten sie sich nicht dagegen wehren. Die Soldaten der Truppe waren offenbar desertiert. Nachdem auch die Missionare, die sich öffentlich für die deutschen Vertreter stark gemacht hatten, nach bewaffneter Intervention riefen, sah sich das deutsche Reich gezwungen, militärische Macht zu demonstrieren.

Offiziell sprach man in Deutschland zwar von einer „Forschungsexpedition" mit 21 *weißen* Soldaten, tatsächlich handelte es sich jedoch um ein kleines Kontingent deutscher Polizeisoldaten unter Hauptmann Curt von François. Unter Missachtung seiner Anweisungen aus Berlin war von François der Überzeugung, dass ein Krieg gegen die Herero die einzig angemessene Reaktion sei. Seine provozierenden Aktivitäten vor Ort konnten von Berlin aus nicht verhindert werden und so konnte es nur die faktische Situation anerkennen und Verstärkung nach DSWA schicken (vgl. Simplex africanus et. al. 1905: 41; Drechsler 1966: 42-44; Zimmerer 2001: 18). Hugo von François, der Bruder von Curt, ging davon aus, dass der Engländer Lewis diese „jämmerliche Truppe" als Elitetruppe des deutschen Kaisers gegenüber den Herero dargestellt und sie so überzeugt hätte, einen Vertrag mit England abzuschließen. Am 29. Juni 1889 gingen die Brüder von François „mit der Truppe an Land, um die Schmach des Rauswurfs wieder auszuwetzen. Die 21 Soldaten dieser Truppe waren ausschließlich *Weiße*, „teils ausgediente und teils noch aktive Soldaten" (François 1895: 105; Gann/Duignan 1977: 67). Missionar Bernsmann urteilte über die Soldaten, sie seien „schneidig und etwas heißblütig" (zit. nach Selmeci/Henrichsen 1995: 44). Drei von ihnen mussten wegen „Untauglichkeit“ sehr schnell entlassen werden (François 1895: 108). Dieser Truppe stellten sich 200 berittene Herero gegenüber, doch François war instruiert, keinen Krieg zu beginnen. „Verwicklungen wie in Ostafrika“ sollten vermieden werden und tendenziell friedlich vorgegangen werden (ebd.). Sein Hauptinteresse sollte dem Engländer Lewis gelten (vgl. Selmeci/Henrichsen 1995: 44). Als die Herero diese Truppe von 1889 gesehen hätten, so Hugo von François später, wäre Lewis sofort widerlegt gewesen und der „Respekt“ vor den Deutschen gewachsen. Die „Angst“ vor den Deutschen wäre dabei entscheidend gewesen (François 1895: 105, 115). Die Aufgabe der Truppe war also, „Angst“ zu erzeugen und so „Respekt“ zu verschaffen, wo „Herrschaft“ nicht etabliert war.

Die Tatsache, dass die Truppe Order hatte, keinen Krieg zu beginnen, war für die gedemütigten Deutschen eine schwere Einschränkung. Hugo von François lässt in seinen Erinnerungen keinen Zweifel daran. Er betonte die Unstimmigkeiten zwischen Militär- und Zivilverwaltung, die „die Truppe in ihren Entschließungen und ihrem Handeln sehr gehindert [habe]“ (François 1895: 116). Über die Stimmung innerhalb der deutschen Truppe schrieb er freimütig:

„Daß bei all’ diesen offenbaren Gewaltthätigkeiten der Herero wir recht häufig vor Zorn und Ungeduld brannten, denselben einmal gehörig das Leder zu verhauen, wird begreiflich erscheinen.“ (François 1895: 116)

In Ermangelung tatsächlicher militärischer Macht, wurde die Erhöhung des Drohpotentials durch Zurschaustellung größerer Machtmittel als Ziel postuliert. Ähnliche Forderungen wurden in allen Gebieten und Zeiten von deutscher, meist aber nicht ausschließlich militärischer Seite erhoben:

„Um nun wenigstens durch Autorität in der Zahl der Truppe eine Art moralischen Druck ausüben zu können, war unser stiller Wunsch schon lange eine Vermehrung derselben gewesen.“ (Ebd.)

Die erste Verstärkung bestand wiederum aus *weißen* deutschen Soldaten. Die kleine deutsche Truppe war den Herero militärisch jedoch weiterhin unterlegen. 1890 wurde Windhoek der zweite deutsche Stützpunkt im zentralen Hochland. Die Truppe erweiterte sich. Es wurden so genannte afrikanische „Hilfskräfte“ eingestellt (vgl. dazu Kapitel 2.4, S. 78).

Nach dem Tode des alten Maharero, fragte sein Sohn Samuel die Deutschen „Was macht ihr überhaupt in Windhoek“. Die Deutschen wollten durch Zurschaustellen ihrer militärischen Stärke Eindruck machen „etwas Anschauungs-Unterricht über die Existenz und die Bedeutung unserer Anwesenheit im Lande“ (ebd.: 123-134). An dieser Demonstration nahmen 17 Deutsche und 15 „Eingeborene“ teil. Am Waterberg trennten sich die François-Brüder,

der eine ging ins Ovambo-Gebiet, der andere südwestlich über Omburo, Omaruru und Okambahe nach Otyimbingue. François bewertete den Erfolg dieses Unternehmens wieder an der Zurschaustellung militärischer Stärke: überlegene Statur, disziplinierte Körper, überlegene Waffentechnik:

„Überall wurden wir freundschaftlichst aufgenommen, besonders wurde die gute Bewaffnung, die kräftige Statur unserer Leute und etliche gelungene Schießproben bewundert. In Omaruru wollte man unsere neue Waffe betrachten. Als ich zuerst nicht daran wollte, wurde ich gefragt, ob es wahr sei, daß das Geschoß durch die Häuser ginge? Sie hätten es gehört, glauben aber nicht daran. Ich renommierte ihnen nun tüchtig vor von der Leistungsfähigkeit des neuen Gewehrs, worauf ich gebeten wurde, die Probe an einem verlassenen Hause zu machen, dessen Wände aus mehreren Lagen (3) Ziegelsteinen und stark mit Sand versetztem Lehm bestanden, also wohl zu stark für die Durchschlagskraft des Geschosses sein würden. Ich wählte einen Standort ca. 40 m vom Gebäude entfernt und schoß. Ein lautes Freudengejohle verkündete mir, daß die Kugel nicht durchgegangen war; ich schoß also zum zweitenmale in dasselbe Loch mit demselben Resultate; indessen war man ringsherum stille und betreten, daß es mir gelungen war zum zweiten Male dasselbe Loch zu treffen. Als nun beim dritten Versuch das Geschoß durchschlug, schlich die Bande ganz still davon, wie Hunde mit eingekniffenen Schwänzen, und ein Mann sagte mir, es sei genug, sie würden nie mit den Deutschen fechten, die immer auf denselben Fleck zu treffen verständen. Offenbar hielten sie dafür, daß Zauberei im Spiele sei [...] Auch hier [bei Manasse in Omaruru] führte ich Exerzitien der Truppe und Schießversuche vor, deren Ergebnis ungeheuchelte Bewunderung unserer Leistungen war. Johannes meinte beim Abschied, alle die Gerüchte über die deutsche Truppe, die bislang zu ihm gedrungen seien, wären unwahr; nun hätte er selbst gesehen." (François 1895: 136)

Auch anlässlich eines Besuches des Lagers von Witbooi, Hoornkrantz, wurden die deutschen Gewehre vorgeführt. Die Deutschen wurden nicht müde davon zu berichten, wie sehr ihre „Überlegenheit" die „Naturkinder" beeindrucke:

„Bis zur Ankunft der Truppe wurden alle Weißen ohne Unterschied für Kapbewohner angesehen. Erst durch die Übereinstimmung unserer Erzählungen mit denen der Missionare konnten die Herero bewogen werden, an die Existenz Deutschlands zu glauben; doch hielten sie es für ein armes, ödes Land, da wir es verlassen hätten: Rindvieh und Kleinvieh könne es dort nicht geben, sonst würden wir nicht kommen, ihnen solches abzukaufen. Volle Anerkennung zollen sie aber den Erzeugnissen deutschen Kultur- und Gewerbefleißes; sie bewundern die Stoffe, Geräte, besonders aber geheimnisvolle Maschinerien, wie Spieluhren; sie schütteln höchst erstaunt das Denkerhaupt und fassen ihre Empfindungen zusammen in Aussprüchen, wie: „der Weiße ist uns doch über"'. Einen gewaltigen Eindruck machten ihnen so auch die beiden Geschütze der Truppe; außerordentlich imponierte ihnen auch unser Kasernement. In jedem Raum, in den sie geführt wurden, besonders in der Waffenkammer, die vollgestopft mit Gewehren und Munition war, ließen sie ihren Naturruf: Adadi da didadida .... zum Zeichen ihre höchstens Staunens erschallen.“ (François 1895: 188)

Die politischen Entwicklungen sahen jedoch anders aus. 1892 reiste Hugo von François nach Deutschland und wies den Reichskanzler darauf hin, dass die Gefahr eines Friedensschlusses zwischen Nama und Herero bestünde, und diese dann gemeinsam gegen die Deutschen vorgehen könnten. Tatsächlich begruben Samuel Maharero und Hendrik Witbooi ihre Feindseligkeiten und verabredeten, zusammen gegen die Deutschen zu kooperieren (Gewald 1999: 54; Bühler 2003). Dem Krieg zwischen beiden müsse durch ein Eingreifen einer noch stärkeren deutschen Truppe ein Ende gemacht werden, da der Krieg auch für die wirtschaftliche Ausbeutung des Gebietes nachträglich sei, so das Argument von François. Die deutsche Regierung wurde überzeugt und die Truppe erhöht. Die deutsche Kolonialtruppe in DSWA blieb während der gesamten Zeit strukturell schwach, was sich besonders während der Kriegsjahre 1904 – 1907 auswirkte. Wie Bühler (2003) vermerkt, waren die *weißen* Soldaten, die sich für den Militärdienst in Afrika anwerben ließen, wenig geeignet und häufig gescheiterte Existenzen. Es gab schwelende Konflikte zwischen Neuankömmlingen und schon länger in der Truppe Dienst Tuenden. Das Offizierskorps war unzureichend ausgebildet und die Landeskenntnisse sehr gering (ebd.: 190-191).

1893 kam es zu einem Gefecht gegen die Nama unter Hendrik Witbooi. Damals ging es auch um die Arbeitskraft der Herero und Baster, die sich die Deutschen erhalten wollten (vgl. François 1895: 156). Am 12. April 1893 griffen die deutschen Truppen das Witbooi-Lager in Hoornkrantz an. Witbooi beschrieb dies später als Massaker: zehn Männer und 75 Frauen und Kinder wurden getötet, der Rest ging nach Windhoek in Gefangenschaft:

„I left with all my men, without offering them resistance, in this way the Hoofman [von François] captured our place, and destroyed the place in the most terrible manner, as I had never imagined from a white civilised nation, which knows the laws and conduct of war, but he robbed me, and small children, which still lay at their mother's breast, and bigger children and women and children he shot them dead, and many corpses, which he had already shot dead, he placed in the grass houses which he lit and burnt the bodies to ash.“ (Zit. nach Gewald 1999: 54-55)

Daraufhin folgte ein zweijähriger Guerilla-Krieg zwischen den Witbooi und den Deutschen, bei dem die Deutschen keine Siege erringen konnten sondern nur verhöhnt wurden. Die afrikanische Bevölkerung rechnete damit, dass die Schutztruppe sich bald aus Namibia zurückziehen würde. Das ausschließlich militärische Vorgehen Curt von François' wurde aber auch von deutschen Händlern kritisiert, deren wirtschaftliche Tätigkeiten zum Erliegen kamen. Als Konsequenz dieser Kritik wurde François abberufen und durch Major Theodor Leutwein ersetzt, der sprichwörtliche divide-et-impera Politik vorzog (vgl. Gewald 1999: 55-56; Gann/Duignan 1977: 20).

Für die Herero bedeutete der Krieg der Deutschen mit Witbooi, dass das südliche Hereroland, das vorher von Witbooi bedroht und erobert worden war, wieder attraktiv wurde. Samuel Maharero, der mit Hilfe von Witbooi seine Stellung innerhalb der Herero-Hierarchien gefestigt hatte, wurde nun wieder geschwächt. Herero-*chieftains* kamen zurück in den Süden und erhoben Anspruch auf Land und Menschen, das Samuel Maharero für sich beanspruchte. In dieser Situation war es vorteilhaft für Maharero, mit den Deutschen zu kooperieren. Der neue Landeshauptmann, Theodor Leutwein, gewährte ihm diese Hilfe sehr gerne und sandte Verstärkung. Leutwein, bzw. die Deutschen, griffen so also willentlich in interne Herero-Auseinandersetzungen ein, um ihre eigene Position im Lande zu festigen. Bereits zu diesem Zeitpunkt hatte sich eine kosmopolisierte Militärtradition unter den Herero etabliert, die aus der Fahne, christlichen Feldgottesdiensten sowie dem Tragen kaiserlicher Uniformen bestand. Die Waffenbrüderschaft zwischen Deutschen und Herero wurde auch äußerlich sichtbar, beispielsweise durch das gemeinsame Errichten von Feldlagern (vgl. Kapitel 3.3 „Kosmopolitisierende Perspektiven", S. 208).

Samuel Maharero wurde dann tatsächlich mit Hilfe der Deutschen Nachfolger seines Vaters Kamaharero, der 1890 starb. Nach Herero-Recht wäre er dazu eigentlich nicht berechtigt gewesen. Sein mütterlicher Onkel Riarua musste seine legitimen Ansprüche angesichts der deutschen militärischen Unterstützung Mahareros allerdings aufgeben. Leutwein wusste um diese Herero-Konventionen, setzte sich aber im Sinne deutscher Interessen bewusst darüber hinweg. Als ältester Sohn Kamahareros konnte Maharero nach Deutschland als der rechtmäßige Nachfolger verkauft werden, schließlich war dort die Vater-Sohn-Sukzession etabliert (vgl. Gewald 1999: 55-58). Maharero wurde von den Deutschen zur „Heeresfolge"[31] verpflichtet und zog 1896 zusammen mit Leutwein gegen Kavikuma und Kahimemua. Mahareros Soldaten führten rote Bänder. Der Hereroführer Kajata erwarb sich dabei das deutsche Militärehrenzeichen zweiter Klasse (vgl. Selmeci/Henrichsen 1995: 55-56). Solch gemeinsame Kriegszüge wurden häufig mit gemeinsamen Paraden abgeschlossen (ebd.; vgl. auch Bley 1968: 44, 87). Die deutsche Truppe konkurrierte um eine Vielzahl der gleichen Güter, wie die anderen Beteiligten – Herero- und Namagruppen – allen voran Vieh und Land. Auch nach 1896 beteiligte sie sich aktiv an Viehraubzügen und verhielt sich somit ähnlich, wie die Alliierten Mahareros.

31 Vgl. zum Thema „Heeresfolge" Kapitel 2.4 Seite 78.

Nach Ausbruch der Rinderpest nahmen Viehraubzüge zu. Es waren besonders junge Herero-Männer daran beteiligt, die eigentlich in Bezug auf ihre Abstammung keine privilegierte Position in der Hererogesellschaft inne hatten, die aber durch ihre Nähe zu Maharero und dem kolonialen System durch solche Beutezüge profitieren konnten. Sie wurden die neue Machtelite, vor allem im östlichen Teil des Hererolandes, wo Maharero vorher keinen Einfluss hatte. Auch „politische Sanktionen" der deutschen Truppe waren eigentlich wenig versteckte Rinderdiebstähle (vgl. Gewald 1999: 125-127). Noch während des Krieges gegen die Herero im Jahre 1904 zeigte sich, dass der Raub des Viehs der Herero ein zentrales Kriegsziel der Deutschen war (vgl. Tagebuch Hillebrecht, Epp in: Eckl 2005). Aus dieser Praxis wird ersichtlich, wie ähnlich der Habitus *schwarzer* und *weißer* Soldaten, Truppen und *war lords* in DSWA war, und wie etabliert die geteilte Militärkultur der Kontaktzone.

Pesek (2005) und Hull (2005a) folgend, möchte ich die These aufstellen, dass der koloniale Krieg umso totaler geführt wurde, je weniger mächtig die Kolonialmacht war und je unklarer damit die Trennung von „Kolonialherren" und „koloniale Untertanen". Im Falle DSWAs scheint der nach 1904 den Einheimischen unterstellte „Rassenhass" als ex post Legitimation für deren fortgesetzte repressive Unterordnung gedient zu haben (vgl. Scheulen 1998: 181). Krüger (1999) hat überzeugend dargelegt, dass von Seiten der Herero 1904 kein „schicksalhafter Rassekampf" geführt werden sollte, sondern ein begrenzter Krieg, der die politisch-ökonomische Stellung der Herero deutlich verbessern sollte. Anknüpfend an Erfahrungen der vor- und frühkolonialen Kriege erwarteten sie von den Deutschen den Willen zum Interessensausgleich (vgl. ebd.: 59-61). Die deutsche Kriegstaktik unter Lothar von Trotha war eine andere: Die Vernichtung galt hier als erstrebtes Ziel. Mit der Vernichtung – der absoluten Niederlage – der „anderen" versicherten sich die „eigene" Identität ihrer Existenz und ihrer Zukunft. Um sich selbst als homogenes „weißes" Kollektiv mit einer Zukunft in Südwestafrika zu entwerfen, brauchte es des Motives des „Rassekrieges" (vgl. dazu Brehl 2004). Die klare Grenze zwischen *Schwarz* und *Weiß* wurde zunächst militärstrategisch und als Effekt danach ideologisch errichtet (vgl. für diesen Gedanken Hull 2005b).

Exkurs: *Schwarze* Soldaten in deutschen Armeen

Es ist nicht unwahrscheinlich, dass bereits 1884 zusammen mit den *weißen* Marinesoldaten auch *schwarze* Matrosen kämpften. Zumindest sind Kru als Matrosen auf den deutschen Kanonenbooten beschäftigt gewesen. Es war üblich, dass die Matrosen in Uniform gekleidet waren und Mützen mit der Aufschrift „Kaiserliche deutsche Marine" trugen. 1884 wurden auch bereits mindestens drei Männer aus Kamerun (Duala) in die deutsche Marine eingestellt, die sich für vier Jahre verpflichtet hatten. Sie hießen: Mbuele, Mpako und Eudeme (vgl. Daheim 1886 und das Bild auf dem hinteren Umschlag des Buches[32]). Sie sollten „die deutsche Sprache erlernen, im Kriegsschiffsdienst geübt werden" und „dieselben Pflichten und Rechte wie jeder deutsche Matrose übernehmen, auch nach Deutschland selbst geführt werden" (Buchner 1914: 198-199; vgl. Zöller 1885b: 221).

Diese gleichberechtigte Eingliederung in eine deutsche Armee blieb die absolute Ausnahme und steht eher für die privilegierte Position der Duala im kolonialdeutschen Kamerun denn für die nationale Rekrutierung. Es gab allerdings Pläne für eine systematische Ausbildung von Offizieren und Unteroffizieren in Deutschland (vgl. Morlang 2008). Bisher gibt es jedoch keinen Hinweis in schriftlichen Unterlagen darüber, ob dies tatsächlich umgesetzt wurde. In mündlich überlieferten Geschichten in Kamerun wird jedoch an Männer erinnert, die in Deutschland militärisch geschult und dann in Kamerun eingesetzt wurden, beispielsweise Akili aus Bachuo Ntai im Crossrivergebiet. Bekannt ist auch die Geschichte Mebenga m'Ebonos alias Martin Samba aus Kamerun, der in Deutschland militärisch ausgebildet wurde. In Deutschland stieg er zum Unteroffizier auf und in der Kameruner Schutztruppe bekleidete er den Rang des Feldwebels. Auch Alexander Ndumbe Manga Bell, der Sohn Rudolf Duala Manga Bells, der 1902 als Vierjähriger nach Deutschland kam, soll in der deutschen Armee gedient haben. Gustav Sabac el Cher war seit 1908 in der preußischen Armee Kapellmeister im Rang eines Offizierstellvertreters und seine Söhne dienten in der Wehrmacht (vgl. Pieken und Kruse 2007). *Schwarze* Militärmusiker, die auf die Tradition der Renaissance-Höfe im 18. Jahrhundert zurückgingen, gab es während der Kaiserzeit noch mehrere. Der später in die Wissmanntruppe eingetretene ursprünglich aus dem Tschadseegebiet stammende Leopold Suror hatte als Militärmusiker im Husaren-Korps der österreichisch-ungarischen Armee gearbeitet (vgl. Morlang 2008b und Seite 81). Am Beispiel von zwei Kamerunern, die im Potsdamer Garderegiment als Militärmusiker beschäftigt waren, entspann sich eine Debatte um den Ausschluss „Farbiger" aus dem deutschen Heer. Der Alldeutsche Verband argumentierte, durch die Präsenz von *schwarzen* Soldaten und möglicherweise Vorgesetzten, sei die „rassische Ordnung" bedroht. Die Kameruner wurden in der Folge aus der Armee entlassen (vgl. Grosse 2000: 226). Auch im Zweiten Weltkrieg kämpften *schwarze* Soldaten in der deutschen Wehrmacht. Auch hier sind bisher wenige individuelle Beispiele bekannt, beispielsweise Ernst Dahms aus Südwestafrika. Der ehemalige Askari Mohamed Bayume Husen indes, der sich 1939 freiwillig meldete, wurde nicht berücksichtigt.

(Vgl. Bechhaus-Gerst 2007).

32 Ich danke Joachim Zeller für den Hinweis auf dieses Bild.

2.4 „Kriegerische Rasse" – koloniale Klasse (ca. 1890 – 1914)

Im Kontext der imperialen Unterwerfung und dessen Primat der Gewalt stand die Eignung bestimmter Gruppen als Soldaten im Zentrum des deutschen Interesses. Gewünscht und besonders geeignet galten Angehörige so genannter „martial races", bzw. „kriegerischer Rassen", wie es im zeitgenössischen deutschen Jargon hieß. Essentialisierende Vorstellung von „Rassen" und „Stämmen" mit dem Subtext der Professionalisierungen bestimmter Berufsgruppen und „Klassen" blieben also eine wichtige Strukturvariante bei der Rekrutierung der Kolonialsoldaten (vgl. Kapitel 2.1 „Kont(r)aktarbeiter", S. 44). Das Konzept der *martial races* ging ursprünglich auf die britische Rekrutierung in Indien zurück, wurde dann aber auch auf Afrika übertragen (vgl. Streets 2004; Killingray 1999: 15). Streets (2004) konnte zeigen, wie flexibel dabei das Konzept „race" benutzt und für welche politischen Zwecke mit widersprüchlichen Zielen es herangezogen wurde. Sie argumentiert auch für die schottischen „Highlander", die Punjabi Sikhs und die nepalesischen Ghurkas, dass die Vorstellungen von „wilder Männlichkeit" von den militärischen Eliten imaginiert wurden, um historisch spezifische Situationen für konkrete imperiale Vorteile zu nutzen. Für Afrika wurden in der Folge ebenfalls „kriegerische Rassen" erfunden und entsprechend genutzt.

In Westafrika stand zunächst das Etikett „Hausa" für besonders geeignete Soldaten, im südlichen Afrika seit 1879 „Zulu" und „Basuto" (vgl. ebd.; Koller 2001: 162; Zöller 1885a: 89; Morlang 2008a: 16; zu den Hausa S. 60). Für alle diese Bezeichnungen galt, dass sie Menschen mit diversen sozio-linguistischen Hintergründen einschloss, wie bereits am Beispiel des „Phänomens Kru" gezeigt. Die Unterscheidung einzelner *martial races,* beziehungsweise „ethnic ranking" (Moyd 2008) blieb jedoch eher ein Insider-Diskurs. In populäreren Darstellungen, die sich an deutsche Normalbürger richteten, wurden die Kolonialsoldaten entlang groberen „rassischen" Zuschreibungen bewertet. Durch eine solche Biologisierung konnte die Militarisierung – die Existenz von Kolonialarmeen und -soldaten – legitimiert werden.

Auch in der frühkolonialen Phase, also vor der formellen Errichtung der Kolonialarmeen (1891), wurden von den Deutschen neben den bewaffneten Arbeitskräften offiziell bereits einige wenige *schwarze* „Polizisten" eingestellt. Die Bezeichnung „Polizist" sollte ihren zivilen Status hervorheben, im Gegensatz zum „Soldaten", der eindeutig der militärischen Sphäre zugerechnet hätte werden können. Wie der amerikanische Historiker Rudin bereits 1938 schrieb, waren die Argumente, die benutzt wurden, um vom Reichstag finanzielle Mittel für diese Truppen zu erreichen, relativ arbiträr. Das viel zitierte Argument, koloniale Truppen und der deutsche Kolonialismus generell, bekämpfe das „Übel der Sklaverei" in Afrika und sei somit per Definition ‚human', erfüllte wohl den Zweck, gewisse Angriffe innerhalb der Reichstagsdebatten ins Leere laufen zu lassen, wurde von den ‚men on the spot' aber wohl selbst nicht geglaubt, jedoch in der kolonialen Publizistik unisono wiederholt (vgl. Rudin 1938: 195-196; Schubert 2003; Zache 1926: 50). Diese Argumentation wird dennoch bis heute weiter kolportiert, weniger von der seriösen Forschung, eher von patriotischen Gruppen, die die Kolonialzeit gerne als Deutschlands „große" Zeit in Erinnerung halten wollen. So hält sich die Formulierung, Hermann von Wissmann, der die erste offizielle deutsche Kolonialtruppe befehligte und der zeitweise Gouverneur von DOA war, hätte sich seine Meriten im Kampf gegen die Sklaverei in Afrika verdient. Es zeigt sich bei der historischen Betrachtung der Entstehung der kolonialen Armeen allerdings im Gegenteil, dass Deutschland selbst häufig auf Sklaven als Arbeitskräfte zurückgriff und somit Teil eines Systems wurde, das es vorgab zu bekämpfen. Es waren dabei gerade die am meisten kosmopolitisierten Protagonisten, wie Emin Pascha in Ost- und Eugen Zintgraff in Westafrika, die dies forderten (vgl. Pesek 2005: 62; Michels 2004a: 118-120). In der ersten Anwerbung von Kolonialsoldaten 1888/89 für die Bushiri-Kriege in Ostafrika, zeigte sich besonders deutlich, auf welche bestehenden Systeme von „military slavery" (Moyd 2008) die Deutschen zurückgriffen.

Deutsch-Ostafrika

Die DOAG, die selbst nicht über genügend finanzielle Mittel zum Aufbau einer Truppe verfügte, beantragte 1888 einen Zuschuss vom deutschen Reich zur Verbesserung der Machtposition an der ostafrikanischen Küste mit militärischen Mitteln. Die von der DOAG eingestellten Askari wurden ähnlich der Karawanengepflogenheiten für eine begrenzte Zeit verpflichtetet, auch die Träger wurden teilweise bewaffnet. Die Stationen der DOAG waren nicht dauerhaft mit Soldaten besetzt. Professionelle Soldaten wurden von den Stationsleitern nur auf kurze Zeit befristet eingesetzt (vgl. Morlang 2008a: 11).

In Deutschland wurde 1888 vom „Araber-Aufstand" gesprochen, der an der deutsch-ostafrikanischen Küste „ausgebrochen" sei und die deutsche Kolonialherrschaft und damit das Ansehen Deutschlands vor Ort und in der Welt in Frage stelle (s. zur komplexen Vorgeschichte Kapitel 2.2, S. 44). Im Reichstag wurde ausgehend von dieser konkreten Situation die gesamte Legitimation des deutschen Kolonialbesitzes controvers diskutiert und erst der Thronrede des Kaisers „Gegen die Sklaverei" war es geschuldet, dass offiziell aufgrund rein humanitärer Beweggründe zwei Millionen Mark für die Entsendung eines Reichskommissars bewilligt wurden, der eine „einheimische Polizeimacht von ausreichender Stärke" (DKZ 1889, nr. 4: 29, Hervorhebung SM) anwerben sollte. Offiziell wurde von einer „Polizeimacht" gesprochen, deren Aufgabe auch entsprechend unmilitärisch umschrieben wurde als „Übernahme des Sicherheitsdienstes“ an der der deutschen Verwaltung unterstellten Küste Ostafrikas (BAB R1001/735, B. 6, 8). Später hieß die Einheit „Deutsch-Afrikanische Schutztruppe“. Auch für die Soldaten wurde im zeitgenössischen Diskurs der Terminus „Polizeisoldat“ bemüht (vgl. AA an engl. Botschafter, 22.01.1889, BAB R1001/735, B. 6-7). Mit der Organisation dieser „Polizeimacht“, wurde Hermann Wissmann beauftragt. Der nach diesem Einsatz geadelte Herrmann (von) Wissmann (1835–1905) war ein Vertreter des Bürgertums, der zunächst in der preußischen Armee und später als Afrikaforscher sein Glück suchte. Zwischen 1883 und 1888 hatte er im Dienste König Leopold II. von Belgien zwei Expeditionen in den Kongo geführt. Als er 1888 mit der Aufgabe eine Truppe anzuwerben, zum Reichskommissar auserkoren wurde, hatte er sich als „Afrikadurchquerer“, Kolonialenthusiast und Offizier empfohlen.

Wissmann baute „seine“ Armee gemäß seinen persönlichen Überzeugungen auf und schuf dadurch eine neue militärische Ordnung, die sich von der in Deutschland bestehenden unterschied: neue Hierarchien, neue Ämter, neues Wissen und neue Praxis. Die Truppe, die ganz auf ihn ausgerichtet war, wurde später stets als „Wissmanntruppe“ bezeichnet und galt den nachfolgenden deutschen „Schutztruppen“ als heroisiertes Vorbild. Die Elemente dieser Ordnung entstammten dabei diversen und heterogenen Diskursen und Praktiken, sowohl der Karawanenkultur, der osmanisch-ägyptischen Erfahrung, sowie auch der sich wandelnden europäischen Militärpraxis. In DOA zeigt sich deutlich die Hybridität imperialer Ordnung: Die „Ordnung der Karawanen“ (Pesek 2005: 58) im Ostafrika des 19. Jahrhunderts nahm entscheidende Aspekte der imperialen Ordnungen und der kolonialen Armeen vorweg, so die Notwendigkeit von Loyalität und überlegener Waffentechnik und auch das zentrale Ordnungselement des europäischen Kolonialismus, das der Scheidung von Wildnis und Zivilisation (vgl. ebd.: 60-77).

Es hatte 1888 bereits festgestanden, dass *schwarze* Soldaten eingesetzt werden sollten. Die vom Reich bewilligten Mittel für die Wissmanntruppe waren äußerst knapp und die Löhne für *schwarze* Soldaten niedriger als die *weißer* Soldaten. Zudem galten sie als erfahrener. Eine Anwerbung im Gebiet DOAs war nicht in großem Stile möglich, dort herrschte bereits Kriegszustand. Bismarck sprach sich persönlich gegen einen Einsatz von Bewohnern der ostafrikanischen Küste aus. Es war Eile geboten und Wissmann musste bereits ausgebildete Soldaten anwerben (vgl. Morlang 2008a: 16, Mann 2002: 47). Ein kleiner Anteil der Wissmanntruppe, 45-50 Mann, bestand aus Askari, d. h. swahilisprachigen Soldaten der Küste, in diesem Falle „Zaramo“. Sie waren von der DOAG übernommen worden und wichtig als Übersetzer, Führer und Späher. Sie waren bereits militärisch vorgebildet und galten als direkt „verwendungsfähig“.

Der größte Teil der Soldaten wurde in Kairo von Wissmann persönlich angeworben. Er tat dies mit Erlaubnis der englischen Regierung. Es handelte

EXKURS: EINE INDIVIDUELLE KOSMOPOLITISCHE LEBENSGESCHICHTE EINES *SCHWARZEN* DEUTSCHEN KOLONIALSOLDATEN: LEOPOLD SUROR

Dass jeglicher Versuch, klare und beschreibbare Gruppen und Geschichten zu kreieren, letztlich scheitern muss, zeigt sich besonders deutlich an der Lebensgeschichte von Leopold Suror, der 1889 in Ägypten für die Wissmanntruppe angeworben wurde, aber in einer völlig anderen Tradition stand, als die „Sudanesen", unter die er mithin subsumiert wurde. Suror wurde 1850 im Tschadseegebiet geboren und im Laufe seiner Kindheit als Sklave nach Kairo verkauft. Dort wurde er 1851 von Agenten des österreichischen Staatskanzlers Metternich freigekauft und reiste in der Folge nach Deutschland aus, wo er in einem Kloster erzogen und Deutsch zu seiner Muttersprache wurde. Als junger Erwachsener trat er als Militärmusiker in die österreichsich-ungarische Armee ein. Einige Jahre später wechselte er sein Engagement und wurde Palastdiener beim Sultan in Konstantinopel, um sich schließlich als Kaufmann in Aden und Ägypten selbständig zu machen. 1889, als Wissmann in Kairo Truppen anwarb, stellte sich Suror bei ihm vor. Die Bezahlung, die von Wissmann in Aussicht gestellt wurde, war ansehnlich und Suror wurde wegen seiner Deutschkenntnisse und seiner militärischen Erfahrung für die Truppe eingestellt. Suror reiste nach DOA aus und nahm an der „Erstürmung des Bushirilagers" teil. Er war – im Gegensatz zu den anderen „Sudanesen" – Christ, was ihn zum sozialen Außenseiter in der Truppe gemacht haben mag und möglicherweise mit ein Grund für seinen Austritt aus der Wissmanntruppe im Jahr 1890 war. 1891 trat er erneut in deutsche Militärdienste, diesmal im Rahmen der so genannten „Deutschen Antisklaverei-Kampagne", die mangels verfügbarer Soldaten eigene militärische Beschützer (damals bereits Askari genannt) anwarb. Suror wurde in Massawa angeworben und erhielt den Rang des Unteroffiziers. Nach seinem entscheidenden Einsatz bei dem Versuch der Erstürmung der Feste des Wanyamwezi-*Chiefs* Siki wurde er zum Offizier (Effendi) befördert. 1893 wurde er – im Zuge eines Verfahrens wegen Ehebruchs mit der Frau eines *schwarzen* Unteroffiziers – zum Feldwebel degradiert. Wegen dieses sozialen Abstiegs und der „Schande", die dieses für ihn bedeutete, scheint er 1893 aus der Armeee ausgetreten und nach Ägypten zurückgekehrt zu sein. Dort ließ er sich 1894 für die im Aufbau befindliche „Schutztruppe" für Kamerun anwerben, nahm an den Kriegen gegen die Abo teil und wurde mit der Kriegerverdienst-Medaille 2. Klasse ausgezeichnet. In Kamerun blieb er – wie ein Großteil der für die dortige Truppe angeworbenen „Sudanesen" – nur ein halbes Jahr, kehrte nach Ägpyten zurück, wo er sich erneut für die deutsch-ostafrikanische Truppe anwerben ließ, während der Reise dorthin allerdings aus unbekannten Gründen im Roten Meer über Bord ging und ertrank.

(nach Morlang 2008b)

sich um aus englischem Dienst entlassene so genannte „Sudanesen"-Offiziere, Unteroffiziere und Mannschaften. „Sudanesen" hießen sie im deutsch-kolonialen Sprachgebrauch nach ihrer Herkunftsregion, wobei „Sudan" dabei unspezifisch als Region südlich von Ägypten benannt wurde. Viele der „Sudanesen" kamen anscheinend als Sklaven aus dieser Region. Die Herkunft der „Sudanesen" war sehr heterogen, gemeinsam war ihnen die Zugehörigkeit zum Islam und die arabische Sprache. Die meisten kamen wahrscheinlich aus dem Shilluk- oder Dinkagebiet. Einzelne Lebensgeschichten verweisen noch auf andere Hintergründe, beispielsweise eines Galla aus Eritrea, der Sklave einer arabischen Familie wurde und von dort in die Armee kam, auch Nubien, Darfur und Äthiopien wurden als Heimatregionen angegeben (vgl. Pesek 2005: 303, Bechhaus-Gerst 2007: 20-27, Morlang 2008a: 17; dazu ausführlich Moyd 2008: 53-84; vgl. auch die Lebensgeschichte von Leopold Suror, S. 81). „Sudanesen" taten seit den 1820er Jahren Dienst in der osmanisch-ägyptischen Armee in Palästina, Syrien, Arabien und entlang der somalischen Küste. 1863 hatte Frankreich ein Sudanesen-Regiment im mexikanischen Bürgerkrieg eingesetzt (vgl. Morlang 2008a: 16). Mit der anglo-ägyptischen Armee hatten die meisten im Sudan gegen den Mahdi gekämpft, beispielsweise Abdulcher Farrag (s. zu seiner Lebensgeschichte Morlang 2008a: 17; und besonders Moyd 2008: 32-34, 63-75).[33] Nach dem Zusammenbruch des Sudan waren 900 sudanesische Soldaten aus der Armee entlassen worden und galten als „unruhiges" und „unerwünschtes" Element in Ägypten. Die deutschen Offiziere wussten wahrscheinlich wenig oder nichts von diesen Lebensgeschichten. Die „sudanesische Militärkultur" (Moyd 2008: 32), die sie in die deutsch-ostafrikanische Kolonialtruppe mitbrachten, prägte diese nachhaltig.

Neben den „Sudanesen" warb Leutnant von Ramsay damals so genannte Zulu an, eigentlich Shangaan. Sie kamen aus Inhambane in der Region Moçambique, des damaligen Portugiesisch-Ostafrika.

Die Shangaan waren angeworben worden, da die Verhandlungen mit den sudanesischen Soldaten aus deutscher Sicht schwierig waren. Diese verlangten höhere Gehälter als veranschlagt und eine Ausreise zusammen mit ihren Familien (vgl. dazu Kapitel 3.2 „Frau Feldwebel Balla", S. 193). Die portugiesische Regierung erlaubte am 20.02.1889 die Anwerbung von 500 Mann an der Küste von Moçambique. Die Begrenzung fand statt, weil es dort bereits zu einer „Entvölkerung" gekommen sein sollte. Alle Dienstkontrakte mussten beim portugiesischen Gouverneur eingetragen sein, die Dienstzeit durfte nicht länger als drei Jahre betragen, außerdem sollte fester Lohn und freie Rückreise vereinbart

33 Farrag trat 1889 in die Wissmanntruppe ein, kämpfte 1890 im Bushiri-Krieg und wurde danach zum Ombascha befördert. Er überlebte 1891 als einer der wenigen die Expedition gegen die Wahehe, eine der schlimmsten Niederlagen der deutschen Kolonialtruppe in DOA, und starb bei Kämpfen 1894.

werden (vgl. dt. Gesandter Lissabon an AA, 20.2.1889, in: BAB R1001/735, B. 99). Zunächst wurden einhundert Shangaan angeworben, ihre Zahl später auf 350 erhöht. Die meisten waren zwischen 17 und 24 Jahre alt und unverheiratet. Die Brautpreise in der Region waren stark angestiegen, so dass der Soldatenkontrakt die Möglichkeit bot, mit dem Sold nach der Rückkehr eine Familie zu gründen. Die jungen Männer waren militärisch nicht so gut ausgebildet wie die Sudanesen, aber besser mit Klima und Terrain vertraut und ausdauernder. Sie wurden als unterstützendes Element für die Sudanesen eingesetzt (vgl. BAB R1001/735, Arning 1936: 16; Mann 2002: 48-49). Wissmann war eigentlich mit ihrer militärischen Leistung zufrieden, das Urteil über sie fiel in der Retrospektive allerdings wahrscheinlich deswegen schlechter aus, weil sie sich weigerten ihre Verträge zu erneuern und sie die Deutschen so vor konkrete Rekrutierungsprobleme stellten.

Der Name Shangaan taucht im deutschen Diskurs nie auf. Sie heißen dort stets „Sulu" oder „Zulu", offensichtlich auch wegen der Ähnlichkeiten in der Kriegskunst zu den Zulu aus Südafrika, der Benutzung eines kurzen Stossspeeres. Die meisten von ihnen gehörten dem Gaza Königreich an (vgl. Mann 2002; Morlang 2008a). Mit der Bezeichnung „Zulu" wurden sie unter diese bereits etablierte „martial race" subsumiert. Die Bezeichnung Shangaan wiederum ist ebenfalls keine im essentialisierenden Sinne ethnische, sondern bezog sich auf die Anhänger des Herrschers Soshangane.

Eine Ausnahme war Plantan, der später den Offiziers-Dienstgrad des Effendi erreichte. Sein Sohn Thomas Plantan und sein Neffe Kleist Sykes traten später ebenfalls als Soldaten in die deutsch-ostafrikanische Truppe ein (vgl. Morlang 2008a: 76; zu Thomas Plantan, Kap. 3.3, S. 208). Tatsächlich hatte man sehr wohl versucht, erneut Shangaan in Moçambique anzuwerben, es war jedoch nicht gelungen, da die jungen Männer es vorzogen als Arbeitsmigranten in die Minen nach Südafrika zu ziehen (vgl. Morlang 2008a: 74).

Außerdem waren als Bootsleute und Träger achtzig Somali angeworben worden sowie zwanzig Türken als Übersetzer und Militärpolizei, um innerhalb der Truppe für Ordnung zu sorgen. Sie waren deswegen bei den afrikanischen Kontingenten äußerst unbeliebt (vgl. Mann 2002: 49; Nigmann 1911: 3-4).

Zwischenzeitlich war auch daran gedacht worden, in Constantinopel Mannschaften des so genannten „Sudannegerregimentes" anzuwerben, jedoch war dies einerseits von der türkischen Regierung nicht erwünscht, andererseits gingen die deutschen Vertreter vor Ort davon aus, dass die betreffenden Personen, deren Entlassung bevorstand (es handelte sich insgesamt um 200 Personen) selbst kein Interesse an einer Anwerbung für den Dienst in Ostafrika haben würden. Es sei zu erwarten, dass sie in der Türkei bleiben wollten und vom Sultan oder Privatpersonen als Diener oder auf Landgütern eingestellt werden würden (vgl. deutsche Botschaft Constantinopel an AA, 9.2.1889, in: BAB R1001/735: 61-64). Daraufhin wurde die Idee fallengelassen (AA an dt.

Botschaft Constantinopel, 13.2.1889, in: BAB R1001/735: 67).[34] Später erklärte sich der türkische Sultan bereit, eine deutsche Anwerbung von türkischen Untertanen unter der Bedingung zu erlauben, dass der Sultan von Zanzibar direkt darum bitte (dt. Botschafter Constantinopel an AA, 15.2.1889, BAB R1001/735:78). Diese Forderung kollidierte wiederum mit dem Selbstbild der deutschen Imperialisten. Die Reaktion des AA am gleichen Tag lautete:

„Wenn der Sultan verlange, daß wir uns durch den Herrscher von Zanzibar bei ihm protegieren lassen sollen, so verzichten wir auf seinen Beistand. Ich nehme an, daß Ew. diese ungewöhnliche Zumuthung sofort zurückgewiesen haben, ohne Instruktion von hier abzuwarten." (AA an dt. Botschaft Constantinopel, 15.2.1889, in: BAB R1001/735, B. 84)

Auch die Anwerbung in Ägypten stellte einen komplizierten diplomatischen Akt dar und veranschaulicht die komplexe und prekäre Ausgangslage in der Imperialismus stattfand. Die englischen Behörden in Ägypten unterstützten den deutschen Wunsch tatkräftig. Die italienische Regierung hatte jedoch kurze Zeit vorher ebenfalls versucht, in Ägypten Truppen zum Einsatz in Massaua (Eritrea) anzuwerben, war aber gescheitert (in diesem Fall handelte es sich um Gebiete, die vom Osmanischen Reich beansprucht wurden). Die ägyptische Regierung hatte sich dagegen verwehrt, muslimische Soldaten gegen die muslimische Bevölkerung zu verwenden. Das deutsche Reich argumentierte, dass in ihrem Falle der Sultan von Zanzibar nominell der Kriegsherr sei, und deswegen muslimische Argumentationen nicht greifen könnten (vgl. diverse Vorgänge in BAB R1001/735).

„Die Rekrutierungen des Hauptmanns Wißmann dagegen erfolgen zum Zweck der Unterstützung Sultans von Zanzibar gegen einen Aufstand der Unterthanen des Letzteren in seinen festländischen Besitzungen." (AA an dt. Botschaft Rom, 14.2.1889, in BAB R1001/ 735, B.71)

Diese diplomatischen Schwierigkeiten, die konkret von Italien – indirekt auch von Frankreich und Russland – hervorgerufen wurden, waren der Grund, warum über die Anwerbungen in Deutschland öffentlich nicht breit berichtet wurde. Offiziell reisten die Sudanesen als „Dienstleute" und „Arbeiter" aus. Die ägyptische Regierung hatte außerdem die Einstellung von 29 sudanesischen Offizieren zur Bedingung gemacht. Die Anwerbung selbst wurde sehr diskret

34 Bei diesen Regimentern handelte es sich ebenfalls um Fälle von „military slavery", die sich dann in militärische Klientelverhältnisse veränderte (vgl. Moyd 2008: 51-53).

durchgeführt, es meldete sich dennoch eine große Zahl von Dienstwilligen. Diesen gelang es, verhältnismäßig hohe Gehälter sowie die Ausreise zusammen mit ihren Familien durchzusetzen. Im März 1889 reisten auf Kosten des deutschen Reiches 650 Männer, 350 Frauen und 80 Kinder von Kairo an die ostafrikanische Küste (vgl. Morlang 2008a: 16-18). 1890 wurde die Wissmanntruppe um weitere 600 „Sudanesen" verstärkt (Arning 1936: 18).

Bei Arning liest sich das Vorgehen der Wissmanntruppe 1890/1891 als eine einzige Erfolgsgeschichte:

„Nach Unterwerfung der Festlandsküste und Sicherung der Hauptkarawanenstraße ins Innere blieb der jungen Truppe noch eine größere Aufgabe: die Sicherung des zukunftsreichen Wirtschaftsgebietes im Norden der Kolonie, am Kilimandscharo. In einer großangelegten Expedition löste Wissmann im Januar/Februar 1891 auch diese. Den zähen Widerstand des gefürchteten Dschaggasultans Sinna brach der gegen seinen stark befestigten Wohnplatz vorgetragene Sturm des tapferen Expeditionskorps unter dem Befehl des Chefs Kurt Johannes. Sinna unterwarf sich, und dem Beispiel dieses gefürchteten Großen folgten sofort alle bisher noch unbotmäßigen Landschaften des Kilimandscharogebietes. Hiermit war auch der Norden unterworfen und der deutschen Verwaltung erschlossen [...].
Hermann von Wissmann hatte seinen Auftrag erfüllt – die Handhabe dazu hatte ihm die von ihm ins Leben gerufene und von seinem Geist erfüllte Truppe geboten. Mit berechtigter Genugtuung konnte er auf das Geleistete zurückblicken, als er nun nach Deutschland zurückkehrte."

(Arning 1936: 18)

Die Sudanesen fanden von Anfang an als ausgebildete Soldaten mit einer eigenen Militärtradition das Lob der Deutschen. Sie erhielten höheren Lohn als die „Eingeborenen-Askari", und trugen auch eine andere Uniform (ebd.: 72). Im deutsch-kolonialen Diskurs wurde zwischen „schwarzen" und „gelben" Sudanesen unterschieden:

„Mit den ersteren werden die den kriegerischen Stämmen des eigentlichen Sudan entsprossenen Neger bezeichnet, während letztere, zwar arabisch sprechend, aber ägyptischer oder abessynischer Abstammung, weniger kriegerischen Stämmen angehören oder häufig gar den niedrigsten Schichten der Kairenser Stadtbevölkerung entstammten." (Nigmann 1911: 24)

Die „dunkleren" Sudanesen galten den Deutschen als bessere Soldaten, sie seien bereits als Kind Soldaten gewesen. Diese Militärtradition suchten die Deutschen dann auf ihre Kolonialtruppe zu übertragen, in der Söhne der Askari bereits als Kinder eingesetzt wurden. Die 1889 mit ihren Familien ausgereisten Sudanesen schufen den Präzedenzfall für familiäre Präsenz in den Militärunterkünften, der später in allen deutschen Kolonialtruppen (mit Ausnahme vielleicht von DSWA) wiederholt wurde (vgl. Kapitel 3.2 „Frau Feldwebel Balla", S. 193). Die Sudanesen blieben in DOA während der gesamten deutschen Kolonialzeit auf der höchsten Stufe des „ethnic ranking" in Bezug auf ihre „martial race" Fähigkeiten (vgl. Moyd 2008). Pesek sieht in der Einstellung der „Sudanesen" zusätzlich zu den aus der Karawanenkultur stammenden *Askari* einen entscheidenden Bruch von kolonialer Ordnung zur Ordnung der Karawane (vgl. Pesek

2005: 122). Dieser Bruch vollzog sich in der „Wissmanntruppe", welche jedoch weiterhin viele bereits im kosmopolitischen Raum etablierten Elemente übernahm. Die Wanyamwezi beispielsweise waren bereits seit der Fernhandelszeit professionelle Träger der Karawanen gewesen und *ruga-ruga* hatten als professionelle Soldaten gearbeitet (vgl. Kapitel 2.2 „Kont(r)aktarbeiter", S. 44). Sie blieben dies auch für die kolonialen Armeen und stellten im Laufe der Zeit einen Großteil der Kolonialsoldaten. Ab 1894 waren sie deutsche Kolonialsoldaten und wurden dafür lobend erwähnt:

„Die Truppe, die hier [Gefecht bei Konko, 13.10.1894] viel junge Mannschaft, besonders landeseingeborene Wanyamwesi ins Gefecht geführt hatte, hatte sich ausgezeichnet geschlagen; mit Stolz konnte der Führer melden, daß die eingeborenen Askari in nichts den altbewährten Sudanesen nachgestanden hätten." (Nigmann 1911: 52)

Sie wurden als „tüchtige", „verlässliche" (ebd.), „brauchbare" und „treue" (Götzen 1909: 21) Soldaten bezeichnet. Gelobt wurden auch die Wasukuma. Bis zur Jahrhundertwende bestanden die Kompanien meist aus einem „Sudanesenkern", umrahmt von „Eingeborenen-Askari". Es wurde dabei darauf geachtet, diese möglichst „heimatfern" einzusetzen (Nigmann 1911: 71). Die Sudanesen, die mehr Lohn erhielten und angesehener waren, waren wohl zum Teil ein Vorbild für die „Eingeborenen-Askari", die „sich einige arabische Brocken [aneigneten], sich womöglich das Stammeszeichen der Sudanesen auf die Wange [einschnitten]" (ebd.: 72). Die Sudanesen waren auf vielerlei Weise eine herausgehobene Klasse – sie waren islamisiert, einige hatten Offiziersränge, viele Unteroffiziersränge inne. Sie erhielten auch höheren Sold, hielten ein gewisses Standesbewusstsein aufrecht und grenzten sich so von den anderen ab. Magdalene von Prince schrieb gar, sie „wollten nicht zu den Negern gerechnet werden" (Prince, Magdalene 1908: 77).

1905 war die Mehrheit der Mannschaften Wanyamwezi, Wasukuma und Manyema (vgl. Leue 1905: 135). Die personelle Zusammensetzung der Wissmanntruppe verweist auf ihren kosmopolitischen und nicht etwa nationalen Charakter. 1899/1900 noch beschäftigte die Schutztruppe in DOA neben 390 Deutschen auch zwei Österreicher, einen Italiener, sechs Syrer und Armenier, zwei Schweizer und vier Türken. Zwei Schutztruppenangehörige waren mit griechischen Frauen verheiratet (vgl. Jahresbericht über die Entwickelung Deutsch-Ostafrikas 1899/1900). 1905 waren in der Polizeitruppe DOAs auch noch türkische Polizeioffiziere tätig, z. B. „Achmed Effendi" in Bagamoyo (Leue 1905: 13). Auch sie können und müssen als *schwarze* Offiziere bezeichnet werden (vgl. dazu Kapitel 1, S. 14).

Der Islam war auch an der ostafrikanischen Küste die Religion der Elite, somit fielen hier in den Kontaktzonen bereits etablierte und durch die koloniale Expansion forcierte Entwicklungen zusammen. Das Verhältnis der Deutschen zum Glauben der Mehrheit der Kolonialsoldaten war von einigen Paradoxa bestimmt. Zunächst wurde der Islam als disziplinierende Religion gesehen und religiöse Betätigung unterstützt. Die Beschneidungen konvertierter Kolonialsoldaten wurden beispielsweise immer von einem deutschen Militärarzt vorgenommen. Ab 1908 zeigte sich jedoch, dass über den zunehmenden Einfluss der muslimischen Bruderschaften auch antikoloniales Gedankengut verbreitet wurde. Unter dem Namen „Mekkabrief-Affäre" wurde eine Bewegung bekannt, die die Kolonialherren als „Ungläubige" brandmarkte und zu Befehlsverweigerung aufrief. Einige Kolonialsoldaten quittierten aus diesen Gründen tatsächlich ihren Dienst bei der Truppe. Von missionarischer Seite hingegen wurde die Dominanz des Islam unter den Soldaten kritisiert und gefordert, nur noch Christen einzustellen (vgl. Morlang 2008a: 78). Die Deutschen mussten sich hier jedoch den etablierten Gegebenheiten beugen.

Ursprünglich waren alle Dienstgrade mit Sudanesen oder „Zulu" besetzt, um die Jahrhundertwende waren jedoch bereits eine Reihe aus DOA stammen-

■ Möglicherweise eine der wenigen fotografischen Abbildungen der ausreisenden „Sudanesen" (vgl. Wichterich 1936), möglicherweise aber auch Soldaten der DOAG (vgl. Schmidt 1898, S. 51). Die Inszenierung ist militärisch mit Gewehren und Maschinengewehr. Frauen und Kinder, die gemeinsam mit ihren Männern und Vätern reisten, sind nicht abgebildet. Es gibt bisher auch keinen Hinweis auf solche fotografischen Dokumente.

der Männer „Chargen", d. h. Dienstgrade, geworden. Die überwiegende Mehrheit der Chargen blieben jedoch bis 1905 Sudanesen und nur dieser Umstand wird entscheidend dafür verantwortlich gemacht, dass „der dem Sudanesen eigene militärische Geist der Truppe verblieben [ist] und allmählich auch den Ost-Afrikanern in Fleisch und Blut übergegangen [ist]" (Leue 1905: 135-136). Die soldatischen Fähigkeiten der Sudanesen und deren Bedeutung für die Kolonialarmee DOAs werden so deutlich herausgehoben. Während der gesamten Kolonialzeit unterstrichen die Deutschen deren Bedeutung, versicherten ihnen ihre Wertschätzung und drückten größtes Bedauern darüber aus, dass sie seit der Jahrhundertwende nicht mehr in Ägypten anwerben konnten. Die Betonung ihrer Professionalität steht in einem Spannungsverhältnis zur Tatsache, dass es sich bei ihnen um „Söldner" handelte, d. h. um Menschen, deren Heimat die Armee war und deren berufliche Karriere sich auf diesen Ort ausrichtete.

Nach 1904 konnten keine Sudanesen mehr eingestellt werden. Großbritannien verweigerte die Anwerbung, da sie die Soldaten für ihre eigene Zwecke nutzen wollte. Hier deutet sich die strategische Trendwende in der Militärpolitik der europäischen Kolonialmächte an – die Nationalisierung der Kolonialsoldaten stand im Vordergrund. Grosse (2000) beschreibt die zunehmende militärstrategische Bedeutung der kolonialen Bevölkerungen, besonders für England und Frankreich. Die Zahl der Sudanesen in der deutsch-ostafrikanischen Armee nahm in der Folge ab. Einige starben in DOA, viele kehrten nach ihrer Dienstzeit nach Ägypten zurück. Einige blieben jedoch auch bei der Schutztruppe oder wurden zur Polizei versetzt. 1895 gab es 1 000, 1909 nur noch 200 Sudanesen in der deutsch-ostafrikanischen Kolonialtruppe.

Bei der ersten Invasion der Küste im Mai 1889 bestand die Wissmanntruppe aus rund 1 200 Mann: 600 Sudanesen (6 Kompanien), 22 türkische Militärpolizisten, 80 Somali, 100 Shangaan, 80 DOAG-Askari; zuzüglich 30 Sudanesen, zur Unterstützung der Artillerie; 31 deutsche *Chefs* (Offiziere); zwei Ärzte; ein Zahlmeister und 56 Unteroffiziere, sowie Wissmann selbst als Kommandeur. Für die deutschen gab es nur die beiden Ränge: „Chef" und „Leutnant" (vgl. Mann 2002: 46). Im Vorfeld der Entsendung Wissmanns wurden seine persönlichen Befugnisse abgeklärt. Es wurde vom Kaiser bestimmt, dass die Rechte der Beamten der ostafrikanischen Gesellschaft nicht beeinträchtigt werden dürften, außer das militärische Vorgehen erfordere es. Die Organisation der Truppe in Kompanien von 100 bis 150 Mann und Züge von je nach Aufgabe unterschiedlicher Größe (10-25) blieb prinzipiell in allen späteren Schutztruppen erhalten. Eine Kompanie wurde befehligt von einem deutschen Offizier, zwei deutschen Unteroffizieren, zwei afrikanischen Offizieren und zehn bis zwölf afrikanischen Unteroffizieren. Die Kompanien waren ethnisch basiert (vgl. Mann 2002: 50).

Die Bewaffnung bestand aus einem Maschinengewehr, einem sechs-Zentimeter Geschütz und sechs Schnellfeuerkanonen, sowie zwölf Feld „mortars" als persönliche Geschenke des deutschen Kaisers. Morlang (2005) beschreibt das taktische Vorgehen der Truppe als stets gleich: Zunächst wurde der anzugreifende Ort aus der Distanz mit heftigem Artilleriefeuer bedeckt, danach drangen die Soldaten ein und gingen mit dem Bajonett auf verbliebene Gegner vor (vgl. ebd.: 39).

Bereits vor Beginn der Kampfhandlungen gab es Kontroversen über das Verhältnis von Marine und Polizeitruppe. Zusammen mit der Wissmanntruppe hatten 210 *weiße* Marinesoldaten unter zehn *weißen* Marineoffizieren gekämpft. Es fielen ein *weißer* Marineunteroffizier und ein *weißer* Marinesoldat, ein weiterer wurde schwer verletzt.

In der Folge traten erbitterte Konflikte zwischen Wissmann und den Marineoffizieren auf. Wissmann argumentierte, sie hätten sich physisch als unfähig erwiesen, zudem sein Oberkommando nicht akzeptiert und durch eigenmächtiges Vorgehen einem Großteil von Bushiris Leuten, u. a. Bushiri selbst, die Flucht ermöglicht. Die Marineoffiziere, insbesondere Konteradmiral Deinhard monierten, ihr Anteil am Sieg würde in der öffentlichen Darstellung nicht genügend gewürdigt und Wissmann hätte ihre Autorität und ihre höheren Dienstgrade missachtet (vgl. Deutscher Reichsanzeiger vom 14. Juni 1889, in: BAB R1001/738, B. 47). Diese Auseinandersetzungen verwiesen auf den höheren Status und das Prestige der deutschen Kriegsmarine und ihrer Offiziere gegenüber dem „Afrikadurchquerer“ und *self-made man* Wissmann und dessen improvisierter und mehrheitlich aus *schwarzen* Soldaten bestehenden Truppe (vgl. Gann/Duignan 1977: 105).

Wissmann jedoch war von der Überlegenheit der *schwarzen* Soldaten gegenüber den *weißen* Marinesoldaten überzeugt. Gegen solche Sichtweisen wehrten sich deren Offiziere:

> „Das Verhalten der Offiziere und Mannschaften war tadellos. Der Marsch in dem ungünstigen Terrain und in der tropischen Hitze war in hohem Grade anstrengend; sowie es jedoch zum Angriff ging, war jede Müdigkeit besiegt, und wurde der Sturm mit großer Bravour von allen Mannschaften ausgeführt. Dem rücksichtslosen schnellen Vorgehen der Offiziere und Mannschaften sind die an Zahl verhältnißmäßig geringen Verluste zu verdanken.“ (Deutscher Reichsanzeiger vom 14. Juni 1889, in: BAB R1001/738, B. 47)

Als Folge der Ereignisse von 1889–1891 galt das Schutzbriefsystem der DOAG als zusammengebrochen. Das deutsche Reich übernahm offiziell die Verwaltung DOAs und es wurde die erste offizielle deutsche Kolonialarmee gebildet, die „Kaiserliche Schutztruppe Deutsch-Ostafrikas“. 1894 folgte die Errichtung der „Schutztruppen“ für Kamerun und DSWA. Die „Wissmanntruppe“ hingegen war de jure keine staatliche Institution – die Verträge mit den Soldaten wurden alle persönlich mit Wissmann geschlossen, obwohl sie natürlich vom deutschen Staat bezahlt wurden (vgl. Morlang 2008a: 19). Erster Kommandeur der „Schutztruppe“ in DOA wurde „Chef“ von Zelewski, der bereits in der Wissmanntruppe angestellt gewesen war. Sie bestand in den ersten Jahren aus 14 *weißen* Offizieren, die alle zu Wissmanns engen Bekannten gehörten und in der Wissmanntruppe gestanden hatten. Sie behielten ihren Titel „Chef" und wurden von den neuen deutschen Offizieren stets mit großem Respekt behandelt. Die „Chefs" Tom von Prince und Kurt Johannes blieben bis zum Ersten Weltkrieg in der Schutztruppe bzw. traten erneut ein (vgl. Mann 2002: 47). Die *schwarzen* Kolonialsoldaten in der deutsch-ostafrikanischen Truppe rekrutierten sich zunächst aus Mitgliedern der Wissmanntruppe.

Die Deutschen, die ihr koloniales Projekt in Deutschland, wie gesagt, humanitär als gegen die Sklaverei gerichtet begründeten, haben in DOA häufig auf Sklaven als Arbeitskräfte, Träger und Soldaten zurückgegriffen. In den Anfangsjahren setzten die Deutschen darauf, mit der Truppe soziales Aufsteigen zu ermöglichen. Sklaven, die sich meldeten, wurden mit Eintritt in die Truppe frei. Erst im Laufe der Jahre durften Sklaven offiziell nicht mehr eingestellt werden, bzw. mussten sich freikaufen, was wohl auch sehr häufig geschah (vgl. Morlang 2008a: 80).

Nach den schweren Verlusten durch die vernichtende Niederlage der Expedition Zelewski gegen Mkwawa und die Wahehe 1891 und dem Ausscheiden der Shangaan, die wahrscheinlich auch als Reaktion auf diese Niederlage ihren Vertrag nicht verlängerten, wurde in DOA erstmals die Anwerbung von einheimischen Soldaten erwogen (Schmidt 1911: 559). Für diese „Untreue" wurden die Shangaan (Zulu) diskursiv von den Deutschen stets abgestraft und ihnen ein Teil der Schuld an der „Zelewski-Katastrophe" aufgebürdet:

> „Die Suluaskari, welche an der Spitze marschierten und auch in den früheren Gefechten nicht annähernd den Schneid und die Disziplin der Sudanesen bewiesen, vielmehr schon in besonders kritischer Situation ernsthaft versagt hatten, wandten sich kopflos zurück. [...] Ihre [der *schwarzen* Soldaten] Verteidigung war nach den übereinstimmenden Berichten der Wahehe – abgesehen von den Sulu – eine sehr tapfere, ihr Feuer brachte den Feinden große Verluste bei. [...]
> Wäre die Sulukompagnie [die Zelewski vor dem Gefecht zur Küste zurückschickte] in der Marschkolonne an einer Stelle gewesen, wo sie in das Gemetzel kam, dann hätten die Sulu hier ebenso versagt, wie ihre Stammesgenossen es taten; wären sie hinter dem niedergemetzelten Teil der Expedition gewesen, so hätten sie zweifellos entmutigt durch das vor ihren Augen sich abspielende Drama nachher erst recht versagt; denn sie wären unter dem Eindruck der Katastrophe nicht zum Angriff zu bringen gewesen." (Schmidt 1911: 528)

Schon kurz nach dem Tod von Mkwawa traten einige Wahehe in die Schutztruppe ein. Sie weigerten sich allerdings weit entfernt von ihrer Heimat eingesetzt zu werden (vgl. Schmiedel 1975: 4). Die Ambivalenz des kolonialen Projektes zeigt sich besonders deutlich an dem Phänomen, dass es oft gerade die

Gruppen waren, die den Deutschen den erbitterten Widerstand geleistet hatten, deren Männer danach – im Rufe der „martial races“ stehend – besonders beliebte Kolonialsoldaten wurden (vgl. dazu auch Moyd 2008: 42).

Als „nicht geeignet“ galten die Massai, obwohl es auch unter diesen einige Kolonialsoldaten gab. Die Massai und die Wahehe galten zwar als „martial races“[35], sie ließen sich jedoch kaum für den Dienst in der deutschen Truppe begeistern. Eine Erklärung dafür mag sein, dass die Massai an der Peripherie kolonialer Machtzentren lebten und ihre Netzwerke sich über koloniale Grenzen hinweg erstreckten, so dass das koloniale Projekt weniger Auswirkungen auf sie hatte. Anders bei den Wahehe, gegen die einer der ersten kolonialen Vernichtungskriege geführt wurde (1890–1898), die den Deutschen ihre empfindlichste Niederlage beigebracht hatten, bei der fast ein Drittel der damaligen Truppe ums Leben kam. Die Wahehe beteiligten sich im Maji-Maji-Krieg nicht gegen die Deutschen. Im Gegenteil: einige Wahehe-Autoritäten und ihre Krieger kämpften gemeinsam mit den Deutschen. In Mahenge wurden im September 1905 150 so genannte Wahehe-"Hilfskrieger“ eingesetzt (vgl. Götzen 1909: 112). Vereinzelte Wahehe wurden Askari und diese „sind alle vortreffliche Soldaten, die zumeist bald in Vorgesetztenstellungen gelangten“ (Nigmann 1911: 71).

Ein weiteres Beispiel für eine „martial race“ in Ostafrika waren die Wangoni, die geografisch und historisch den Zulu nahe standen. Die Kampftechnik und Organisation der Zulu war seit Shaka Zulu im europäischen Diskurs legendär (vgl. ebd.)

„Vor etwa 60 Jahren sind dort [Süden des Plateaulandes] vom Zambesi her raubend und mordend die Wangoni eingebrochen, ein Zulustamm, der zwar gleichfalls der großen Bantufamilie angehört, sich aber vor allem durch kriegerische Eigenschaften vor den eingesessenen Bantus auszeichnet.“ (Götzen 1909: 22)

1905, nach Beginn des Maji-Maji-Krieges, wurde sowohl innerhalb DOAs als auch außerhalb rekrutiert. Die Deutschen hatten relativ große Schwierigkeiten,

35 „In noch höherem Maße als die Wangoni erwiesen sich die Wahehe als achtbare und gefährliche Gegner der deutschen Machtstellung. Mit militärischen Tugenden besonders begabt und von hervorragenden Persönlichkeiten geführt, vermochten sie noch in der neueren Geschichte Deutsch-Ostafrikas eine bedeutende Rolle Spielen.“ (Götzen 1909: 23) Während des Maji-Maji-Aufstandes über die Wahehe: „ein[...] Volk [...], das nicht nur, wie die Wapogoro oder Wamatumbi, eines blinden Fanatismus fähig war, sondern das von alters her eine nicht geringe Kriegskunst gepflegt hatte und deshalb ein weit gefährlicherer Gegner werden mußte. Überdies verfügte der Wahehestamm über die ansehnliche Streitmacht von 12000 Kriegern mit etwa 2000 Gewehren.“ (ebd.: 110).

genug Soldaten einzustellen. Sie probierten daher neue Möglichkeiten aus, zum Beispiel indem sie Männer aus Deutsch-Neuguinea anwarben und in DOA einsetzten. Götzen dazu: „Das Experiment ist kostspielig und aus klimatischen und andern Gründen sehr zweifelhaft in seinem Erfolg. Mir bleibt aber keine andere Wahl" (ebd.). Eigentlich sollten „Buka" eingestellt werden, die in Neuguinea die Mehrheit in der deutschen „Polizeitruppe" stellten. Als Buka wurden Bewohner einer gleichnamigen Insel bezeichnet, darüber hinaus jedoch alle, die von den Nord-Solomonen kamen. Sie genossen seit Ende des 19. Jahrhunderts den besten Ruf als Soldaten in Neuguinea (vgl. Morlang 2008a: 100). Da jedoch nur wenig Zeit für die Anwerbung blieb, befanden sich unter den 150 Männern und drei Frauen nur 26 Buka. Die Mehrzahl von ihnen erkrankte, teilweise so schwer, dass sie während des Rücktransportes wenige Monate später in Aden und Hongkong in Krankenhäusern zurückgelassen werden mussten. Das Experiment galt als gescheitert, und „zum Glück sind die Verluste an Menschen in Deutsch-Ostafrika aus diesen Südseeleuten sehr gering gewesen, so daß wenigstens keine schädlichen Folgen für die Arbeiteranwerbung im Schutzgebiet Neu-Guinea zu erwarten sind" (ebd.; vgl. Nigmann 1911: 97). In Neuguinea wurde die Mehrzahl von ihnen jedoch in die dortige Kolonialtruppe übernommen. Goetzen pries die Soldaten aus Neuguinea zwar als „tüchtig und widerstandsfähig" (Goetzen 1909: 88), die Deutsche Kolonialzeitung schrieb aber anlässlich ihrer Entlassung, sie wären „so jung und schwächlich, daß man sie nicht als Soldaten verwenden konnte" (DKZ 1906, nr. 28: 279). Götzen war wegen des Fehlschlags seiner Idee in Deutschland in die Kritik geraten und musste sich öffentlich dafür rechtfertigen (vgl. Morlang 2008a: 116). Neben den Rekruten aus den deutschen Kolonien im Pazifik wurden auch 200 Männer in der italienischen Kolonie Eritrea angeworben, damals wurden sie „Massaua" genannt, unter ihnen auch Leopold Suror, s. S. 81 (Nigmann 1911: 96, 113; Götzen 1909: 74). Götzen beantragte neben den Massauarekruten eine Kompanie aus Westafrika, was aber aus Berlin abgelehnt wurde. Es wurden zudem „ehemalige sudanesische Askari, die als Händler in Iringa lebten" wiedereingestellt (Götzen 1909: 111).

Nach den Maji-Maji-Kämpfen wurde beschlossen, die entlassenen Askari noch enger „an die Truppe zu ketten". Sie konnten weiterhin zu Übungen einberufen werden und sollten eine „kleine Pension" bekommen. Allerdings waren die Bedingungen für die Pension zunächst schwer zu erfüllen. Berücksichtigt wurden nur diejenigen, die ansonsten nicht für ihren Unterhalt aufkommen konnten, beispielsweise durch Kriegsinvalidität. Ansonsten mussten sie 15 Jahre lang in der Armee gedient haben. Erst 1912 wurde die „Bedürftigkeit" als Grundlage für die Pensionszahlungen gestrichen (vgl. Morlang 2008a: 90). Ein dritter Punkt, ihre „Regierungsfreundlichkeit" zu erhalten, waren „Friedensauszeichnungen" für „besonders langgediente, tüchtige Chargen" neben den früher allein üblichen „Krieger-Medaillen". Außerdem war es vor den Maji-Maji-

Kämpfen so gewesen, dass landfremde Askari 30 Rupies Monatslohn erhielten und „eingeborene Askari“ niemals mehr als 20 Rupies pro Monat erreichen konnten. Auch dies wurde nach den Maji-Maji-Erfahrungen abgeschafft. Die Ausbildung wurde durch stärkeren Fokus auf den Felddienst (Geländeübungen, gefechtsmäßiges Schießen, bessere Geländekenntnis) verändert. Die Schützen wurden in drei Klassen neugegliedert und die Patronenzahl für das Schulschießen erhöht. Besonders gute Schützen wurden mit Achselband sichtbar ausgezeichnet, außerdem wurden regelmäßig Preisschießen durchgeführt. Neu war auch die Institution der „ständigen Träger“ bei der Truppe. Sie waren nicht uniformiert, aber mit „einem Abzeichen versehen“. Sie wurden auch als Rekrutierungsreservoir angesehen (Nigmann 1911: 126-127), was im Ersten Weltkrieg intensiv genutzt wurde.

Seit 1892 wurden in die neu geschaffene „Deutsche Schutztruppe von DOA“ Männer aus Uganda eingestellt und beispielsweise gegen die Wahehe eingesetzt (vgl. Nigmann 1911: 38). Die aus dem britischen Gebiet stammenden Baganda und andere „Ausländer“ (Sudanesen, Somali, Abessinier, Manyema und Bemba) stellten noch 1914 27,5 Prozent der deutsch-ostafrikanischen Truppe. Ein Grund war sicher die überdurchschnittlich hohe Bezahlung der deutschen Kolonialsoldaten im Vergleich zu anderen Kolonialarmeen (vgl. Morlang 2008a: 74, 85). Damit blieb die am meisten deutsch-national heroisierte die tatsächlich am wenigsten „nationalisierte“ Truppe und am stärksten der kosmopolitischen Kontraktarbeitertradition verhaftet. Die lange Professionalisierung führte in DOA dazu, dass die Truppe selbst zur Heimat wurde und es keinen Ort außerhalb gab, zu dem man nach Ende des Vertrages zurückkehrte. Diese Professionalisierung setzte sich durch die Generationen fort und es etablierten sich regelrechte „Soldatenfamilien“, in denen die Söhne bereits als Kinder und Jugendliche Dienst in der Truppe taten (vgl. dazu Kapitel 3.2 „Frau Feldwebel Balla“, S. 193). Viele „Landesfremde“, wie die Sudanesen, blieben auch nach Ende ihrer Dienstzeit in DOA und wurden vom deutschen Kolonialstaat dabei mit einer Zahlung in Höhe von 178 Mark unterstützt. Viele wurden Viehhändler und ließen sich entlang der ehemaligen Karawanenstraßen in der Nähe der Regierungsstationen nieder. Einzelne wurden in die zivile Kolonialverwaltung übernommen (vgl. Morlang 2008a: 88).

Durch all diese Maßnahmen wurden die deutschen Kolonialsoldaten zu einer privilegierten Klasse innerhalb des kolonialen Systems. Umgekehrt begann für die Kolonialsoldaten so eine „Nationalisierung“, eine Vereinnahmung in die Schicksalsgemeinschaft des deutschen Volkes. Bei Ausbruch des Ersten Weltkrieges wurden circa 1 000 ehemaligen Askari reaktiviert (vgl. Morlang 2008a: 90). Die Berichte des Ersten Weltkrieges und die Beschwörung ihrer „Treue“ nicht mehr nur zu ihren „weißen Führern“ sondern auch zu Deutschland zeigen, die Steigerung dieser „Nationalisierung“ (vgl. Kapitel 2.5 „Von den deutschen zu den armen Askari“, S. 116). Die stärkere Betonung der Nation – im

Gegensatz zu „Rasse“ und Klasse im Weltkrieg war sicher auch dadurch nötig, dass die *schwarzen* Soldaten nun gegen andere europäische Kolonialarmeen eingesetzt wurden und sie aufgefordert waren, *Weiße* zu töten, was vorher einen undenkbaren Verstoß gegen die „rassisch“ legitimierte Hierarchie gewesen wäre. Morlang (2008a) beschreibt die Schwierigkeiten, die einige Askari damit hatten. Bei einigen Gefechten verweigerten sie dies und mussten von ihren *weißen* Vorgesetzten explizit dazu aufgefordert werden, auch auf *Weiße* zu schießen (vgl. ebd.: 92).

Togo

In Togo wurde mit zwölf Hausa bereits 1885 die so genannte „Polizeitruppe“ gegründet. Eine offizielle Umwandlung der „Polizeitruppe“ Togos in eine der militärischen Sphäre zugeordneten „Schutztruppe“ war ab 1894 zwar vorgesehen, wurde aber immer wieder verschoben und nach Abschluss der „Eroberungsphase“ einfach aufgegeben (vgl. Morlang 2008a: 20). In allen Kolonien, außer Togo, gab es parallel „Polizei-“ und „Schutztruppen“. Togo, das später zur sprichwörtlichen „Musterkolonie“ werden sollte, war von Anfang an kein Beispiel für besonders friedliche koloniale Beziehungen, wie im zeitgenössischen Diskurs und sogar bis in die heutige Zeit kolportiert wird. Im Gegenteil, die Studie von Trutz von Trotha zur kolonialen Herrschaft in Togo hat die grundlegende Bedeutung von Gewalt für die Errichtung kolonialer Staatlichkeit deutlich gezeigt (vgl. Trotha 1994, auch Sebald 1988). Ein wichtiger Grund für die Beschwörung Togos als friedliche „Musterkolonie“ war die bereits erwähnte Tatsache, dass ihre Kolonialarmee nicht „Schutztruppe“ sondern „Polizeitruppe“ hieß. Da die Polizeitruppe formell der zivilen Sphäre zugeordnet war, waren die Militärausgaben für Togo entsprechend gering. Zudem hatte Togo in absoluten Zahlen die geringste Anzahl von Soldaten (offiziell: „Polizeisoldaten“). In Bezug auf die Bevölkerungsgröße bewegte sich das Verhältnis jedoch im ähnlichen Rahmen wie für Kamerun und DOA. Die Deutschen waren bemüht, sich des Vorwurfes anderer Kolonialmächte und auch der Opposition zu entledigen, sie würden die Kolonien übermäßig militarisieren und das Verhältnis „Polizei-“ zu „Schutztruppen“ galt als Gradmesser für den Militarisierungsgrad. 1914 war das Verhältnis in Kamerun zwischen beiden Truppen fast ausgewogen: 1200 „Polizeisoldaten“ zuzüglich 30 Deutschen und 1550 Schutztruppensoldaten mit 185 Offizieren (Rudin 1938: 195; dazu auch Sebald 1988: 279).

1889 wurden erstmals Männer aus dem Gebiet Togos selbst als Soldaten eingestellt. Sie kamen aus Anecho und Umgebung an der Küste. Unter der Ägide Puttkamers wurde der islamische Norden wieder beliebtester Anwerbungsort, anscheinend vor allem, um die Soldaten möglichst weit entfernt von ihrer Heimat einsetzen zu können und da Moslems als geeignetere Soldaten galten. Sie sollten aber nicht vorher in der britischen Armee gedient haben. Ebenso wie für Kamerun wurden Menschen mit Sklaven-Status beispielsweise aus Salaga gekauft und als Rekruten in der Truppe Togos ausgebildet (vgl. Sebald 1988: 97-98). Der islamische Norden Togos etablierte sich im Lauf der Zeit als das beliebteste Anwerbegebiet. Viele der dort lebenden Gruppen, beispielsweise die Tschandjo, Sokode und Anufom aus Sansanne Mangu, waren zeitweise militärische Alliierte (so genannte Hilfstruppen) der Deutschen gewesen und konnten nun als Soldaten in der Kolonialarmee ihren Ruf als hervorragende Kämpfer, den sie bereits vor der deutschen Zeit hatten, festigen. Bis heute wird die Armee Togos von Männern aus dem Norden geprägt. Als die nördlichen Gebiete Togos, der Goldküste und Nigerias noch nicht klar zwischen den Europäern aufgeteilt waren, ließ sich so auch das Problem umgehen, auf britische Duldung für die Rekrutierung angewiesen zu sein. Die Rekruten aus dem Norden wurden, wie erwähnt, häufig als Sklaven gekauft und galten als „Hausa". Dazu bediente man sich afrikanischer Anwerbeagenten, die offiziell ein „Handgeld" für jeden Rekruten bekamen. Die Deutschen lösten aber auch ganz offiziell Männer von Sklavenhändlern ab. Diese mussten sich dann von ihrem Sold im Laufe der Dienstzeit freikaufen. Auch militärisch besiegte Gruppen mussten zwangsweise Soldaten für die deutsche Truppe abliefern (vgl. Gann/Duignan 1977: 115-116; Sebald 1988: 97-98, 116; Norris 1993; Morlang 2008a: 23-25). Noch 1890 war Togos Truppe jedoch klar durch die kosmopolitisierte Rekrutierung geprägt und bestand aus 20 Yoruba aus Nigeria, Grusi und Mossi aus dem Norden Togos, bzw. der Goldküste; Dahomey (wahrscheinlich Sklaven), sowie Kru und Vai (ebd.). Morlang (2008a) stellt fest, dass ab der Jahrhundertwende der Trend zum freiwilligen Eintritt in die Truppe klar erkennbar wurde – es handelte sich um Dagomba, Konkomba, Tschokossi und Männer aus dem Transkaragebiet.

Die Kommandos in der Grundausbildung waren auf Deutsch. Es war von deutscher Seite aus unerwünscht, dass Deutsch zur allgemeinen Sprache in der Armee wurde. Lediglich die *schwarzen* Dienstgrade erhielten seit der Jahrhundertwende Unterricht in Deutsch und wurden als Fortgeschrittene auch ins Lesen und Schreiben eingewiesen (vgl. ebd.: 28-29). Militärische lingua franca wurde jedoch das an der Küste gesprochene Ewe. Von dort kamen die ersten einheimischen Rekruten. Die militärischen Einheiten wurden dabei zunächst sprachlich (ethnisch) homogen gehalten, die jeweiligen Unteroffiziere sollten ebenfalls die Sprache der Rekruten beherrschen. Die in vielen Gebieten Afrikas übliche Mehrsprachigkeit erleichterte die Kommunikation, es musste jedoch häufig auf Dolmetscher zurückgegriffen werden.

Es gibt Hinweise darauf, dass die anfängliche ethnische Einteilung durch ein verstärktes „Klassenbewusstsein" der Soldaten überformt wurde. Ab 1914 bestand Togos Kolonialarmee fast ausschließlich aus Männern, die aus dem Gebiet der Kolonie Togo selbst kamen, meistens bedeutete der Status der

Kolonialsoldaten, die Machtfülle und das Prestige, das damit verbunden war, für sie einen eklatanten sozialen Aufstieg. Viele hatten vorher Sklavenstatus gehabt oder waren soziale Außenseiter gewesen (vgl. ebd.: 25-26). Es war also durch die veränderten Bedingungen in der kolonialen Situation gelungen, die neue „Klasse" der Kolonialsoldaten so attraktiv auszugestalten, dass genügend Männer sich für diesen Karriereweg entschieden. Die kosmopolitisierte Anwerbung war weitgehend obsolet geworden.

Kamerun

In Kamerun wurden die ersten Soldaten, die offiziell „Polizeidiener" hießen, erst 1889/1890 im Etat des „Schutzgebietes Kamerun" berücksichtigt. Es sollte sich um zwölf Männer handeln, die die Erfolge von Expeditionen und Strafzügen erhöhen, aber auch Regierungseigentum bewachen und unmittelbar in Duala selbst für „Ruhe und Ordnung" sorgen sollten (vgl. Rüger 1960a: 103). Etablierten Arbeitskontakten folgend wurden dafür Kru in Liberia angeworben (vgl. Morlang 2008a: 13; vgl. Kapitel „Das Phänomen Kru", S. 46). Im Sommer 1891 ‚kaufte' Hauptmann Gravenreuth zusätzlich 370 Männer und Frauen als „Dahomeysklaven" in Ouida, einem seit Jahrhunderten etablierten Sklavenumschlagplatz an der westafrikanischen Küste, im heutigen Benin, und einige Hausa vom Händler Aite in Togo. Der Kaufpreis betrug 320 Mark pro Mann und 280 Mark pro Frau. 199 von ihnen bekamen einen „Arbeitskontrakt", der lautete:

> Zwischen dem Hauptmann Freiherrn von Gravenreuth, im Auftrage der Deutschen Regierung einerseits und den in beifolgender Liste aufgeführten und unterschriebenen Arbeitern und Arbeiterinnen andererseits ist unter dem heutigen Datum wie folgt vereinbart worden.
>
> §1 Die Unterzeichneten erklären sich bereit, nach Kamerun zu gehen und dort jedwede Arbeit als Träger, Soldaten, Farmarbeit pp. und wie dieselbe von dem Herrn Arbeitgeber für passend und gut befunden wird, zu verrichten.
>
> §2 Dieser Kontrakt läuft auf fünf (5) Jahre und sollen die Arbeiter freie Beköstigung und Bekleidung sowie freie Passage nach Kamerun haben, während der gezahlte Vorschuss von 320 M(ark) bzw. 280 M(ark) für diese Zeit als Lohn anzusehen ist.
>
> §3 Den Arbeitern, die auf Stationen beschäftigt werden, soll ferner ein Stück Land zur eigenen Benutzung zugewiesen werden.

> §4 Sämtliche Unterzeichneten verpflichten sich, auch nach Ablauf der 5 Jahre fernerhin im deutschen Gebiet und Dienst zu verbleiben, und sollen dann weitere Lohnabmachungen nach Fähigkeit und Maßgabe der Verhältnisse vereinbart werden.
>
> Dieser Kontrakt wurde den Unterzeichneten, Arbeitern und Arbeiterinnen im hiesigen Landesgerichtshof, vom Dolmetscher David im Beisein des Vertreters des hiesigen deutschen Konsulats übersetzt und das Einverständnis durch Handzeichen erklärt. Urkundlich dessen folgen unsere Unterschriften und Siegel.
>
> Weidah, den 18. August 1891
>
> Der Kaiserliche Konsul a.i.
> gez. Ernst Leopold Witt
> gez. C. v. Gravenreuth
> Der Dolmetscher
> gez. E. David (zit. nach Rüger 1960a: 104)

Dem Urteil von Rüger ist nichts hinzuzufügen:

> „So wurde durch Ausnutzung bestehender Sklavereiverhältnisse und unter Umgehung des Reichstags die Frage der Beschaffung von Soldaten für eine künftige Polizeitruppe in Kamerun gelöst." (ebd.: 104).

Auch der zeitgenössische Beobachter Knut Knutson, schwedischer Staatsbürger, beschrieb diese Verhältnisse als Mimikry des Sklavenhandels und gibt viele Beispiele für die grausame Behandlung dieser Leute durch die deutschen Beamten und Pflanzer (vgl. Ardener 2003: 135-143). Von diesen Dahomeysklaven wurden zunächst 21, später 55 als Soldaten in die Schutztruppe eingestellt (vgl. Morlang 2008a: 42).

Der Kauf der Dahomeysklaven führte zu der „Dahomeykontroverse", in der besonders die Franzosen den Vorwurf erhoben, dabei handele es sich um „eine Art verkappter Sklaverei" (DKZ 1892, nr. 42: 3), denn die Nachfrage nach den Sklaven des „Königs von Dahomey" würde sicher zu einer „Vermehrung der Sklavenjagden" führen.[36] Die „Dahomeysklaven" – Männer und Frauen – wurden nicht nur als Soldaten, sondern auch als Träger eingesetzt, z. B. auch von Zintgraff auf der Balistrasse bis 1893. Die Umstände, unter denen sie ‚arbeiteten' lassen sich erahnen, wenn ihr Gesundheitszustand als so schlecht beschrieben wird, dass auf Expeditionen täglich Tote unter ihnen zu beklagen waren, da

36 Diese Vorwürfe richteten sich gegen die Deutschen und die Belgier, welche Dahomeysklaven in den Kongo ausführten.

sie zu krank oder schlicht unterernährt waren, um den Strapazen standzuhalten (vgl. Michels 2004a: 129; Rüger 1960a: 104-105). Laut Rüger (1960a) waren drei Monate nach ihrer Ankunft bereits ein Drittel gestorben, v. a. an Pocken, geschwächt durch ihre Arbeits- und Lebensumstände (vgl. ebd.: 105). Da sie häufig versuchten zu fliehen, war es nicht unüblich, sie während des Marsches anzuketten. Böckner, der 1891 als Verstärkung nach Buea geschickt wurde, stellte fest, dass acht Dahomeyleute benötigt wurden, um die gleiche Arbeit (hier Tragen des Maximgeschützes) zu verrichten, wie zwei Kruboys, was anscheinend an der mangelhaften Ernährung der Dahomeyleute lag (vgl. DKZ 1892, nr. 10: 138).

Den Kern der 1891 offiziell gegründeten „Polizeitruppe" bildeten 15 militärisch vorgebildete Hausa (vgl. Morlang 2008a: 42). Mit Hilfe dieser Truppe wurden die ersten kriegerischen Vorstöße gegen die Abo und Buea (1891) ins Inland gemacht, die nicht sehr erfolgreich verliefen. Gegen Buea kamen auch ‚Togoleute' zum Einsatz (DKZ 1891, nr. 1: 12). Dieser Einsatz endete mit einem ungeordneten Rückzug der deutschen ‚irregulären' Truppe, v. a. durch das Versagen des Maximgeschützes, unzureichender Munition und der Weigerung der Togo- und Dahomeyleute zum Vorwärtsstürmen ausgelöst. Von Gravenreuth fiel. Leutnant Ramsay, vormals ostafrikanische „Schutztruppe", übernahm 1892 die Expeditionsführung. Auch er war nicht erfolgreich, weil „seine Soldaten, die Hauptmann von Gravenreuth als Sklaven in Dahomey gekauft hatte, sich als durchaus untauglich erwiesen" (Meyer 1893: 16).

Die frühen Expeditionen von Zintgraff und Gravenreuth hatten auch den Zweck, dem französischen Vormarsch Einhalt zu bieten und das „Rennen zum Tschadsee" zu gewinnen. Auch Zintgraffs Expedition jedoch galt als gescheitert, da er das Ziel einer Stationsgründung in Adamawa (z. B. Yola), nicht erreichte (vgl. Meyer 1893: 17). 1892 waren die Rekrutierungsprobleme so stark, dass geplante weitere Expeditionen verzögert wurden. Der deutsche Offizier Volckamer schrieb an seinen Bruder nach Deutschland: „Mit dem Vordringen nach dem Congo oder gar nach dem Tschad-See wird es Nichts werden, da es unmöglich ist die nöthige Anzahl Träger und Soldaten für die Expedition zu bekommen. S[e]c[onde]l[eu]t[ant] v. Brauchitsch, der neuerdings als Ersatz herausgesendet wurde, hat selbst in Togo – auf deutschem Gebiete – keine Leute mehr anwerben können. Der ‚deutsche Michel' scheint wenig Credit an der Westküste zu haben" (24.1.1892, zit. in Hoffmann 2002: 14). Über die 200 der Expeditionstruppe Volckamer in Edea zugeteilten „Soldaten" urteilt Volckamer folgendermaßen:

„Sehr wenige von diesen Leuten eignen sich zum Waffendienste, wie sich dies am eklatantesten im Gefechte bei Buea und dem darauf folgenden Kriegsmarsche erwies; es fehlen denselben hiezu neben den körperlichen, hauptsächlich die moralischen Eigenschaften. Auch konnte die militärische Ausbildung bei der Kürze der zu Gebote stehenden Zeit nur auf den Waffendrill gerichtet sein und war daher oberflächlich und auf das notwendigste beschränkt. Ich habe deshalb nur 40 Mann unter den Waffen belassen, welche sich gemäß ihrer körperlichen u. geistigen Anlagen am besten zum Soldaten eignen; dieselben versehen den Wachdienst auf der Station." (Volckamer, 7.1.1892, zit. in Hoffmann 2002:15)

Im Dezember 1893 waren 100 Mann in der kamerunischen „Polizeitruppe" beschäftigt, davon 55 ehemalige Sklaven. Sie stammten alle aus Westafrika: Hausa, Abeokuto, Ketu, Mahe, Baba, Aola und Kabwe. Die restlichen Soldaten kamen aus Sierra Leone, Togo, Liberia und Gabun, also ebenfalls aus Westafrika. Dabei galten die ehemaligen Sklaven als „stabiler Teil" der Truppe, da sie schon am längsten dabei und bereits kampferprobt waren. Sie konnten schießen und die Geschütze bedienen. Vom Reichstag waren nur 50 Mann bewilligt, aber da die Sklaven so preisgünstig waren, konnte diese Zahl verdoppelt werden (vgl. Rüger 1960a: 105). Die Sklaven wurden gar nicht bezahlt, die anderen Soldaten bekamen einen Sold von durchschnittlich 30 Mark im Monat. Die Zustände in dieser ersten deutschen Kolonialarmee in Kamerun und auch die Behandlung der ehemaligen Sklaven und ihrer Frauen durch die Deutschen legten den Grund für die gewaltsame Auflehnung der Dahomeysklaven. Sie ist eindringlich geschildert bei Rüger (1960a) und auch die Ausführungen von Knutson bestätigen die alltäglichen Misshandlungen (vgl. Ardener 2003: 135-143; vgl. auch Morlang 2008a: 94-95). Gründe der Unzufriedenheit waren, dass die Dahomey sich nicht an Plünderungen beteiligen durften, sondern dass Kanzler Leist alles für sich behielt; dass sie keine Löhne erhielten und schlechtere Verpflegung als die anderen Soldaten. Unmittelbarer Auslöser für den Aufstand war dann, dass die Frauen vor den Augen ihrer Männer ausgepeitscht wurden, weil sie nicht zur Arbeit erschienen waren (Rüger 1960a: 107).

Der ‚Dahomeyaufstand' hatte zur Folge, dass Duala von den Deutschen kurze Zeit aufgegeben und mit Hilfe von *weißen* Marinesoldaten zurückerobert werden musste. Alle flüchtigen Aufständischen wurden von den Deutschen eingefangen, die meisten wurden ohne Verfahren gehängt, die übrigen als Zwangsarbeiter ins Landesinnere deportiert (vgl. Morlang 2008a: 95).

In Folge dieser Ereignisse wurde 1894 die „Polizeitruppe" offiziell in die ‚Kaiserliche Schutztruppe für Kamerun' umgewandelt. Diese bestand zunächst aus Hausa und Vai, sowie 90 Sudanesen, die von Kurt von Morgen und Hans Dominik in Ägypten angeworben wurden. Bei der Anwerbung der Sudanesen handelte es sich um eine Notlösung, da es in Westafrika weiterhin erhebliche Probleme gab, Rekruten zu finden. Die deutsche „Schutztruppe" hatte sich als Arbeitgeber nicht sehr empfohlen. Der Einsatz der Sudanesen in Kamerun war ebenfalls nicht erfolgsgekrönt. Offenbar kamen sie mit den klimatischen Bedingungen der kamerunischen Küste und der Nahrung nicht zurecht (DKZ 1894, nr. 10: 135; Strümpell 1926: 14). Viele Sudanesen kündigten ihren Kontrakt, einige starben, besonders an Malaria und viele waren häufig krank. 25 blieben in der Truppe in Kamerun, Einzelne bis ins Jahr 1909 (vgl. Morlang

2008a: 44). Die Sudanesen sollten durch die ebenfalls als Soldaten erfahrenen Hausa ersetzt werden. Diese hatten bereits in der britischen Kolonialarmee Erfahrungen gesammelt. Sie wurden in Accra und Lagos angeworben. Die Briten zahlten allerdings höheren Sold, so dass die Deutschen wenig attraktiv als Arbeitgeber erschienen. Zunächst konnte noch auf die etablierten Arbeitsrekrutierungen in Liberia und Sierra Leone zurückgegriffen werden, doch auch dort wurde die Soldatenanwerbung nicht gerne gesehen (Scheunemann 1904a: 770; Dominik 1908: 528). 1900 sollte die Schutztruppe „zur Ermöglichung der Besetzung der neuen Stationen" um 100 Mann vermehrt werden (BAB R1001/7245, B. 29 RS). Die Rekrutierungsschwierigkeiten waren damals jedoch so groß, dass die geplante große Adamaua-Expedition sich verzögerte. Schließlich wurden v. a. Hausa und Vai und Leute aus der Togotruppe eingesetzt. In Togo selbst gab es ebenfalls kaum Freiwillige, die Togotruppe musste also vorübergehend verkleinert werden, um die Expedition in Kamerun sicherzustellen (vgl. DKZ 1900, nr. 32: 369; DKZ 1900, nr. 44: 505; DKZ 1900, nr. 47: 536; DKZ 1901, nr. 3: 23). Seit 1903 war die Arbeiteranwerbung in Liberia erschwert und seit 1905 praktisch unmöglich geworden. Für Nigeria bestand seit 1900 ein Anwerbeverbot (vgl. ebd.: Rüger 1960b: 209-210). Seit 1906 konnten keine Wanderarbeiter mehr für Kamerun angeworben werden (Winkler 1960: 251). Die Deutschen wendeten daraufhin einige kriminelle Energie auf, um dennoch Arbeitskräfte zu gewinnen. Sie warben heimlich in Liberia und Sierra Leone an, taten dies auf Schiffen, schickten afrikanische Anwerber in den Kongo-Freistaat und nach Portugiesich-Angola. Auch Straftäter aus anderen Kolonien wurden so in die deutsche Truppe eingestellt, besonders gerne nahm man Deserteure aus anderen europäischen Kolonialarmeen. Spektakulär ist der Fall der gesamten Besatzung der französischen Militärstation Kunde, die aus Senegal-Schützen bestand und im März 1905 geschlossen in die deutsche Truppe in Kamerun eintrat, um einer Bestrafung durch die Franzosen zu entgehen (vgl. Morlang 2008a: 46).

Die Deutschen waren gezwungen, Pläne zu entwickelten, Männer aus ihren eigenen Kolonien anzuwerben. Die ersten Versuche für die Verwendung der Kolonie Kamerun selbst als Rekrutierungsgebiet waren bereits 1889 von Leutnant Hutter und Zintgraff im Grasland in Bali gemacht worden. Zintgraff hatte mit dem *mfon* Garega I. von Bali Blutsbrüderschaft geschlossen hielt die „Untertanen Garegas" für gut geeignete Kolonialsoldaten (vgl. Zintgraff 1895: 338). Möglicherweise handelte es sich auch hier um unfreie Arbeitskräfte, denn der selbst expansiv vorgehende Garega verfügte über eine große Zahl von Menschen mit sklavenähnlichem Status. Hutter hatte in Bali bereits 1893 50 Männer „gedrillt und zu Soldaten ausgebildet" (DKZ 1893, nr. 6: 74) und auch zu kriegerischen Einsätzen eingesetzt. Dabei ging die „Bali-Schutztruppe" nicht zimperlich vor und führte wahl- und grundlos rein zu „Übungszwecken" kriegerische Überfälle auf Dörfer im Waldland durch (vgl. Michels 2004a: 126-129, Hutter 1902, DKZ 1900, nr. 15: 153). Zintgraff und Hutter waren damit die ersten, die Kamerun selbst als „Rekrutierungsgebiet" für eine bewaffnete Macht vorschlugen. Mit der Aufgabe aller zintgraff'schen Stationen im Inland 1893 musste dieses Projekt allerdings wieder aufgegeben werden. Erst nach der Jahrhundertwende traten dann wieder Bali und andere Männer aus dem Grasland formell in die deutsche Kolonialarmee ein. Unter Führung *weißer* Offiziere eroberten sie in der Folge das Grasland, ein Projekt, das *mfon* Njoya schon vor Eintreffen der Deutschen begonnen hatte (vgl. Bakary 1997: 60). Insofern trafen sich hier verschiedene Interessen und die Perspektive bestimmt die Frage, wer hier wessen Interessen vertrat (zu *mfon* Njoya s. Kapitel „Kosmopolitisierende Perspektiven", S. 219).

■ Dieses Bild unterschrieb Hutter eigenhändig und verwendete es für den 1902 erschienen Erlebnisbericht seiner Zeit in Kamerun. Sein Habitus entspricht dem der damaligen Reisenden und hatte auch zum Zweck vor den Augen der Afrikaner möglichst imposant zu wirken. Die Stiefel waren besonders hoch und gelb, der Hut extrem breitkrempig. Die räumliche Distanz zwischen Hutter und den *schwarzen* Soldaten hinter ihm, verweist zugleich auf soziale Distanz und exponiert den „weißen Führer" so. Die Aufstellung der *schwarzen* Soldaten enspricht dabei dem in Europa etablierten Habitus – in Reih' und Glied, mit geschultertem Gewehr.

Die Erfahrungen von Zintgraff teilten die wichtigen Interessengruppen der Händler in zwei Lager. Die einen (Woermann) waren der Ansicht, der Handel könne nur langsam ausgedehnt werden und sei unbedingt angewiesen auf Missionen und Schulen, die ihm vorausgehen müssten. Die anderen, die eine schnellere Ausweitung des Handels befürworteten (Jantzen & Thormählen, Waldau), forderten Kolonialtruppen, die dem Händler vorausgingen, oder ihn begleiteten (J&T Denkschrift 1892; Valdau 1890: 171 – In: DKZ). Diese zweite Fraktion setzte sich schließlich durch.

■ Zwei Beti-Soldaten während des Ersten Weltkrieges in Kamerun. Sie galten damals als besonders „treu" und zuverlässig. Karl Atangana, wichtiger Alliierter der Deutschen aus Jaunde und die Beti-Rekruten, sowie große Teile der dortigen Bevölkerung verließen zusammen mit den deutschen Truppen 1916 Kamerun, zerstörten militärisch wichtige Infrastruktur (wie Brücken) auf dem Rückzug und richteten sich auf der Insel Fernando Po im Exil ein.

Da der neue Gouverneur Jesko von Puttkamer (1895–1906) die schnelle militärische Eroberung der gesamten Kolonie Kamerun anstrebte, gab es auch in Kamerun ständige Forderungen nach einer Ausweitung der Kolonialtruppen. Die Eroberung Kameruns war langwierig und dauerte allein in Südkamerun von 1899 bis 1903: Bakoko, Jaunde/Beti, Bane und Bulu. Unmittelbar nach Eroberung der Bulu-Gebiete traten die ersten Bulu in die Kolonialtruppe ein – ein Phänomen, das auch in anderen Gebieten zu beobachten war, beispielsweise den Hehe aus Ostafrika.

Bereits 1889 hatte Tappenbeck auf der Station Jaunde mit der „Ausbildung und Einübung der Leute zu militärischen Zwecken" begonnen (Riebe 1897: 32). Die Beti, „Jaunde", wie sie genannt wurden, wurden von den ersten Deutschen, mit denen sie Kontakt hatten, als besonders freundlich beschrieben und die Beziehungen scheinen von Anfang an einvernehmlich gewesen zu sein (vgl. Riebe 1897, Morgen 1893). Morgen deutet an, dass die deutsche Station Jaunde den Einwohnern einen Schutz gegen „Sklavenjagden" der muslimischen Bevölkerung im Norden (z. B. Ngilla) bot (ebd.: 49). 1898 wurden die ersten ordentlichen Beti-Rekruten aus der Jaunde-Gegend in die Truppe eingegliedert. Hierfür war ein weiterer wichtiger Alliierter der Deutschen verantwortlich, nämlich Karl Atangana.

Die Beti-Rekruten waren angesehene junge Männer, die einen entsprechenden Status repräsentieren und unterstreichen konnten. Hier schuf also nicht der Kolonialsoldat einen hohen sozialen Status, sondern profitierte der Beruf des Soldaten vom bereits bestehenden Status der Rekruten. Bernhard von Puttkamer, nicht zu verwechseln mit dem Gouverneur Jesko von Puttkamer, dazu:

„Die Truppe war eine Söldnertruppe aus dem Lande, hauptsächlich Freie und möglichst Häuptlingssöhne. Die Soldatenkaste sollte den übrigen Eingeborenen gegenüber eine gehobene sein. Die im Norden Angeworbenen wurden im Süden verwandt und umgekehrt. Der farbige Soldat konnte es bis zum Feldwebel bringen, doch war der jüngste europäische Unteroffizier stets Vorgesetzter jedes Farbigen. Der Geist der

Truppe war vorzüglich. Sie waren alle stolz, Soldaten sein zu dürfen." („Als Schutztruppenoffizier 12 Jahre in Kamerun." In: MTSÜ Nr. 88: 2002:49)

Die „deutschen" Beti-Soldaten eroberten sowohl Gebiete im Süden (Bassa, Bakoko), wurden aber auch bei den Kriegszügen im Norden Kameruns eingesetzt. Die Eroberung des Nordens begann schon 1899, nachdem 1893 und 1894 die Grenzen mit Engländern und Franzosen abgesteckt waren, allerdings schleppender. 1901 verlor der Emir von Yola und sein großes Heer eine entscheidende Schlacht in Südadamaua. Eine der wichtigsten Siege und entscheidend für die Eroberung Nordadamauas war dabei der in Honna 1902 gegen die Armee des Emirs Zubéiru und verbündeter Lamidos aus Marua und Rey Buba (vgl. Bakary 1997: 60). Die Herrschaft im Norden Kameruns beschränkte sich nach der Eroberung auf die Erhebung von Abgaben (*indirect rule*). Die in das deutsche System eingebundenen Fulbe-Herrscher, profitierten von diesem System und stützen so die deutsche Herrschaft bis zum Ersten Weltkrieg. In die Kolonialarmee traten sie nicht ein, sondern behielten ihre eigenen Armeen.

Die Rekruten verpflichteten sich auf drei Jahre, erhielten 30 Mark monatlich und Verpflegung. Die Ausbildung wurde von Deutschen mit Hilfe eines Dolmetschers vorgenommen, die Kommandos hingegen waren sämtlich deutsch. Die Dauer der Ausbildung betrug ca. sechs Wochen (Simplex africanus et. al. 1905: 81). Viele wählten diesen Karriereweg bewusst für sich aus, andere wurden von *Chiefs* zwangsweise eingewiesen (vgl. Michels 2004a: 354-355). Auch die Kriegszüge selbst und die „Friedensverhandlungen" brachten den Deutschen Arbeitskräfte, die auch in der Armee eingesetzt wurden. Bekannt ist dies für Vute und Yezum-Kontingente, die gegen die Maka im Süden Kameruns eingesetzt wurden und die während des Ersten Weltkriegs als Elite-Soldaten fungierten (vgl. Bakary 1997: 62).

■ Soldaten der Armee von Schehu Sanda, aus dem Norden Kameruns.

Die Attraktivität der Kolonialarmee als Arbeitgeber stieg in Kamerun nur langsam aber stetig. Im Jahr 1909 waren zwei Drittel der Kameruner Kolonialsoldaten aus dem Gebiet der Kolonie Kamerun selbst (vgl. Morlang 2008a: 47). Der kamerunische Historiker Bakary (1997) spricht von der „Kamerunisation de la Schutztruppe", also der „Kamerunisierung" der Schutztruppe (ebd.: 59), (vgl. dazu Kapitel 3.3, S. 208). „Kamerunisation" steht hier doppeldeutig für die deutsche Kolonie Kamerun und für den unabhängigen Nationalstaat Kamerun, der unter Verweis auf das gößere Gebiet während der deutschen Kolonialzeit bis heute sowohl in franko-, besonders aber im anglophonen Bereich mit der Schreibweise Kamerun identifiziert wird.

Deutsch-Südwestafrika

Entgegen der vorherrschenden Sicht, die „Schutztruppe" DSWAs sei rein *weiß* gewesen, beginnt die Beteiligung von einheimischen Männern an den deutschen Kolonialtruppen in DSWA bereits drei Jahre nach Errichtung der „offiziellen Schutzherrschaft" und war in den Anfängen sogar bedeutender als in den anderen deutschen Kolonien. Dennoch blieben die Afrikaner in der Minderheit, auch in den Mannschaftsdienstgraden und somit bleibt eine Besonderheit der deutsch-südwestafrikanischen Kolonialarmee, dass hierin einfache *weiße* Soldaten Dienst taten. In den Truppen der anderen Kolonien war dies sonst nur während der Mobilmachung im Ersten Weltkrieg der Fall.

In der Frühzeit der kolonialen Durchdringung in DSWA sprachen die Deutschen oft von einem „Rassekrieg" der Herero gegen die Nama. Dabei galten die Herero eher als friedliebend und diplomatisch, negativ ausgedrückt als feige, die Nama hingegen, besonders die Witbooi, als besonders gute Soldaten, ja, als „geborene Kolonialsoldaten" (Scheulen 1998: 86). Im Gegensatz dazu steht die Konzeption von Männlichkeit seit den 1860er Jahren bei den Herero, die auf den Besitz von Gewehren und anderen Waffen verweist und in Ritualen bekräftigt wurde. Henrichsen (2004b) spricht für diese Zeit von den Herero als einer „Gewehrgesellschaft".

Die positive Einschätzung der Nama aus deutscher Sicht aus dem Jahr 1895 beruhte auf ihrer zähen, hartnäckigen Kampfesweise, überlegener Geländeausnutzung, Treffsicherheit und oft zermürbender Guerillataktik. Sie galten als „afrikanische Indianer" und sogar als „ritterlich" (vgl. Scheulen 1998: 86, 89; Zimmermann 1912: 136). Über Hendrik Witboois Tod während des Krieges gegen die Deutschen im Oktober 1905 heißt es denn auch respektvoll, dass der alte „Kämpe" einen „ehrlichen Soldatentod" gefunden habe (ebd.: 163). Wie in dem Ausdruck „afrikanischer Indianer" schon anklingt, wurde ihnen eine Sonderstellung innerhalb des anthropologisch-rassistischen Menschenbildes zugedacht, das aber auch an das Bild des „edlen Wilden" der Aufklärung ange-

▪ Diese Aufnahme kann als Rarität gelten, werden hier nämlich *weiße* und *schwarze* Unteroffiziere gemeinsam abgebildet. Die Gemeinsamkeit der Gruppe wird über ihren militärischen Rang hergestellt und *schwarz-weiße* Hierarchien damit explizit durchbrochen – obwohl unter den stehenden Männern mit höherem militärischem Rang kein *Schwarzer* zu sein scheint. Die Aufnahme wurde 1905 veröffentlicht und ist sehr wahrscheinlich während des Herero-Krieges entstanden – sie verweist so auf die Wichtigkeit der *schwarzen* Soldaten und Offiziere während dieser Zeit.

lehnt war.[37] „Rassisch" unterschied man sie von den „Negern" und postulierte, sie seien eher mit den Europäern denn den Afrikanern verwandt (vgl. Scheulen 1998: 145-146).

Für die 1887 errichtete „Schutztruppe der Deutschen-Colonial-Gesellschaft für Südwest-Afrika" gab es zunächst erhebliche Schwierigkeiten, Männer zu gewinnen. Die Angaben schwanken zwischen zehn und vierzig Afrikanern, die eingestellt werden konnten.[38] Offensichtlich war eines der Hauptprobleme, dass diese Truppe in den Minengebieten die Befolgung der erlassenen Ordnungen auch durch Europäer sicherstellen sollte. Dadurch wurde hier bereits 1887 ein Thema virulent, das auch später Anlass hitziger Auseinandersetzungen werden sollte, nämlich die „Befugnisse schwarzer Polizisten gegenüber Weißen". In der nach 1894 etablierten offiziellen Polizeitruppe waren in allen Kolonien *Schwarze* beschäftigt, in der „Kaiserlichen Landespolizei" in DSWA mit der offiziellen Bezeichnung „Polizeidiener". In DOA war „es in allen Bezirken im wesentlichen

37 Vgl. zu diesem Bild: Bitterli (1985), Kohl (1981), Martin (1993).

38 Morlang (2008) geht von zunächst acht Herero und zwei Bastern aus (vgl. ebd.: 12). Rafalski (1930) spricht von 20 Bastern und Nama (vgl. ebd.: 35, 100), andere von 40 Baster, Herero und Nama (vgl. Selmeci/Henrichsen 1995: 41).

übereinstimmend den farbigen Polizeiorganen streng untersagt, Europäer festzunehmen. Eine Ausnahme wird lediglich gegenüber europäischen Dampferpassagieren, die sich eines Verbrechens schuldig gemacht haben, dann zugelassen, wenn die Möglichkeit ausgeschlossen erscheint, einen weißen Vorgesetzten herbeizurufen. In Südwestafrika dehnen sich die Befugnisse farbiger Polizisten in keinem Falle auf Europäer aus" (vgl. DKZ 1905, nr. 11: 103; vgl. für DSWA Rafalski 1930: 105). In zeitgenössischen Berichten werden in dieser Debatte statt dieser Problematik Scheinprobleme in den Vordergrund gestellt, wie zum Beispiel Alkoholmissbrauch (vgl. zu diesem Thema ausführlicher Kapitel 3.2 „Frau Feldwebel Balla", S. 193).

Nach der Aufkündigung des Freundschaftsvertrages mit Maharero desertierten die Soldaten offensichtlich. Diese Tatsache führte dazu, dass *schwarzen* Soldaten in DSWA beständig und grundlegend große Skepsis gegenüber gebracht wurde (vgl. François 1895).

1890 wurden 150 Damara für die Truppe angeworben. Es ist fraglich, was genau für eine Rolle diese Männer spielten. Wahrscheinlich handelte es sich um abhängige Arbeiter der Herero, die ihren Status durch Eintritt in die Truppe verbessern konnten. Es gab zwischen Deutschen und Herero eine Konkurrenz um die Damara, die deren „Herausgabe" forderten, da sie ihnen zugeordnet seien, möglicherweise ein Verweis auf ein Klientelverhältnis. Einige blieben viele Jahre in der Truppe, wie Wilhelm Kalib, der hervorragend Deutsch und Afrikaans sprach (vgl. Morlang 2008a: 66). Offiziell waren sie nicht als Soldaten angeworben. Sehr vage heißt es bei François: „Ebenso zogen ca. 150 Bergdamara mit, die sich unter den Schutz der Truppe begeben hatten und denselben ferner genießen wollten" (François 1895: 133). Die Deutschen wiesen ihnen in den Folgejahren denn auch das Prädikat der „nützlichen Arbeiter" zu, mit den Haupteigenschaften der „Anspruchslosigkeit" und „Zuverlässigkeit". Sie wurden auch „rassisch" beschrieben, allerdings war das eigentliche Interesse der Deutschen die Utilisierung ihrer besonderen sozio-ökonomischen Lage durch ihre Etablierung als „Arbeitervolk". Hier verschwammen die Konzepte „Rasse" und „Klasse" deutlich.

Im Zuge der weiter oben bereits beschriebenen Annäherungen von Maharero und Witbooi wurde die Truppe weiter ausgebaut. Für 1893 wurden 92 Mann in Aussicht gestellt, beantragt waren zwölf Offiziere, 300 Mann und zwei Geschütze (vgl. François 1895: 151). Wegen der zunehmenden antideutschen Stimmung im Land – auch unter den Bastern, wegen des Verkaufes von Farmland an Buren – wurde die Truppe dann noch weiter auf 214 deutsche Mann verstärkt, im Juni 1896 um weitere 400 (vgl. François 1895: 154; auch Selmeci/Henrichsen 1995: 55, Zahlen nach Kleist 1908: 4f.). Hugo von François äußerte sich erfreut sowohl über die Größe der Verstärkung als auch über die Qualität der *weißen* Soldaten, besonders was ihre Fähigkeit zum Fußmarsch betraf (François 1895: 155). Dennoch bemühten sich die Deutschen ab 1895 verstärkt darum, einheimische Männer zu rekrutieren. Diese sollten ganz offiziell als Soldaten fungieren und entsprechend ausgebildet werden. Diese Ansichten waren allerdings unter den Offizieren umstritten (vgl. Morlang 2008a: 63). Hugo von François bewertete 1895 die Tatsache, „Eingeborene zu einer Polizeitruppe zu verwenden“ als „grundsätzlichen Fehler“, weil diese nur ihre „Stammesinteressen im Auge hätten“ (François 1895: 108). Außerdem sah er als großes Problem, dass die unmittelbar vorgesetzten Offiziere keine Bestrafungsgewalt hatten. Hier zeigt sich die Verquickung zwischen fehlender Macht und fehlender Herstellung kolonialer Hierarchien. Zusätzlich verweist seine Kritik auf ein weiteres Dauerproblem in den Kolonien, die Konflikte zwischen ziviler und militärischer Leitung und die Unterstellung der Truppe unter ziviles Kommando. „Bestrafungsgewalt“ in der ersten Truppe hatte nur der Reichskommissar bzw. der vertraglich bestimmte Partner, nicht der Kommandeur. François veranschaulichte die aus militärischer Sicht nachteiligen Auswirkungen dieser Situation an folgendem Beispiel:

> „Ein Polizeisoldat, Bastard Brießlaar, hatte einem der 2 befehligenden Offiziere gegenüber sich widersetzlich gezeigt und an diesem sich dabei thätlich vergriffen. Der Offizier hatte keine Strafgewalt, stürzte also schleunigst zu Dr. Goering, um die Bestrafung herbeizuführen. Etliche Soldaten, ein Haufen Eingeborener laufen tobend, schreiend und schimpfend hinterher. Dr. Goering erklärt, den Mann nicht bestrafen zu können, weil derselbe unter der Gerichtsbarkeit des Kapitain Zacharias von Otyimbingue stände. Dieser behauptet wieder, der Bastard gehe ihn nichts an; die Bestrafung sei Sache des Bastardkapitains Hermanus van Wyk auf Rehoboth. Hermanus van Wyk erklärte, nachdem mehrere Monate über die Korrespondenz vergangen waren, Brießlaar sei kein eingeschriebener Bürger seines Stammes, er könne ihn nicht bestrafen. So unterblieb die Bestrafung gänzlich.“ (François 1895: 108)

1890 schloss Samuel Maharero einen neuen Vertrag mit den Deutschen, in dem beide Parteien sich militärische Unterstützung zusicherten. Aus deutscher Sicht ist dies oft als „Heeresfolge“ beschrieben worden. Die Hererosoldaten und die deutschen Soldaten zogen gemeinsam ins Gefecht, beispielsweise 1896, errichteten gemeinsame Feldlager und hielten gemeinsame Paraden nach Siegen ab. Die Hererosoldaten blieben aber unabhängig, wurden nicht in die deutsche Truppe eingegliedert. Auch Witbooi leistete „Heeresfolge“, eine Anwerbung seiner Leute für die Schutztruppe hatte er 1895 abgelehnt (vgl. Morlang 2008a: 63).

Bühler (2003) interpretiert dies als Wandel Hendrik Witboois vom gefürchteten Feind der Deutschen zum „starken Arm der Kolonialmacht“ im südlichen DSWA (ebd.: 73). Insgesamt nahmen Witbooi-Soldaten an sechs deutschen Kriegen teil. Noch 1904 kämpften 80-100 Witbooi gemeinsam mit der deutschen Truppe gegen die Herero. Ihre Abteilung wurde von einem deutschen Leutnant geführt. Während der Schlacht am Waterberg desertierten mindestens 19 der Witbooi-Soldaten. Die Berichte dieser Soldaten sollen maßgeblich zu

Hendrik Witboois Entscheidung ab Oktober 1904, selbst militärisch gegen die Deutschen vorzugehen, beigetragen haben. Einige der modernen Gewehre M/88 auch M/71, mit denen die Deutschen die Nama-Soldaten ausgerüstet hatten, richteten sich nun gegen sie. Damit waren die Nama teilweise mit moderneren Waffen (M/88) ausgerüstet, als die *weißen* Siedler, die bis 1903 nur M/71 kaufen durften. Bühler (2003) weist aber darauf hin, dass das Ausmaß der modernen Bewaffnung der Nama in den zeitgenössischen Berichten übertrieben wurde (vgl. Bühler 2003: 157, 172-173, 186-188; Kuss 2006: 218).

Es waren die Baster, im deutsch-kolonialen Jargon meist „Rehoboter Bastards" genannt, die von den Deutschen formell in die Truppe eingegliedert werden sollten. Hermanus von Wyk, ihr *Chief*, ließ sich aber nur davon überzeugen einen „Wehrvertrag" zu schließen. Er lehnte es ab, dass seine Männer direkt in die Truppe eintraten. Der Vertrag sah vor, ab 1895 40 Mann und in jedem weiteren Jahr 20 Mann für die Ausbildung in der Truppe zu stellen. Die so ausgebildeten Männer wurden allerdings nicht in die Truppe integriert, sondern als Milizen oder Reservisten behandelt, die nur im Kriegsfall aktiviert wurden (vgl. Morlang 2008a: 63). Einzelne Männer entschlossen sich individuell, in die Truppe einzutreten, so nahmen 1896 zwölf Baster-Soldaten am Khauas Feldzug teil.

1899 gab es in DSWA 119 *schwarze* Kolonialsoldaten und 1904 unmittelbar vor Ausbruch des Krieges der Deutschen gegen Herero und Nama waren es neben den Nama und Bastern 132, die gleichmäßig auf alle Regimenter verteilt waren und alle militärisch ausgebildet waren. Während der Kriegshandlungen stieg ihre Zahl auf 290 an. Wie schon 1890 waren es mehrheitlich Damara, z. B. Okambahe, die sich gegenüber den Herero emanzipieren wollten (vgl. Morlang 2008a: 64-66).

Als sich Anfang 1904 die Herero unter der Führung Samuel Mahareros zum Krieg gegen die Deutschen rüsteten, desertierte ein großer Teil der für die Schutztruppe kämpfenden Herero. Wie viele Herero-Soldaten auf deutscher Seite blieben ist umstritten. Selmeci/Henrichsen gehen davon aus, dass es eher wenige waren, z. B. drei Söhne des Herero Josef Gobabis (vgl. Selmeci/Henrichsen 1995: 65). Bekannt ist auch,

Damara und Herero

Es ist aus heutiger Sicht schwierig, die zeitgenössische Bezeichnung „Bergdamara" oder auch Afrikaans „Klippkaffer" zu übersetzen. „Damara" ist eine Bezeichnung der Nama zunächst sowohl für herero- als auch namaquasprachige Gruppen. Nama unterschieden dabei „Xou-dama" (Dreck-Schwarze) und „Gomacha-dama" (viehreiche Schwarze). Letztere standen in einer Art Klientelverhältnis zu den Nama und teilweise auch Herero, stellten also sozusagen eine Art verarmte Unterschicht dar, die von Herero als Viehhirten eingesetzt wurde. Herero scheinen sie auch als „OvaZorotua" (schwarze Sklaven) bezeichnet zu haben. „Damara" oder „Dama" waren kulturell und sozial heterogen und unterschieden sich gegenüber anderen Jäger- und Sammlergruppen im 19. Jahrhundert dadurch , dass sie in einem Klientelverhältnis zu Herero und Nama standen (vgl. Scheulen 1998: 56-57; Henrichsen 2004b). Herero scheint einfach „Viehbesitzer" geheißen zu haben, die Europäer übernahmen diese Bezeichnung ab den 1840er Jahren, vorher hatten sie diese als „Vieh-Damara" bezeichnet (vgl. Krüger 1999: 34).

■ Hendrik Witbooi, dritter von rechts, und andere Nama mit der kaiserlichen Armbinde 1904.

„Heeresfolge" im Wortlaut des „Schutz- und Freundschaftsvertrages"
„Der Kapitän Hendrik Witbooi verspricht für sich und seine Nachfolger Seiner Majestät dem Deutschen Kaiser und der Regierung desselben gegen alle inneren und äußeren Feinde auf den Ruf des von Seiner Majestät dem Deutschen Kaiser eingesetzten Landeshauptmanns hin mit allen waffenfähigen Männern unbedingt und unverzüglich Heerfolge zu leisten. Die dieses heilige Versprechen betreffenden Einzelheiten, als da sind jährliche Angaben über die Zahl der waffenfähigen Männer, ihre Bewaffnung u.s.w. setzt ein zwischen dem Kapitän Witbooi und dem Distriktchef von Gibeon besonders aufzusetzender Vertrag fest." (zit. in Bühler 2003: 73)

dass von Trotha mindestens zwei Herero in seinem Stab hatte: Kean und Phillipus (vgl. Krüger 1999: 101). Diese wenigen halfen den Deutschen durch Einmannaktionen (vgl. Selmeci/Henrichsen 1995: 65). Da von Trotha den „afrikanischen Hilfstruppen", wie sie zeitgenössisch genannt wurden, jedoch nicht traute, verbot er im August 1904 ausdrücklich, dass diese an vorderster Front eingesetzt würden (vgl. ebd.: 66). Ausgenommen waren die Witboois und die Baster (vgl. Morlang 2008a: 67). Dennoch arbeiteten einige Herero während des Krieges von 1904/05 weiterhin mit den Deutschen zusammen und Leutwein schreibt in seinen Erinnerungen: „Es hat sich [...] ergeben, daß die Hereros, wenn richtig angefaßt, auch für eine fremde Sache auf ihre Stammesgenossen schießen" (Leutwein 1905: 528). Bekannt ist der Fall des Herero-

▪ Besonders aufschlussreich für die Inszenierung der *weißen* Truppe in DSWA ist die visuelle Inszenierung. Auf Postkarten wurden die „Basterregimenter" durchaus abgebildet – die Hierarchien waren hier klar, die Baster knieten, der *weiße* Soldat stand klar übergeordnet neben oder vor ihnen (s. Abb. rechts). Fotografien, wie die auf der vorigen Doppelseite abgebildete des „Appells der 1. Feldkompanie in Windhoek", die Hermann Schlüter zwischen 1896 und 1901 gemacht hatte, zeigte ein Nebeneinander von *weißen* und *schwarzen* Mannschaftsdienstgraden und ein Nebeneinander der *schwarzen* und *weißen* Unteroffiziere, die als Befehlshaber erkennbar vor den einfachen Soldaten stehen. Dadurch wurden optisch die klaren *schwarz-weißen* Hierarchien durchbrochen. Wie unerwünscht dies war, zeigt sich dadurch, dass der Fotograf selbst bei Diavorträgen, die er ab 1904 in Braunschweig hielt, den Bildausschnitt so veränderte, dass die *schwarzen* Soldaten und besonders der *schwarze* Unteroffizier nicht mehr erschienen (vgl. Ausstellung im Braunschweigischen Landesmuseum 2007–2008).

soldaten Erasmus, der als Parlamentär zwischen den Deutschen und Maharero fungierte und den Deutschen viel über „die am Aufstand beteiligten Häuptlinge, über Stellungen, Bewaffnung und Kampfmoral der Herero" erzählte (Selmeci/Henrichsen 1995:76). Ein zweiter Fall ist der „Eingeborenen-Soldat" Friedrich, ein Herero, der die Patrouille von Bodenhausen am Tag vor der Schlacht am Waterberg anführte und einen Brustschuss erhielt. Ihm wurden in der Folge von den Herero beide Hände und ein Glied abgehackt. Er stellte sich tot und überlebte aFuf dieser Weise (vgl. zur komplexen Position in der Erinnerung an ihn und andere Herero auf Seiten der Deutschen, Kapitel 2.1 „Kosmopolitisierte Kontaktzonen", S. 31). Krüger (1999) hat bereits darauf hingewiesen, dass während des Deutsch-Herero-Krieges von 1904 Herero als Soldaten sowohl freiwillig als auch unfreiwillig auf deutscher Seite kämpften, dass sie als Arbeiter und Späher wichtige Dienste leisteten.[39] Sie warnt davor, diese Wirklichkeiten zu übersehen, da sonst die totale Dominanz der Kolonisierenden afrikanische Handlungsmacht unsichtbar mache. Nur dieser differenzierte Blick könne die Afrikaner in der Situation nicht als die absolut Unterlegenen wahrnehmen und erlaube ein besseres Verständnis dafür, dass die *oturupa* (deutsche) Uniformen und Militärtraditionen für sich positiv umdeuten konnten (vgl. ebd.: 71-73; vgl. zu *oturupa* Kapitel 3.3 „Kosmopolitisierende Perspektiven", S. 208). In einer Interpretation der Kriegsereignisse durch Willy Njanekua und Kasisa Muuondjo in Okakarara 1986 wird Wert auf die vielen Siege der Herero gelegt:

„Yet ist was they who won. At Okandjira they won: at Ovijombo they won: at Erindirombua the won: at Ohamakari they won: at Erindirondeka they won: and at Otjihinamaparero they won. I say that at every place where a battle was fought, they won." (Heywood/Lau/Ohly 1992: 143)

39 Vgl. auch Gann/Duignan 1977: 44, die betonen, dass Leutwein öffentlich auf die wichtige Rolle von „Herero-Hilfskriegern" bei der militärischen Unterwerfung des Gebietes hinwies.

■ Postkarte des Baster-Regiments mit klaren schwarz-weiß-Hierarchien.

Ihr Fazit lautete: „The Hereros in this country were not conquered but were cheated: they were tricked from behind" (ebd.; vgl. ähnlich auch Förster 2006).

Der Krieg von 1904 endete für die Herero genozidal.[40] In der Folge setzte eine Verschärfung der „rassischen" Gegensätze ein, die sich besonders darin ausdrückte, dass keine *schwarzen* Soldaten mehr in die deutsch-südwestafrikanische Kolonialtruppe eingestellt wurden. In der Truppe beschäftigte *schwarze* Arbeiter wurden nicht mehr militärisch ausgebildet. Dies galt auch für die „Polizeidiener", die mit einem Seitengewehr, also einer reinen Nahkampfwaffe, bewaffnet wurden. In Ausnahmefällen trugen sie eine Pistole. 1914 gab es 370 *schwarze* Polizisten in DSWA. Im Caprivi-Zipfel in Nordostnamibia wurden jedoch ab 1909 wieder *schwarze* Soldaten beschäftigt. Es handelte sich um zwölf bis fünfzehn Männer, meist aus den angrenzenden britischen Gebieten und bis 1914 den einzigen *Schwarzen* in DSWA, die offiziell ein Gewehr bedienen durften. Bei Ausbruch des Ersten Weltkriegs wurden die „wehrpflichtigen" Baster eingezogen – sie sollten allerdings nicht im Kampf gegen die Alliierten sondern gegen die einheimische Bevölkerung eingesetzt werden. Zwar meldeten sich 181

40 Die historische und politische Debatte, ob und warum 1904 ein Genozid an den Herero verübt wurde, kann hier nicht weiter dargestellt werden (vgl. lesenswert dazu: Hinz (2004), Hull (2005b), Krüger (2005).

Emmanuel Timbo, Bildmitte, war *schwarzer* Unteroffizier im Stab der Deutsch-Südwestafrikanischen Truppe während des Herero-Feldzuges. Timbo stammte aus einer Familie, die über mehrere Generationen Arbeitsverhältnisse mit Europäern eingegangen war. Sein Vater, Timbo Samuel Samson, war ein befreiter Sklave aus Moçambique, der zwischen 1850 und 1874 in Südafrika und im südwestlichen Afrika für diverse Europäer arbeitete und dabei zu Wohlstand gekommen war.[41] Sein Sohn Emmanuel wird auf dieser Fotografie (1904) gemeinsam mit *weißen* Offizieren beritten dargestellt. Dieses und weitere Fotos fanden sich in einem Erinnerungsalbum an den Krieg in DSWA, das von Trotha persönlich für Lettow-Vorbeck zusammengestellt hatte. Timbo wurde 1919 zu einem „Kronzeugen" für die brutale Kriegsführung der Deutschen, seine Aussage findet sich im „Blaubuch", das die Alliierten zusammenstellten, um zu beweisen, dass Deutschland nicht fähig sei, Kolonien zu haben.

Männer, allerdings nur widerstrebend. Sie leisteten zunächst passiv dann auch aktiv Widerstand. 1915 eskalierte die Situation und es kam zu einem Krieg der Baster gegen die Deutschen, der bis heute von diesen in Erinnerung geblieben ist (vgl. Morlang 2008a: 68-69).

41 Der Lebenslauf von Timbo Samuel Samson wurde von Felix Schürmann rekonstruiert (Schürmann 2008). Ihm verdanke ich auch den Hinweis darauf, dass Emmanuel Timbo einer seiner Söhne war.

Der Herero-Pastor Andreas Kukuri (1887–1966) erzählte im Jahr 1953 über seine Zeit als Bambuse:

„[I]n diesem Jahr 1904, als der Krieg zwischen den Herero und den Deutschen ausbrach, in dieser Zeit kümmerte ich mich um die Rinder. Und wir flohen zuerst und gingen nach Osten in die Nähe von Tjahangwe; dann kehrten wir zurück und blieben in Oviyombo. Und Herr L. von Estorff ging daran und kämpfte beo Okandjira, wo sich Herero befanden, in der Nähe von Otjosazu. Und in diesen Kämpfen fiel sein jüngerer Bruder. Und später brachte er den Krieg nach Oviyombo. Und die Herero flohen und zogen zum Waterberg (Otjozondjupa). Und sie blieben dort eine sehr lange Zeit. Und L. von Estorff führte viele Kriegshandlungen aus, welche die Herero von allen vier Himmelsrichtungen umzingelten. Und wir flohen und zogen in gerader Richtung nach Osten. Und dort machten sich die Herero aus dem Staube. Dann litten sie Durst und gingen mitten in das Veld des nur trockenen Grases, wo kein Wasser war. Und wir zogen hier viele Tage umher. Und als der Regen fiel, machten wir uns wieder auf, um jenseits von Epukiro herumzuziehen und wir verweilten dort.

Und Herr L. von Estorff kam dann mit seinen Truppen und erreichte uns dort. Und er nahm uns gefangen und er erbat uns von meinem Vater, und es wurde uns gegeben, Bambusen unter den Soldaten zu werden. [...] Und sogleich machten die Nama Krieg und töteten unsere Kompanie und viele Soldaten. Und so führten wir die Verwundeten zurück und brachten sie nach Gobabis und blieben dort im Hospital, d. h. im Lazarett. Als sie wieder gesund waren, kehrten wir wieder nach Aminuis zurück und blieben daselbst. Dann wurden wir mit der halben Truppe geschickt, um in Tabataopa zu bleiben, und wir verweilten dort. [...] Und dort wurde ein Junge von einem Wagen überfahren und starb, und wir begruben ihn. [...] Dann wünschten wir es uns, nach Tsumeb zu gehen, aber es wurde uns von dem Truppenführer abgeschlagen, der in Okanyande war, daß wir (weiter) in der Truppe arbeiteten. Und ich sagte: „Wir wollen nicht dorthin". Aber wir kamen doch nach Tsumeb. [...] und dort arbeitete ich einige Jahre. Und schließlich ging ich von dort fort." (Kukuri/Damman 1983: 43)

Die anhaltende Bedeutung der deutschen Kolonialtruppe besonders für jüngere Herero-Männer nach 1904, die als „Truppenbambusen" in den militärischen Alltag hineinsozialisiert wurden, wird an der Genese der *oturupa* veranschaulicht (vgl. dazu Kapitel 3.3 „Kosmopolitisierende Perspektiven", S. 208). Die meisten der Truppenbambusen vor 1904 waren Damara (vgl. Scheulen 1998: 95). Bambusen waren die Diener der Soldaten – in anderen Kolonien wurden sie „soldier boys" genannt. Das Wort Bambuse scheint wiederum auf nautische Arbeit zu verweisen. Die Bambusen waren meist Kinder oder Jugendliche, wurden aus der Herero-Sicht jedoch als die unterste Hierarchie in der militärischen Welt angesehen. Entsprechend militärisch war ihr Habitus – mit Uniformteilen, wie Mützen und in ihrer Freizeit mit Holzgewehren paradieren und exerzierend (vgl. Henrichsen 2004).

2.5 Von den deutschen zu den armen Askari (nach 1914)

Während und nach dem Ersten Weltkrieg wurden die Askari aus DOA im Verhältnis zu den *schwarzen* Soldaten in den restlichen deutschen Kolonialarmeen prominent, weil ihr Kampf erst nach der Niederlage in Europa endete, sie also als „ungeschlagen" gelten konnten. Togo wurde bereits 1914 besetzt, Deutsch-Südwestafrika 1915 und Kamerun 1916. Einige zeitgenössische Autoren beklagten, dass der „Treue" der dortigen Soldaten in Deutschland keine ähnliche Aufmerksamkeit zu Teil werde (z. B. Student 1937). Die Figur des ‚treuen Askari' wurde in Deutschland zu einem politischen Mythos, der sich in einen Kanon von Mythen einband, die dem Trauma der deutschen Kriegsniederlage, der ‚Demütigung von Versailles' und dem Machtverlust der alten Eliten und deren Konstruktion *weißer* Männlichkeit entstammten.[42] Die Legende von der ‚Treue der Askari' zu Lettow-Vorbeck während des entbehrungsreichen Ersten Weltkriegs in DOA wurde der so genannten Kolonialschuldlüge entgegengesetzt. In Artikel 119 des Versailler Vertrages verzichtete Deutschland zugunsten der Alliierten auf „alle Rechte und Ansprüche bezüglich seiner überseeischen Besitzungen" (Artikel zitiert in: Kienitz 1941: 186). Die Alliierten gründeten dieses Vorgehen auf „Deutschlands Versagen auf dem Gebiete der kolonialen Zivilisation". In „Blaubüchern" untermauerten die Alliierten ihre Vorwürfe: die Deutschen hätten ihre Kolonien militarisiert, wären brutal und grausam vorgegangen und bei der Bevölkerung gefürchtet und verhasst gewesen – Einschätzungen, die bis heute von der Bevölkerung der ehemaligen Kolonien erinnert werden. Die ‚deutschen Soldaten' stehen in den Erinnerungen an die deutsche Kolonialzeit bis heute stellvertretend für Brutalität und Gewalt (vgl. dazu Kapitel 3.3 „Kosmopolitisierende Perspektiven", S. 208). Zahlenmäßige Schätzungen der direkten Todesopfer durch den deutschen Kolonialismus sind schwierig vorzunehmen. Für den Hererokrieg geht man von mindestens 200 000 Toten, für den Maji-Maji-Krieg von mehreren hunderttausend Opfern aus. Die Auswirkungen des Ersten Weltkrieges in Afrika sind als noch weitaus verheerender anzunehmen. Es kann als ein Charakteristikum kolonialer Kriege gelten – und zwar gleichgültig welche europäische Macht sie führte, dass den Opfern auf afrikanischer Seite in der europäischen Perspektive kaum Bedeutung beigemessen wurde. Schätzungsweise eine halbe Million Menschen starb an den direkten oder indirekten Folgen des ‚totalen Krieges', den Lettow-Vorbeck in DOA entfacht hatte (vgl. Iliffe 1979). Dem Krieg wurde alles zivile Leben untergeordnet. Michels (2006) spricht von einer „humanitären Katastrophe für die schwarze Zivilbevölkerung" (ebd.: 546). Militärischer

42 Vgl. zum „Krieg der Erinnerung in der Weimarer Republik" Wolfrum (2001): 26-31.

Zwang, Gewalt oder gar Desertion und Meuterei unter den Soldaten waren verschwiegene Realitäten. Dabei gab es – sogar nach zeitgenössischen deutschen Angaben – allein in Deutsch-Ostafrika 2487 Deserteure während des Ersten Weltkrieges auf deutscher Seite. Ihre tatsächliche Zahl dürfte sehr viel höher gelegen haben, allein 4510 Soldaten galten offiziell als vermisst. Wieder aufgegriffene Deserteure wurden öffentlich hingerichtet (vgl. Morlang 2008a: 92; Moyd 2008). Auch in Kamerun und Togo erkannten viele Rekruten recht schnell, dass der Krieg gegen andere Kolonialarmeen von ähnlicher Ausbildung und Waffentechnik sinnlos sei, zogen ihre Uniformen aus und desertierten.

Der Sohn des im Crossrivergebiet Kameruns bekannten Ojong Ayifen erzählte im Jahr 2000:

„Er tat seinen Dienst in Nsan. Er ging dorthin und arbeitete ungefähr einen Monat. Dann wollte er zurück. Er zog seine Armeeuniform aus, steckte sie in seine Tasche und sagte, dass er ginge. Zwei andere Soldaten kamen auf dem Weg nach Obubura in Nigeria aus Mamfe. Sie sahen ihn und verhafteten ihn und sagten, er würde vor dem Krieg flüchten. Sie legten eine Kette um seinen Hals und brachten ihn zurück nach Nsan. Von dort nahmen ihn zwei andere Leute nach Mamfe, von dort ging es zu Fuß nach Limbe und Fernando Po. Sie gaben ihm Essen. Sie mussten ihre eigenen Gräber graben. Sie gruben drei Tage lang. Dann sagten sie, dass sie sie morgen hängen würden. Die Leute fürchteten, sie würden in der Nacht getötet. Sie gaben ihnen etwas zu trinken um Mitternacht kamen die Briten, griffen die Deutschen an und öffneten das Gefängnis. Alle konnten gehen." (Peter Asango Ojong aus Agborkem am 12.10.2000)

Auch aus DOA wird berichtet, dass die Askari eine gegebene Aufgabe bis zum Ende ausführten, dann ihre deutsche Uniform auszogen, sie ordentlich zusammenfalteten, und sich dann auf den Weg machten, um ihre Dienste bei den alliierten Truppen anzubieten. Moyd (2008) sieht dies als Teil ihres Ethos als professionelle Soldaten, die das Recht hatten, den Patron zu verlassen, wenn dieser seine Aufgaben nicht mehr erfüllen konnte (vgl. ebd.: 264). Einige verweigerten auch die Befehle zum Angriff. Die Askari ließen sich teilweise wechselseitig in die deutsche und britische Truppe einstellen. Dies betraf nach 1918 auch einen Großteil der 4275 kriegsgefangenen „deutschen" Askari. Auch dies entsprach den Praktiken der ehemaligen deutschen Kolonialsoldaten in den anderen Gebieten (vgl. Morlang 2008a: 36-37, 92; Sebald 1988: 283; Bitchoka 1986). In ihren Memoiren erwähnte bereits Ada Schnee, die den Ersten Weltkrieg in DOA zunächst an der Seite ihres Mannes, danach in Kriegsgefangenschaft erlebte, dass „deutsche Askari" während des Ersten Weltkrieges auf Seiten der Alliierten *gegen* die Deutschen kämpften. Gegen Lettow-Vorbeck wurde ein ganzes Regiment mit drei Bataillonen bestehend aus ehemaligen deutschen Soldaten eingesetzt (vgl. auch Moyd 2008: 262-266).

Als Lettow-Vorbeck 1918 die Waffen niederlegte, waren nur noch knapp über 1000 Askari bei ihm. In den Hochzeiten des Krieges, Ende 1915, waren es bis zu 18000, bei Kriegseintritt 2400 *schwarze* Soldaten gewesen. Für die verbliebenen, die ‚treuen' Askari, war die Armee ihr Zuhause und ihr Haushalt mit ihren Familien ein Teil davon (vgl. dazu Strachan 2001: 578, 627-8, 641; Parsons 1999: 65, 270; Mann 2002: 236; Moyd 2008: 231-266; Michels 2006; Schulte-Vahrendorff 2007). Moyd (2008) konnte en detail herausarbeiten, welche Gründe diese Männer hatten, bei der deutschen Truppe zu bleiben. Die Aussicht – besonders nachdem die Lettow-Truppe auf portugiesisches Gebiet übergetreten war – neue Ressourcen zu erschließen, rangierte dabei an erster Stelle. Durch die Kriegsjahre war Deutsch-Ostafrika zu einem Gebiet des Hungers und der Knappheit geworden, zudem standen Kolonialsoldaten bei der afrikanischen Zivilbevölkerung nicht mehr hoch im Kurs (Moyd 2008: 244-245; vgl. auch Kapitel 3.2 „Frau Feldwebel Balla", S. 193). Der pragmatische Umgang der deutschen Kolonialsoldaten mit der veränderten sozio-ökonomischen Umwelt widerlief dem Topos ihrer „Treue" im deutschen Diskurs – sowohl ihrer „Treue zu ihren Führern" als auch ihrer „Treue zur deutschen Nation".

Schwarze Kolonialsoldaten in Europa und Afrika

In Europa wurden während des Ersten Weltkrieges ebenfalls *schwarze* Kolonialsoldaten eingesetzt.[43] Die Deutschen grenzten sich und „ihre treuen Kolonialsoldaten" jedoch scharf gegen diejenigen von den Alliierten in Europa eingesetzten ab.[44] „Rassische Hierarchien" schienen durch die Kolonialsoldaten in Europa bedroht, so die damalige Argumentation. Die Präsenz der *schwarzen* Kolonialsoldaten kulminierte in der so genannten Schwarzen-Schmach-Kampagne, die sich um die Besetzung des Rheinlandes mit alliierten und besonders Kolonialtruppen entspann.[45] Sie griff dabei Topoi auf, die bereits seit 1911 als „schwarze Gefahr" von Deutschland in Bezug auf die französische Idee einer *force noire* genährt wurde. Mit dem Begriff „schwarze Gefahr" wurde generell die Grausamkeit eines erwarteten Weltkrieges benannt und auf *schwarze* fran-

43 Dieses Kapitel des Ersten Weltkrieges findet zunehmend mehr Beachtung, in diversen Medien, jüngste Beispiele sind der Film „The Halfmoon Files" (2007) und die Ausstellung „Man – Culture – War. Multicultural Aspects of the First World War" im Flanders Fields Museum, Ypern (Belgien, 2008).

44 Vgl. zur unterschiedlichen militärstrategischen Ausrichtung der europäischen Staaten in Bezug auf den Einsatz von *schwarzen* Kolonialsoldaten im Ersten Weltkrieg: Grosse (2000): 193-203.

45 Auf eine genauere Darstellung der Kampagne wird hier verzichtet, vgl. dazu Wigger (2007), Maß (2006, 2005, 2001), Koller (2001), Martin (1996).

zösische Kolonialsoldaten übertragen (vgl. Grosse 2000: 204-209). Eigentlich wurde damit also die eigene extreme Kriegsführung, die in den Kolonien praktiziert wurde, rückprojiziert. Der nach dem Krieg zeitgleich gepflegte Mythos der „treuen Askari" in Bezug auf die – nicht in Europa eingesetzten – *schwarzen* deutschen Kolonialsoldaten und die so genannte Schwarze-Schmach-Kampagne bestätigte also Argumentations- und Denkstrukturen, die bereits in Antizipation der traumatischen Erfahrungen des Ersten Weltkriegs angelegt war.[46] Die Intensität des Askari-Mythos und der Schwarzen-Schmach-Kampagne unterstrichen ihre Bedeutung bei der Verarbeitung der tatsächlichen traumatischen Erfahrungen des Ersten Weltkrieges. Maß (2006) arbeitete dabei heraus, wie das Reden über den „ritterlichen" Krieg in Afrika das Schweigen über das industrialisierte Sterben in Europa spiegelte. Der als märchenhaft dargestellte Krieg in Afrika und der individuelle Heldentod konnten somit als Zivilisationskritik gedeutet werden. In der „Schwarzen-Schmach-Kampagne" blieb der Krieg selbst ebenfalls eine Leerstelle. Statt dessen warf die Propaganda die Kriegsgewalt (auch die eigene) auf die *schwarzen* Besatzungssoldaten zurück und konnte so das verletzte und gedemütigte Selbst dadurch versöhnen, dass die *schwarzen* Soldaten zur alleinigen Ursache der Niederlage erklärt wurden. Die Beschreibung der für Deutschland kämpfenden Askari in Afrika spiegelte eine Kritik an den verweichlichten, effeminiert dargestellten deutschen Soldaten.

Wigger (2007) konnte zeigen, dass die Schwarze-Schmach-Kampagne nicht nur über die Kategorie „Rasse" funktionierte, sondern dass die sozialen Ungleichheitsdistinktionen „Rasse", „Nation", „Klasse" und „Geschlecht" unentwegt ineinander übergriffen und sich auch gegenseitig substituieren konnten.[47] Ins Zentrum rückt bei Wigger die Kategorie „Geschlecht" und hier besonders der Frauenkörper, den sie als „boundary marker" beschreibt, dem jedoch nicht nur „Trennung", sondern auch „Übergänge" inhärent waren. Er wurde zum Träger von Frauenehre, nationaler Ehre und *weißer* „Rassenehre". Die Darstellung des nackten, *weißen* und vorgeblich von *Schwarzen* vergewaltigten Frauenkörpers schloss *schwarze* Frauen aus dem Opferkollektiv aus und verwies gleichzeitig auf die „Verunreinigung" der vergewaltigten Frau. Hier spielten herrschaftliche, rassistische und eugenische Diskurse ineinander, indem Selbstmord und Kindsmord für diese Frauen zur nationalen Tat stilisiert wurden. Während die Gegenüberstellung von männlicher Selbstbeherrschung und weiblicher Triebhaftigkeit sowie die Unterscheidung zwischen ehrhaften und ehrlosen Frauen dem zeitgenössischen Selbstverständnis entsprachen, sieht sie im Topos der vergewaltigen und geschändeten Frau die gewaltgetränkten Phan-

46 Vgl. dazu bereits Mamozai 1982: 288-292; Maß 2006 für eine eher posttraumatische Deutung.

47 Im Gegensatz dazu Kettlitz (2007).

tasien der *weißen* Männer, die diese auf den „*schwarzen* Mann" übertragen und damit indirekt die alltägliche Gewalt gegen Frauen in der Weimarer Republik thematisieren. Gleichzeitig wurde das „schwache Geschlecht" zur Metapher für die hilflose Nation, wodurch sich diese vom Kriegstreiber zum Opfer wandelte und die Franzosen umgekehrt zu Tätern gemacht wurden. Diese antifranzösische Rhetorik konnte zudem noch rassisifizert werden, indem die Franzosen, die „Kulturverrat" geübt hätten, selbst zu „weißen Niggern" wurden. Wigger arbeitete heraus, wie gerade das Bild der französischen Frau in solcher Weise dem der deutschen Frau entgegengesetzt und die Kategorie „Frau" ebenso rassisifizert wurde, wie die des „Neger" feminisiert. Ebenfalls konnte sie zeigen, wie flexibel der Topos „Rasse" dabei eingesetzt wurde – einerseits begrifflich differenziert zwischen „Braunen", „Gelben", „Schwarzen" bis „hinunter zu richtigen Negern" (ebd.: 136) – andererseits binär vereinfachend in zwei „Rassen", eine „weiße" und eine „schwarze", zu der alle Kolonialsoldaten gehörten. Rassestereotype ermöglichten die Einordnung der bloßen Präsenz der französischen Kolonialsoldaten als Erniedrigung der „weißen Rasse", unabhängig von deren tatsächlichem Verhalten. „Schwarze Herrschaft" wurde gleichgesetzt mit einem Verrat an der „Herrschaft" und der „Kontrolle" der *Weißen*. Diese Operation stellte nicht nur den Imperialismus, sondern auch den „Nationalismus als Prinzip" (Geulen 2004: 367) in Frage. Die klassenbezogene Komponente des Diskurses über die *schwarzen* Besatzungssoldaten liest Wigger als Versuche der Überwindung innenpolitischer Gegensätze (vorher schon Martin 1996). Sie kommt zu dem Schluss, dass die „Konstrukteure" der Kampagne sich auch an Arbeiterinnen und Arbeiter wandten und diese in besonderer Weise als Opfer der *schwarzen* Herrschaft darstellten. Dabei appellierten sie dafür, die „Klassensolidarität" durch die „Rassesolidarität" zu ersetzen. Zwar konnten so auch Prostituierte ins *weiße* Kollektiv subsumiert werden, die Unterklassefrau blieb letztlich jedoch – aus *weiß*-bourgeois männlicher Sicht – ein entbehrlicher Teil des Volkskörpers. Geulen (2004) postuliert für die Zeit des Ersten Weltkriegs das „Verschwinden der Nation im Krieg der Rassen" (ebd.: 354). Die deutsch-französische Feindschaft interpretiert er als „Kampf ums Dasein", der nach rasse-ideologisch darwinistischen Überzeugungen geführt wurde. Frankreich stand dabei für Afrika, Deutschland für Europa. Wie der Historiker Koller (2001) ausführte, wurde im deutschen Diskurs während des Ersten Weltkriegs die Tatsache, dass die Ententemächte so genannte „farbige Hilfsvölker" in Europa einsetzten, benutzt, um ihnen nationale Größe abzusprechen, indem die Soldaten aus den Kolonien nicht als nationale Soldaten anerkannt wurden. Die in Europa gegen Deutschland eingesetzten Kolonialtruppen wurden als „Wilde", „Barbaren" und „Tiere" dargestellt. Ihnen wurde damit die Fähigkeit zur Kriegsführung nach europäischem Kriegsvölkerrecht abgesprochen (vgl. ebd.: 194-195). Die Ententemächte ihrerseits wandelten das Bild der von ihnen eingesetzten Kolonialsoldaten von „wilden Bestien" (gefährlich, angsteinflössend), zu „großen Kindern", die ihrem *weißen* Vorgesetzten loyal waren, weil sie nicht über den Intellekt verfügten, etwas anderes zu sein, als Befehlsempfänger. Die so genannte Interessenidentität zwischen kolonialer und Mutterlandsbevölkerung führte – aus alliierter Sicht zu einer Nationalisierung der Kolonialsoldaten. Aus deutscher Sicht bedrohte sie die koloniale Ordnung der „*weißen* Überlegenheit" und stellten eine weitere Demütigung *weißer* deutscher Männlichkeit dar. Die Deutschen hatten nicht die strategischen und logistischen Möglichkeiten, ihre eher kleinen Kolonialtruppen in Europa einzusetzen und ihre Kolonialgebiete waren früh verloren, bzw. durch Kämpfe gebunden. Sie drehten diesen Mangel jedoch in eine Tugend um, indem sie den Alliierten vorwarfen durch den Einsatz von Kolonialtruppen in Europa die europäische Zivilisation verraten zu haben. Deutsche hätten nie vorgehabt, Kolonialtruppen in Europa einzusetzen, weil dies negative Auswirkungen auf die Verhältnisse in den Kolonien gehabt hätte. So konstruierten sie den Gegensatz zwischen dem richtigen Kolonialsoldaten, der in Übersee kämpfte (der „treue Askari") und dem falschen Kolonialsoldaten, der in Europa gegen *Weiße* eingesetzt wurde. Aus dieser gedanklichen Konstruktion erklärt sich, wie der Askari-Mythos und die „Schwarze-Schmach"-Kampagne zeitgleich existieren konnten.

Koloniale Schuld

Die Begründung für die Unterstellung der ehemaligen deutschen Kolonien unter den Völkerbund im Rahmen des Vertrages von Versailles wurde in der „Mantelnote" und der „Antwortnote" vom 16.06.1919 gegeben und von den deutschen Kolonialrevisionisten als „koloniale Schuldlüge" bezeichnet (vgl. Schnee 1927: 27, Schnee 1964: 156). Als „Erfinder" des Diktums der „Kolonialschuldlüge" und einer der bedeutendsten Agitatoren auf diesem Gebiet war der ehemalige deutsch-ostafrikanische Gouverneur Heinrich von Schnee. In seinen Erinnerungen ist ein Kapitel überschrieben mit „Mein Kampf gegen die ‚koloniale Schuldlüge'" (Schnee 1964: 167). Darin schildert er die Entstehung seiner Publikationen gegen die Anklagen der Deutschen als Kolonialmacht in den Noten des Versailler Vertrages sowie gegen offizielle und private Publikationen vor allem Englands während und nach dem Krieg. Der Widerlegung dieser „Propagandalügen" widmete er ab 1923 seine volle Energie. Er erfand den Titel „Die koloniale Schuldlüge" in Anlehnung an das Wort der „Kriegsschuldlüge" (ebd.; Schnee 1940: 7; Schnee 1927: 15). 1924 wurde diese Schrift als Sonderdruck der „Süddeutschen Monatshefte" veröffentlicht und fand offenbar reichlich Anklang (ebd.). 1927 erschien sie als „7. verbesserte und erweitere Auflage des gleichnamigen Sonderdrucks" im Buchverlag der Süddeutschen Monatshefte mit 16 Abbildungen (Schnee 1927) und 1940 dann die „zwölfte, völ-

Wortlaut der „Mantelnote" des Versailler Vertrages, die Kolonien betreffend

„Endlich haben die Alliierten und Assoziierten Mächte sich davon überzeugen können, daß die eingeborenen Bevölkerungen der deutschen Kolonien starken Widerspruch dagegen erheben, daß sie wieder unter Deutschlands Oberherrschaft gestellt werden, und die Geschichte dieser deutschen Oberherrschaft, die Traditionen der deutschen Regierung und die Art und Weise, in welcher diese Kolonien verwendet wurden als Ausgangspunkte für Raubzüge auf den Handel der Erde, machen es den Alliierten und Assoziierten Mächten unmöglich, Deutschland die Kolonien zurückzugeben oder dem Deutschen Reiche die Verantwortung für die Ausbildung und Erziehung der Bevölkerung anzuvertrauen." (zit. nach Schnee 1927: 27-28)

lig neu bearbeitete Auflage, 45.-50. Tausend der Gesamtauflage" (Schnee 1940).

Ada Schnee, seine britische Ehefrau, übersetzte diese Schrift ins Englische mit dem Titel: „German Colonization, Past and Future. The Truth about the German Colonies" (Schnee 1964: 168). Schnee urteilte bereits 1927, es sei dieser Publikation zu verdanken, dass die „koloniale Schuldlüge im allergrößten Teil der Auslandspresse [...] nicht mehr wie früher aufrechterhalten wurde" (Schnee 1964: 168-169). 1939 gab Schnee eine Neubearbeitung heraus, da die Anklage wohl wieder aufgegriffen wurde und im Zusammenhang mit den Rassegesetzen und den Rassemaßnahmen des NS-Regimes von England den Deutschen die Verantwortung über „die Geschicke farbiger Völker" (ebd.: 169) abgesprochen wurde. Der Inhalt hatte sich kaum geändert – auch die Abbildungen waren die Gleichen geblieben.

Laut Schnee stellte die offizielle Unterstellung der ehemaligen deutschen Kolonien unter den Völkerbund einen Vorteil für die Alliierten dar, da sie so de facto die Kontrolle über diese Gebiete erhielten, dafür aber keine Entschädigungsansprüche gegenüber Deutschland aufgeben mussten. Er urteilte:

„Die Siegermächte haben die deutschen Kolonien untereinander verteilt, zum Teil durch Geheimverträge, im übrigen nach Verhältnis der Beteiligung der einzelnen Mächte und Dominions am Kriege, lediglich nach machtpolitischen Gesichtspunkten. Nach außen hin haben sie den Anschein zu erregen gesucht, als ob ihr Tun nur von idealen Gesichtspunkten geleitet sei, als handle es sich um das Wohlergehen der Eingeborenen und nicht um ihr eigenes." (Schnee 1927: 22)

Gemäß Schnee kam das Vorgehen der Alliierten einem dreifachem Betrug gleich: gegenüber dem deutschen Volk, der „Eingeborenenbevölkerung" der deutschen Kolonien (kein Selbstbestimmungsrecht über die zukünftige Kolonialmacht) und schließlich gegenüber der Öffentlichkeit (Vorspiegelung von „moralischen Gründen") (vgl. Schnee 1927: 22-23).

Weiter führte Schnee aus, dass den Deutschen die Unfähigkeit zur Kolonisation erst im Laufe des Krieges und offiziell erst seit 1917 (Kriegseintritt der USA) unterstellt worden sei, und das vorherige Urteile englischer und amerika-

Wortlaut der „Antwortnote" des Versailler Vertrages, die Kolonien betreffend

„Bei dem Verlangen, daß Deutschland auf alle Rechte und Ansprüche auf seine überseeischen Besitzungen verzichte, haben die Alliierten und Assoziierten Mächte in allererster Linie die Interessen der eingeborenen Bevölkerung berücksichtigt, für die Präsident Wilson im fünften seiner 14 Punkte der Botschaft vom 8. Januar 1918 eingetreten ist. Es genügt, auf die deutschen amtlichen und privaten Zeugnisse vor dem Kriege und auf die im Reichstag besonders von den Herren Erzberger und Noske erhobenen Anklagen Bezug zu nehmen, um ein Bild von den kolonialen Verwaltungsmethoden Deutschlands, von den grausamen Unterdrückungen, den willkürlichen Requisitionen und den verschiedenen Formen von Zwangsarbeit zu erhalten, die weite Strecken in Ostafrika und Kamerun entvölkert haben, ganz abgesehen von dem aller Welt bekannten tragischen Schicksal der Herero in Südwestafrika. Deutschlands Versagen auf dem Gebiete der kolonialen Zivilisation ist zu deutlich klargestellt worden, als daß die Alliierten und Assoziierten Mächte ihr Einverständnis zu einem zweiten Versuch geben und die Verantwortung dafür übernehmen könnten, 13 bis 14 Millionen Eingeborener von neuem einem Schicksal zu überlassen, von dem sie durch den Krieg befreit worden sind. Außerdem haben die Alliierten und die Assoziierten Mächte sich genötigt gesehen, ihre eigene Sicherheit und den Frieden der Welt gegen einen militärischen Imperialismus zu sichern, der darauf ausging, sich Stützpunkte zu schaffen, um gegenüber anderen Mächten eine Politik der Einmischung und Einschüchterung zu verfolgen." (zit. nach Schnee 1927: 28)

nischer Beobachter durchaus positiv gewesen wären und die Deutschen im Gegenteil sogar als fähig angesehen wurden, die portugiesischen Kolonien zu übernehmen, sollten die Portugiesen die finanziellen Mittel für deren Verwaltung nicht länger aufbringen können (vgl. Schnee 1927: 22-27).

Grundlage für die schlechte Beurteilung der deutschen Kolonialtätigkeit bildete vor allem die Schrift *Handbook 114. Treatment of natives of the German colonies*, vom britischen *Foreign Office* zusammengestellt, das laut Schnee (1927) hauptsächlich die Anschuldigen von Reichstagsabgeordneten, beispielsweise des Zentrumsabgeordneten Erzberger, laut Schnee der „Hauptkronzeuge" gegenüber den „üblen deutschen Kolonialmethoden" (ebd.: 29), oder des Sozialdemokraten Noske (ebd.: 30) während der Ära der „Kolonialskandale" behandelte. Er monierte, dass es sich dabei lediglich um „unbewiesene Anschuldigungen" gehandelt habe, und zwar zumeist von sozialistischen Reichstagsabgeordneten, die „die ganze europäische Kolonisation unter farbigen Völkern überhaupt als verwerfliche Ausbeutungspolitik ansehen" (ebd.: 29). Bezüglich des „Reports on the natives of S.W.A. and their treatment by Germany 1918" belegte Schnee die völlige Außerkraftsetzung, ja Tilgung, durch den südwestafrikanischen Landesrat am 29. Juli 1926, da es sich dabei um ein reines „Kriegsinstrument" gehandelt habe (vgl. ebd.: 31). Dabei war diese der Tatsache geschuldet, dass in DSWA nach dem Ersten Weltkrieg die südafrikanische Union Besatzungsmacht wurde und dort – mit Hilfe der deutschen Siedler – ein Apartheidregime nach eigenem Vorbild aufbauen wollte. Dabei erschien der „Report" als nicht hilfreich (vgl. dazu: Silvester/Gewald 2003).

Die Kolonialschuldlüge laut Heinrich Schnee (1927:15)

„Die Wegnahme der deutschen Kolonien ist der Welt gegenüber damit begründet worden, daß Deutschland sich als unfähig und unwürdig zum Kolonisieren gezeigt habe. Es sind schwere Beschuldigungen gegen die deutsche koloniale Tätigkeit erhoben worden, vor allem in Bezug auf die angebliche Militarisierung der deutschen Kolonien zwecks Bedrohung anderer Nationen und in Bezug auf die Behandlung der Eingeborenen. Es ist eine koloniale Schuld Deutschlands konstruiert worden, welche es den Alliierten unmöglich gemacht habe, uns noch einmal die Geschicke von Kolonien und von Eingeborenenbevölkerungen anzuvertrauen. Diese Beschuldigungen entsprechen nicht der Wahrheit. Es ist ebenso notwendig, der kolonialen Schuldlüge entgegenzutreten wie der Kriegsschuldlüge. Wir sind es uns selbst und unsern [sic] Kindern schuldig, unserer Stellung im Kreise der Nationen, daß diese unseren Charakter herabsetzende Lüge als solche der Welt kenntlich gemacht wird. Wir sind es aber auch der Zukunft unseres Volkes schuldig, durch die Widerlegung der kolonialen Schuldlüge den Boden zu ebnen für den Wiedereintritt Deutschlands in die überseeische Kolonisation, ohne welche unser Vaterland sich niemals wieder zu voller wirtschaftlicher Selbständigkeit und Blüte entfalten kann. [...] Es gilt in dem Kampf gegen die Lüge nicht zu ermatten und der Wahrheit auch auf kolonialem Gebiet zum Siege zu verhelfen."

Die „koloniale Schuldlüge" fasste Schnee wie folgt zusammen: „Ein militärisches Deutschland habe in brutaler Gewaltherrschaft die von ihm unterjochten Eingeborenenvölker mißhandelt und sei auf die Schaffung von Stützpunkten zur Bedrohung anderer Nationen ausgegangen." (Schnee 1927: 33)

Auch Ada Schnee vertrat im Vorwort in ihrem 1918 erschienenen Buch über ihre Erlebnisse in DOA während des Krieges die Forderung, Deutschland müsse, wenn es Weltmacht bleiben wolle, die Kolonien behalten und verknüpfte dies mit der „treuen Ergebenheit der Neger und Araber" (Ada Schnee 1918: 4). Ebenso verwies sie auf die „Ruhmestaten auf den Schlachtfeldern" in DOA (ebd.: 3), erwähnte dabei jedoch nicht explizit die Askari, sondern schien sich mehr auf die Deutschen unter den Kämpfern zu beziehen. Zu dem Zeitpunkt ihrer Abreise aus DOA, 1917, beschrieb sie ihre schmerzhaften Gefühle bei dem Gedanken, „das *arme schwarze* Volk seinem Schicksal allein überlassen zu müssen" (ebd.: 139; Hervorhebung SM). Hier klingt die Fürsorgepflicht, aber auch die weibliche Mildtätigkeit in der Sprache des Armutsbekämpfungsdiskurses an (vgl. S. 133).

Was die Deutschen, besonders die Kolonialdeutschen, beweisen wollten, war die „Legitimität" ihrer Herrschaft, bzw., dass sie über die Phase der „legitimitätslosen" Herrschaft, die auf reiner Aktionsmacht beruhte, herausgekommen wären. Dazu bedurfte es in der kolonialen Logik der Anerkennung der „Schuldner" der kolonialen Herrschaft, die den ungewollten „Kredit" eben dieser Herrschaft bekommen hatten. Jede Bemühung des Unterworfenen legitimierte die Herrschaft (vgl. Trotha 1994: 141). Nach diesen Bemühungen suchten die Deutschen, und diese bestritten die Alliierten. Die Askari, bzw. die *schwarzen*

■ Ada Schnee war englisch-irischer Abstammung, ihre Mutter kam aus Tipperary (Irland) und ihr Vater aus Birmingham (England). Heinrich Schnee lernte sie 1900 auf einem Schiff von Sydney nach Neuseeland, kennen, während seines Transfers vom Bismarckarchipel in Neuguinea, wo er zwei Jahre lang Regierungsrichter gewesen war, nach Samoa. Sie befand sich auf dem Weg von Sydney nach San Francisco und hiess Ada Woodhill. Die beiden heirateten am 6. November 1901 in New York. Nach einer Hochzeitsreise durch die USA begab sich das Ehepaar Schnee gemeinsam nach Samoa, wo Heinrich von 1900–1904 Bezirksamtmann und stellvertretender Gouverneur war. Zwischen 1904 und 1912 bekleidete er hohe Beamtenpositionen in Deutschland und England. 1912 wurde er Gouverneur von DOA. Das Ehepaar verbrachte vier Jahre dort, am Ende des Ersten Weltkrieges trennten sich ihre Wege zeitweilig.

Kolonialsoldaten eigneten sich nun in doppelter oder dreifacher Weise, diesen Beweis anzutreten. Sie hatten die militärische Macht in den Kolonien gesichert und hatten als neue koloniale Elite auch auf dem sozial-kulturellen Feld den neuen „kolonialen Habitus" mitgeprägt. Sie konnten nach dem Ersten Weltkrieg als Kriegshelden nationalisiert werden und damit dem gedemütigten Deutschland kaiserlich-imperiale Potenz und den „alten" Eliten in Deutschland Selbstvergewisserung vermitteln. Es ist kein Zufall, dass sich in der Zwischenkriegszeit das Motiv des Askari an besonders prominenten Stellen kolonialrevanchistischer Literatur findet, häufig auf dem Titel oder auf der ersten Seite der Publikation. Gleichzeitig nahm die Darstellung der „treuen Askari" auf Postkarten (meist Kolonialkriegerdankkarten) und weiteren Memorabilia, wie Sammelbildchen, zu (vgl. Kapitel 1, S. 18).

Das Bild des *schwarzen* Kolonialsoldaten mit deutscher Flagge (s. Seite 126) wurde durch eine Veränderung des Bildausschnittes und des Hintergrundes zur Ikone des Mythos' der „treuen Askari".

Die Widerlegung der so genannten Kolonialschuldlüge wurde also mit dem Topos der treuen Askari, bzw. generell der treuen *schwarzen* Soldaten versucht. Dabei avancierten die *schwarzen* Kolonialsoldaten zu einem Synonym für die afrikanische Zivilbevölkerung – aus deren Sicht sicher an Zynismus kaum zu überbieten (vgl. Kapitel 3.3 „Kosmopolitierende Perspektiven", S. 208).

Der Askari-Mythos, der klassischerweise als ein Politikmittel nach außen gesehen wurde, hatte weitere bedeutsame Wirkungen nach innen – in Spiegel-

Askaritreue als Ikone

Soldat beim zeitgenössischen deutschen Betrachter sicher Vertrauen. Er blieb nicht nur einfach fremd, sondern wirkte teilweise vertraut. Tatsächlich rühmten sich die kolonialen Offiziere und Beamten damit, eine „Kulturleistung" an ihren *schwarzen* Angestellten vollbracht zu haben, ein Argument, das insbesondere in der Zeit nach Deutschland Verlust der Kolonien an Gewicht gewann. Letztlich ist an dem Bild noch hervorzuheben, dass das Land gänzlich menschenleer ist, die Ordnung also ungestört, und die Ausdehnung über das von Askari und Fahne beherrschte Gebiet grenzenlos zu sein scheint, da der Blick herrschend und besitzergreifend von oben schweift. Im Rahmen der Widerlegung der „Kolonialschuldlüge" durch den „Askari-Mythos" verändert sich die visuelle Darstellung des gleichen Bildes: Die ursprüngliche Lokalisierung des Bildes – in Gisenyi, im Norden Ruandas, weicht einem diffusen Raum und wurde nach der offiziellen deutschen Kolonialzeit noch weiter entrückt und de-lokalisiert. Der Kolonialsoldat steht nun nicht mehr in der afrikanischen Landschaft, diese ist vielmehr nebulös verschwunden. Stattdessen wirkt er wie durch den sockelähnlichen Grund denkmalhaft überhöht. Der Titel des Bildes rechts „Heil deutscher Treue!" verstärkt die nationale Symbolik durch Flagge und Uniform und lässt offen, ob die „deutsche Treue" des *schwarzen* Soldaten oder die „deutsche Treue" zum *schwarzen* Soldaten gemeint ist. In dieser Ikonografie werden ansonsten etablierte nationale Grenzen unscharf und zeigen den *schwarzen* Soldaten als nationales Vor-

Grundlage der symbolischen und faktischen Herrschaft, die auf diesem Bild dargestellt ist, ist einerseits die Flagge (im Kampf mit anderen europäischen Mächten) und der Soldat (im Kampf mit der Bevölkerung). Dabei weht die Flagge – Symbol der deutschen Nation – über dem Soldaten, der diese zu halten scheint, obwohl sie bereits in der Erde verankert ist. Der Soldat gibt der Flagge die nötige Stabilität und der Soldat selbst stützt sich dabei auf das Gewehr. Aber die Darstellung kann nicht reduziert werden auf Flagge und Gewehr. Denn der Soldat, der diese beiden Symbole verbindet, ist ein Afrikaner. Durch seine Uniformierung wird er zu einem Soldaten einer modernen europäischen Armee: Ein deutscher Kolonialsoldat. Während in anderen Kontexten *schwarze* Menschen als „nackte Wilde" und damit als „unzivilisiert" abgebildet wurden, weckte der ordentlich uniformierte

bild. Der Askari wird hier zum „schönen Objekt" (Barthes) und scheint neutral und objektiv. In diesem „schönen Objekt" war jedoch der Diskurs über Gewalt weiterhin angelegt – nicht nur als Insider-Diskurs der ehemaligen Kolonialoffiziere, sondern auch im gespiegelten Bild des „französischen Kolonialsoldaten", der das Rheinland besetzte und *weiße* bourgeoise Männlichkeit demütigte. Auch das Drohpotential von Lettow-Vorbecks Freikorps und dessen Ruf als „Afrikaner" gegenüber den Spartakisten von Hamburg 1919 sowie die Tatsache, dass während des Zweiten Weltkriegs die ukrainische und lettische Mitglieder der SS wegen ihrer Brutalität als „Askari" bezeichnet wurden, verweist auf die Ambivalenz dieses Symbols und auf fortgeschriebene „rassische" Zuschreibungen im militärischen Feld (vgl. zum Askari als „schönem Objekt" und den „Askari" der SS Moyd 2008: 300-301).

bildlichkeit zur „Schwarzen-Schmach-Kampagne". Die Treue der Askari zu ihren *weißen* Führern symbolisierte *weiße* männliche bourgeoise Macht und Potenz. Ihre militärische Leistung brachte den „im Felde unbesiegten Helden von Deutsch-Ostafrika", Lettow-Vorbeck hervor. Lettow-Vorbeck war ein klassischer Vertreter der anti-modernen *weißen* Männlichkeit (vgl. Theweleit 1986). Der Mythos des treuen Askari wurde damit zum Spiegelbild des Mythos des potenten *weißen* Führers und Helden und komplementierte so die Dolchstoßlegende, die besagte, das deutsche Heer sei „im Felde unbesiegt" geblieben und lediglich die „vaterlandslosen Gesellen", die Revolutionäre von 1918, Sozialisten und Kommunisten, hätten die militärische Niederlage verschuldet. Neben Hindenburg, dem „Sieger von Tannenberg" war Lettow-Vorbeck der einzige wirkliche Held, den der Erste Weltkrieg auf deutscher Seite hervorbrachte. De facto gab es im Ostafrikafeldzug Lettow-Vorbecks allerdings nicht viele militärische Siege. Im Gegenteil, Lettow-Vorbeck mied die offene Entscheidungsschlacht, was ihm von seinen militärstrategischen Gegnern vorgehalten wurde. Er führte einen wahren „Guerillakrieg" und erhob Plünderungen und Menschenraub zu hehren Kriegszielen. Damit eignete er sich Kriegsführungstaktiken an, die im orthodoxen kolonialen Diskurs stets als „wild", „barbarisch" und „chaotisch" gekennzeichnet waren. Aus diesem Grund ist zu erklären, dass der „Schlacht von Tanga" eine herausragende Stellung im heroischen Erinnerungsdiskurs zukam.[48] Die Küstenstadt Tanga war zur deutschen Kolonialzeit im nördlichen Teil der Kolonie Ausgangspunkt der Eisenbahn zum Kilimandscharo. Im November 1914 unternahmen die Briten dort einen Landungsversuch, der vereitelt werden konnte. Die Legende Lettow-Vorbeck hatte hier ihren historischen Ursprung. Neben dem „militärstrategischen Genie" Lettow-Vorbecks, das Eingang in die Erinnerungen fand, gehörte auch der gemeinsame erfolgsgekrönte Kampf von *weißen* und *schwarzen* Verbänden zu den Erinnerungstopoi der „Schlacht von Tanga". Als ‚heroische Adelung' fiel in dieser Schlacht ein alter kolonialer Held – Tom von Prince. Er war bereits „Chef" in der ersten deutschen Kolonialarmee, der „Wissmanntruppe", gewesen. Beerdigt wurden von Prince und die anderen Gefallenen der Schlacht von Tanga unter einem „Naturdenkmal", einem Buyubaum. Die Form – sowohl des Beerdigungszeremoniells, sowie der Grabstätte – verwies dabei auf das koloniale Verhältnis zwischen *weißen* und *schwarzen* Soldaten. Alle *Weißen* – Dienstgrade und Mannschaften – wurden zu „Helden", während dies für die *schwarzen* Soldaten – Dienstgrade und Mannschaften – nicht der Fall war. Sie wurden wegen ihrer „Treue" geehrt. In diesem Fall allerdings nicht – wie üblich – nur zu ihren „weißen Führern", sondern explizit zu „Kaiser und Reich". Auf der Tafel wurden die Namen von 48 Afrikanern verewigt, davon waren sieben Unteroffiziere, 27 einfache Soldaten (Askari), zehn Kompanieträger und vier Stadtpolizisten. Die Einbeziehung dieser Männer in die nationale Schicksalsgemeinschaft auch in der Darstellung nach außen war ein neues Element der kolonialen Erzählung, das sich im Kolonialrevisionismus als epistemisches Element verfestigte und erst in der NS-Zeit zum Paradoxon wurde. Den lokalen Gegebenheiten hat es sicher teilweise entsprochen, da die *schwarzen* Kolonialsoldaten als „deutsche" auf andere europäische Kolonialsoldaten und eben auch auf *Weiße* schießen mussten. Die große Zahl der „Untreuen", Deserteure und Männer, die sich in den anderen Truppen einstellen ließen, konterkariert diese Entwicklung jedoch (vgl. Kapitel 2.3 „Die gewaltvolle Errichtung der *frontier*", S. 55). Dennoch blieb die „Treue" der *schwarzen* Soldaten in der deutschen kolonial-nationalen Erzählung Ausdruck der Leistung der „weißen Führer" und deren individuelle Motivationen und Handlungen dadurch ausgeblendet.

Lettow-Vorbeck konnte letztlich militärisch erfolgreich sein, so die Argumentation der Zwischenkriegszeit in Deutschland, weil die Treue seiner Askari größer gewesen sei, als die Treue der Deutschen zu Hindenburg (vgl. Föllmer 1923). 1919, als Deutschland seinen Weltmachtstatus verlor, zog Lettow-Vorbeck mit den anderen *weißen* Ostafrikakämpfern im Triumphmarsch durch das Brandenburger Tor.

48 Heute noch gibt es in vielen deutschen Städten die „Tangastraße".

„Es war ein großer Empfang, und dann ging es mit Musik und Spielleuten, in straffer, soldatischer Haltung durchs Brandenburger Tor auf den Pariser Platz. Berlin hatte andere Bilder gesehen: disziplinlose Truppen mit abgerissenen Kokarden, kreischende Weiber, die mit Blumen überschüttet auf Kanonen saßen… Seit langem war das Berliner Bürgertum zum erstenmal in Massen auf die Straßen gekommen. Tausende jubelten uns entgegen. Es war wie ein Erwachen aus der Betäubung." (Lettow-Vorbeck 1957: 173)

Im selben Jahr noch wurde er beauftragt mit einem Freikorps, das hauptsächlich aus ehemaligen Kolonialkämpfern bestand, den Spartakusaufstand in Hamburg zu beenden. Sein Einsatz löste bei den Aufständischen besondere Angst aus, da ihm der Ruf vorauseilte, als „Afrikaner" nicht zimperlich zu sein. Die Wahrnehmung kolonialer Gewalt, die im hegemonialen Diskurs an den Rand gedrängt war, manifestierte sich hier und deutet darauf hin, dass auch die Figur des treuen Askari als klassenbezogen ambivalent wahrgenommen wurde. Lettow-Vorbeck, überzeugter Preuße, war kein Freund der sozialdemokratischen Regierung. 1920 war er in den Kapp-Putsch verwickelt. In seinen Memoiren stellte er es so dar, dass er beim Umsturz selbst nicht aktiv beteiligt war und sich lediglich in den Dienst der neuen „Regierung" gestellt hätte. Nach dem Misserfolg des Kapp-Putsches, für den ein Generalstreik ausschlaggebend war, wurde er aus der Reichswehr entlassen. Dies bedeutete für ihn einen eklatanten sozialen und wirtschaftlichen Abstieg. Erst ab 1925 kam er wieder zu bescheidenem Wohlstand (vgl. ebd.: 183-197). Er kann damit stellvertretend stehen für die Gruppe der Personen, die ehemals in den deutschen Kolonien tätig gewesen waren und für die das „Kolonisationswerk" gleichbedeutend mit ihrem „Lebenswerk" war. Zwar gehörte die Forderung nach Rückgabe der Kolonien zur deutschen Außenpolitik der Weimarer Republik fest dazu, dennoch waren die „Kolonialrevisionisten" praktisch ausschließlich Personen mit kolonialer Vergangenheit (vgl. Rogowski 2003; Zeller 2000). Die Fülle von Memoirenliteratur in der Zwischenkriegszeit kann daher auch als ein Akt der Selbstvergewisserung dieser Gruppe gelesen werden. Dabei ging die emotionale Bindung über die Figur des treuen Askari und die geteilte Kriegserfahrung hinaus. Vielmehr stand der Askari als ein Symbol für die afrikanische Bevölkerung, und dessen Treue für den „Pakt" zwischen *Schwarzen* und *Weißen*, der dem Fortschritt verpflichtet war.

Seit Mitte der 1920er Jahre sahen sich die Kolonialrevisionisten von der offiziellen deutschen Außenpolitik enttäuscht. Die koloniale Bewegung näherte sich den Nationalsozialisten, von denen sie sich Großmachtpolitik erhoffte, die auch Kolonien in Übersee mit einschloss. Während der Weltwirtschaftskrise stieg die koloniale Propaganda und wendete sich deutlicher als zuvor einer wirtschaftlichen Argumentation zu (vgl. Rogowski 2003; Schubert 2003: 335-366). Lettow-Vorbeck war 1928 Abgeordneter der Deutsch-Nationalen Volkspartei

Diese heroischen Darstellungen von *schwarzen* Soldaten sind einerseits eine Adaption der Ikone des „treuen Askari", andererseits nehmen sie die Ikonografie *schwarzer* Befreiungsbewegungen vorweg und verweisen so auch auf das revolutionäre Potential uniformierter und bewaffneter *schwarzer* Soldaten (vgl. für diese Interpretation auch die Ausstellung: „Blicke verkehren" 2004 in Hamburg). Barthes (1957) beschrieb die Bedeutung eines Bildes, das einen *schwarzen* französischen Soldaten beim militärischen Gruß der Trikolore zeigt, ähnlich dem Mythos der „treuen Askari": „daß Frankreich ein großes Imperium ist, daß alle seine Söhne, ohne Unterschied der Hautfarbe, treu unter seiner Fahne dienen und daß es kein besseres Argument gegen die Widersacher eines angeblichen Kolonialismus gibt als den Eifer dieses jungen [Menschen, SM], seinen angeblichen Unterdrückern zu dienen" (ebd.: 95). Barthes zufolge ist die Funktion des Mythos gerade Ambivalenz auszuschließen, zu verstehen und vorzuschreiben. In einer Lesart, die auch innerhalb scheinbar hegemonialer Diskurse solche Ambivalenzen und Widerstandszeichen zulässt (vgl. Bhaba 1994), entsteht hier ein bedrohlicher, nicht verstehbarer, nicht integrierbarer Bedeutungsüberschuss in der Darstellung des ähnlich der revolutionärern Marianne mit der Fahne in der Hand voranstürmenden *schwarzen* Soldaten.

im Reichstag geworden. Er verhielt sich zur nationalsozialistischen Regierung loyal und nahm einen wichtigen Platz in deren symbolischer Politik ein. Ihn erfüllten diese Ehren mit Genugtuung, waren sie ihm doch von der vorherigen Regierung versagt geblieben (vgl. Lettow-Vorbeck 1957: 209-212). Die koloniale Erinnerung und auch der Askari-Mythos und Lettow-Vorbeck wurden Teil der moralischen Aufrüstung der Nationalsozialisten. Deutschlands koloniale Vergangenheit galt als Beweis „nationaler Größe", die auf deutschen Leistungen und Tugenden basierte. Die ihren Führern bedingungslos treuen Askari wurden zum Vorbild für den deutschen Soldaten und nahmen die Erwartung des „totalen Krieges" in Europa vorweg. Kolonialkriege wurden tendenziell immer als „totale Kriege" geführt, was nicht nur den „men on the spot", sondern durch textliche und bildliche Repräsentation auch einer breiteren Öffentlichkeit in Deutschland bekannt war. Lettow-Vorbeck eignete sich dabei besonders als Identifikationsfigur für die NS-Ideologie. Hatte er doch während des Ersten Weltkrieges DOA gegen den Willen des zivilen Gouverneurs Schnee zum

Kriegsschauplatz erklärt und dort einen „totalen Krieg“ geführt, dem ohne Rücksicht auf Verluste jegliches zivile Leben untergeordnet wurde.[49]

In der NS-Zeit wurden mehrere Straßen und Kasernen nach Lettow-Vorbeck benannt und er selbst hielt stets gut besuchte öffentliche Vorträge. 1939 – kurz vor Kriegsbeginn – wurde in Hamburg, wo Lettow-Vorbeck 1920 den Spartakusaufstand niederschlug, die Lettow-Vorbeck-Kaserne eingeweiht, in der das „Deutsch-Ostafrika-Kriegerdenkmal“ errichtet wurde. Es stellte hinter *weißen* Offizieren marschierende Askari und Träger dar. Generalleutnant der Wehrmacht Strauß sagte zu diesem Anlass:

„Der Name [Lettow-Vorbeck] sei für jeden Deutschen ein Symbol deutscher soldatischer Pflichterfüllung geworden. Die Truppe habe ihre Heldentaten in Deutsch-Ostafrika nur vollbringen können, weil sie durchdrungen gewesen sei vom Geist ihres Führers und den alten deutschen Soldatentugenden: Kampfeswille, Tatendrang, Einsatzbereitschaft bis zum Tode, Entschlossenheit, Kameradschaft und Gehorsam! Die junge Wehrmacht trage den gleichen Geist in sich als heiliges Vermächtnis ihrer Väter.“ (Lettow-Vorbeck-Kaserne in der Vahr – Feierliche Namensgebung und Schlüsselübergabe an die Beobachtungsabteilung 22“, BAF N103/16)

Die beiden Söhne Lettow-Vorbecks dienten ebenfalls in dieser Abteilung der Wehrmacht (vgl. Lettow-Vorbeck 1957).

General von Lettow-Vorbeck war selbst anwesend und hob noch einmal die Opfer der „braven und tapferen farbigen Soldaten“ (ebd.) hervor. Anlässlich seiner Geburtstage erschienen Artikel, die den bedingungslosen Glauben der Askari an ihre Führer beschworen und den direkten Appell an die jungen deutschen Soldaten richteten, es ihnen gleichzutun. Die Todestreue der Askari zu ihrem *weißen* Führer wurde im NS-Diskurs ein Teil des „Volksgemeinschafts-Erlebnisses“ und damit der moralischen Mobilmachung.[50] Dabei wurden die Askari zwar zum Vorbild, allerdings „ließen [die Nationalsozialisten] die militä-

49 Noch in seinen Memoiren kommt die Verachtung Lettow-Vorbecks für den Gouverneur deutlich zum Ausdruck. Er war überzeugt, dass es sein „soldatischer Gehorsam im höheren Sinne“ erfordert hätte, einen Krieg in Afrika zu führen, um „möglichst viele So53aten dem Kampf in Europa fernzuhalten“ (Lettow-Vorbeck 1957:135). Eine Mission, die er als gelungen ansah, was heute allerdings umstritten ist, da die gegen ihn eingesetzten alliierten Truppen nicht für den Kriegseinsatz in Europa in Betracht gekommen wären (vgl. Zeller 2002).

50 „Du hast eine gewaltige Kraft“ zum 65. Geburtstag Lettow-Vorbecks, Zeitungsartikel 1935; „Der Verteidiger Ostafrikas, zu Lettow-Vorbecks 70. Geburtstag am 20. März 1940“ im Querfurter Tageblatt; beide in: BAF N103/16. Vgl. für diese Rolle der Askari Möhle (2005); Zeller (2000) interpretiert das Denkmal rein kolonialrevisionistisch.

rische Stärke der Kolonialsoldaten nur noch gelten, um sie zur Begründung des eigenen Vernichtungswillens zu benutzen" (Maß 2005: 148).

Die imaginierte unüberwindbare Distanz zwischen „weißem Führer" und „treuem Askari" wurde durch die reale Präsenz von afrikanischen (Kolonial-) Migranten in Deutschland jedoch unterlaufen. Der Artikulations- und Handlungsraum, der durch den Treue-Mythos geöffnet worden war, wurde von den afrikanischen Migranten angeeignet. Die Widersprüchlichkeit und das ambivalente Pendeln zwischen *weißen* Vorstellungen von disziplinierten Afrikanern und durch diese bedrohte koloniale Ordnung, zeigt sich auch daran, dass *schwarze* Migranten in Deutschland 1921 während der Hetzkampagne gegen die Rheinlandbesetzung mit *schwarzen* alliierten Soldaten von Passanten auf der Straße verprügelt wurden. Der aus Kamerun stammende und in Deutschland lebende Schauspieler Louis Brody wandte sich daraufhin an die deutsche Öffentlichkeit und aktivierte den Topos des „treuen Askari", um auf die grundsätzlich andere Situation und Geschichte *schwarzer* Menschen im unbesetzten Teil Deutschlands hinzuweisen. Brodys Intervention zeigt somit, dass bereits in den 20er Jahren das Spannungsverhältnis zwischen Askari-Mythos und „Schwarzer-Schmach-Kampagne" durch die reale Präsenz *schwarzer* Menschen in Deutschland erlebt und benannt wurde (vgl. dazu Lewerenz 2006: 47). Dies setzte sich während der NS-Zeit unter veränderten politischen Bedingungen zunächst fort. Der ursprünglich aus Togo stammende Kwassi Bruce schrieb 1934 in einer langen Stellungnahme an die Kolonialabteilung des Auswärtigen Amtes:

> „Auf kolonialen Tagungen und Festen wird immer wieder auf die tadellose Haltung der Eingeborenen während des Krieges hingewiesen. Ich bedaure in meinem und im Namen meiner Landsleute sagen zu müssen, daß wir von dieser Anerkennung im praktischen Leben heute leider wenig beobachten können [...] Die Eingeborenen der ehemaligen deutschen Kolonien haben noch bis in die jüngste Zeit hinein immer wieder durch Eingaben an den Völkerbund ihre Treue zu Deutschland bekundet und ihrem Wunsche um Rückgabe der Länder an Deutschland Ausdruck gegeben [...] Der schwarze Mensch aus den ehemals deutschen Schutzgebieten tritt heute gläubig vor das deutsche Volk und bittet das deutsche Volk nicht um Gnade – sondern um *Gerechtigkeit* und erinnert noch einmal, daß in der Stunde der Gefahr der ärmste deiner Söhne dein getreuester war." (zit. in: Alonzo/Martin 2004:415-6, Hervorhebung Original)

Es gelang ihm, zusammen mit zwei Deutschen, ein Wandertheater nach dem Vorbild der Völkerschauen aufzubauen, das „Negerdorf", später „Afrika-Schau", das den Lebensunterhalt für einige Menschen afrikanischer Herkunft ermöglichte. Ab 1935 war diese Schau unter Beobachtung der Behörden – zuständig war das Auswärtige Amt. Hier stießen die Betreiber noch auf ehemalige Kolonialdeutsche. Diese waren für die Argumentation mit dem Treue-Mythos der

Zwischenkriegszeit überaus empfänglich. Dadurch konnte die Afrika-Schau einige Jahre als Ort des ökonomischen und sozialen Überlebens genutzt werden. Die Widersprüche zwischen den sich als „Volksgenossen" präsentierenden Askari und Ideologien von strikter „Rassentrennung" wurden jedoch mit zunehmender Hegemonie völkischer Denkweise immer unüberwindbarer und führten schließlich zu gewaltvollen Ausschließungsmechanismen, im Falle der Afrika-Schau zu ihrer Schließung im Jahr 1940.

Obwohl die Askari bereits nach der Niederlage im Ersten Weltkrieg als militärische und moralische Vorbilder für die deutschen Soldaten fungiert hatten und dieses Ideal unter den Nazis affirmiert wurde, forderten „rassehygienische" Vorstellungen ihren Ausschluss aus der „Volksgemeinschaft". Der Verweis auf den Status als „deutscher Askari" konnte nun keinen Schutz mehr vor der Verfolgung „nicht-arischer" Menschen in Deutschland bieten. Mohammed Bayume Hussein, Jonas Alexander N'doki und Kwassi Bruce sind Beispiele für Kolonialmigranten (aus DOA, aus Kamerun und aus Togo), die den Treuemythos seit den 1930er Jahren erfolgreich nutzten. Zwei von ihnen kamen später durch die Rassegesetze des NS-Regimes zu Tode, Hussein im KZ Sachsenhausen und N'doki durch Hinrichtung in Hamburg. Kwassi Bruce überlebte.[51]

Weisse Fürsorgepflicht – weibliche Mildtätigkeit

Lettow-Vorbeck war „Bwana Obas" für die Askari. Als „Bwana", d. h. als „Herr" der Askari fühlte Lettow-Vorbeck sich in der „Fürsorgepflicht" für „seine Askari". Die „Treue der Askari wäre auf das „Vertrauen" auf ihre Führer gebaut gewesen. Die Truppe war seit dem Kampf gegen die „Kolonialschuldlüge" als Synonym für den Staat, für die Bevölkerung verstanden worden. So legitimierte die „Fürsorgepflicht" Deutschlands für seine afrikanischen Soldaten wiederum den Kolonialismus. Schon in der damaligen Debatte um die Soldzahlungen zeigten sich Widersprüche zum politischen Mythos der treuen Askari. Schließlich wurde die „Treue" der Askari zu ihren Führern hervorgehoben, obwohl ihnen keine Löhne mehr bezahlt werden konnten. Ihnen wurde unterstellt, für ein „Ideal" zu kämpfen. Dass die Soldaten aber erwarteten, dass die Schuldscheine, die die Deutschen ihnen ausgestellt hatten, auch eingelöst wurden, unterlief diese Konstruktion. Es handelte sich dabei nämlich um bedeutende Summen: Dienstgrade hatten meist um die 1600 Mark, Offiziere bis 5300 Mark zu Buche stehen (vgl. Morlang 2008a: 151). Nicht wenige der ehemaligen Askari

51 Vgl. Bechhaus-Gerst (1997, 2003, 2007); Baer/Schröter (2001: 170-3); Breiter (2002); Martin/Alonzo (2004: 411-416); Lewerenz (2003, 2005); Selmeci/Henrichsen (1995: 105-6); Schubert (2003: 371); Rosenhaft (2003).

schrieben an die Behörden und ihre ehemaligen Arbeitgeber, so auch an Lettow-Vorbeck, und forderten den ihnen zustehenden Lohn. Auch Kwassi Bruce hatte 1934 nicht „Gnade", sondern „Gerechtigkeit" gefordert. Die Kolonialdeutschen argumentieren allerdings konsequent mit den Begriffen „Ehrenpflicht" und „Ehrenschuld", anstatt von einer tatsächlichen „Pflicht" und „Schuld" zu sprechen, die sie vertraglich einzulösen hatten. Moyd (2008) hat in ihrer Dissertation herausgearbeitet, dass die Askari ihre deutschen Vorgesetzten als *patrons* oder Väter *(babas)* betrachteten, deren Aufgabe es war, ihnen zu ermöglichen, respektierte, renommierte und einflussreiche Mitglieder der ostafrikanischen Gesellschaft zu sein: als professionelle Soldaten, als gutbezahlte Mitglieder einer neuen Elite, als Gründer großer Haushalte und als Mitglieder renommierter muslimischer und – weniger häufig – christlicher Netzwerke. Sie setzte dem deutschen Diktum der „Treue bis in den Tod" damit die Perspektive der Soldaten selbst entgegen, die diese ganz klar an Bedingungen knüpfte, die seitens der deutschen Vorgesetzen zu erfüllen war und die auch aufgekündigt werden konnte, wenn diese nicht mehr gegeben waren. Die große Zahl der Desertionen und Übertritte in die Armee der Alliierten während des Ersten Weltkrieges in DOA verdeutlichen diesen entscheidenden Unterschied. Die Weltkriegserfahrungen waren nicht nur in DOA, sondern auch in Kamerun für die beteiligten *schwarzen* und *weißen* Soldaten geprägt von Entbehrungen und Bedrohung und in vielen Fällen traumatisch. Moyd (2008) betonte für DOA, dass die *schwarzen* Kolonialsoldaten erleben mussten, dass die *weißen* Unteroffiziere und Offiziere keine allzeit mächtigen Patrone waren. In der Weise, wie sie ihrer „Fürsorgepflicht" nicht mehr nachkamen, wandten sich viele Askari von ihnen ab (vgl. ebd.: 233-236). Dies galt für die anderen europäischen Kolonialarmeen genauso.

„One factor in [the] question of expansion which was evidenced by the War ist that the native African had, not unnaturally, little feeling of loyalty to any particular European nationality as such: the loyalty shown by the black soldier was a personal loyalty to the officer who led (and paid) him. For instance, at the opening of hostilities some of the best and most useful soldiers in the German service were those who had formerly been in the 2nd Battalion K.A.R. [king's african rifles, SM], disbanded six months previously on grounds of economy. Conversely, in 1918 the new battalions of the K.A.R. included considerable numbers of ex-German askaris who had surrendered as prisoners of war and subsequently enlisted freely on our side." (Memorandum East African Campaign, 1933; PRO CAB 45/27)

Bereits in den Debatten der 1920er Jahre wurde die „Fürsorgepflicht" allerdings nicht ausschließlich in der Sprache des männlichen Militärs beschworen, sondern auch in der der christlichen Barmherzigkeit, die weiblich besetzt war (vgl. schon Ada Schnee 1918). So schrieb die Vorsitzende des Frauenvereins vom Roten Kreuz für die Kolonien 1921 an Lettow-Vorbeck:

„Daß ich mich lebhaft u[nd] warm für diese Frage interessiere u[nd] es mit Ihnen u[nd] Vielen, Vielen als schwere Unehre für den deutschen Namen empfinden würde, wenn den todestreuen Askaris ihr Recht nicht würde, – dies brauche ich Ihnen, verehrter Herr von Lettow, wohl nicht erst besonders zu sagen. [...] Jedenfalls sind wir der Auffassung, daß doch die kolon[ialen] Kreise, die Kol[onial]ges[ellschaft] u[nd] event[uell] doch auch mein Frauenverein vom roten Kreuz f[ür] d[ie] Kolonien [...] ganz einfach die Ehrenpflicht haben, hier Sprachrohr u[nd] Anwalt zu sein! Versagt das Reich u[nd] alle Stellen sonst, müßte man an eine Privataktion denken, d. h. an einen Aufruf an das deutsche Volk." (Hogen an LV, 20.4.1921, in: BAF N103/94, B. 25)

Die weibliche Warmherzigkeit und Mildtätigkeit sollte durch Spendensammlungen auf das ganze deutsche Volk delegiert werden. Der Verweis auf die materielle Hilfebedürftigkeit der Askari und die kolonialrevisionistischen Ziele Deutschlands verschränkten sich in der Forderung nach Auszahlung der Löhne. Nach jahrelangem Ringen und sehr ablehnender Einstellung der staatlichen Stellen wurden die Löhne in DOA 1926-28 schließlich beglichen. Es wurden insgesamt sechs Millionen Mark an 70000 Anspruchsberechtigte ausgezahlt. Die Tatsache, dass die meisten ihre Schuldscheine acht Jahre lang aufbewahrt hatten, unterstreicht die Bedeutung des Arbeitslohnes für ihre Tätigkeit. Nach Aussagen von britischen Kolonialbeamten fühlten sich einige ehemalige Bedienstete denn auch ob der geringen Summen von den Deutschen betrogen. Die Auszahlungen selbst führten die alten kolonialen Hierarchien wieder auf: neben den Deutschen kontrollierten zwei ehemalige *schwarze* Feldwebel die Rechtmäßigkeit der Ansprüche. Ungerechtfertigte Forderungen wurden mit 25 Schlägen mit der Nilpferdpeitsche geahndet.[52]

Die Debatte um die Zahlungen an ehemalige deutsche Angestellte in den Kolonien wurde 1960 erneut entfacht. Damals wurden Kamerun und Togo unabhängig. Die ehemalige Mandatsmacht Frankreich hatte deutsche und so genannte pro-deutsche Aktivitäten dort stets äußerst skeptisch verfolgt und offizielle deutsche Missionen untersagt. Nach der Unabhängigkeit wurden die Vertreter der BRD in Kamerun und Togo von den so genannten „Deutschtreuen" aufgesucht. Auch hier waren die „offenen Rechnungen" also nicht vergessen. Ehemalige deutsche Kolonialbeamte – darunter an vorderster Front Lettow-Vorbeck – forderten nun die BRD auf, die nicht gezahlten Löhne an die Kameruner und Togoer zu zahlen. Die BRD stellte damals durch juristische Gutachten fest, dass sie keine Zahlungsverpflichtung hätte, weder in Kamerun und Togo, wo die deutschen Schulden nie ausgeglichen worden waren, noch in Tanganyika, wo die Löhne 1928 bezahlt worden seien. Einflussreiche Politiker,

52 Vgl. für diese Vorgänge BAF N103/94 (Nachlass Lettow-Vorbeck) und Morlang (2008): 151-153.

wie der damalige Bundestagspräsident Gerstenmaier, standen den kolonialrevisionistischen Organisationen jedoch sehr nahe, bzw. waren wie der damalige Ministerpräsident von Schleswig-Holstein von Hassel sogar Mitglied. Letztlich brachte Gerstenmaier die BRD durch Zusagen während einer Reise nach Togo und Kamerun in Zugzwang – und obwohl die BRD es politisch und juristisch stets abgelehnt hatte, sah sie sich – aufgrund der öffentlichen Meinung – gezwungen so genannte „Gratialzahlungen" in Kamerun und Togo durchzuführen. In den Jahren 1962 bis 1968 betraf dies in Togo ca. 900, in Kamerun ca. 1 500 Personen, sowie Einzelpersonen, aus anderen afrikanischen Ländern (Ghana, Nigeria, Gabun). Mindestens zwei Frauen machten in Togo Ansprüche geltend (vgl. PAAA B81/478). Jede berechtigte Person erhielt die Summe von umgerechnet 100 DM, was dem Monatslohn eines mittleren Beamten entsprach und für die Betroffenen eine bedeutende Summe darstellte.[53]

In Tanganyika brachte die Unabhängigkeit ebenfalls die ehemaligen deutschen Soldaten wieder in den Fokus deutscher Aufmerksamkeit. Sie gründeten 1962 einen eigenen Veteranenverband, was während der britischen Mandatszeit politisch unerwünscht gewesen war.

> „Die Veteranen der Lettow-Vorbeck'schen Armee fühlen sich gegenüber ihren Landsleuten, die in englischen Diensten standen und der British Legion angehören, zurückgesetzt, vereinsamt und vergessen. Gleich jenen wollen sie sich gelegentlich einmal treffen." (Botschaft der BRD Dar-es-Salaam an Auswärtiges Amt, 23.6.1962, in: PAAA B34/366)

In dieser Beobachtung der deutschen Botschaft klingt die Bedeutung an, die die deutsche Kolonialzeit für die nun alten Männer hatte. Sie wünschten sich in gemeinsamer Erinnerung stolz auf ihre Jugend zurückzublicken. Der Wunsch nach finanzieller Unterstützung schien demnach auch auf den Zweck der Kontaktpflege gerichtet. Als Lettow-Vorbeck 1964 starb, regten die Askari unter sich ebenfalls Sammlungen an. Sie wollten einen Kranz an seinem Grab niederlegen und eine Plakette auf seinem Grabstein befestigen lassen. Der neo-koloniale Diskurs hob demgegenüber ihre materielle Armut hervor:

> „Der Platz in der Hütte und das Essen sind ihnen gewiß. Was ihnen fehlt ist ein wenig über das Maß des Vegetierens hinaus: hin und wieder etwas Kleidung, ein wenig Tabak, ein paar Shillings für Pombe und die Möglichkeit, sich gelegentlich einmal zu einem ‚Weißt-Du-noch-Abend' zu treffen." (Botschaft der BRD Dar-es-Salaam an Auswärtiges Amt, 2.5.1962, in: PAAA B34/366)

53 Vgl. Interviews von mir in Kamerun im Jahr 2003; für den gesamten Vorgang PAAA B81/621, B34/366, B81/478, B81/298b, B34/527, B34/440.

Die hier in Erscheinung tretende Unvereinbarkeit von Armut und Würde zeigen einen Konflikt an, der erst durch die Konfrontation dieses Diskurses mit afrikanischen Perspektiven deutlich sichtbar wird. Die kolonial-cum-karitative Begründung, die bereits in den 1920er Jahren bemüht worden war, wurde nun 1962, kurz vor der Unabhängigkeit Tanganyikas und zu Hochzeiten des Kalten Krieges noch um den Aspekt der „Öffentlichkeitsarbeit" erweitert.

„Wenn trotzdem so kurze Zeit nach der Unabhängigkeit schon recht enge Beziehungen zwischen der Bundesrepublik und Tanganyika bestehen, ist das einmal auf unsere Initiativen, wie die Einladungen von Nyerere und anderen Politikern in die Bundesrepublik, dann auf unsere Hilfsversprechen, schließlich aber auch darauf zurückzuführen, daß wir den Tanganjikern das Gefühl einer selbstlosen freundschaftlichen Hilfsbereitschaft vermittelt haben. Das Ergebnis unserer Bemühungen sieht heute so aus, daß man in Tanganjika fest überzeugt ist, in der Bundesrepublik einen ehrlichen Freund zu haben, der bereit ist, beim Aufbau des Landes mitzuhelfen." (Botschaft der BRD Dar-es-Salaam an Auswärtiges Amt, 25.6.1962, in: PAAA B34/365).

Die deutsche Öffentlichkeitsarbeit übersetzte sich also in Hilfsbereitschaft. In der Logik des Kalten Krieges spielte sich ein erneuter „scramble" um Afrika ab. Die beiden deutschen Staaten nahmen eine Sonderrolle darin ein. Die BRD war darauf bedacht, dass die unabhängigen afrikanischen Staaten die DDR offiziell nicht anerkannten. Das Bestreben Tanganyikas hingegen war, sich in diesem Konflikt neutral zu verhalten. Die Öffentlichkeitsarbeit der BRD in Tanganyika war deswegen von hoher Priorität. Symbolisiert wurden die „recht engen Beziehungen" durch gegenseitige Staatsbesuche, großzügige Staatsgeschenke von deutscher Seite sowie durch „Entwicklungshilfe". Obwohl Tanganyika stets darauf hinwies, nicht an die deutsche koloniale Vergangenheit in den Beziehungen anknüpfen zu wollen, sandte die BRD zur Unabhängigkeitsfeier Kai-Uwe von Hassel, dem von westdeutscher Seite ein gutes Verhältnis zu Tanganyika und den „Führern Tanganyikas" unterstellt wurde, vor allem wohl, weil er damals auf Englisch und Kiswahili gesprochen hatte (vgl. PAAA B34/365). Ob von Hassels Einstellungen der politischen Führung Tanganyikas tatsächlich sympathisch waren, kann stark bezweifelt werden, schließlich sprach er sich 1984 noch positiv über das Apartheidsystem in Südafrika aus und führte ungebrochen den kolonialrevisionistischen Diskurs der Zwischenkriegszeit fort (vgl. Hassel 1984). Mitte der 1970er Jahre waren die anfangs guten Beziehungen zwischen der BRD und Tanzania wegen der westdeutschen Südafrikapolitik und der positiven Einstellung Tanzanias zur DDR auch deutlich angespannt (vgl. Botschaft der BRD Dar-es-Salaam an Auswärtiges Amt, 10.10.1973, in: PAAA ZA 102596).

Es mutet skurril an, dass die BRD sich so bewusst in die Tradition des imperialen Deutschland stellte und dessen ehemalige Unterstützer nun zu Werbe-

und Sympathieträgern für die BRD machen wollte. Das absolute Fehlen jeglicher Distanz zu seiner eigenen (Kolonial-) Vergangenheit wird durch die gänzliche Ignoranz der tanzanianischen Erinnerungskultur deutlich. Der Maji-Maji-Krieg, dem in den Jahren 1905–1906 zwischen 75 000 und 300 000 Menschen zum Opfer fielen, war von Staatspräsident Julius Nyerere zum Beginn jeglichen antikolonialen Widerstandes und sozusagen zum nationalistischen Gründungsmythos Tanzanias erklärt worden. Die Ende der 1960er Jahre aufgenommenen Erinnerungen der Tanzanianer an diesen Krieg zeigten die Hegemonie der erinnerten Gewalt. Scharfe Kritik an dieser Politik der BRD wurde von der UdSSR geäußert, die von westdeutscher Seite allerdings als Polemik abgetan wurde. Die Regierung Tanganyikas machte diesen Punkt der BRD gegenüber zwar recht deutlich, schlug aber verbindliche Töne an (vgl. Botschaft der BRD in Dar-es-Salaam an Auswärtiges Amt, 4.5.1962, in: PAAA B34/365/524).

„Die Regierung Tanganjikas wünscht nicht an die alten historischen Bindungen Deutschlands zu Tanganjika anzuknüpfen, obwohl sie den deutschen Beitrag zum Aufbau des Landes in der Zeit von 1905–1914 durchaus anerkennt. Aber diese Zeit war eine Zeit der Herrschaft der Weissen über die schwarzen Tanganjiker und wird deshalb als Grundlage gegenseitiger Beziehungen abgelehnt.“ (Botschaft der BRD Dar-es-Salaam an Auswärtiges Amt, 25.6.1962, in: PAAA B34/365)

Dennoch erschien die von Einzelnen geäußerte „Deutsch-Treue“ den in den Ländern der ehemaligen deutschen Kolonien lebenden Deutschen, Angehörigen der Botschaften, Vertreter von Industrie und Handel, Pflanzern und „Entwicklungshelfern“, angenehm und „rührend“. Es schien, als ob die „deutschtreuen“ Afrikaner stellvertretend äußern konnten, was die Deutschen selbst nicht wagten. Daher rührte der Gedanke, sie zu belohnen und eine Reise nach Deutschland erschien als der Gipfel der Anerkennung.[54] Von Kritik an der deutschen Kolonialzeit – und ganz besonders an Lettow-Vorbeck – fühlten sich die deutschen Vertreter in Tanganyika persönlich getroffen (vgl. Staatsbesuch des Vizepräsidenten der Republik Tanganyika, Rashidi Kawawa in Guinea, Bericht der Botschaft der BRD, 8.Mai 1963; Auswärtiges Amt an Bundesministerium für Verteidigung, 8.11.1963; beide in: B34/440).

Es erschien deswegen aus bundesdeutscher Sicht nur konsequent, zur Begräbnisfeier von Lettow-Vorbeck 1964 zwei „seiner“ ehemaligen Askari einzuladen. An Lettow-Vorbecks Grab standen sie für die alte koloniale Ordnung, ehrten sie ihren „weißen Führer“ – bei ihrem Besuch der Berliner Mauer hingegen

54 Für Tanganyika wurde dies erstmals im Jahre 1963 vorgeschlagen (Auswärtiges Amt an Bundespresseamt, 12.11.1963, in: PAAA B34/440; vgl. PAAA B81/478 für einen ähnlichen Fall aus Nigeria).

■ Bild aus dem Kölner Stadtanzeiger 1964; die beiden Herren trafen hier mit dem Kölner Verband Deutsches Afrika-Korps zusammen.[56]

sollten ihnen stellvertretend für die Bevölkerung Tanganyikas – die Gefahren des Sozialismus vor Augen geführt werden. Ihre Treue zu Deutschland wurde hier gleichgesetzt durch die Treue zu Westdeutschland, zum Kapitalismus und der Askari-Mythos somit erinnerungspolitisch durch die BRD vereinnahmt und aktualisiert.[55]

Zwar sahen die politischen Vertreter der BRD keinen Widerspruch zwischen einer Verquickung von kolonialer Vergangenheit und den zeitgenössischen Gegebenheiten des Kalten Krieges, in Tanganyika fand dieser Vorgang jedoch ein ambivalentes Echo mit Zwischentönen, die höflich, aber deutlich waren.

„Von Lettow-Vorbeck is a reminder of colonial times, when the White man dominated and controlled the lives of the indigenous people. These are times that the people of Tanganyika quite rightly want to forget; not because there is anything to be ashamed about in the past (indeed there is a lot to be proud of), but because to live in the past is to go nowhere [...]. Von Lettow represents a by-gone age, when the new ideas of today were only slowly creeping into men's minds. He fought at a time when war was still regarded as exciting and romantic, when the world was only beginning to realise just how dreadful modern conflict could become.“ (Sunday News, 14.3.1964)

55 Vgl. Tanganyika Standard, 14.3.1964, 3.4.1964; Hamburger Abendblatt, 14./15.3.1964; Die Welt, 14.3.1964.

56 Für den Hinweis auf den Artikel und das Bild danke ich Marianne Bechhaus-Gerst und Lothar Pützstück.

■ Bundesminister Lücke bei der Übergabe der Gelder an ehemalige deutsche Askari in Dar-es-Salaam 1964. Die Fotos wurden von der BRD zum Zweck der Öffentlichkeitsarbeit gemacht.

Ähnlich schätzten deutsche Vertreter 1965 die Haltung des kamerunischen Staates ein. Einige ehemalige Kolonialoffiziere hatten den Vorschlag gemacht, die Auszahlung des „Ehrensoldes" mit einer öffentlichkeitswirksamen Feier zu verbinden. Die Vertreter vor Ort lehnten dies ab, da die kamerunische Regierung eine solche Glorifizierung der vergangenen Kolonialzeit nicht befürworten würde (vgl. PAAA B81/478).

In der Fernsehsendung „Reichsadler und Giraffe" von 1964 traten alte deutsche Askari auf, die die Unterstützungskasse für „former German Askari" aufsuchten. Ein Deutscher mit weißen Shorts, dem Kennzeichen kolonialer Beamter, überwachte die Auszahlung an die Männer. Namentlich wurden sie aufgerufen und den Empfang quittierten sie mit ihrem Fingerabdruck. Die Askari standen in dem Film für die „alte Ordnung des Reichsadlers", die bereits exotisiert war: „Die Zeiten, da die Askaris in der Blüte ihrer Jahre in den Dschungelkämpfen übermenschliche Strapazen lächelnd überstanden, sind vorbei", so der Kommentar. Eine Szene an einem Begräbnisplatz deutscher Kolonialbeamten und die auf Deutsch vorgetragene Erinnerung an Lettow-Vorbeck fehlte nicht. Den Kontrapunkt zu dieser „Treue" und Deutschlands Erinnerung an seine frühere Glorie, setzte dann die Szene, in der die scheinbare „Undankbarkeit" Deutschlands entlarvt wurde. Die Unterstützungskassen wären leer, das Schild wurde abgeschraubt und weggeworfen. Der Kommentar hob sowohl die materielle Armut und Hilfebedürftigkeit der Askari hervor, als auch deren Glauben an ein großes, mächtiges Deutschland:

„Heute sind sie Greise, müde, arm, von den unwilligen Almosen ihrer Söhne lebend [...] Ihr Verband erhielt noch bis vor kurzem Unterstützung von ein paar deutschen Gönnern. Keine Pension, dazu reichten die Mittel nicht, ein kleines Trinkgeld von zehn Mark nur, das den Alten die Armut etwas linderte, mehr Symbol der Dankbarkeit als wirkliche Unterstützung. Ihr vergesst uns nicht, so wollen auch wir eure Treue nicht vergessen. Auch das ist nun zu Ende. Heute ist der letzte Zahltag. Das Geld ging aus. Die Bilanz ist Null und keine neuen Mittel sind gefunden. Das Alte gilt nichts. Die Bundesrepublik spendet Tanganyika großzügige Entwicklungshilfe, doch der Jugend, nicht den Greisen kommt sie zu Gute. Was soll man sich um Analphabeten Gedanken machen, die nicht einmal ihren Namen schreiben können. Der Reichsadler hat ausgespielt. Das Zeitalter der Giraffe, des freien Tanganyika, gehört nicht dem alten Soldaten, sondern dem jungen Ingenieur. Die Alten sollen sterben. Doch sie verstehen die Grausamkeit dieser Logik nicht. Deutschland ist groß und reich, sie kämpften tapfer unter seiner Fahne. Ist am Ende die Treue doch ein leerer Wahn?" (Film „Reichsadler und Giraffe")

Die Ausstrahlung dieser Sendung hatte zur Folge, dass sich ein Strom von Briefen aus der Bevölkerung über den WDR, die Bundesregierung und auch an Frau Lübke, die Ehefrau des damaligen Bundespräsidenten ergoss (vgl. PAAA B34/527). Die Menschen zeigten sich erschüttert, dass Deutschland diesen „treuen" Veteranen, die für Deutschland ihr Leben eingesetzt hatten, keine Unterstützung gewähren würde, zumal diese „arm" und „bedürftig" wären. Die Stimmung in der Bevölkerung, die von Medienberichten geschürt wurde, war derart, dass die BRD sich von ihrer Argumentation, der rechtmäßige Sold sei bereits ausgezahlt worden, zurückzog und sich für die „armen Askari" engagierte. Die Wahrnehmung der Ex-Askari als „arm" steht dabei im Kontrast zum sozialen Status der Veteranen während der deutschen Kolonialzeit, wo die meisten hohes soziales Prestige genossen – sowohl als ex-Askari als auch als *Wazee*, d. h. ältere respektable Männer (vgl. Moyd 2008: 182). Die BRD richtete 1964 ein Konto „Askari-Spende" ein, auf dem nicht unerhebliche Summen eingingen und wandte sich an die Soldaten- und Veteranenverbände, was bereits geplant gewesen war. Im gleichen Jahr noch überreichte Bundesminister Lücke in Dar-es-Salaam eine größere Summe an die Unterstützungskasse der Askari. Dieser Beweis der deutschen „Fürsorgepflicht" wurde medial sowohl in Tanganyika als auch in der BRD inszeniert. Lücke legte zusammen mit den ehemaligen Askari einen Kranz am Gefallenenmal in Dar-es-Salaam nieder (vgl. PAAA B34/440).

Im Spannungsverhältnis zwischen „Öffentlichkeitsarbeit" und dem kolonialromantischen Gedenken an Deutschlands „Ehre" übernahm und übernehmen Organisationen aus Deutschland, wie die „Kriegsgräberfürsorge" und der

TSÜ, teilweise in Kooperation mit den Botschaften BRD, die Pflege einiger kolonialer Grabstätten und Bauten, z. B. für den Begräbnisplatz in Tanga (vgl. Dammann 1989; Goebel 1989: 143-144). Auch die Unterstützungen der Askari wurden fortgeführt, teilweise von der deutschen Botschaft selbst, teilweise von „Treuhändern" – in Tanga, dem herausragendsten Erinnerungsort der „heroischen" Kolonialerzählung, durch Margarethe Scheel, die als „Mama Askari" in die öffentliche westdeutsche Wahrnehmung rückte.

Margarethe Scheel lebte seit den 20er Jahren im heutigen Tanzania. 1973, nach dem Tod ihres Mannes, wurde sie Honorarkonsulin der BRD in Tanga und übernahm auch die Führung der Unterstützungskasse für ehemalige Askari. Bis zu ihrem Tode führte sie jährliche Auszahlungen durch und hielt am Volkstrauertag am Gefallenenmal von Tanga zusammen mit den Askari Gedenkveranstaltungen ab.[57] Als sie 1987 starb, wurde eine Erinnerungsplakette zu ihren Ehren auf der Gedenkstätte angebracht. In ihrer Todesanzeige wurde sie für die Unterstützung der noch lebenden Askari, „ihr selbstloses Wirken, ihre unermüdliche Hilfsbereitschaft wie ihre hohe humanitäre Gesinnung" gelobt und allen Unterstützern der „segensreichen Arbeit von ‚Mama Askari'" gedankt. Ihre Arbeit fand nicht nur in Publikationen des TSÜ Beachtung, deren Mitglieder maßgeblich an den Spenden für die Askari beteiligt waren, sondern auch bei renommierten Zeitungen.[58]

In den dort erschienenen Artikeln über „Mama" und „ihre" Askari wurde die deutsche Kolonialzeit teilweise kritisch betrachtet. Seit dem „Wendejahr" von 1964 hatte es auch in der BRD antikoloniale Bewegungen gegeben, an deren Beginn der Film „Heia Safari" von Ralph Giordano stand. Dem folgten kritische Arbeiten sowohl von ost- als auch von westdeutschen Historikern. In der „Wendezeit" kam es zu bissigen Auseinandersetzungen zwischen den antikolonialen Strömungen und der kolonialromantischen Fraktion.[59] Diese Auseinandersetzungen hatten zur Folge, dass in der öffentlichen Wahrnehmung die „Legende vom deutschen Kolonialidyll" nicht mehr ungebrochen war. In den

---

57 Angaben aus MTSÜ und mündlich von Jutta Körner, einer Nichte von Margarethe Scheel (24.09.2004).

58 Vgl. „In Treue fest" Spiegel 21.07.1975; „Das Ende des ‚Löwen von Afrika'" Stern, 22.09.1983; „Lettow-Vorbecks letzte Männer", Süddeutsche Zeitung 28.11.1987; MTSÜ 1977 (56):29, 1978 (57): 29, 1997 (80):54. Der Kyffhäuserverband und die Deutsche Afrika-Gesellschaft führten mindestens bis 1966 Sammlungen durch, der TSÜ bis 1978. Die Bundesregierung bedachte die Askari bis zu ihrem Tode mit „Weihnachtsgeld", mindestens bis 1974 (Auswärtiges Amt an Botschaften Dar-es-Salaam, Bujumbura, Kigali, 27.01.1966, in: PAAA B34/672; Botschaft der BRD Dar-es-Salaam an Jutta Körner, 23.07.1987; Mann 2002: 238).

1970er und 1980er Jahren wurden die ‚Treue' der Askari und die ‚Heldentaten' Lettow-Vorbecks daher eher als exotische Kuriosa vergangener Zeiten gesehen, deren historische Sinnzusammenhänge längst verloren schienen. Die Askari standen in diesem sich selbst als post-kolonial wahrnehmenden Diskurs vielmehr für „Armut" und „Bedürftigkeit" und reihten sich somit in die klischeehafte Vorstellung der Menschen der so genannten „Dritten Welt" und den neuen „Klassen-Rassismus" ein (Balibar/Wallerstein 1988). Es fehlte in keinem Bericht über die Askari der Verweis darauf, wie froh die alten Herren wären, bei „Mama Askari" ein gutes Essen zu bekommen.

„Für den feierlichen Anlaß haben sie den Kanzu, das kittelähnliche traditionelle Gewand der Küstenbewohner, mit einem Hemd oder einem Jackett kombiniert. Nichts davon paßt wirklich, das meiste ist zu groß. Die Sachen sind irgendwann einmal gespendet worden für diese Männer, die nicht nur sehr alt sind, sondern auch sehr arm." (Süddeutsche Zeitung, 28.11.1987)

Die lange Geschichte dieser Kleidung und deren prestigeförderndes Potential seit Ende des 19. Jahrhunderts verschwindet hier im ignoranten Diskurs über den Mangel. Die Mildtätigkeit der *weißen* Frau verwies auf die Hilfebedürftigkeit der Afrikaner. Nicht zufällig richteten sich die Briefe von 1964 explizit an *Frau* Lübke. In Tanga wird Margarethe Scheel bis heute erinnert, allerdings nicht als „Mama Askari", sondern einfach als „Mama Scheel".[60] Zwar wird mit „Mama" auf eine lokal übliche Ehrenbezeichnung für eine ältere Dame rekurriert, es verändert sich aber durch den Zusatz „Askari" die Bedeutung. So wird Margarethe Scheel nur im deutschen Diskurs zur fürsorglichen „Mutter der Askari", scheinbar authentifiziert durch den „exotisierten" Titel „Mama".

In der Debatte um die Unterstützung der Askari durch deutsche Spenden stand also nun ihre Armut – und weniger ihre Treue – im Vordergrund. Die Begriffe „Armut" und „Entwicklung" bedeuten eine inhaltliche Verschiebung des Fortschrittsdispositives. Besetzt wurden sie sowohl von afrikanischen Politikern wie von Europäern, allerdings mit unterschiedlichen Erfahrungshintergründen und Bedeutungsverweisen. Nyereres Ziele „Freiheit von Armut, Unwissenheit und Krankheit" (Rede Nyereres beim Besuch der BRD, 14.6.1962,

---

59 Vgl. Kühn 1981, MTSÜ 1967 (42/43):2-31, 1969 (46/47):20-21, 1969/79 (48/49): 6. Nach dem Film „Heia Safari" sah sich der WDR gezwungen – aufgrund der Flut eingehender Protestbriefe – eine Diskussionsveranstaltung anzuberaumen, die 1967 in voller Länge ausgestrahlt wurde (vgl. dazu auch Michels 2006).

60 Persönliche Mitteilung von Adam Hassan, dem Swahili-Lektor des Institutes für Afrikanistik, der Universität Köln, der in Tanga aufgewachsen ist und bis heute mit dieser Stadt eng verbunden ist, im März 2005.

▪ Am Volkstrauertag hielt Margarete Scheel zusammen mit den ehemaligen Angestellten Deutschlands Gedenkveranstaltungen am Gefallenenmal der Schlacht von Tanga ab. Dort wurden *weiße* und *schwarze* Soldaten, an welche auf der Gedenktafel erinnert wird, 1914 gemeinsam beerdigt. Die Inszenierung auf dem Friedhof besonders im Zusammenhang mit den Zahlungen, die auf der Veranda von Margarethe Scheels Haus vorgenom-

in: PAAA B34/365) zeugen von Optimismus und dem Vertrauen auf die eigene Kraft, auch wenn er den Ausbau der Infrastruktur zur deutschen Kolonialzeit lobte. Seine zentralen Anliegen waren Freiheit und menschliche Würde.

„It is true that through internal unity we in Tanganyika, like other countries in Africa, are able to make some economic headway despite our poor starting point. [...] But for all this it is still true that in the world society we individual states of Africa are almost in the position of beggars talking to millionaires. And we don't like it. We are all endeavouring to develop our own economies, but the more we try the more we are forced to realise that only through African Unity can we really make a break-out of the vicious circle of poverty [...] Only internationalism can take nationalism to its goal." (Nyerere in einer Rede im Washington Press Club Luncheon, 15,7,1963, in: PAAA B34/440)

Die zeitgleichen Berichte der deutschen Botschaft über die innenpolitische Lage Tanganyikas standen weiter in der kolonialen Tradition der eurozentrischen

men wurden, verweist auf koloniale Hierarchien. Auf dem Gruppenfoto mit Dame erscheint eine frappierende Ähnlichkeit, die weißen Haare und die gebrechlichen Körper verweisen auf eine gemeinsame Erinnerung an eine sehr lange vergangene Zeit. So wird die Erinnerung zu einer geteilten Erfahrung einer Generation; die Fotos stammen von Margarethe Scheels Nichte, Jutta Körner, sind also private Erinnerungsfotos.

Geringschätzigkeit und Abwertung afrikanischer Realitäten. ‚Armut' wurde hier zur Gefahr, ‚Hilfe' aus Europa, aus Deutschland, zur Notwendigkeit.

„Dem offensichtlichen Wohlstand der Europäer und auch der Inder steht eine unglaubliche Armut des weitaus überwiegenden Teils der Afrikaner gegenüber [...] Wenn der so vernünftig eingeleiteten Unabhängigkeit Tanganjikas eine zweite, revolutionärere, Welle erspart bleiben soll – wofür alle Aussichten bestehen – so tut Beschleunigung der Wirtschaftshilfe auch unter sozialen Aspekten not. Das gilt insbesondere auch für den in Aussicht gestellten deutschen Beitrag." (Bericht über die innenpolitische Lage Tanganjikas, 28.4.1962, Dt. Botschaft Dar-es-Salaam an Auswärtiges Amt, in: PAAA B34/365)

Armutsbekämpfung ist bis heute die zentrale Legitimation für Entwicklungspolitik, der einzigen Politik, die der Westen konsequent mit Afrika betreibt. Seit den 1980er Jahren und besonders nach dem Kalten Krieg zeichnete sich diese durch eine „Interessenskonvergenz" und die „Hegemonie des neoliberalen

Entwicklungsmodells" aus (Engel 2005). In der klassischen Legitimation für Entwicklungspolitik wird Armutsbekämpfung als eine Voraussetzung für ein „Leben in Würde" verstanden (BMZ 2001). Hier setzt die Kritik am entwicklungspolitischen Diskurs und dem materiellen Armutsbegriff an (vgl. Sen 1992, 1999; Latouche 1991; Ziai 2001).

„‚Standard of living' encapsulates all the dimensions of the dominant paradigm of the West, of modernity and development. This paradigm constitutes a perfectly auto-referential sphere made up of only a very limited number of elements. The interaction of these elements is auto-dynamic; the system as a whole works supposedly to provoke growth of material wealth [...] The concept of standard of living has imposed itself with the force of a truth beyond all dispute because it is inscribed in the logic of modernity itself." (Latouche 1991: 195, 207)

Das „Entwicklungsparadigma", von dem hier die Rede ist, ist ein etablierter Begriff (vgl. auch Ziai 2001, Michels 2005b). Hall hat von dem „Bündnis für den Fortschritt" gesprochen (vgl. Hall 1994: 92). Ich möchte die Betrachtung von Fortschritt als Dispositiv im foucaultschen Sinne anregen. Dadurch wird die rein sprachliche und symbolische Ebene *eines* Diskurses überschritten und auf die machtstrategischen Verknüpfungen von Wissen und Praktiken in Diskursen und Institutionen verwiesen, wobei die Elemente heterogen sein können. Anhand der Figur der „treuen Askari" konnte gezeigt werden, welche neuen Wahrheiten hervorgebracht wurden, wie diese die Konstellationen der Akteure verändern konnten und welche neuen Möglichkeiten eröffnet und genutzt wurden, aber auch, was marginalisiert, vergessen oder verschwiegen wurde.

Zwischenbilanz

Im westlichen und südlichen Afrika war kosmopolitisierte Militärkleidung Ende des 19. Jahrhunderts etablierter Teil des Habitus' der Kontaktzone. In Ostafrika verwies der Islam und die damit einhergehende Kleidung (weiße Baumwollhemden, *kanzu* mit gestickter Mütze und einem Stock) auf transregionale Netzwerke. Frühe europäische Reisende trugen weiter zur Popularisierung europäischer Uniformen bei. Carl Peters hatte dies 1884 aufgegriffen und an lokale Herrscher Uniformen verschenkt. Pesek (2005) erkennt in solcher „Kostümierung" eine der wichtigsten Möglichkeiten, lokale Herrscher als Alliierte zu markieren. Eine ähnliche „Kostümierung" fand später auch bei den Kolonialsoldaten statt. Die sich von der Küste her ausdehnende deutsche Kolonialherrschaft beschleunigte in DOA die Ausbreitung der islamisierten Kultur, denn die in deutschen Diensten stehenden Verwalter und die Kolonialsoldaten waren mehrheitlich Moslems (vgl. Becher 1997: 128). Diese neuen kulturellen Formen vermittelten gleichzeitig Zugehörigkeit zu einer neuen Elite sowie Abgrenzung gegen Gruppen außerhalb der Kontaktzonen (in Ostafrika abwertend *washenzi* genannt). Der Islam hatte aber in Ostafrika stets eine widersprüchliche Rolle, denn wenngleich neue (koloniale) Eliten, wie die Askari, sich mehrheitlich zum Islam bekannten, war er gleichzeitig von Beginn an ein Moment, das sich gegen die europäische Kolonialherrschaft wandte und mittels eigener Organisationsformen, wie den Sufi-Brüderschaften, Netzwerke schuf, die außerhalb und gegen die Deutschen gerichtet war. In den zeitgenössischen in arabischer Schrift verfassten Swahili-Gedichten (zum Beispiel über den Krieg der Deutschen gegen Bushiri und den Maji-Maji-Krieg) wird deutliche Kritik an den „ungläubigen Deutschen" geübt, die betrunken wurden und Moscheen entweihten. Die Poeten schrieben zwar über bewaffneten Widerstand, verstanden diesen aber vor allem als intellektuellen Widerstand gegen die Unterdrückung der Meinungsfreiheit (vgl. Biersteker 1996: 166-171; Moyd 2008: 172-175).

Die ersten Rekruten der deutschen Kolonialtruppen waren mehrheitlich in allen von Deutschland als zur Kolonisation auserkorenen Gebieten Arbeitsmigranten aus anderen Regionen. Die Soldaten der Wissmanntruppe rekrutierten sich zu einem großen Teil gemäß Konventionen der osmanisch-ägyptischen Militärtradition. Die „Sudanesen" waren dort bereits mit dem Berufsstand der professionellen Soldaten vertraut. In Westafrika traf dies auf die Hausa zu, die bereits militärische Erfahrungen in der britischen Kolonialarmee gesammelt hatten. Die ersten „Polizisten" in Togo und Kamerun rekrutierten sich aus dieser Gruppe. Für die Errichtung der offiziellen „Kaiserlichen Schutztruppen" hatten die Deutschen jedoch erhebliche Schwierigkeiten, Rekruten zu gewinnen. Wo freiwillige Arbeitskräfte nicht zur Verfügung standen, griffen sie auf „unfreie Arbeit" zurück und reihten sich somit erneut in das lokal existierende

Sklavereigeschäft ein, das sie in Deutschland vorgaben, zu bekämpfen. Im Zuge der Rekrutierungsschwierigkeiten musste die Anwerbung dann allmählich auf die kolonialen Gebiete selbst verlagert werden. In Kamerun bestand 1905 die Hälfte der Truppe aus Menschen, die aus dem Gebiet Kameruns kamen. Insgesamt stellte Deutschland zwischen 40000 und 50000 Afrikaner, Asiaten und Ozeanier in seine Kolonialarmeen ein (vgl. Morlang 2008a).

Die Entstehung von neuen Berufsgruppen durch europäische Nachfrage wurde auch in ethnischer Sprache ausgedrückt. Die Etablierung und Aufrechterhaltung dieser „Marken" lag dabei sowohl im Interesse der Europäer als auch der Gruppen selbst. Auf der afrikanischen Seite zeigten sie sich als selektiv-integrativ, was in europäischen Diskursen meist unsichtbar blieb. Die europäische Zuschreibung als „Stamm" oder „Rasse" war Ausdruck des europäischen Wunsches homogene „Volks"-Einheiten zu schaffen. Dieser Wunsch hatte seinen Ursprung in europäischen Verhältnissen, wo nationale Bewegungen Völker und Nationen imaginierten, die Sprache, Kultur und letztlich auch den Territorialstaat teilten. Die Geschichten ethnischer Entitäten, wie zum Beispiel „Kru", zeigten hingegen, wie strukturierend, aber auch veränderbar deren Zuschreibung war und wie diffus und unscharf der von Europäern benutzte „Rassebegriff". Die Verbindung des essentialisierenden „Rassekonzeptes" mit utilitärem Denken spiegelt die europäische diskursive Produktion der außereuropäischen Welt und die damit einhergehenden reduktionistischen Wahrnehmungen deutlich wider. Die ethnisierende bzw. „rassische" Zuschreibung blieb im Konzept der „martial races" grundlegend während der Kolonialzeit, wurde jedoch erweitert und teilweise durch überethnische Berufsbezeichnungen, wie *askari* und *ruga-ruga*, gebrochen.

Obwohl Bismarck durch die „Schutzerklärungen" über Gebiete in Westafrika (Togo, Kamerun), Ostafrika (Deutsch-Ostafrika, heutiges Tanzania), Südwestafrika (Deutsch-Südwestafrika, heutiges Namibia) und in der Südsee ab 1884 den Grundstein für eine formale Kolonialherrschaft legte, blieb sein erklärtes Ziel dabei jedoch der „regierende Kaufmann". Symptomatisch war auch die formale Vorgehensweise: Kaufleute schlossen Verträge mit lokalen Autoritäten ab, und in einem zweiten Schritt errichtete dann das deutsche Reich – vor Ort der bevollmächtigte Reichskommissar Nachtigal – über diesen Vertrag eine „Schutzerklärung". Bismarcks Strategie war, den verwaltungstechnischen und finanziellen Aufwand für das deutsche Reich so gering wie möglich zu halten. Es wird häufig darauf hingewiesen, dass Bismarck als „Hemmschuh" in der Kolonialpolitik wirkte. Sein Abgang im „Wendejahr 1890" wird auch als entscheidend für Deutschlands Kolonialpolitik angesehen. Tatsächlich hatte es sich aber vor Ort schon früher herausgestellt, dass die Idee des „regierenden Kaufmannes" nicht durchzusetzen war. Es zeigte sich, dass Kolonialerwerb ohne den Einsatz militärischer Gewalt nicht möglich war. Bismarck war zunächst jedoch prinzipiell gegen eine permanente Stationierung von regulären Truppen in den Kolonien gewesen.

„Men on the spot", wie Wissmann (DOA) und Buchner (Kamerun), entwickelten schnell Vorstellungen von und Forderungen nach kolonialen Armeen zur Sicherung des deutschen kolonialen Machtanspruches. Admiral Knorr schlug Anfang 1885 bereits die Schaffung einer militärischen Macht für Kamerun vor, denn nur eine Minderheit der Kameruner sei FÜR das deutsche Protektorat. Er forderte zwei Offiziere, 50 Mann und eine Garnison bestehend aus afrikanischen Truppen sowie die ständige Stationierung von zwei Kriegsschiffen. Die DOAG entwickelte 1886 erste Pläne zur Anwerbung von 200 indischen Söldnern, die allerdings nicht umgesetzt wurden und griff stattdessen auf ad-hoc Rekrutierung von *Askari* zurück. Auch die Missionare in DSWA riefen bereits im Jahr 1889 nach einer bewaffneten Macht, da das Land durch Verträge und „Häuptlinge" nicht gehalten werden könne, sondern nur durch eine „etablierte europäische Macht" von mindestens 400 Mann und zwei Artillerieeinheiten.

Die bisherigen Ausführungen haben gezeigt, welche Bedeutung koloniale Gewalt für die Etablierung der Kolonialherrschaft hatte. Wie beschrieben, hatte es sich in der frühkolonialen Phase aus Sicht der Deutschen als problematisch herausgestellt, dass sie über nicht genügend durch den Befehl gebundene Soldaten verfügten. Bewaffnete Träger, die in einem vertraglich bestimmten Arbeitsverhältnis zu den Deutschen standen, waren nicht bereit, jeder Anordnung ihrer deutschen Arbeitgeber Folge zu leisten. Streik und Desertion, aber auch Beschwerden auf diplomatischem Wege waren ihre wirkungsvollen Widerstandsmittel. In der Zeit vor der Einführung relativ gut ausgestatteter offizieller Kolonialarmeen (1891) hatte die Marine daher eine tragende Funktion bei militärischen Einsätzen. Sehr treffend ist der Begriff „Kanonenbootdiplomatie" für diese Phase. Der tatsächliche Einfluss deutscher Macht war häufig nicht viel weiter als die Schussweite der Kanonen dieser Kriegsschiffe. Weniger diskutiert ist bisher, dass nicht selten auch die auf diesen Schiffen stationierten *weißen* Marinesoldaten zu Operationen an Land eingesetzt wurden. In Kamerun hatten 1884/85 331 solcher Marinesoldaten Bonaberi und die Joss-Platte besetzt. Der dabei gefallene *weiße* Matrose Bugge wurde als erster „Heldentote" in den Kolonien gefeiert (vgl. *Daheim*, 14.2.1885, No. 20, die sein Bild auf der Titelseite brachte). In DSWA waren die ersten Versuche mit einheimischen Soldaten ebenfalls nicht im Sinne der Deutschen verlaufen, so dass auch dort seit 1889 *weiße* Soldaten eingesetzt wurden. Auch die Wissmanntruppe kämpfte gemeinsam mit *weißen* Verbänden der Marinesoldaten, was zu schweren Konflikten und Konkurrenzen führte.

In dem Ringen zwischen lokalen Bedürfnissen und nationaler Politik wurden die Truppen und ihre Soldaten zu den „Machtmitteln", derer Deutschland bedürfte, um sein „Ansehen" in den Kolonien aufrechtzuerhalten oder zu vergrößern. Die Politik beschränkte sich dennoch nicht auf eine reine Eroberungspolitik, sondern vollzog sich in einer komplexen strategisch-politischen Ausgangslage. Der Einsatz von kolonialer Gewalt war die „Rhetorik der kulturell Inartikulierten" (Norris 1993). Wie Kuss (2006) durch einen Vergleich der deutschen Kolonialkriege in Südwest- und Ostafrika zeigen konnte, waren die kolonialen Kriege stets „totale Kriege", die als Vernichtungskriege intendiert waren. Hull (2005a) führt dazu aus, dass das deutsche Kaiserreich sich damit in einem gewissen europäischen Konsens in Bezug auf extreme Kriegsführung befand. In keinem Falle konnte jedoch eine eindeutige Grenze aufrechterhalten werden, kämpften Afrikaner sowohl in der Truppe als professionelle Soldaten und auch als Alliierte auf Seiten der Deutschen, so dass die Effekte sowohl durch „Gewalt und Zerstörung" als auch durch „Assimilation und Adaption" (Kuss 2005: 230) gekennzeichnet waren. Koloniale Gewalt und koloniale Kriege standen jedoch am Anfang und im Zentrum der imperialen Ordnung. Sie waren Ausdruck des Fehlens legitimer Macht der Europäer und ihrer Angst als ohnmächtig erkannt zu werden. Der Wille zur Vernichtung erklärt sich eben genau dann, wenn Deutsche und ihre Truppen militärische Niederlagen erlitten hatten, was – besonders in der frühen kolonialen Phase bis 1904 – regelmäßig in allen kolonisierten Gebieten geschah. Die extreme Gewalt in den kolonialen Gebieten war Teil einer europäischen Militärkultur, die durchaus auch der breiteren Bevölkerung bekannt war und mit dem Ersten Weltkrieg auch in Europa entfesselt wurde. Die traumatische Erfahrung dieser Gewalt wurde teilweise auf in Europa eingesetzte *schwarze* Kolonialsoldaten rückprojiziert. Der Askari-Mythos und die Kolonialschuldlüge auf der einen und die Kampagne gegen die Besatzung des Rheinlandes durch französische Kolonialsoldaten thematisierten beides spiegelbildlich. Sie ermöglichten auch die Wiederherstellung *weißer* (besonders männlich-bourgeoiser) Kohärenz und Respekt. Vor dem Hintergrund der Demütigung der *weißen* männlichen Patriarchen durch die militärische Niederlage und die politische Entmachtung rückte die Figur der *schwarzen* Kolonialsoldaten – auf der einen Seite als „wilder" Gegner und die koloniale Ordnung umdrehende Besatzer und auf der anderen Seite als die koloniale Ordnung und die kolonialen Leistungen unterstützende „treue" Gefolgsmann ins Zentrum. Die „Nationalisierung" der jeweils eigenen *schwarzen* Kolonialsoldaten erlebte während des Ersten Weltkrieges eine Steigerung. Als propagandistische Antwort darauf wurden Nationen rassifiziert, hier zeigt sich also die Verschränkung von Nationalismus und Rassismus, ohne dass ein Verschwinden oder eine Kongruenz zu konstatieren ist. Während der NS-Zeit wurden Ambivalenzen im Verhältnis Nation, „Rasse" und Geschlecht zumindest propagandistisch ausgeschlossen. Der „treue Askari" wurde ihnen dennoch zum Vorbild für den idealen Soldaten, auch wenn sie – insbesondere nach Aufgabe der kolonialrevisionistischen Planungen 1941 – Afrikaner und andere *Schwarze* auf deutschem Boden schikanierten, verfolgten und in KZs verschleppten. Dennoch sind Fälle bekannt, in denen *schwarze* Soldaten während des Zweiten Weltkrieges in der Wehrmacht für Deutschland kämpften, oder wie im Falle Bayume Husseins, kämpfen wollten, aber abgelehnt wurden.

Die Debatte um die Auszahlungen ausstehender Löhne veranschaulicht diskursive und praktische Kontinuitäten, die allerdings seit den 1960er Jahren durch Kritik aus den postkolonialen Staaten gebrochen wird. Auf Seiten der ehemaligen Kolonialmächte erscheinen diese Diskurse und Praktiken ungebrochener, trotz dezidiert antikolonialer Gegenreden. Paul von Lettow-Vorbeck als „Bwana" der „treuen Askari" und Margarethe Scheel als „Mama" der „armen Askari" verweisen beide auf das Fortschrittsdispositiv, in dem die europäische, die *weiße* Identität, die Führung innehat. Sie markieren den Übergang vom nehmenden zum gebenden Kolonialismus, beide der „Kulturmission" verpflichtet. Das Fortschrittsdispositiv hat die Institutionen der Kolonial- und dann der Entwicklungspolitik hervorgebracht. Im entwicklungspolitischen Diskurs sind die Objekte der aus dem kolonialen Diskurs übertragenen „white man's burden" die „Armen" in den Entwicklungsländern.[61] Deren Lebensrealitäten und deren Lebensstrategien werden als Problem wahrgenommen und können als solches aus diesem Diskurs heraus nicht mit Respekt betrachtet werden. Zu dem zunächst hegemonialen kapitalistischen Fortschrittsdiskurs etablierten sich marxistische Ansätze als Gegen-Diskurse. Dabei sind Kapitalismus und Modernisierungstheorie auf der einen und Marxismus und Dependenztheorie auf der anderen Seite nur Spiegelbilder. Beide blieben durch das Fortschrittsdispositiv strukturiert. Auch in der Zeit nach dem kalten Krieg und bis heute blieb fundamentale Kritik am Fortschritt „Häresie" (Jakobeit 2001: 453). Erst die Forderungen nach einer zweiten Aufklärung und die Vertreter der Post-Development-Theorie, sowie vermehrt Intellektuelle und Ökonomen aus Afrika und Indien stellen sich explizit gegen das Fortschrittsdispositiv (vgl. Latouche 1991; Ziai 2001; Sen 1992, 1999; Shikwati 2008).

61 Vgl. für diese Kontinuität den Ausblick bei Schubert 2003: 374-384, der ihn um den Aspekt der Migrationspolitik erweitert.

3. (Post-)Koloniale (Un-)Ordnungen

In der Metapher des Haushaltes werden die wichtigsten In- und Exklusionsmechanismen der europäischen Moderne, nämlich „Rasse“, Klasse und Geschlecht angedeutet. Der „koloniale Haushalt“ widersetzt sich der Trennung von öffentlich-männlicher und privat-weiblicher Seite. Meine Verwendung des Konzeptes soll die gleichzeitigen Prozesse der Konstitution moderner Nationalstaaten und der Konstruktion heteronormativer Zweigeschlechtlichkeit verdeutlichen und dabei die Versuche einer Homogenisierung der Kategorien zeigen, ebenso wie die Grenzbereiche, in denen solcherart imaginierte Homogenität kollabierte.[62] Diese Prozesse und Technologien werden Foucault folgend in neueren Untersuchungen als „Bio-Macht“ oder „Bio-Politik“ bezeichnet. Der Körper – sowohl des Individuums als auch des „Volkes“ – wird darin zu einem Knotenpunkt von Macht – er wird rassifiziert und geschlechtlich markiert. Im Zusammenhang mit der inneren Homogenisierung und der Verschiebung von Differenz nach außen auf andere „Nationen“ und andere „Rassen“ entstanden so genannte „rassenhygienische“ und eugenische Vorstellungen. Sexualität und Reproduktion rückten dadurch in den Fokus. Ein Überschreiten etablierter Grenzen auf diesem Gebiet, beispielsweise durch Homosexualität oder Eheschließungen zwischen Deutschen und Afrikaner/innen, bedrohte die normativen Ordnungsschemata (vgl. Dietrich 2007: 154-157).

Der Soziologe Trotha hat für die koloniale Ordnung den Begriff des kolonialen Haushalts bereits eingeführt. Er nennt den Europäer darin den Mann und den Rest die Dienstboten. Die *Weißen* seien die „Herren“, die *Schwarzen* die „Knechte“ (vgl. Trotha 1994: 209, 215). Soziale Unterschiede, „Klassenzugehörigkeiten“, sollten so weitgehend „rassisch“ kongruent produziert werden. Dem „Europäerhaus“ wurde die „Negerhütte“ gegenübergestellt (Trotha 1994: 210). Das koloniale „Herr-Knecht-Verhältnis“ rekurrierte ebenso auf die zeitgenössischen Kämpfe in Europa wie auf die etablierten Formen der Kontaktzone. Es zeigte sich die historische Verflochtenheit der Diskurse und Praktiken in den Kolonien mit denen in Europa. Seit vorkolonialer Zeit war bereits mit dem „europäischen Aristokratentum“ argumentiert worden und waren wichtige Beziehungen von Europäern und Afrikanern Dienstverhältnisse

62 Vgl. für diese Gedanken weiterführend Dietrich (2007).

gewesen, in denen die Europäer die Arbeitgeber oder „Dienstherren" und die Afrikaner die Arbeitnehmer waren (vgl. Kapitel 2.2 „Kont(r)aktarbeiter", S. 44). In Europa waren die „Herren" der feudalen Gesellschaft Mitglieder der Aristokratie gewesen. Die moderne wilhelminische Gesellschaft war jedoch durch Klassengegensätze zwischen Aristokratie und Bürgertum auf der einen und Arbeiterschaft auf der anderen bestimmt. Das erstarkte, selbstbewusste, wirtschaftlich und politisch einflussreiche Bürgertum, das zu den kolonialinteressiertesten Kreisen gehörte, reklamierte die aristokratischen Privilegien für sich. Daraus entstand ein neuer moderner bürgerlicher Habitus, der sich nach innen besonders gegen das Proletariat abgrenzte. Dieser Habitus war durch „ritterliche" und damit „aristokratisch-militärische" Inhalte gefüllt und entfachte als solcher seine Wirkung in den Kolonien, wo sich seit Jahrhunderten bereits ein eigener militarisierter Habitus der kosmopolitischen Eliten entwickelt hatte (vgl. Kapitel 2.1 „Kosmopolitisierte Kontaktzonen", S. 31). Der „Nachzügler- und Selbstbehauptungsnationalismus" (Klenke 1995: 397), der in Deutschland seit den napoleonischen Befreiungskriegen gepflegt wurde, verdichtete sich in den bürgerlich-nationalistischen Kreisen im Vorfeld der Einigungskriege (1860) zu einem „nationalkriegerischen Gemeinschaftsideal", aus dem sich auch das Tugendbild des deutschen Mannes ableitete, nämlich eines „tatkräftigen" und „dem nationalen Kollektiv treu ergebenen Kriegers" (ebd.: 397; 413ff.). Die Kriegervereine des Kaiserreiches, die in der Folge der Einigungskriege entstanden waren, wurden zu einer Indoktrinationsstätte des Konservativismus. Nationale Gesinnung sollte durch die in der Kriegserfahrung und Militärzeit manifestierte klassenübergreifende Kameradschaft geschaffen werden. Bis zum Ersten Weltkrieg blieb dieses Ziel jedoch unerreicht, zumindest was den sozialen Abstand zwischen Offizieren und Unteroffizieren (und Mannschaften) anging. Zwischen diesen gab es eine quasi undurchlässige soziale Grenze. Das ziviladministrative System war ähnlich undurchlässig aufgebaut. Gann/Duignan (1977) bezeichnen es daher nicht zu Unrecht als „Kastensystem" (ebd.: 8). In den Kolonien allerdings konnten die Unteroffiziere ihren sozialen Status deutlich erhöhen, etwa als Stationsleiter so genannter „Unteroffiziersposten". Außerdem konnten sie als Mitglieder der „Herrenrasse" sich in Bezug auf die aus dieser Gruppe exkludierten privilegiert fühlen und benehmen. Der Journalist Hugo Zöller hatte bereits 1884 auf das daraus resultierende Spannungsverhältnis zwischen „Rasse" und „Klasse" verwiesen (vgl. Kapitel 2.4 „‚Kriegerische Rasse' – koloniale Klasse", S. 78). Die „Standesdünkel" einiger aristokratischer Kolonialdeutscher schienen sich jedoch im Laufe der Kolonialzeit in dem Maße zu legen, wie die entsprechenden Machtkämpfe auch in Deutschland aufgelöst wurden. Grosse (2000) sieht in der Kolonialpolitik des deutschen Bürgertums ein Paradox: der bürgerliche Nationalstaat versuchte klare Scheidungen zwischen „Volksgenossen" und „Artfremden" zu schaffen und legitimierte so den Führungsanspruch des Bürgertums, das diesen vom Adel übernahm. Durch die starke Inwertsetzung des „Rassebegriffs" wurde jedoch auch der Führungsanspruch des Bürgertums angreifbar (vgl. ebd.: 244-245). Die Übertragung von adeligen auf bürgerliche, bzw. sogar proletarische Schichten, ist ikonografisch im „Reiterstandbild von Windhoek" abzulesen. Das 1912 eingeweihte Denkmal zeigt einen einfachen Bürger als Soldaten. Die Darstellung auf einem Pferd war ursprünglich adeligen Souveräns vorbehalten. Neben dem Bruch mit diesem Privileg verweist das Standbild auch auf die „völkische Wehrgemeinschaft", in der Bürgerlichkeit mit Wehrhaftigkeit gleichgesetzt wurde und damit neue geschlechtliche und rassifizierte Privilegien etablierte. Die „Demokratisierung" des Reiterstandbildes wurde in Windhoek vorweggenommen. Im deutschen Reich selbst fand sie erst mit dem Ersten Weltkrieg statt (vgl. zum Reiterstandbild: Kundrus 2003: 210-218).

Die preußisch-deutsche Armee besaß im Kaiserreich ein hohes Prestige, auf der einen Seite wegen einer Reihe schneller Siege zwischen 1864 und 1870, auf der anderen Seite wegen des zunächst hohen Anteils von Adligen im Offizierskorps. Ende des 19. Jahrhunderts bestand der Offizierskorps zu über achtzig Prozent aus Adligen, sank dann aber drastisch und immer mehr Bürgerliche füllten die Reihen der Armee. Über das Vehikel des Wehrdienstes wurde dann auch die Bourgeoisie im aristokratischen Sinne militarisiert. Der aristokratische Habitus wurde so in den metropolitan-wilhelminischen integriert. Treue gegenüber dem Kaiser, als oberstem Kriegsherrn, galt darin als erstrebenswert – dokumentiert werden konnte dies von der männlichen neuen Elite durch ihren Offiziersrang, auch wenn sie keine Berufsoffiziere, sondern nur Reservisten waren (vgl. Gann/Duignan 1977: 5). „Ehre, persönliche Tapferkeit und Mut, physischer Kampfesmut, Ruhmsucht, Treue" (Priester 2003: 51) waren eigentlich die Kardinaltugenden des Ritters, also des Adligen, gewesen. Im 17. Jahrhundert begann sich die Kriegsführung zu wandeln und diese Tugenden waren eigentlich nicht mehr entscheidend für die Wehrbarkeit eines Staates. Solcherlei ritterlich-aristokratischen Werte wurden jedoch in den deutschen Armeen weiterhin hochgehalten. In den Kolonien, und insbesondere in Ostafrika, gelang es den Adligen dominant in der Armee zu bleiben (vgl. Mann 2002: 32; Gann/Duignan 1977: 4-5). Der Führungsstil blieb somit stark bestimmt von ritterlich-aristokratischen, also vorbürgerlichen Idealen, wie „Ehre" und „Treue". Dabei wurden auch die soldatischen Tugenden beschworen. Der „Treue" des Soldaten wurde dabei „Treulosigkeit", „Umsturz", „Nörgelei", „Unzufriedenheit", und „unordentliches Wesen" entgegengesetzt. Gemäß dieser Matrix wurden die deutschen Soldaten und auch die Kolonialsoldaten bewertet (vgl. Pflugk-Harttung 1896). Rafalski (1930) verweist in seiner Abhandlung über die Polizeitruppe in DSWA explizit auch auf die Verbindung des „Vertrauens zu den Führern" mit dem preußischen Militär und Friedrich dem Großen.

„Die ersten beiden Jahrzehnte der Schutztruppe in Südwestafrika erinnern in vielen Zügen lebhaft an Preußens friderizianische Zeit. Hier wie da ein unerschütterliches, durch kein Mißgeschick zu trübendes Vertrauen zu den Führern; stolze, unbeirrbare Zuversicht der Führer auf die Umsicht und Verläßlichkeit der Soldaten; spartanische Bedürfnisslosigkeit bei Offizier und Reiter; durch harte Schule erlangte körperliche Widerstandsfähigkeit bei manchmal übermenschlichen Anstrengungen. Hier wie da der Soldat unempfindlich gegen Unglück und Fehlschläge, Fatalist; der oberste Führer weise fürsorgend um das Wohl der Zivilbevölkerung und die Entwicklung des Landes bedacht." (Rafalski 1930: 52)

Eine Grundüberzeugung des Begründers der ersten formellen Kolonialtruppe Hermanns von Wissmann war, dass *Weiße* nicht als einfache Soldaten eingesetzt werden sollten, sondern nur als Vorgesetzte und Ausbilder *schwarzer* Soldaten auftreten sollten. Hier klang also ein „rassisch" übersetzter Standesdünkel durch, eine Gleichsetzung der Kategorien „Rasse" und „Klasse". Hermann Wissmann war selbst kein geborener Aristokrat, stand vielmehr für das aufstrebende Bürgertum. Geadelt wurde er von Kaiser Wilhelm II. erst nach seinem militärischen Einsatz in Ostafrika. Er warb für seine Truppe professionelle Soldaten aus verschiedenen Teilen Afrikas und des Nahen Ostens an. Dabei hatte er die Erfahrung machen müssen, wie kostbar seine Rekruten waren. Dies verlieh ihnen – insbesondere den hervorragend ausgebildeten so genannten Sudanesen – eine starke Stellung innerhalb der Wissmanntruppe und der nachfolgenden so genannten deutschen „Schutztruppe". Oft wird in zeitgenössischen Darstellungen betont, dass „gute Beziehungen" zwischen *schwarzen* Soldaten und *weißen* Vorgesetzten Teil der Ethik von Wissmanns Truppe wurden. Der Respekt vor den kulturellen Praktiken seiner Soldaten war dessen Grundvoraussetzung, der Gebrauch des Kiswahili ein weiteres Indiz. Allerdings zeigte sich, dass Wissmann hier eine besonders strikte und absolute Scheidung zwischen der eigenen Interessensphäre und dem, was außerhalb lag, vollzog. Seine Kriegsführung wurde nicht erst in der Retrospektive als „Massaker" und „äußerst grausam" beschrieben (vgl. Morlang 2005: 39, 40).

Im Ersten Weltkrieg wurden die soldatischen „Tugenden" im Rahmen der Kriegspropaganda auf das deutsche Volk übertragen, es somit „nobilitiert".

„Eine nationalistische Akzentuierung stellte das Argument in den Vordergrund, bei den Angehörigen der Kolonialtruppen handele es sich nicht um nationale Soldaten, die Kolonialkontingente seien mithin also als – im Verständnis des 19. und 20. Jahrhunderts illegitime – Söldnertruppen zu betrachten. Eine rassistische Akzentuierung führte demgegenüber Argumente wie die bereits erwähnte ‚Solidarität der weißen Rasse', die durch die Verwendung nicht weißer Truppen in einem europäischen Krieg gebrochen würde, ins Feld und rückte besonders die Wildheit und Unzivilisiertheit der Kolonialsoldaten in den Vordergrund. Eine Argumentation, die die Legitimität der alliierten Kolonialtruppenpolitik nachzuweisen versuchte, musste entweder die Angehörigen der Kolonialvölker als mehr oder minder gleichwertige Bürger bezeichnen oder eine betont antirassistische Position vertreten." (Koller 2001: 17)

Im Nationalsozialismus wurden die gleichen „Tugenden" auf die „Herrenrasse" projiziert. Diese wurden psychologisch aufgewertet, um innergesellschaftliche Konflikte zu überdecken (ebd.: 59). Das nationalsozialistische Konzept der „Herrenrasse" stellte also zunächst den Höhepunkt der Verschmelzung von biologistischen und sozialen Exklusionsmechanismen im Rekurs auf vormoderne Adelsprivilegien dar. Grosse (2000) hat gezeigt, dass diese Vorstellungen bereits im bürgerlichen Militarismus des Kaiserreiches angelegt waren, dessen Ideal das „Volksheer" als „Volk in Waffen" war und damit die totale Verschmelzung von Nation und Militär – unter absolutem Ausschluss Nicht-Deutscher. Die Idee der „völkischen Wehrgemeinschaft" hatte damit großen Einfluss auf das Staatsangehörigkeitsrecht von 1913, ohne eine völlige Kongruenz zu ermöglichen (vgl. ebd.: 210-222).

Ausgeblendet wurde bei älteren Untersuchungen über koloniale Hierarchien häufig die Kategorie „Geschlecht", die seit einigen Jahren für die kolonialen Ordnungen vermehrt in den Blick gerückt ist (vgl. Mamozai 1982, Wildenthal 2001, Kundrus 2003, Walgenbach 2004, Dietrich 2007). Maß (2006) verdanken wir grundlegende Einsichten über die Konstruktion kolonialer soldatischer Männlichkeit in Deutschland. Im Fokus der neueren Studien steht das Spannungsverhältnis und die Überwerfungen und Brüche zwischen den Kategorien „Rasse", Klasse, Geschlecht und Nation (vgl. Wigger 2007). Diese möchte ich in den folgenden Kapiteln mit besonderer Referenz auf die *schwarzen* Kolonialsoldaten und deren Position in den Hierarchien herausarbeiten (Kapitel 3.2 „Frau Feldwebel Balla", S. 193). Zunächst stelle ich dabei den kolonialen Blick vor und die Ordnung der Dinge, so wie er sie schaffen wollte. Dann wende ich mich den inneren Brüchen, Kritiken, Widersprüchen und Verschiebungen zu. Der Repräsentation dieser „Ordnungen" über Bilder gilt dabei mein Hauptaugenmerk. Hier werde ich zunächst aber die kolonialen Imaginationen und die ihnen zu Grunde liegenden dichotomen Ordnungen in ihrer gleichzeitigen Ambivalenz und Prekarität vorstellen (Kapitel 3.1 „Schwarz-Weiße Repräsentations(t)räume", S. 160). In dem abschließenden Kapitel (3.3 „Kosmopolitisierende Perspektiven", S. 208), werde ich die Polyphonie der Stimmen und die An- und Umeignungen der aus eurozentrischer Perspektive „Anderen" andeuten.

3.1 Schwarz-Weiße Repräsentations(t)räume

Obwohl seit einigen Jahrzehnten von einem *visual turn* in den Geschichts- und Kulturwissenschaften gesprochen wird und grundlegende Arbeiten zu Fotografie im allgemeinen und Kolonialfotografie im besonderen vorliegen, werden fotografische Dokumente und visuelle Repräsentationen, gerade in kolonialen Kontexten, häufig immer noch stark illustrativ eingesetzt, sogar wenn der Anspruch der Herausgeber eigentlich ein anderer ist. Die dekonstruktive Lektüre im kolonialen Diskurs entstandener visueller Darstellungen steht noch am Anfang. Wie Stemmler (2004) gehe ich davon aus, dass „Topografien des Blicks" intermedial entstehen, d. h. Texte und Fotografien schreiben sich gegenseitig in die Repräsentation des anderen ein.[63] Für Melber (1992) ist der „koloniale Blick" ein arroganter, intoleranter, überheblicher Herrscherblick, in dem sich die „Arroganz der Macht" zeige (ebd.: 7). In seiner Qualität sei er „hemmungslos" und „pseudo-moralisch", „kalt" und „unbarmherzig" (ebd.: 8). Melber betont, dass der reale Kern dieser Erkenntnis eine Notwendigkeit in der eigenen Gesellschaft war: Die Erschaffung des „disziplinierten Menschen", den die europäischen Metropolstaaten für den Industrialisierungsprozess benötigten (vgl. Melber 1992: 30). Laut Hannah Arendt ist die Abweichung um so bedrohlicher, je stärker sich die normative Identität ausgebreitet hat, „je vollständiger die von ihr geschaffene Welt zur menschlichen Heimat geworden ist [, ...] desto empfindlicher werden sie gegenüber allem, was sie nicht produziert oder verändert haben, desto geneigter, alles als barbarisch zu betrachten, was, wie die Erde und das Leben selbst, auf geheimnisvolle, nie enträtselnde Art einfach gegeben ist"(Arendt 2006: 621-622). Die „unersättliche Macht" will alles andere zwanghaft unterwerfen. Das Fremde wird zur Bedrohung des Eigenen, „[w]er sich dieser Unterwerfung nicht vollständig unterzieht und die Entfremdung (sei es auch nur scheinbar) negiert, provoziert Angstverhalten, Abwehr und Bestrafung" (Melber 1992: 43). Arendt nimmt aber auch Gedanken Bhabas vorweg, indem sie schreibt: „Das Unterschiedliche, das in dem Fremden repräsentiert ist, zeigt

63 Grundlegend hierfür war Saids „Orientalism" von (1978) mit einer weiterführenden Kritik, v. a. von Clifford Geertz und Homi Bhaba. Für konstruktive Zusammenführungen in Bezug auf das Medium Fotografie, s. Hight/Sampson (2002). Die Bandbreite liegt zwischen der eigentlich nur als Quellenkorpus zu gebrauchenden Edition über Fotografien aus der deutsch-kolonialen Südsee (Hiery 2005) und der 2007 im Braunschweiger Landesmuseum gezeigten Ausstellung samt Ausstellungskatalog „Deutschland Schwarz-Weiß-Fotografien aus Deutsch-Südwestafrika" auf der einen Seite und der in dieser Hinsicht innovativen und äußerst anregenden Ausstellung: „Blicke verkehren", die 2004 in Hamburg zu sehen war (vgl. dazu Kusser/Lewerenz 2006), aktuell Förschler (2005), Jäger (2008).

innerhalb der öffentlichen Sphäre die Grenzen an [...]; die Grenze ist eine dauernde Mahnung an die Begrenztheit der Macht des Menschen" (ebd.: 623).

Frühe koloniale Pioniere und Offiziere wiederholten immer wieder von verschiedenen Positionen aus, dass nur Stärke zum Erfolg führe und Milde nur als Schwäche ausgelegt würde. Hier kann wiederum Hannah Arendt folgend argumentiert werden, dass Gewalt dann wichtig wird, wenn keine legitime Macht ausgeübt werden kann. Für das deutsche Kaiserreich war diese Bedingung sowohl innen- als auch außenpolitisch gegeben und in ihrer Studie über (extreme) Kriegsführung des deutschen Kaiserreiches (in den Kolonien und in Europa im Ersten Weltkrieg) erklärt auch Hull (2005a) die Bedeutung des Militärischen und die besondere „military culture" Deutschlands mit gefühlter Angst und Ohnmacht. Kolonialoffiziere rechtfertigten in genau dieser Logik ihre brutalsten und inhumansten Taten (vgl. z. B. Morgen 1893, François 1895, Zintgraff 1895, von Throta 1904). Das Ziel war dabei stets, dass der „Neger" – eine koloniale Gedankenfigur, die dafür geschaffen war, eigene Stärke zu veranschaulichen – den Deutschen fürchte, erst dann könne er ihn auch respektieren. Bhaba (1994) hat vom ständigen „colonial state of emergency" (ebd.: 41) gesprochen, von der psychischen Unsicherheit der kolonialen Relation. Der Wunsch der Deutschen, der zu kolonialisierende Andere solle ihn fürchten, verweist also auf die Angst vor eigener Machtlosigkeit. Die „kolonialen Herren" waren sich unsicher, ob sie respektiert werden konnten. Diese Angst spricht aus vielen Berichten zeitgenössischer deutsch-kolonialer Protagonisten.

Der koloniale Blick ist also zwar disziplinierend, aber durchaus nicht so stabil und erfolgreich – und auch nicht so allmächtig – wie Melber (1992) dies annahm. Vielmehr ist er ständig mit seiner eigenen Ohnmacht und Bedrohung konfrontiert und mit dem Zwang, die imaginierte und begehrte koloniale Ordnung herzustellen. Diese Bedrohung ergab sich auf zwei Ebenen: Zum einen auf der Ebene der in ständigen Verhandlungen und Verwerfungen stehenden Ungleicheitskategorien race, class, gender und Nation (s. Kapitel 2) und zum anderen durch „counter-gaze" der Repräsentierten, die sich als „sign of resistance" in die Repräsentationen einschrieben (Bhaba 1994). Die kolonialen Fotografien und deren Einsatz und Position im kolonialen Diskurs, d. h. in einem Raum der textlichen und bildlichen Repräsentationen, zeigen dies überdeutlich. Diese Dimension der Dopplung (Bhaba) – die Herstellung der Ordnung und die ständige Bedrohung der Ordnung auf der Ebene des deutsch-kolonialen Diskurses um die Kolonialsoldaten – sollen in diesem Kapitel dargestellt werden.

Pesek (2005) spricht von der Theatralik der Gewalt, die als „Magie" den Afrikanern „imponieren" sollte. Dieses „Imponieren" blieb allerdings eine reine Vermutung durch den Europäer. In der Demütigung des Körpers der Gegner, in der extremsten Form durch Erhängung, aber beispielsweise auch durch Kettenhaft, konnte sich der Kolonisierende als Sieger, als Herrscher inszenieren und vergewissern. Erst der Terror der Kolonisierenden teilte die Welt in Besiegte

■ Bushiri auf dem Weg zu seiner Erhängung in Pangani 1892. Die Visualisierung eigener Stärke durch den gefesselten Körper des Gegeners: Die *schwarzen* deutschen Kolonialsoldaten stehen hier für die koloniale Ordnung. Als „not quite/not white" sind sie aber auch ein ambivalentes Symbol.

und Sieger und schuf damit die Voraussetzungen für die wirtschaftlichen und politischen Ziele des Kolonialismus. Dabei sind Herrschaftsrepräsentation und Herrschaftspraxis untrennbar miteinander verbunden. So erklärt sich beispielsweise, dass Hinrichtungsszenen nicht nur fotografisch festgehalten wurden, sondern auch als Postkarten aus den Kolonien nach Hause geschickt wurden.[64]

64 Beispiele gab es in der Hamburger Kolonialpostkartenausstellung „Blicke verkehren" für Deutsch Südwestafrika zu sehen. Ebenfalls bekannt sind sie für Kamerun als colorierte Postkarte. Für diesen Hinweis danke ich Joachim Zeller. Im Museumsshop des belgischen Kolonialmuseums in Brüssel gab es im Jahr 2005 noch Nachdrucke solcher Postkarten zu kaufen. Dies zeigt, dass die Darstellung dieser Gewaltszenen bis heute populär und ansprechend geblieben ist – zumindest aus *weißer* Perspektive selbstverständlich.

Wie auf dem Bild links ersichtlich ist, waren die uniformierten Körper der *schwarzen* Soldaten Teil dieser Inszenierung. Die Hinrichtung der widerständigen Autoritäten, der „Rädelsführer" war dabei nur eine Möglichkeit der Visualisierung einer afrikanischen Niederlage. Auch die Zerstörung von afrikanischem Eigentum und die Demütigung der Bevölkerung gehörten dazu (vgl. Pesek 2005: 199-200). Es erstaunt daher nicht, dass diese Topoi häufig in Texten und visuellen Darstellungen vorkommen. Zerstörte und brennende Dörfer, gefesselte und gehenkte Körper visualisierten Dominanz und Überlegenheit, derer sich die Deutschen im kolonialen Ausnahmezustand nie sicher sein konnten.

Die Realität der Kolonialkriege ermöglichte eindeutige Scheidungen im „kolonialen Blick". Der durch äußerste Brutalität visualisierte endgültige militärische Sieg veranschaulichte die *frontier*, auf der die Sieger auf der einen und die Besiegten auf der anderen Seite standen. Die Kolonialsoldaten – als faktische und symbolische Grundlage deutscher Macht – nahmen in diesen Inszenierungen einen zentralen Platz ein. Denn in ihren Körpern manifestierte sich die *frontier* zwischen „eigen/fremd" – „zivilisiert/wild". Sie standen an der Grenze binärer Ordnungsschemata. Diese Grenze verlief also nicht nur durch ihren Körper, sondern wurde durch ihn auch erschaffen (vgl. dazu die Beschreibung des Bildes des deutschen Kolonialsoldaten im Kapitel 2.5 „Von den deutschen zu den armen Askari", S. 126). Somit verwiesen sie zwar auf eine dichotomische Ordnung, unterliefen sie aber gleichzeitig. Versuche, diese stets prekären Gren-

■ Zerstörung Bonaberis durch deutsche Kanonenboote und anschließende Plünderung durch Deutsche und alliierte Truppen 1885, erschienen in der Zeitschrift „Daheim", 14.2.1885.

Dieses Bild wird von den national-staatlichen Symbolen der weit oben wehenden deutschen Flagge, sowie den *schwarzen* Kolonialsoldaten mit präsentierten Gewehren bestimmt. Die Perspektive ist auf Augenhöhe und begrenzt durch starke Mauern. Der Betrachter befindet sich innerhalb des Hofes einer stark befestigten Anlage, einer *boma,* wie sie in Deutsch-Ostafrika genannt wurde. Zwar zeugen die dicken Mauern und Zinnen von Bedrohung, dennoch wirkt die Szene friedlich und beschaulich. Hier ist „alles in Ordnung". Diese Vergewisserung zirkulierte als Postkarte und repräsentierte durch die Bildunterschrift „Deutsch-Ostafrika".

zen zu stabilisieren, wurde besonders auch durch symbolische Übersetzungen in visuellen Darstellungen gemacht.

Der permanente Ausgangspunkt kolonial-militärischer Ordnung war die Kaserne oder das Fort, aus der dann in der „guten Marschordnung" zu Kriegseinsätzen, Expeditionen, Patrouillen und Übungen ausgezogen wurde.

„Der Staat beginnt mit der Station [...] Zusammen mit den Flaggen, Verträgen und Grenzpfählen leiten die Militärposten den Entmachtungsvorgang nach außen, den Verlust der selbstbestimmten Außenbeziehungen der eroberten Gesellschaften ein. Dieser Vorgang ist unabdingbarer Teil der Monopolisierung der Gewalt, die nach außen nichts anderes als das Recht des Staates ist, über Krieg und Frieden zu entscheiden" (Trotha 1994:58, 61).

Die Ordnung des Forts wurde bei mehrtägigen Expeditionen im Lager temporär reproduziert. Es gibt, v. a. aus technischen Gründen, nur sehr wenige Fotografien von tatsächlichen Kampfhandlungen. Der Krieg und seine Resultate – Tod, Verwüstungen, Gefangennahme und Hinrichtungen – blieben somit aus den bildlichen Darstellungen mehrheitlich ausgeblendet und wurden erst wieder ein zentrales Thema bei der Wiedereingliederung in eben diese Ordnung, z. B. bei feierlichen Begräbnisfeiern, in Denkmälern und Gräbern. Diese Phasen kolonialer Selbstvergewisserung sollen im Folgenden zyklisch vorgestellt werden:

Die Kolonialzeit fällt in die goldene Zeit der Postkarte (ca. 1895–1912). In dieser Zeit war sie ein Massenphänomen, das sich vorzugsweise an ein Mittelschichtspublikum wandte (vgl. Woody 1998).[65] Für die Lieben in Deutschland zu Hause repräsentierte die auf der nächsten Seite abgebildete Karte die deutsch-koloniale Ordnung und legitimierte das koloniale Unterfangen, indem sie „Moderne" und „Fortschritt" abbildete (vgl. Geary 1998). Sie hatte das „Eigene" gegenüber der Heimat auch verändert: *Deutsch* waren jetzt die *schwarzen* Soldaten, die Militärstation wurde mit dem Swahili-Wort *boma* bezeichnet und deren Architektur hatte orientalische Elemente, wie zum Beispiel die berühmten geschnitzten zanzibarischen Türen übernommen. Die Etikettierung solcher Phänomene als „hybrid" würde dem komplexen Charakter einer ständigen Um- und Neudeutung erreichbarer Elemente verschleiern und eine essentiale, binäre Reinheit suggerieren, die die historische Tiefe regionaler Entwicklungen nicht ausreichend berücksichtigten.

65 Die Postkartenindustrie war nicht nur in Europa und den USA, sondern auch in den überseeischen Gebieten äußerst lebendig. Im deutsch-kolonialen Togo gab es zwischen 1894 und 1914 600 Postkartenserien von mindestens 19 Verlegern, einige von diesen Afrikaner (vgl. Schneider/Röschenthaler/Gardi 2005, Geary 1998: 163-173; Werner/Nimis 1998).

Die Wildnis liegt außerhalb der *boma*, unbekannt, fremd und feindlich. Das Verhältnis von innen und außen wird nicht thematisiert. Moyd (2008) zeigt, das die *bomas* sehr wohl Orte waren, an denen Kontakt und Austausch zwischen der ostafrikanischen Bevölkerung und der Kolonialmacht und ihren Intermediären, wie den Askari, stattfand (vgl. zur *boma* auch ebd.: 139-158 und Pesek 2005: 254). Die Mauern der Kaserne bildeten eine scheinbar klare Grenze. Dennoch hatte sich der eigene Habitus unter den lokalen Bedingungen verändert, fanden etwa auch Vorführungen der zumindest sprachlich als „Eingeborene" exkludierten Menschen statt. Auch der „eigene" Körper der Deutschen war anders geworden. Von François konzedierte in DSWA zum Beispiel, dass sein „Exterieur" auf die neu angekommenen, „gut gepflegten und gekleideten Kameraden nicht allzuvorteilhaft [sic]" wirkte (François 1895: 118). Die neu angekommenen Soldaten wurden allerdings selbst schnell mit dem „Außen" des Kasernenhofes konfrontiert: „Desgleichen mag das erste Marschdebüt der neuen Afrikaforscher manchem einen reuigen Seufzer ausgepreßt haben" (ebd.). Sie konnten nicht herrschaftlich zu Ross sitzen, sondern mussten zu Fuß gehen, da die Pferde von der „Pferde-Sterbe" bedroht waren. Hugo von François betonte dennoch, wie die schiere Äußerlichkeit der deutschen Truppe Eindruck auf die Herero in Otyimbingue machte, auch ohne Pferd: „erst später

■ Diese Postkarte zeigt deutlich die koloniale Änderung dessen, was „deutsch" ist – das Wachhäuschen in den entsprechenden Farben, daneben der barfüßige Kolonialsoldat und in der Mitte das prächtige geschnitzte Tor, das auf die Bewunderung der „Araber" und die Größe Deutschlands verweist, das sie 1889 „bezwungen" hat.

■ Die *boma* als Kontaktzone, wird deutlich vom nicht-militärischen Maler Kuhnert am Beispiel der *boma* von Mahenge während des Maji-Maji-Krieges dargestellt.

[...] krochen sie aus ihren Pontoks hervor und überzeugten sich durch den Anblick der reckenhaften Garde-Mannschaften, daß der Deutsche nicht von Natur kleiner und schwächlicher sei als sie" (ebd.).

Die Kaserne ist ein scheinbar klar umgrenzter Raum, innerhalb dessen das militärische Reglement gilt. Die Ordnung wird bereits durch die Anordnung und Ausstattung der Gebäude, Plätze und Wehranlagen bestimmt. Die Begrenzung der Kaserne bzw. des Forts oder der *bomas* scheidet militärische Ordnung von zivilem „Chaos", scheidet aber auch zwischen Schutz und relativer Schutzlosigkeit. Moyd (2008) konnte zeigen, dass die Askari selbst als Intermediäre zwischen der Welt der Kolonisierer und der Kolonisierten in multiplen Rollen changierten und die *frontier* somit unscharf machten. Neben der Beziehung zu ihren Vorgesetzten, unterhielten sie solche zu ihren Kameraden, ihren Familien, ihren Haushalten, ihren Herkunftsregionen, religiösen Gruppen und anderen Netzwerken, in Ostafrika besonders den *beni ngoma* (vgl. dazu S. 224). Ob und wie die Kolonialsoldaten in Westafrika in die existierenden Bündesysteme integriert wurden oder waren, ist bisher unbekannt, kann aber vermutet werden. In den deutsch-kolonialen Repräsentationen blieben diese sozialen Netzwerke der Kolonialsoldaten unsichtbar.

Der Auszug aus der Kaserne in das nicht völlig beherrschte Gelände stellte in der deutsch-kolonialen Repräsentation einen heroischen Akt dar, und wurde deswegen ein beliebtes Motiv, insbesondere auch in der Propaganda- und

■ Den Übergang zwischen Innen und Außen stellten die Wachen und die Wachhäuschen dar. Dabei zeigt sich einmal mehr, dass – aus deutsch-kolonialer Perspektive – die Körper der Askari eine Grenze darstellen sollten und eine Grenze errichteten und bewachten.

Memoirenliteratur. Die Größe der ausziehenden Kolonnen variierte beträchtlich. Sowohl die Abbildungen des Alltags in den Kasernen, als auch der Auszug aus der Kaserne waren ein steter Verweis auf die Disziplin der Truppe und damit auf deren positive Eigenschaften und Fähigkeiten. Soweit mag dies generell für Armeen gelten, in Bezug auf die afrikanischen Soldaten in deutschen Diensten war deren Disziplin und Ordnung deswegen umso erwähnenswerter, da sie im kolonial-rassistischen Diskurs als „Neger" rassifiziert wurden und somit mit Stereotypen besetzt waren, die über Angehörige dieser „Rasse" fest etabliert waren. In Bezug auf die Soldaten galten dabei die – sich teilweise widersprechenden – Zuschreibungen „kindlich" und „wild". Als „Kinder" wären sie geistig unterlegen, auf die Führung ihrer Offiziere angewiesen, als „Wilde", oder „Tiere" wären sie körperlich robust, relativ emotionslos und daher möglicherweise grausam. In den kolonialen deutschen Texten tauchen diese Charakteristika auch für die *schwarzen* deutschen Kolonialsoldaten immer wieder auf. Gleichzeitig wurde betont, dass die Deutschen an ihnen eine „Kulturleistung" vollbracht hätten. Diese bezog sich auf die so genannte „Zivilisierung" der „Wilden". Die Bilder von den ordentlichen Soldaten in ihren Uniformen dienten dabei als Beweis für die positiv zu bewertende Leistung der Deutschen. Im kolonial-revanchistischen Diskurs der 1920er Jahre wurde insbesondere auf diesen Aspekt deutscher Kolonisation größten Wert gelegt – er wurde zu dieser Zeit der Kern des „Askari-Mythos" und diente zur Legitimation des gesamten kolonial-deutschen Projektes (vgl. dazu Kapitel 2.5). Insbesondere seit Ausbruch des Ersten Weltkrieges wurde von deutscher Seite zusätzlich betont, wie groß der Anteil nicht-militärischer Arbeiten der Soldaten gewesen war, wie viele Straßen und Gebäude sie gebaut

Klassischerweise ritten die Offiziere den meist in Viererreihen den zu Fuß marschierenden Soldaten voran. Die vorangetragene deutsche Fahne unterstrich dabei die Würde der Prozession. Selbst wenn die wenigen berittenen Einheiten dargestellt wurden, ritt der *weiße* Offizier stets an der Spitze und wurde erst in respektvollem Abstand von den afrikanischen berittenen Soldaten gefolgt. Üblicherweise waren die *Weißen* die einzigen, die auf Pferden saßen. Es ist kein Zufall, dass die Darstellung berittener *schwarzer* Soldaten, wie hier aus Kamerun, fast ausnahmslos auf den Ersten Weltkrieg begrenzt bleibt, als die *schwarzen* deutschen Kolonialsoldaten stärker in die nationale, die deutsche ‚Schicksalsgemeinschaft' einbezogen wurden.

hätten, in welchen handwerklichen Verrichtungen sie ausgebildet wurden. Tatsächlich wurden die Soldaten häufig als Arbeiter eingesetzt, was vor dem Hintergrund des – aus deutscher Sicht herrschenden – Arbeitermangels nicht verwunderlich war (vgl. Abb. S. 175).

Ausgedrückt wird die effektive Disziplin der Askari nicht nur durch ihre militärische Haltung, sondern auch durch deren tadellose Uniformierung, wie auf dem auf der nächsten Seite abgebildeten Gemälde. Auch die Träger scheinen hier uniformiert, allerdings farbenfroher als die Askari. Sie sind auf den Schutz durch die Askari angewiesen. Als „ästhetisches Element" waren die Uniformierung und insbesondere deren Einheitlichkeit fundamentaler Bestandteil der kolonialen Ordnung. Die Uniform galt seit Friedrich II. von Preußen als Voraussetzung für die Existenz von Disziplin. Sie vereinheitlichte die eigenen Soldaten zur Masse und grenzte sie von den feindlichen Soldaten ab.

■ Dieses Gemälde von Wilhelm Kuhnert[66] zeigt das Wilde, das völlig außerhalb des „Eigenen" liegt. Die Körper der Askari bilden dabei eine Grenze. Die Wildnis beginnt hinter der Mündung ihrer Gewehre. Die afrikanischen Gegner, die einen „Überfall auf dem Marsch", ausüben, wie es in der Bildunterschrift heißt, sind besonders gekenn-

„Der Uniformierte ist ein verstaatlichter und auswechselbarer Mensch. Er ist ebenso ‚Masse', wie die Uniform die Möglichkeit zu Massenbezug und Massenherstellung erlaubt. In der Uniform wird der einzelne den Zwecken des Ganzen unterworfen" (Trotha 1994: 46). Deswegen gab es bereits zeitgenössisch großes Interesse an den Uniformen der Kolonialtruppen und – es wird in einschlägigen Kreisen bis heute darauf hingewiesen – der Kaiser selbst habe Verbesserungs-

66 Kuhnert war eigentlich Tiermaler und in Deutsch-Ostafrika unterwegs als der Maji-Maji-Krieg ausbrach. Dieses Gemälde wurde 2005 auf dem Umschlag des Bandes über den Maji-Maji-Krieg im Links-Verlag reproduziert.

zeichnet durch ihre Nacktheit, ihre Masse und ihren Tod, und somit ihrem Scheitern. Zudem wird ihr Angriff durch die Bildunterschrift delegitimiert, die koloniale Truppe defensiv dargestellt. Deutlich wird an dem Bild auch die zentrale Stellung des Europäers und dessen strategischer Überblick.

vorschläge für diese eingereicht. Sowohl in Militärhandbüchern als auch auf Postkarten und Sammelbildern wurde die Ästhetik der Uniform inszeniert, dabei stand in den eher populäreren Darstellungen oft eher die Exotik denn die Realität Pate. Ein deutliches Hauptaugenmerk lag allerdings auf den Uniformen der deutschen Offiziere und Unteroffiziere. Die *schwarzen* Soldaten waren auch auf diesen Darstellungen eher in den Hintergrund verdrängt.

Auf dem oben abgebildeten Gemälde von Kuhnert ist der *weiße* Offizier als mächtig und potent gezeichnet, Herr der Lage, über eine große Zahl bewaffneter und disziplinierter *schwarzer* Soldaten verfügend. Die hier als kraftstrotzend erscheinenden *weißen* Offiziere und Unteroffiziere litten jedoch häufig an

■ An den feierlichen Beisetzungen für in den Kolonien gefallene *weiße* Offiziere und Unteroffiziere nahmen stets *schwarze* Kolonialsoldaten teil. Generell wurde versucht, wenn irgend möglich, den Verstorbenen in den kolonialen Metropolen beizusetzen, so dass die gesamte deutsche koloniale Gemeinschaft teilnehmen konnte. Während dieser Begräbnisfeierlichkeiten trafen sich symbolische und faktische Funktion der *schwarzen* Soldaten. Ihre Präsenz verwies auf das Soldatentum und den Tod, gleichzeitig wurde in der Inszenierung der Feier die koloniale Ordnung wieder aufgeführt, sozusagen erneut vergewissert und bekräftigt. Die *schwarzen* Soldaten standen Deutschland weiterhin als Machtmittel zur Verfügung, sie waren „zuverlässig", „treu" und das über den Tod des Offiziers und eine mögliche Niederlage hinaus.

Krankheiten, fühlten sich fremd, ängstlich und ohnmächtig. Ebenso war der Tod von Europäern ein Tabuthema.[67] Der Alltag auf den Stationen und Kasernen war häufig geprägt von einer ewigen Wiederholung und Statik. Sowohl in den bildlichen, wie in den textlichen Äußerungen dieser Zeit ist die Langeweile und Einsamkeit, der insbesondere die Deutschen auf diesen Stationen ausgesetzt waren, nur in äußersten Ausnahmefällen ein Thema. Viele Deutsche meldeten sich freiwillig zur Schutztruppe, weil es dort tatsächliche Kampfeinsätze – und damit die Möglichkeit zum schnellen Erwerb von Ruhm und Beförderung – gab.

Umso schwerer wog die Vereinzelung und Einsamkeit der Deutschen, als die *schwarzen* Soldaten üblicherweise mit ihren Frauen und Kindern in den Kasernen wohnten und es eine ausgeprägte Freizeitkultur der *schwarzen* Soldaten

67 Dies wird auch für den fotografischen Quellenkorpus von über 1000 Aufnahmen zur deutsch-kolonialen Südsee bestätigt (vgl. Hiery 2005).

gab, über das die Deutschen Offiziere und Unteroffiziere in ihren Texten jedoch meist nur abfällige Bemerkungen übrig hatten (vgl. dazu Kapitel 3.2 „Frau Feldwebel Balla", S. 193).

In vielen kolonialen Texten findet sich der Topos des kopflosen afrikanischen Kolonialsoldaten, der auf die Führung durch den *weißen* Offizier angewiesen ist. Die *schwarzen* Unteroffiziere und Offiziere kommen in dieser Pose nicht vor. Die tatsächliche Wichtigkeit von *schwarzen* Dienstrangen lässt sich daran ablesen, dass sie in einigen zeitgenössischen Texten namentlich lobend hervorgehoben werden (z. B. Nigmann 1911: 73). Die in der Wissmanntruppe dienenden *schwarzen* Offiziere wurden von Rochus Schmidt (1898) beispielsweise für ihre Wichtigkeit im Umgang mit den Mannschaften und den Verhältnissen hervorgehoben. Er gab auch einen Hinweis darauf, dass darauf geachtet wurde, keinen Konflikt zwischen militärischem Rang und „Rassenzugehörigkeit" aufkommen zu lassen, versicherte seinen *weißen* Lesern dennoch, dass theoretisch die „Rasse" über dem „Rang" gestanden hätte.

„Die schwarzen Offiziere, deren höchstens einer bei jeder Kompanie beibehalten wurde, dienten als Bindeglieder, als Mittelspersonen zwischen den deutschen Kompanieführern und den farbigen Soldaten. Nur wenige von den deutschen Offizieren kannten ja die einschlägigen ostafrikanischen Verhältnisse, keiner aber von uns kannte die neu angeworbenen Truppen und deren Sprache genau. So war die Übernahme jener Chargen für uns auch von Nutzen, zumal die farbigen Offiziere in viel höherem Maße unser Interesse als das ihrer Stammesgenossen wahrnahmen. Die schwarzen Unteroffizierchargen waren auf die Kompanien verteilt und folgten natürlich im Range nach den deutschen Unteroffizieren. Kam der Fall vor, daß der deutsche Kompanieführer ausfiel und ein weißer Offizier für die Kompanie nicht zur Verfügung stand, so übernahm das Kommando der Kompanie der älteste deutsche Unteroffizier. Nach Möglichkeit wurde indes der Fall vermieden, einen farbigen Offizier unter einen deutschen Unteroffizier zu stellen." (Schmidt 1898: 86-87)

Meistens wurden die Leistungen *schwarzer* Soldaten nur in unveröffentlichten Berichten erwähnt, wie 1904 während des Mpawmanku-Krieges über die Soldaten Maandi und Fodi, die daraufhin auch eine Auszeichnung erhielten:

„An dieser Stelle möchte ich gleich die Ruhe, Wachsamkeit, überhaupt die Dienste des Polizeisoldaten Maandi ganz besonders hervorheben. Jeder Mann der kleinen Truppe, obgleich jeder eine Verwundung davon getragen hatte, hat seine Pflicht in jeder Beziehung getan. Wenn in den ersten Tagen Mutlosigkeit und Verzagtheit unter der Mannschaft einriß, so gelang es Maandi und mir stets wieder die Leute aufzurichten. […] [I]ch möchte doch noch mal die Dienste des Soldaten Maandi und des Gefreiten Fodi ganz besonders hervorheben. Fodi war in Nssankang für mich durch sein ruhiges Wesen eine große Stütze." (BAB R1001/4288, B. 60-61, 67)

Auch die *schwarzen* Unteroffiziere konnten große Autorität und Macht ausüben. Bereits in der kamerunischen „Polizeitruppe" von 1891 konnten Afrikaner zu „Gefreiten" aufsteigen und somit als Vorgesetzte der einfachen Soldaten und Rekruten auftreten. Es wird berichtet, dass diese, ebenso wie die *weißen* Vorgesetzten, Misshandlungen an den Soldaten und Arbeitern ausführten, z. B. Arbeitsantreibung mit der Peitsche (vgl. Rüger 1960a: 108; Ardener 2003; Morlang 2008a: 32). In Kamerun konnten sie die Ränge Sergeant und Feldwebel erreichen und als solche Leiter von Unteroffiziersposten werden. So waren 1904 viele Grenzstationen in Kamerun von *schwarzen* Dienstgraden geleitet. Unteroffizier Molly befehligte beispielsweise die Station Jukaduma 1904 (Stein 1904: 83; Scheunemann 1904: 770). Die Unzufriedenheit langgedienter *schwarzer* Unteroffiziere darüber, dass sie in der Kolonialtruppe Kameruns nicht in den Offiziersrang aufsteigen konnten, nutzten die Alliierten während des Ersten Weltkrieges, um diese zum Überlaufen zu gewinnen, indem sie ihnen Offiziersposten in Aussicht stellten. 1915 soll einer der militärisch wichtigsten Männer der kamerunischen Truppe, der aus Nigeria stammende Feldwebel Mboari zum Offizier befördert worden sein. Er durfte als einziger *schwarzer* Soldat in Kamerun offiziell das Maschinengewehr bedienen (vgl. Morlang 2008a: 54). Wahrscheinlich hat Mboari – ähnlich wie die lokalen Machthaber während des „Wettlaufs um Afrika" innereuropäische Konkurrenzen ausgenutzt, um einen persönlichen Vorteil zu erlangen. In Kamerun hält sich die Geschichte, auch Martin Paul Samba wäre versprochen worden, nach seiner Ausbildung in Deutschland zum Offizier befördert zu werden und sogar den deutschen Gouverneur zu ersetzen. Die Enttäuschung darüber, dass dies nicht geschehen wäre, sei der Hauptgrund dafür gewesen, dass Samba aus der „Schutztruppe" ausgestiegen sei und seine eigene gegen die Deutschen gerichtete Armee gegründet hätte. Kurz nach Ausbruch des Ersten Weltkrieges wurden er und andere wegen dieser Aktivitäten von den Deutschen hingerichtet (vgl. Bitchoka 1986: 34).

Auch das Verhältnis von *weißen* zu *schwarzen* Unteroffizieren scheint durch sich widersprechende Exklusionsprozesse geprägt gewesen zu sein. Hausen (1970) vermutete, dass die *schwarzen* Unteroffiziere Konkurrenten der *weißen* Unteroffiziere in Bezug auf Einfluss bei den Mannschaften waren, weil sie längere Dienstzeiten hatten, die Sprache kannten und möglicherweise intelligenter als ihre *weißen* Pendants waren. Ähnliche Ängste zeigen auch die in mehreren Kolonien geführten Diskussionen über die „Befugnisse schwarzer Polizisten gegenüber Weißen", die auch aufgeregt als „Übergriffe" bezeichnet wurden (vgl. DKZ 1905, nr. 11: 103). In dieser Diskussion zeigte sich erneut eine Besonderheit DSWAs. Dort wurde unumstößlich festgestellt, dass die *schwarzen* so genannten „Polizeidiener", von Ermittlungen und Amtshandlungen gegen *Weiße* ausgeschlossen waren (Rafalski 1930: 105).

Thoralf Klein liest diese Diskussionen und die Versuche, sie klar und eindeutig zu klären, als diskursive Komplexitätsreduktionen in der Metropole

▪ Askari am Brunnen – der Brunnenbau ist bis heute ein beliebtes und „klassisches" Projekt der „Entwicklungshilfe".

gegenüber tatsächlich spannungsreichen und ambiguen Verhältnissen in den kolonialisierten Gebieten selbst (vgl. Klein 2004: 327-328). Dass es immerhin auch in der offiziellen Reglementierung Ausnahmen gab, zeigt, dass sich die komplexe Situation auch diskursiv nicht dichotom glätten ließ. Besonders die *weißen* Nicht-Militärs empörten sich, dass den Uniformträgern – und zwar sowohl *weißen* wie *schwarzen* – von der Bevölkerung und in deren eigener Wahrnehmung häufig mehr Prestige zugebilligt wurde als ihnen. Die Einstellung *weißer* Siedler gegenüber den *schwarzen* Kolonialsoldaten war daher äußerst negativ und fand ihren Ausdruck in gewaltvollen Übergriffen auf diese. Die kolonialen Autoritäten gewichteten bei diesen Konflikten das „Prestige des Staates" teilweise höher als das „Prestige der Rasse". Moyd (2008) zeigt dies am Beispiel eines *weißen* Nicht-Militärs, der nach abendlichem Kneipenbesuch einen Askari dazu bringen wollte, für ihn einen Flußpferdstock zu besorgen, auf dem er sich auf dem Nachhauseweg stützen könne. Der Askari verweigerte dies mit der Begründung, er könne seinen Posten nicht verlassen, daraufhin schlug der Deutsche ihn ins Gesicht. In der Folge wurde er dafür vom Bezirksgericht zu einer Woche Gefängnis verurteilt. Das Obergericht, vor dem der Angeklagte Berufung einlegte, verschärfte das Urteil sogar noch auf zwei Wochen Gefängnis. Die Begründung lautete, dass die Askari, ebenso wie die deutschen Offiziellen, Beamte seien (vgl. Moyd 2008: 218-220). Wie Moyd an mehreren Beispiel herausarbeiten konnte, war die Linie der deutsch-kolonialen Rechtssprechung dabei von beiden Prinzipien („Prestige der Rasse", „Prestige des

■ Die privaten Abbildungen des Unteroffiziers Tessmann von seinem Alltag auf einer kleinen Station im Grenzgebiet des Kameruner Südens sind Versuche, seine Zeit dort in die koloniale Bildsprache einzupassen. Sie dokumentieren in ihrer verzweifelten Inszenierung jedoch eher seine Hilflosigkeit und stehen im Gegensatz zum kräftigen überlegenen „*weißen* Führer". Bezeichnenderweise blieben diese Bilder zur damaligen Zeit unveröffentlicht, weil sie nicht in das kanonische Bild passten.

Staates“) geprägt. Die Tatsache aber, dass die Askari in DOA in mehreren Fällen Anklage gegen *weiße* Deutsche erhoben, verweist auf deren Selbstverständnis, ehrenwerte und zu respektierende Männer zu sein. Sie benutzten dafür die „Nicht-Eingeborenengerichtsbarkeit“, die in den Kolonien aufgebaut worden war, für eigene Zwecke (vgl. ebd.: 221-222).

Umgekehrt konnten *weiße* Unteroffiziere durchaus mit *schwarzen* Soldaten und Offizieren sympathisieren, die sich gegen *weiße* Offiziere widersetzten. Die *weißen* Unteroffiziere, die sozial gegenüber den *weißen* Offizieren klar segregiert und untergeordnet waren, hatten mit den „Standesdünkeln“ ihrer Vorgesetzten ähnliche Schwierigkeiten, wie die *schwarzen* Offiziere und Unteroffiziere (vgl. Kapitel 2.4 „‚Kriegerische Rasse' – koloniale Klasse“, S. 78).

Die *schwarzen* Kolonialsoldaten scheinen – im Gegensatz zu den Treuebeschwörungen *weißer* Vorgesetzter – eine durchaus kritische Distanz zu diesen gehabt zu haben. Erahnen können wir das an überlieferten Namen, die sie für die Deutschen gebrauchten. So wurde der Führer der Polizeitruppe von Togo Feldwebel Julius von Piotrowski „ZoZo“ („der, der viel haut“) genannt, Oberleutnant Hans-Georg von Doering „Dragon“ wegen seiner aufbrausenden Art. In Deutsch-Ostafrika sprachen die Kolonialsoldaten von „Sungura mardardi“ (eitler Hase) oder „Bwana Dareksao“ (Drecksau). Hauptmann Graf, der berüchtigt war für die 25 Peitschenhiebe, die eine klassische Prügelstrafe ausmachte, hieß „Bwana chamse w'eshrini“ (Herr fünfundzwanzig) und über Leutnant Wilhelm Schreiner machten sie sich als Bwana mitmene (Herr dicke Bäume) lustig, weil er sich im Gefecht immer hinter den dicksten Bäumen verstecke (vgl. Morlang 2008a: 32, 84). Es kam auch vor, dass Askari sich offiziell über Europäer beschwerten. So berichtet Moyd (2008: 203-204) von einem Fall, in dem sich 1911 ein in Dar-es-Salaam stationierter Askari darüber beschwert, von einem Europäer geschlagen geworden zu sein, da er diesen nicht gegrüßt hätte. Er stützte sich bei seiner Beschwerde auf die Autorität eines älteren „Sudanesen-Askari“, den er „Baba Nsyie“, also als seinen Patron bezeichnete. 1913 zeigte der Sol Abdulcher Schebin den Zugführer Joseph Hahn wegen Körperverletzung und Freiheitsberaubung an. Der Fall wurde vor dem „Nichteingeborenengericht“ verhandelt und Hahn der Körperverletzung für schuldig befunden, allerdings ohne dafür bestraft zu werden. Von dem Tatbestand der Freiheitsberaubung wurde er freigesprochen (vgl. ebd.: 209-211). 1915 klagte der Askari Juma bin Abdallah einen deutschen Kaufmann an, versucht zu haben, seine Frau, Habiba binti Mkondo, zu vergewaltigen (vgl. ebd.: 211-214; ausführlich Kapitel 3.2, S. 193). Die Tatsache, dass es vielen *schwarzen* Kolonialsoldaten zu Beginn des Ersten Weltkrieg es schwer fiel, auf *weiße* Gegner zu schießen zeigt dennoch, wie verfestigt „rassische“ Hierarchien waren.

Auf dem bereits besprochenen Gemälde von Kuhnert auf Seite 170 ist eine Kampfhandlung mit mehreren Toten dargestellt. Dennoch wird der Gesamteindruck bestimmt von grandioser Landschaft, die vom Betrachter mit begehren-

■ Askari der Kapelle sitzen während der Feierlichkeiten zu „Kaisers Geburtstag" an Tischen neben den Tischen der Deutschen, die Kleidung scheidet zwischen *schwarz* und *weiß*.

dem Blick konsumiert werden kann. Die wenigen toten afrikanischen Körper gehen in ihrer Weite unter. Die Gegner der deutschen Kolonialtruppe wurden nicht nur in Bild, sondern auch im Text als „Wilde" konstruiert, für die der europäische Ehrenkodex nicht gelte, so wurden die kolonialen Kriege und Militärexpeditionen häufig zu „totalen Kriegen" zu „krassem Terror" oder zu „Vernichtungsfeldzügen" (vgl. Kapitel 2.3 „Die gewaltvolle Errichtung der *frontier*", S. 55).

Wie in Europa waren die Soldaten„Machtmittel" und ihre Waffen grundlegende Symbole (kolonialer) Staatlichkeit. Nicht nur auf bildlichen Abbildungen, auch in der realen Inszenierung waren die *schwarzen* Soldaten und die Ästhetik, die sie und ihre Waffen als „ordentliche Masse" hervorbrachten, daher bedeutsam. Zu öffentlichen Feiern fanden sowohl in den kolonialen Metropolen wie auch in der Provinz stets Paraden der „Schutztruppen" statt. Besonders hervorgehoben waren dabei die Musikzüge der Schutztruppen, die wie die Musikzüge in Deutschland mit Bläsern und Trommlern besetzt waren, und den paradierenden Soldaten vorangingen.

Eine wichtige Funktion für die Vergewisserung der kolonialen Ordnung hatten Feste, am bedeutendsten Kaisers Geburtstag. Die ritualisierte koloniale Festkultur diente nicht nur in den kolonialen urbanen Zentren, sondern auch in den entlegenen Außenposten zur Etablierung und Zurschaustellung des überlegenen „Selbst". Zu diesem Anlass fanden neben der Parade der Schutztruppe mit musikalischer Begleitung auch Darbietungen der Bevölkerung statt. Denn diese Inszenierungen führten die koloniale Ordnung nicht nur für die *weiße* Bevölkerung, sondern auch für die einheimische Bevölkerung vor. Curt von François beschrieb das Fest zu Kaisers Geburtstag im Jahr 1893 in DSWA als Inszenierung der – zu diesem Zeitpunkt fraglichen – deutschen militärische Macht. Die Wirkung sah er nicht nur in der Selbstvergewisserung für die Deutschen sondern auch gegenüber ihren Gegnern, den Herero. Die Feier war „ein höchst feierliches Fest, [...dem], wenn auch im kleinen Rahmen, doch diesmal ein militairischer [sic!] Anstrich gegeben werden konnte. Der größte Teil der Deutschen aus Otyimbingue kam zu uns; theatralische Aufführungen, Preisschießen der Mannschaften, Wettlaufen der Eingeborenen, Festessen und Ansprachen unter freiem Himmel im Inneren des Kasernements bildeten den Hauptpunkt der Feier" (François 1895: 116-118).

Dabei waren die *schwarzen* Soldaten Teil der kolonialen Ordnung und nahmen auch am vergnüglichen Teil zusammen mit den Deutschen teil. In DOA wurden von *schwarzen* Soldaten und Regierungsangestellten getanzte *beni ngoma* fester Bestandteil der Feiern zu Kaisers Geburtstag und verwiesen somit auf die Einbeziehung der neuen kolonialen Elite in den kolonialen Staat, der sich dadurch im Vergleich zur Inszenierung der Staatlichkeit in den europäischen Metropolen veränderte.

Neben diesen friedlichen, zum Teil fast paradiesisch-exotischen Darstellungen wurde aber auch eine Waffenästhetik produziert, die Teil der Überlegenheitsinszenierung war. Dabei sind die Waffen und die Soldaten als ambivalente Symbole zu sehen. Auf der einen Seite zeugen sie von Macht und Wehrhaftigkeit, auf der anderen Seite aber auch von Bedrohung und Verteidigung. Die Provokation, die ihr innewohnte, nahmen die Deutschen dabei in Kauf: Neben der Übung an der Waffe wurde sehr großer Wert auf Exerzierübungen gelegt. Der Stolz jeden Unteroffiziers war eine Kompanie von Kolonialsoldaten, die im Paradieren der preußischen Armee in nichts nachstand. Die vertiefte Beschäftigung mit dem Exerzieren fand jedoch auch Kritiker, die forderten, es sollten doch lieber mehr Gefechtsübungen gemacht werden, und nach dem Maji-Maji-Krieg in DOA wurden dort auch wirklich die Vorschriften geändert und ein größerer Wert auf militärische Übungen gelegt.

Größere Feldzüge erforderten lange Märsche und lange Aufenthalte im Gelände. Sie stellten hohe Anforderungen an die Logistik, die ausschließlich über Träger und Bedienstete sichergestellt werden konnte. Munition, Zelte und Proviant mussten mitgenommen werden. Neben den Trägern waren Köche, Wäscher und Diener nötig. Insbesondere ohne die Träger wäre die Truppe somit nicht in der Lage gewesen, ihre Feldzüge zu organisieren. Im Gegensatz zu deren Wichtigkeit steht die relativ geringe Prominenz, die diese auf den bildlichen Darstellungen fanden. Hierfür mag es zwei Gründe geben: auf der einen Seite entsprachen die Träger, die Zivilkleidung trugen, nicht der militärischen Ord-

Die Unterweisung der *schwarzen* Soldaten am Maschinengewehr war ausdrücklich verboten. Ihre Tätigkeit sollte, nach offiziellem Reglement auf Hilfsdienste, wie das Tragen, das Anreichen der Patronengurte und das Reinigen beschränkt sein. Morlang (2008a) wies darauf hin, dass die *schwarzen* MG-Helfer, offiziell „Bedienungssoldaten" genannt, durch die langjährige Erfahrung mit der Waffe damit ebenso vertraut wurden, wie die Deutschen. Ein Antrag des Gouverneurs aus Togo, erfahrene *schwarze* Unteroffiziere die Bedienung der MGs zu erlauben, wurde noch 1913 abgelehnt (vgl. ebd.: 28). Der Antrag zeigt jedoch, dass es sicher unter den lokalen Bedingungen dazu gekommen ist, dass die *schwarzen* Soldaten, wahrscheinlich die Unteroffiziere, das MG bedienten. Offiziell war der 1915 zum Offizier beförderte Mboari in Kamerun der einzige *schwarze* Dienstgrad, der das MG als Schütze bedienen durfte (vgl. ebd.: 54). Für den Ersten Weltkrieg in DOA gibt es genügend Abbildungen, die *schwarze* Soldaten an den MGs zeigen. Die oben abgebildete Postkarte des „Sudanesen am MG" zeigt ihn in der Position des Gewehrführers und Schützen, die offiziell den Europäern vorbehalten war (vgl. BAB R1001/4015, B. 28).

nungsästhetik, auf der anderen Seite schienen sie nicht recht in die koloniale Ordnung und auch in das koloniale Selbstverständnis zu passen. In den zeitgenössischen Texten wird immer wieder deutlich, wie schwierig es war, „zuverlässige" Träger zu bekommen. Dieser Dienst war tatsächlich sehr unattraktiv, die unbewaffneten Träger waren die beliebtesten und einfachsten Ziele für die Feinde und die Strapazen während der Märsche enorm – die Lasten betrugen meist 20 bis 30 Kilogramm. Außerdem waren für sie auf längeren Märschen keine Zelte vorgesehen, d. h. sie mussten sich mit notdürftigen temporären Unterständen behelfen. Die deutschen Offiziere waren regelmäßig damit konfrontiert, dass Träger mit oder ohne ihre Lasten verschwanden, aber auch damit, dass diese den Anstrengungen einfach nicht gewachsen waren und entkräftet, erschöpft, verwundet oder erkrankt zurückblieben. Häufig wurden diese von den deutschen

■ Die *schwarzen* Kolonialsoldaten wurden üblicherweise mit dem Hinterladergewehr M 71 bewaffnet. Im Gegensatz zu Vorderladergewehren, mit denen afrikanische Gegner häufig ausgestattet waren, waren diese treffsicherer. Gute Schießergebnisse waren daher ein wichtiger militärstrategischer Vorteil und auf entsprechende Übungen wurde Wert gelegt. Gute Ergebnisse im Schießen hatten auch unmittelbare Auswirkungen auf die Beförderung eines Soldaten.

Offizieren einfach aufgegeben. Es kam allerdings auch zu Auflehnungen der Träger, die sich weigerten sich weiteren für sie vorher unabsehbaren Gefahren und Strapazen auszusetzen, z. B. bei Kurt von Morgens Expedition von der Station Jaunde aus ins Grasland, 1895. Wie die Deutschen generell in ihren Kolonien einen Arbeitermangel beklagten, so gab es auch einen Trägermangel. In Deutsch-Ostafrika, wo es vor der deutschen Kolonialzeit bereits professionel-

■ Dieses Bild zeigt die Ordnung und temporäre Auflösung der Ordnung der Expedition. Die bis zum Horizont reichende Kette der Träger verweist auf den enormen logistischen Aufwand, den eine Expedition bedeutete. Das Bild zeigt eine endlose Kette von Trägern kurz vor einem Flussübergang und den *weißen* Offizier, der bei der Überquerung auf die Hilfe von den Askari angewiesen ist.

le Träger gegeben hatte, waren 1905 bereits alle verfügbaren Träger gebunden. Über die lokalen Sultane wurden Menschen zwangsweise zu Trägerdiensten für die Deutschen verpflichtet. Darunter waren üblicherweise auch Kinder und Frauen, z. T. sogar Schwangere. In der „guten Marschordnung" gingen vor und hinter der Trägerkolonne stets bewaffnete Soldaten, deren Hauptaufgabe nicht

etwa der Schutz vor feindlichen Angriffen, sondern die Verhinderung der Flucht der Träger war. Häufig wurden die Träger unter Prügeln gezwungen, ihre Last zu befördern. Diese Prügelstrafen wurden von den Askari ausgeübt, die die Träger beaufsichtigten. Bildliche Dokumente, die die Ausführung der Prügelstrafe zeigen, sind sehr selten.[68] Selten sind auch Abbildungen, auf denen die „gute Marschordnung" aufgelöst ist, insbesondere in schwierigen Terrainver-

68 Dies gilt noch deutlicher für die deutsche Südsee (vgl. Hiery 2005).

■ Die Verproviantierung der Expeditionen geschah meist zwangsweise. Extrem wurde dieses Vorgehen während des Ersten Weltkrieges in DOA. Die Bevölkerungen wurden durch den Nahrungsmittelbedarf der Truppe dort in eine „humanitäre Katastrophe" mit Hungersnöten gedrängt. Dieses Bild zeigt eine so genannte „Proviantkolonne" (vor dem Ersten Weltkrieg). Die Bevölkerung liefert große Mengen an Kochbananen für die Truppe ab, beaufsichtigt von Askari und *weißen* Offizieren.

■ Die temporäre Ordnung des Lagers, *Weiße* und *Schwarze* lagerten getrennt. Träger bekamen meist keine eigenen Zelte gestellt.

■ Selten abgebildet, aber häufig ausgeführt, wurde die „Prügelstrafe" – meist 25 Hiebe mit der Nilpferdpeitsche – auch die Kolonialsoldaten selbst wurden mit dieser Strafe diszipliniert.

hältnissen, z. B. beim Durchqueren eines Flusses, war dies der Fall (s. Abb. S. 182). Die deutschen Offiziere und Unteroffiziere beschrieben diese Märsche stets als überaus anstrengend, versäumten aber nicht, darauf hinzuweisen, dass sie für Europäer bedeutend anstrengender als für Afrikaner wären. De facto waren Deutsche von der Hilfe der Afrikaner – Soldaten, Bedienstete oder der Bevölkerung – abhängig. Sei es zur Erkundung des Terrains, als Fährtenleser, als Beschützer und nicht zuletzt auch als kulturelle Übersetzer.

Das Lager war die temporäre Reproduktion der stabilen Ordnung der Station. Allerdings fand hier alles unter improvisierten und sehr häufig existentiellen, lebensbedrohenden Umständen statt. Dennoch wurde versucht, nicht nur in dem materiellen Aufbau des Lagers, die Ordnungen und Hierarchien der Station nachzubilden. Eine der beliebtesten fotografischen Abbildung für einen deutschen Offizier war die lässige Pose im Klappstuhl vor seinem Zelt, möglicherweise Pfeife rauchend oder ein Getränk zu sich nehmend, umgeben von stramm stehenden Soldaten oder Dienern. Auch auf den Zelten wurde die deutsche Flagge gehisst und die Zelte für die Soldaten befanden sich in gebührendem Abstand zu denen der Deutschen. Die Träger erhielten in der Regel keine Zelte.

Aus technischen Gründen war es schwierig, Fotografien von Gefechten und Kriegszügen zu machen. In Zeichnungen und Gemälden wurden Kampfhandlungen, wenn auch selten, dargestellt. Eine Reihe von Fotografien von Hans Dobbertin während des Ersten Weltkriegs dürfte daher gestellt sein. Sie sind bedeutend für die Art und Weise, in der Deutschland den Krieg und seine Kolonialarmee darstellen wollte. In geordneter Gefechtsposition, in Linie vor-

Dieses Bild enthält alle militärisch-kolonialen Ordnungselemente: das mit Stacheldraht befestigte Fort, Waffen, die *weißen* Offiziere, die stramm stehenden *schwarzen* Abteilungen mit ihren Abteilungsführern und im Hintergrund die ungeordneten „Hilfskrieger". Die „Hilfskrieger" sind jedoch nur relativ zu den *schwarzen* Kolonialsoldaten ungeordnet. Sie stehen innerhalb der deutschen Ordnung, sind in sie integriert, hinter den Soldaten stehend, aber genau wie diese in Reihen mit geschulterten Gewehren. Dieses Foto ist in Schmidt (1898) bereits abgebildet, aber mit größerem Bildausschnitt, das ein weiteres Regiment (möglicherweise *ruga-ruga*) noch vor dem von den *weißen* Offizieren angeführtem Regiment zeigt. Die Veränderung des Bildausschnittes verweist auf den Wunsch, *schwarz-weiße* Hierarchien bildlich zu bekräftigen.

rückend, in Schützengräben verschanzt. Insbesondere bei größeren Feldzügen und auch zu Beginn der Kolonialzeit verbündeten sich die Deutschen stets mit Gruppen der einheimischen Bevölkerung. Diese alliierten im zeitgenössischen Jargon „irregulär" genannte Truppen wurden nur äußerst selten bildlich dargestellt.

Die bisherigen Darstellungen inszenierten die Europäer und die durch sie „zivilisierten" Menschen und Landschaften als mächtig und herrschend und die Afrikaner, die außerhalb dieser Ordnung standen als „wild" und „unterlegen". Dadurch verwiesen sie auf Überlegenheits- und Allmachtsphantasien. Auch die in Deutschland geäußerte Kolonialkritik verlief entlang dieser Konventionen (vgl. Kasten, S. 189). Die Schhwierigkeiten der kolonialkritischen Position mit der Rolle der *schwarzen* Kolonialsoldaten soll im Folgenden anhand eines fotografischen Dokumentes und seiner Geschichte veranschaulicht werden.

Am 27. Mai 1926 wurde in der englischsprachigen Zeitschrift „East Africa" eine Fotografie veröffentlicht, die nicht nur im Auswärtigen Amt in Berlin für Aufregung sorgte. Sie zeigt sechzehn Menschen: drei *Weiße*, dreizehn *Schwarze* – sieben in deutschen Uniformen und neun am Galgen hängend.

Im Jahr 1926 war Deutschland schon seit acht Jahren keine Kolonialmacht mehr. Im Vertrag von Versailles (1919) wurde Deutschland als „unfähig zur Kolonisation" befunden und seine Kolonien zu Völkerbundmandaten, die die Alliierten unter sich aufgeteilt hatten (vgl. Kapitel 2.5, „Von den deutschen zu den armen Askari", S. 116).

■ Karl Weule sammelte auf seiner Reise 1904 Zeichnungen von Menschen aus Ostafrika, namentlich ist hier Barnabas als Zeichner genannt. Auf diesem Bild ist die überragende Figur der Europäer mit der Nilpferdpeitsche in der Hand. Der Hund ist die zweitgrößte und fast prominenteste Figur. Hunde finden sich öfter in pater-familias-Inszenierungen *weißer* Offiziere. Diese Darstellung aus afrikanischer Perspektive verweist jedoch auf die Bedrohung durch den Hund, eine Bedrohung, die beispielsweise in den *weißen* Villengegenden Südafrikas oder Namibias bis heute eine reale *schwarze* Erfahrung ist.

Während diese Auseinandersetzungen andauerten, erschien in der Londoner Zeitschrift „East Africa" besagtes Bild (s. folgende Seite) als weiterer „Beweis" für die grausamen Kolonialmethoden des wilhelminischen Kaiserreichs. Von deutscher Seite wurde es als „Hetzbild" bezeichnet, welches „der deutschen kolonialen Sache Schaden zufügen" könne.[69] Das Auswärtiges Amt reagierte mit einer groß angelegten Untersuchung, für die ehemalige Kolonialbeamte brieflich und persönlich um Stellungnahme gebeten wurden.

Die „Wahrheit", die das Auswärtige Amt gerne ans Tageslicht gebracht hätte, findet sich in einem am 31. Juli 1926 datierten Brief des ehemaligen Kolonialbeamten Edward Birkners: „Bild und Europäer sind mir nicht bekannt. In meiner fast zehnjährigen Tätigkeit im ehemaligen Deutsch-Ostafrika (1905–1914) ist mir ein derartiger Fall, dass sich *Weiße* als Henkersknechte photographieren lassen, nicht bekannt geworden. Nach der ganzen Art der Aufmachung und der hinlänglich bekannten Lügenpropaganda des Feindbundes bezeichne ich die Aufnahme als Fälschung, die ein Fachphotograph auch unschwer als solche erkennen dürfte." (ebd. B.107, Birkner an AA, 31.7.1926).

Andere aus der Reihe der Befragten erinnerten sich jedoch daran, dass es ähnliche Szenen und Fotografien durchaus gegeben habe, obwohl das Fotografieren solcher Szenen verboten gewesen sein soll. Carl Burwitz, ein Teilnehmer

69 Vgl. für den Vorgang BAB R1001/4597 (Zeitschrift „East Africa", 1924–1934).

■ Diese Fotografie stand zeitweise im Mittelpunkt von Deutschlands Kampf um die Rückgewinnung seiner Kolonien.

an der Wissmann-Expedition, schrieb: „Soweit ich mich erinnere, muss das Bild, ohne die Europäer, in die Umgebung von Mpapua hineinpassen. Hier wurden auf einer Strafexpedition unter v. Wissmann gegen Buschiri vom 1. Sept. bis 1. Novbr. 1889, weil hier Europäer ermordet waren, während meiner Teilnahme an der Niederlegung des Aufstandes vom März 1889 bis Mai 1890 durch Urteil dem Tode verfallene Sklavenjäger [...] durch den Strang gerichtet" (ebd. B.131, Burwitz an AA, 31.8.926). Wieder ein anderer gab an, er hätte während seiner Dienstzeit zehn Exekutionen beigewohnt, es seien aber nie mehr als fünf Afrikaner auf ein Mal hingerichtet worden.

Dennoch behauptete die Mehrzahl der Befragten, dass es sich bei dem Bild nur um eine Fälschung handeln könne. Sie beschrieben die typische Exekution als ein feierliches Ereignis an festen Hinrichtungsplätzen der Stationen, zu dem die Offiziere und Unteroffiziere im *weißen* Dienstanzug mit Tropenhelm antraten und stets auch „zahlreiche Eingeborene" teilnahmen. Dagegen tragen die abgebildeten Unteroffiziere, links im Bild ein Feldwebel mit Schleppsäbel, lediglich ihre Felduniform, Zivilbevölkerung ist nicht anwesend, ebenso kein Offizier und die Galgen stehen, was unüblich sei, am Wegesrand.

Einige waren sich sicher, dass es sich um eine Fotomontage handeln müsse, wieder andere hielten die Europäer gar für in deutsche Uniformen gesteckte Engländer, denn „dienstlich würde ein deutscher Soldat nicht in dieser Verfassung wie auf dem Bilde antreten" (ebd. B.103, Wiener an AA, 3.8.1926). Hingegen identifizierte der Kolonialfotograf Walter Dobbertin, dem das Bild ebenfalls zur Begutachtung vorgelegt wurde, dieses unzweideutig als eine Originalaufnahme.

Durch solche kolonialkritische Postkarten visualisierte sich die in Deutschland vorhandene Kolonialkritik, die durch diverse Kolonialskandale geschürt wurde. Die Exekutionen wurden Carl Peters beispielsweise als Schwäche und nicht als Stärke ausgelegt (vgl. dazu Wildenthal 2001: 73-74). Die Postkarte links spielte auf das gewaltvolle Vorgehen von Carl Peters an, der daraufhin aus dem Kolonialdienst entlassen wurde. Er sollte allerdings im Dritten Reich eine unerwartete Renaissance erleben (vgl. dazu Maß 2006, Geulen 2003). Auf der Postkarte scheint der *weiße* Mann in bourgeoiser Pose (mit Champagnerkübel) als sadistisch-voyeuristischer Betrachter und zugleich allein Handelnder. Die *schwarze* Figur neben dem Galgen – als Diener und Soldat inszeniert – hat dem Betrachter den Rücken zugekehrt, entzieht sich dem Geschehen und wirkt mehr als Staffage, denn als Exekutive.

Ein Einheimischer aus Deutsch-Ostafrika, Barnabas, zeichnete eine ähnliche Szene, die laut der Bildunterschrift des Ethnologen Weule aus dem Maji-Maji Krieg stammte. Auf dieser Zeichnung befinden sich allein als Exekutive die *schwarzen* Kolonialsoldaten, ein Verweis auf deren Macht und Präsenz in der Perspektive der Bevölkerungen.

Im Rahmen der weiteren Nachforschungen konnten Ort und Zeit immer genauer bestimmt werden: Die alleeartig angeordneten Kapokbäume auf dem Bild wiesen auf die Umgebung einer Verwaltungsstation hin, da Europäer sie dort üblicherweise anpflanzten. Man zog verschiedene Gegenden in DOA in Betracht, schließlich wurde der Ort eindeutig als Mahenge identifiziert. Da es eine

„große Exekution" gewesen ist, konnte sie nur während des Maji-Maji-Krieges 1905 stattgefunden haben und die Afrikaner hatte man wohl wegen „Hoch- und Landesverrat" hingerichtet (vgl. ebd., B.39, Albinus an AA, 28.6.1926). Aufgrund der Uniformierung des Feldwebels und der Askari wurde die Entstehungszeit auf die Zeit vor 1910 eingegrenzt. Was die abgebildeten Personen betrifft, konnte die Behauptung, es handle sich um Engländer in deutschen Uniformen nicht aufrechterhalten werden. Zwar widersprachen sich einige Angaben zu den abgebildeten Personen, das Auswärtige Amt musste jedoch letztlich feststellen, dass die abgebildeten Unteroffiziere alle namentlich identifiziert werden konnten.

Die Befragten erwiesen sich tatsächlich als Sachverständige für Hinrichtungen. So erkannten sie, dass die „Gerichteten schon längere Zeit hängen", da bei dem dritten von links „schon der Hüftlappen heruntergerutscht ist", was nur vorkäme, „wenn der Verurteilte schon längere Zeit hängt und der Körper sich zusammengezogen hat" (vgl. ebd., B.46, Vereinigung ehemaliger Ostafrikaner an AA, 3.7.1926). Mehrere von ihnen fanden es „geschmacklos", sich mit Gerichteten ablichten zu lassen. „Mir ist kein Fall bekannt, dass ein bei diesen Exekutionen anwesender Deutscher auch nur in einem Augenblick den Ernst vermissen ließ, den die Sühne des Verbrechens, Raub, Mord, Sklavenjagd, oder Sklavenhandel als selbstverständlich erforderte. Das Bild dagegen zeigt Deutsche in einer Haltung, wie sie angesichts einer so ernsten Gerichtshandlung abstoßend wirkt und ganz undenkbar gewesen ist – bei Deutschen" (ebd., B.50, Fonck an AA, 28.6.1926).

Das Bild, das sich nun nach den über dreimonatigen Nachforschungen ergab, war aus Sicht des Auswärtigen Amtes erdenklich ungünstig. Es sah sich genötigt, am 26. August 1926 an das Deutsche Konsulat in Mombasa zu schreiben:

„Die in dem Telegramm des Ausw.[ärtigen] Amts vom 1. Juli ausgesprochene Vermutung, daß das Hängebild in der ‚Empire Day Annual'-Nummer der Zeitschrift ‚East Africa' gefälscht sei, hat sich leider nicht bestätigt. Die Gehängten sind Rädelsführer aus dem Maji-Maji-Aufstand, die Scene ist Mahenge im Jahre 1907, die 3 deutschen Unteroffiziere sind identifiziert; einer von ihnen hat die Aufnahme gefertigt; der Abzug dürfte während des Krieges mit verlorenem Gepäck oder dergl.[eichen] in englische Hände gekommen sein [...] Wenn auch die Exekution auf Grund kriegsgerichtlichen Urteils ohne Zweifel sachlich und formell rechtmäßig und einwandfrei und demgemäß weder ein Zeugnis von Grausamkeit, noch ein Greuel gewesen ist, so zeigt doch die photographische Festhaltung einer solchen Scene und die parademäßige Aufstellung der Unteroffiziere vor ihr einen bedauerlichen Mangel an Takt und Humanität. Da dieser Vorwurf durch Hinweise auf die Rechtmäßigkeit der Exekution nur wenig gemildert würde, erscheint es zweckmäßiger, den Angriff völlig zu ignorieren, damit er möglichst bald in Vergessenheit gerät" (ebd., B.123, AA an Deutsches Konsulat Mombasa, 26.8.1926).

Die ursprüngliche Strategie des Auswärtigen Amtes, die „Lügenpropaganda des Feindes“ zu entlarven, musste aufgegeben werden. Man beschloss, die Sache auszusitzen und ging nun dazu über, den Verfasser des Artikels und Herausgeber von „East Africa“, F. S. Joelson, zu diskreditieren. Das Auswärtige Amt versuchte ihm einen „schlechten Leumund“ zu bescheinigen und ging sogar so weit, über Mittelsmänner, seine Zeitung aufkaufen zu wollen – beides ohne Erfolg.

Die Auseinandersetzungen von 1926 um die Fotografie veranschaulichen einige grundsätzliche Widersprüche des kolonialen Systems insgesamt und des deutschen Kolonialrevisionismus im Besonderen. Zum Zeitpunkt seiner Aufnahme – im Jahr 1907 – manifestierte sich in dem Bild eine Herrschaftspose. Denn „Herrschaft beinhaltet, Menschen fesseln zu können [...] Der gewaltsame Tod ist die äußerste Steigerung der Fesselung und gleichzeitig ihre Grenze“ (vgl. Trotha 1994: 70). In diesem Bild ist die Macht des einen über den anderen unbedingt und zweifelsfrei demonstriert. Die Aussagen der 1926 befragten „ehemaligen Ostafrikaner“ zeigen, wie wichtig die wirkungsvolle Inszenierung von „sachlich und formell einwandfreien“ Hinrichtungen für die Selbstvergewisserung kolonialer Herrschaft war. Die kolonialen Hierarchien wurden während dieser Ereignisse aufgeführt: Offiziere in weißen Uniformen, afrikanische Soldaten stramm stehend und die Befehle ausführend, die zuschauende Bevölkerung, der mit Wiederholung gedroht wird. Eine anschauliche und seltene Beschreibung einer Hinrichtung gab Lene Haase, die 1912 mit ihrem Mann durch die deutsche Kolonie Kamerun reiste:

„Eine Hinrichtung ist nichts Schönes und auch kein erfreulicher Anblick für eine Frau [...] Ich muß gestehen, daß ich mir die Sache grauenhafter vorgestellt hatte, als sie war. Sie entbehrte sogar nicht eines gewissen grimmigen Humors. Da gerade Palavertag war, an dem die Häuptlinge von weither mit ihren Anliegen zur Station zu kommen pflegen, hatte sich am Fuße des Hügels eine ansehnliche, bunte Volksmenge versammelt. Ihr Anblick allein machte es für mich schon lohnend, gekommen zu sein [...] Im Halbkreis um die Galgen waren Soldaten, Gewehr bei Fuß, aufgestellt. Unter jeder Schlinge stand ein leeres Zementfaß, auf das die Verurteilten zu steigen hatten. Hinter den Fässern standen Soldaten, die Stricke in den Händen hielten, die an den Fässern befestigt waren. Auf ein gegebenes Zeichen sollten sie die Fässer unter den Füßen der Delinquenten wegreißen. Auf dem Richtplatz befanden sich nun Hauptmann X., mein Mann und die paar anderen Europäer der Station. Auf ein gegebenes Kommando wurden die Gefangenen von Soldaten vorgeführt. Sie zeigten keine Spur von Angst, nur stumpfe Ruhe. Mit großer Gleichgültigkeit kletterten sie auf die Zementfässer und ließen sich die Schlingen um den Hals legen. Hauptmann X. verlas noch einmal das Urteil; denn er wünschte, auf das farbige Publikum, unter dem sich ganz sicher viele befanden, die wegen desselben Deliktes dieselbe Strafe verdient hätten, einen möglichst nachhaltigen Eindruck zu machen. Aber nun setzte eine gewisse Komik ein. Die Soldaten waren instruiert, bei der Stelle:

‚In the name of the Governor...' zu gleicher Zeit sämtliche Fässer umzureißen. Nach Negerart starrten sie aber in die Luft und versäumten den rechten Augenblick. Hauptmann X. mußte innehalten, und erst nach etlichen Koseworten seitens des Polizeimeisters fiel ein Zementfaß nach dem anderen um. Feierlich oder auch nur grausig konnte man die Situation wirklich nicht nennen." (Haase 1915: 33-34)

Die koloniale Armee und die *schwarzen* Soldaten, die darin dienten, waren die faktische Grundlage der kolonialen Herrschaft. Deswegen gehörten sie zu den kolonialen Ordnungs- und Machtszenarien stets dazu. Rassische Hierarchien wurden symbolhaft und bildlich übersetzt. Eines der beliebtesten kolonialen Bildsujets waren, wie erwähnt, die Paraden der Schutztruppen. Sie führten sowohl die militärische Überlegenheit vor, zeigten aber auch den disziplinierten Körper der Soldaten, der den Gehorsam gegenüber dem voranschreitenden Kolonialherren gewährleistete. 1926 waren diese *schwarzen* Soldaten erneut die Grundlage für Deutschlands Kampf für Kolonien. Genährt besonders von Lettow-Vorbeck waren es „seine treuen Askari", die Zeugnis von den kolonialen Leistungen der Deutschen ablegen sollten. Ihre „Treue bis in den Tod", ihre Wünsche und ihr Warten auf die Rückkehr der Deutschen waren die Argumente, die die deutschen Kolonialrevanchisten gegen die Vorwürfe von alliierter Seite, die Deutschen hätten brutal und militaristisch geherrscht und wären bei der Bevölkerung verhasst gewesen, ins Feld führten. Diese Askari, die auf dem Bild in gleicher Pose wie die Deutschen zu sehen sind, werden in den Briefwechseln kaum erwähnt. Der Widerspruch zwischen den „treuen Askari" und ihrer Rolle als Henker der Bevölkerung war unbequem und sollte nicht aufgedeckt werden. Nur wenn das Bild eine Fotomontage gewesen wäre, wären die Askari und die Deutschen unbefleckt geblieben und der ganze Vorgang wäre als antideutsche Propaganda entlarvt.

In der letzten Zeit rückte die deutsche koloniale Vergangenheit in der BRD wieder in das Interesse einer breiteren Öffentlichkeit. Es sind häufig solche historischen Fotografien wie das 1926 veröffentlichte Hinrichtungsbild, die anklagen und zu einer kritischen Aufarbeitung der Kolonialgeschichte mahnen. BBC-online zeigte die Fotografie am 12. Januar 2004 wie sie etwa auch in dem 1978 publizierten Buch zum Film „Die Liebe zum Imperium" veröffentlicht wurde.[70] In beiden Fällen ist das Bild so zugeschnitten worden, dass nur die deutschen Unteroffiziere vor dem Galgen zu sehen sind, nicht aber auch die As-

70 BBC News World Africa online: Germany regrets Namibia ‚genocide', 12.1.2004; Bald/Heller/Hundsdörfer/Paschen: 164. Die BBC bringt es als „German army hanging Herero", mit der Bildunterschrift: „Germany's military commander vowed to wipe out the Herero". Bald et. al. untertiteln es: „Eine ‚Befriedungsaktion' in Deutsch-Ostafrika".

kari. Die Verengung des Bildausschnitts umgeht so die Konfrontation mit den „treuen Askari“ als „Henkersknechten“ der Deutschen. So können eindeutige Dichotomien geschaffen werden: Weiß/Schwarz, Täter/Opfer. Die Herrschaftspose ist damit zur Anklage gegen den Kolonialismus geworden, der komplexen und ambivalenten historischen Situation wird sie jedoch nicht gerecht.

Die Fragilität und Ambivalenz dieser Grenze war hingegen eher implizit – sowohl in den visuellen als auch in den sprachlichen Inszenierungen. Wie in den Kontaktzonen der vorkolonialen Zeit, so zeichnete sich auch die koloniale Zeit durch wechselseitiges Überschreiten und damit Verschieben der theoretisch so fest stehenden Grenze. Die Disziplinierung der Körper der *schwarzen* Kolonialsoldaten und die dadurch aus deutscher Perspektive inszenierte symbolische Macht wurde von Afrikanern beispielsweise widerständig angeeignet (vgl. hierzu Kapitel 3.3 „Kosmopolitisierende Perspektiven“, S. 208).

3.2 Frau Feldwebel Balla

Die *weißen* Männer und Frauen gehörten in der kolonialen Ordnung der höheren sozialen Klasse an. *Weiße* Frauen konnten damit innerhalb des kolonialen Haushaltes auch ‚männliche‘ Räume einnehmen. In ihrer Rolle als „*weiße* Herrin“ hatte sie Befehlsgewalt über untergeordnete, „schwarz“ markierte Männer (und Frauen). Die prototypische „weiße Herrin“ herrschte über ihren Haushalt im engeren Sinne, meist das Hauspersonal, wie Kindermädchen, Köche und Diener. Ihr Status vollzog sich somit in Anlehnung an aristokratische und großbürgerliche Lebensstile in Europa – je größer der Haushalt, je zahlreicher die Zahl der Bediensteten, die für sie arbeiteten, desto höher ihre Stellung. Die *weiße* Frau stand in dieser Inszenierung für Reinheit, Ordnung und kultivierten Lebensstil. Das koloniale Kaffeekränzchen mit *weißen* Männern und Frauen steht für diese Reproduktion bürgerlich-aristokratischer Kultur. In kolonialen Kontexten fanden sie stets auf der Veranda des von der *weißen* Frau geschaffenen deutschen Heimes statt. Kleidung und Mobiliar waren ebenfalls den lokalen Bedingungen angepasst und schufen so einen neuen, den „kolonialen Stil“, der bis heute für diese exotische Behaglichkeit zu stehen scheint. Walgenbach (2004) und andere haben darauf verwiesen, dass in den Kolonien sich die Geschlechterzuschreibungen umkehrten und *weiße* Frauen mit Kultur, *weiße* Männer hingegen mit Natur gleichgesetzt wurden. Frauen wurden zum starken, Männer zum schwachen Geschlecht. Die *weißen* Frauen in den Kolonien sollten die von Identifizierung mit den „anderen“ bedrohten *weißen* Männer „zivilisieren“. Die Angst vor der „Verkafferung“ der Männer, beispielsweise dadurch, dass sie Familien mir *schwarzen* Frauen gründeten, verwies auf die Möglichkeit von Grenzüberschreitungen und bedrohten die als homogen und biologisch konstruierten „rassischen“ Identitäten ebenso

■ Diese Fotografie war als Postkarte im Umlauf – sie zeigt ein militärisches Setting, *schwarze* Kolonialsoldaten sind im Hintergrund zu sehen, *weiße* Offiziere im Vordergrund. Magdalene von Prince ist gemäß zeitgenössischen Vorstellungen von *weiß*-bourgeoiser Weiblichkeit gekleidet, sitzt allerdings innnerhalb der soldatischen Welt burschikos auf Säcken.

wie den zivilisatorischen Mythos einer dominanten „*weißen* Rasse". Fotografische Aufnahmen von deutschen Männern und einheimischen Frauen, sowie auch deren Familien, wurden durchaus häufig getätigt, zirkulierten jedoch eher im privaten Bereich.[71] Im Gegensatz dazu gehörte die Inszenierung *weißer* Bürgerlichkeit im kolonialen Kleidungs-, Mobiliar- und Baustil zum kanonischen Repertoire kolonialer Weiblichkeit. Das „behagliche Heim", das die *weiße* Frau für ihren Mann schuf, rekurrierte ebenso auf einen bürgerlichen Lebensstil und verstärkte somit die „rassische" durch einer Klassenidentifizierung. „Verkafferung" wurde somit auch als „proletarisch" bedrohlich eingeschätzt. *Weiße* Frauen wurden zu „symbolischen border guards" (Walgenbach 2004; vgl. auch Dietrich 2007). Die Langlebigkeit solcher Inszenierungen zeigt sich beispielsweise auch in der bis in die 1990er Jahre erfolgten alljährlichen Auszahlung eines Geldbetrages an ehemalige deutsche Askari durch Margarethe Scheel, die stets auf der Veranda ihres Hauses stattfand (vgl. Kapitel 2.5 „Von den deutschen zu den armen Askari", S. 140ff):

71 Viele Beispiele für die Südsee finden sich in Hiery (2005).

Weniger sichtbar eröffneten die kolonialen Räume *weißen* Frauen jedoch auch die Möglichkeiten, Geschlechterordnungen zu durchbrechen und in männlich kodierte Räume einzudringen. Dafür stehen Frauen, die zu Pferde und zu Fuß lange Reisen und Expeditionen durchführten und leidenschaftlich jagten (vgl. z. B. Frieda von Bülow wie von Wildenthal 2001 beschrieben; Haase 1915, Prince 1908; ausführlicher dazu Schneider 2003; Prodolliet 1987: 162-166). Frauen trugen in den Kolonien jedoch nicht nur zur Jagd Waffen, sondern auch zur Verteidigung und – in einigen Fällen – auch auf kriegerischen Unternehmungen. Die Frau des Schutztruppenoffiziers Tom von Prince, Magdalene, erhielt in der Zeit der Kriege gegen Mkwawa und die Wahehe drei Gefechtsspangen, d. h. sie nahm an drei Gefechten aktiv teil. Solcherart Einbruch in männlich definierte Gefilde fand jedoch starke Kritik bei Zeitgenossen und kann wohl als Phänomen der kolonialen *frontier* gelten, das mit fortschreitender Zähmung und Urbanisierung kolonialer Kultur unmöglich wurde. Bezeichnenderweise durfte Magdalene von Prince zu Ausbruch des Ersten Weltkrieges, als ihr Mann die freiwilligen Schützenregimenter der deutschen Pflanzer in die Schlacht von Tanga führte, nicht aktiv an der Front kämpfen, sondern wurde als Rotkreuzschwester eingesetzt (vgl. Patera 1939; zur Rolle der Krankenschwester in den Kolonien: Wildenthal 2001). Magdalene von Prince durchbrach die koloniale Ordnung in mehrfacher Hinsicht – nicht nur, dass sie männliche Privilegien für sich beanspruchte, sie stellte auch explizit eine Gemeinschaft mit den Askarifrauen her, indem sie auf deren ähnliches Schicksal als „mitausgereiste Ehefrau“ verwies und in Abwesenheit ihres Mannes auch die Grenzen der sonst so klar segregierten sozialen Räume aufhob, indem sie selbst an islamischen Festen im „Askaridorf“ teilnahm und umgekehrt, die Frauen auf die Veranda ihres Hauses zum Kaffeeklatsch einlud (vgl. Prince 1908).

Paradigmatisch sind die kolonialen Räume ohne Frauen imaginiert. *Schwarze* Frauen kommen selten in öffentlichen europäischen Darstellungen der militärisch zu erobernden kolonialen Räume vor. Kundrus spricht von einer Hypermaskulinisierung dieser Räume (vgl. Kundrus 1997). Der zu erobernde Raum selbst, wie „Amerika“, „Indien“, oder „Afrika“ wurde mit weiblichen Attributen besetzt. Der *weiße* Mann inszenierte sich als potenter Durchdringer, Eroberer, Bewältiger und Besetzer (vgl. Schülting 1997: 46-52). Jedoch war diese Beziehung durchaus auch ambivalent. Afrika wurde auch als kannibalistisch beschrieben, mit Erde, die europäisches Blut trank und *weiße* Menschen fraß – die genaue Umkehrung des Bildes vom jungfräulichen Land, in das der Europäer eindringt (vgl. Patera 1939). Diese Ängste wurden nicht nur literarisch beschworen, sondern müssen auch als Antriebskraft für *weiße* Gewalt (mehrheitlich, aber nicht nur von *weißen* Männern ausgeübt) gelten. Dass sich diese Gewalt auch gegen *schwarze* Frauen richtete, verweist auf eine Bedrohung durch weibliche Reproduktionsfähigkeit. Die *weiße* Gewalt gegen *schwarze* Körper diente zur Vergewisserung und Wiederherstellung der *frontier* (vgl. dazu Wildenthal 2001 und Schneider 2003).

■ Ein fotografisches Beispiel für den männlichen Kolonialhaushalt. Die Hierarchien scheinen überbetont. Allerdings steht der *weiße* Unteroffizier unterhalb der *weißen* Offiziere bei den *schwarzen* Soldaten in der Inszenierung jedoch als ihr Zentrum.

In diesem Raum vorhandene Männer, die nicht zur „Rasse/Klasse" der *Weißen* gehörten, wurden entsprechend konstruiert, durch ihre geschlechtliche Zuschreibung verändert, feminisiert oder infantilisiert. Beide Kategorien standen – auch in der europäischen Situation für Ungezähmtheit, Wildheit, Primitivität, Irrationalität und damit hintergründig für eine Bedrohung bestehender patriarchaler bourgeoiser Ordnung. In dieser Ordnung wurde der *weiße* Mann als Patriarch an der Spitze des (kolonialen) Haushaltes imaginiert, dem außer ihm seine Frau, seine Kinder, die Dienstboten und – paradigmatisch – der Hund als treuester Begleiter angehören.

Die *weißen* Männer vergewisserten sich ihrer Männlichkeit, indem sie die *schwarzen* Männer um sie herum ihrer Männlichkeit entledigten. Denn dadurch

gelang es ihnen, ihre eigene Einsamkeit, Fremdheit, ihre Zweifel, Unzulänglichkeit und Angst zu kompensieren. Die *schwarzen* Kolonialsoldaten, die räumlich und sozial relativ nah bei den *weißen* Offizieren lebten, wurden besonders intensiv Objekt solcher Entmännlichung. Weil die soldatischen Lebenswelten in den Kolonien als männliche Räume inszeniert wurden, ist die Unsichtbarmachung der vorhandenen weiblichen und familiären Präsenz in diesen Räumen beredt und bemüht.

Nur selten sind die Familien der Kolonialsoldaten ein Sujet im kolonialen Diskurs – weder im Text noch im Bild. Hier wird der militärische Alltag dominiert von paradierenden Truppen, Gefechtsszenen und militärischem Alltag, in dem der *weiße* Offizier das Oberhaupt eines rein männlichen kolonialen Haushaltes ist. Der *schwarze* Soldat als *pater familias* mit Frau(en), Kindern und Dienern hätte dieses Bild zerstört. Es gibt dennoch einige wenige Ausnahmen, die auf die Diskrepanz zwischen der Inszenierung der frauenlosen, männlich-

■ Ein Kolonialsoldat verabschiedet sich von seiner Familie. Die Szene ist sehr wahrscheinlich gestellt. Sie ist jedoch eine der Ausnahmen in der Darstellung des familiären Umfeldes der *schwarzen* Kolonialsoldaten und der Präsenz von Frauen und Kindern. Frauen begleiteten ihre Männer auch häufig auf die Expeditionen.

militärischen Welt und der alltäglichen Anwesenheit von Frauen und Kindern verweisen[72] (vgl. beispielsweise das Bild auf dem Cover des Buches). Es erstaunt allerdings nicht, dass die meisten der vorhandenen Fotografien, die Soldatenfrauen und -familien zeigen, nicht veröffentlicht wurden.

Die weitgehende Abwesenheit familiären Soldatenlebens in der Darstellung in Deutschland ist deswegen umso erstaunlicher, als die meisten der Kolonialsoldaten in Togo, Kamerun und Deutsch-Ostafrika in familiären Verhältnissen lebten – meist innerhalb der Kasernen, die daher eher dörflichen Charakter bekamen – eine Tatsache, die in den Bild- und Textdokumenten ebenfalls weitgehend verdrängt wird.

Die zu Beginn angeworbenen Hausa (Westafrika) und Sudanesen (Ostafrika) waren bereits etablierte Soldatenfamilien und reisten häufig zusammen mit ihren Frauen und Kindern in ihre neuen Einsatzgebiete. Damit brachten sie ein bereits im sudanesischen „military slavery"-System etabliertes Phänomen nach Deutsch-Ostafrika, das dort, wie in den anderen Kolonien, bis zum Ende

72 Vgl. Moyd (2008: 170) für die Beschreibung der Hochzeit eines Sudanesen-Ombasha mit einer von ihm aus der Sklaverei gekauften Manyema-Frau durch einen deutschen Offizier.

des Ersten Weltkrieges den militärischen Alltag prägen sollte. Mit den Sudanesen reisten 1889 mindestens 350 Frauen und 80 Kinder aus Ägypten an die deutsch-ostafrikanische Küste.[73] Über das Leben der aus Ägypten kommenden Frauen und Kinder gibt es allerdings kaum Informationen. Ledige Sudanesen nahmen später auch Frauen aus Deutsch-Ostafrika und gründeten mit diesen Familien. Söhne von den in Ostafrika Askari genannten Soldaten traten häufig selbst in die Truppe ein und wurden teilweise bereits als Kinder eingesetzt – besonders im Ersten Weltkrieg war dies der Fall. Auch die persönlichen Diener der Askari, die Boys – in DSWA Bambusen, waren meist Kinder oder Jugendliche. Einige von ihnen wurden zu diesem Dienst gezwungen, andere meldeten sich freiwillig. Diese jugendlichen Diener gehörten ebenfalls zum Haushalt der *schwarzen* Kolonialsoldaten dessen Größe äquivalent zu deren Reichtum und Prestige war (vgl. Moyd 2008: 247-248; Henrichsen 2004; Michels 2004b).

■ Dieses Foto, das während des Ersten Weltkrieges in Kamerun entstand, zeigt auch den dörflichen Charakter der Lager der *schwarzen* Soldaten.

Eine der wenigen ansatzweise bekannten Lebensgeschichten einer solchen Soldatenfamilie ist die von Adam Mohamed, seiner Frau Mtumwa binti Mohamed und deren Sohn Mahjub bin Adam Mohamed, alias Mohamed Bayume Husen, der als zehnjähriger am Ersten Weltkrieg teilnahm.[74] Adam Mohamed gehörte wahrscheinlich zu den ersten angeworbenen Sudanesen und kam aus Khartum, Nubien oder Äthiopien. Bei seiner Anwerbung war er ledig. Mtumwa binti Mohamed stammte aus der Kilimandscharo-Region. Sie war möglicherweise eine Frau mit Sklaven-Hintergrund und nutzte, wie viele andere Frauen, die Heirat mit einem Vertreter der neuen kolonialen Elite, um einen höheren sozialen Status zu erhalten. Zwar durften die Soldaten offiziell keine Sklavinnen heiraten, wenn sie diese aber vorher freikauften, stand einer Heirat nichts im Wege. Viele der Soldaten, besonders die Sudanesen hatten selbst vorher den Sklavenstatus innegehabt. Ebenfalls offiziell verboten war den Soldaten, zumindest in Deutsch-Ostafrika, mehrere Frauen zu heiraten. De facto ließen sich allerdings Wege finden, dieses Verbot zu umgehen. In den westafrikanischen

73 Vgl. zu diesen Zahlen Morlang 2008: 18.

74 Vgl. Bechhaus-Gerst (2007): 19-50. Zu den Kindersoldaten siehe ebd.: 29-38.

■ Offiziell „Signalschüler" genannte Kindersoldaten im Ersten Weltkrieg und ein jugendlicher Soldat in Iringa (DOA) 1902.

deutschen Kolonien scheinen polygame soldatische Haushalte nicht gleichermaßen von deutscher Seite geächtet gewesen zu sein – auch dort war die Mehrzahl der Kolonialsoldaten Moslems.[75] Auch Adam Mohamed hatte mindestens eine weitere Frau, mit der er Kinder hatte, die untereinander ihr Leben lang geschwisterlichen Kontakt pflegten (vgl. Bechhaus-Gerst 2007: 20-27). Offiziell wurde jedoch nur eine Frau von den kolonialen Behörden anerkannt und nur diese Frau hatte Anspruch auf Auszahlung eines Teiles des Lohnes der Männer, der so genannten „Frauenzahlung", wenn ihr Mann sich auf längeren Expeditionen aufhielt, zu denen sie ihn nicht begleitete. Dies war in DOA z. B. während des Maji-Maji-Krieges der Fall (vgl. Moyd 2008: 250).

Während die *schwarzen* Soldaten also ein Familienleben pflegten, waren es die *weißen* Offiziere und Unteroffiziere, die in der überwiegenden Mehrheit darauf verzichten mussten. *Weiße* Militärs hatten dennoch vielerlei Beziehungen zu afrikanischen Frauen, häufig handelte es sich dabei um erzwungenen Geschlechtsverkehr, auch mit Soldatenfrauen, sowie Prostitution (vgl. Moyd 2008: 126). Die Beziehungen von *weißen* Soldaten zu Nama-Frauen sollen mit einer der Gründe für den Krieg der Witbooi gegen die Deutschen 1905 gewesen sein

75 Vgl. dazu Morlang 2008, S. 33-34, 87. Er schreibt dort, dass die Mehrheit der Soldaten in Togo zwei bis vier, einige besonders angesehene sieben Frauen gehabt hätten.

■ Eine der wenigen Fotografien von Soldaten mit Frauen und Kindern aus DOA, die veröffentlicht wurde. Die Anordnung lässt eine klare Zuordnung von einer Ehefrau zu einem Ehemann vermuten.

(vgl. Bühler 2003: 161). Auch homosexuelle Annäherungen sind aktenkundig geworden. In solchen Fällen mussten die deutschen Vorgesetzten ihren Dienst quittieren (vgl. Morlang 2008a: 84).

Bildlich wurden *schwarze* Frauen ebenfalls häufig als Trophäe inszeniert. Besonders eindeutig sind die privaten Schnappschüsse, die von *weißen* Soldaten in Deutsch-Südwestafrika meist während des Herero-Nama-Krieges 1904–1907 gemacht wurden (vgl. beispielsweise Mamozai 1982: 283). Auch diese Frauen waren Soldatenfrauen, der Grad der Freiwilligkeit ist rückblickend schwer abzuschätzen. Durchaus ist es auch zu Familiengründungen in DSWA gekommen, haben sich die deutschen Soldaten um ihre Kinder gekümmert und konnten die Frauen von den Beziehungen profitieren. In einzelnen Fällen wurden die Kinder in Deutschland oder auf deutschen Schulen in DSWA ausgebildet (Panzlaff-Fall, vgl. Wildenthal 2001: 92).[76] In der Mehrheit dürften die Verhältnisse besonders während des Krieges 1904–1907 jedoch anders gewesen sein. 2004, während des Gedenkjahres an den Genozid, machten einige herero-sprachige Nachfahren von Deutschen die Abwesenheit der deutschen Vorfahren öffentlich. Indem sie die Namen der Deutschen, wie „Fischer" und „Mattenklodt" öffentlich zeigten,

76 Nach Zahlen, die Becker (2004b) aufführt, ist von mindestens 1000 Nachkommen aus solchen Verbindungen (Stand 1910) auszugehen.

■ Eine homoerotische Inszenierung mit dem Originaltitel: „badende Askari".

forderten sie Teilhabe an diesen Familien, die ihnen über 100 Jahre lang verwehrt war (vgl. Förster 2006: 235-236).

Immerhin gab es 1905 zwei Anträge von *weißen* deutschen Soldaten, Rehobother Frauen zu heiraten (vgl. ebd.: 94). In DSWA (1905), DOA (1906) und Deutsch-Samoa (1912) wurden solche Eheschließungen offiziell verboten. Den so genannten „Rassenmischehengesetzen", die für europäische Kolonialgebiete einzigartig sind, ging eine längere kontroverse und an Intensität zunehmende Debatte voraus. Juristisch blieb ihr Status unklar, denn sie wurden lokal erlassen und waren kein Reichsgesetz. In DSWA und DOA bestand ein enger Zusammenhang zwischen den Gesetzen und den großen Kriegen (Herero-Nama-Krieg; Maji-Maji-Krieg).[77] Bereits 1892 wurde den *weißen* deutschen Kolonialsoldaten in DSWA angedroht, ihr Recht auf ein Stück Land nach Erfüllung ihrer Dienstzeit zu verlieren, wenn sie offiziell mit einer einheimischen Frau zusammen lebten. Einige Männer, die dies ignorierten und Frauen aus Rehoboth heirateten, erhielten das Land dennoch – diese Männer wurden innerhalb der deutschen Hierarchie der Arbeiterklasse zugerechnet und so zeigte sich einmal mehr eine klassenbezogene Komponente in der Errichtung „ras-

77 Diese Debatten können hier nicht ausführlich vorgestellt werden; s. dazu Wildenthal (2001), Kundrus (2003: 219-234), Becker (2004), Walgenbach (2004).

sischer“ Grenzen (vgl. Wildenthal 2001: 88-92). Die eugenischen oder „rassehygienischen“ Vorstellungen, die dahinter standen, unterliefen auch männliche sexuelle Freizügigkeit und disziplinierten sie so (vgl. Grosse 2000: 13). In der Lebensgeschichte eines deutschen Askari, Mzee Ali Kalikilima, zeigt sich auch eine deutliche Kritik an der Art, wie *weiße* Männer ihre Sexualität mit *schwarzen* Frauen auslebten. Mzee Ali Kalikilima bewertete die Bordelle Dar-es-Salaams, in denen diese verkehrten negativ, im Gegensatz zu den Tänzen von Sklavenfrauen und Konkubinen, die sich den Europäern sexuell nicht verkauften (vgl. Moyd 2008: 128-129).

Vergewaltigungen und Konkubinate zwischen *weißen* Männern und *schwarzen* Frauen wurden mit dem Mantel des Schweigens bedeckt und entsprechende Fotografien nicht veröffentlicht (vgl. dazu auch Wildenthal 2001: 69-77). 1915 brachte ein Askari in Deutsch-Ostafrika den Fall der versuchten Vergewaltigung seiner Frau durch einen deutschen Kaufmann vor Gericht. Der Anklage wurde stattgegeben und der Fall vor dem Bezirksgericht von Dar-es-Salaam verhandelt, der Angeklagte aber freigesprochen, da den Aussagen der afrikanischen Zeugen von dem deutschen Richter kaum Glaubwürdigkeit zugesprochen wurde. Die Tatsache, dass eine Zeugin sexuelle Übergriffe gegen *schwarze* Frauen als übliches Verhalten in europäischen Haushalten wahrnahm, verweist auf die Häufigkeit solcher Vorfälle und dem Bewusstsein dessen in der afrikanischen Bevölkerung (vgl. Moyd 2008: 210-216). Moyd interpretiert dies als bewusster Bevorzugung des „Prestiges der Rasse“ über das „Prestige des Staates“ durch die *weißen* Richter.

Auch die *schwarzen* Soldaten erhielten ihre Frauen oft als Kriegsbeute und es kann daher nicht immer davon ausgegangen werden, dass die Frauen freiwillig zu Soldatenfrauen wurden. Der Gouverneur Kameruns Jesko von Puttkamer verteidigte diese Praxis ausdrücklich als Grundlage der „Schutztruppe“ Kameruns, die zu einer wünschenswerten Bindung zwischen Soldaten und der lokalen Bevölkerung führte.[78] In den mündlich überlieferten Erinnerungen im Südwesten Kameruns zeigt sich, dass die *schwarzen* Soldaten bis in die Gegenwart mit Vergewaltigungen, Ehebruch und Entführungen junger Frauen in Verbindung gebracht werden (vgl. Michels 2004a, 2007, 2008b).

Im Falle des Aufstandes der Dahomeysoldaten in Kamerun 1893, einem Fall von „military slavery“ in der deutschen Kolonialarmee, ist einiges über das Verhältnis der *schwarzen* Frauen innerhalb der Armee festgehalten worden[79]. Sie waren in ein offen bestehendes System der Prostitution eingebunden, von dem

78 Vgl. Puttkamer an Kolonialabteilung, 14. Mai 1903. BAB R Verwaltungssachen, Acten betreffend die inneren Verhältnisse Kameruns, Volume VI, zit. in Rudin (1938): 197.

79 Vgl. zu dem Aufstand Kapitel 2.3 „Die gewaltvolle Errichtung der *frontier*“, S. 61ff.

■ Die Frau eines hohen afrikanischen Dienstgrades gekleidet im Stile der kosmopolitisierten Oberschicht.

auch verheiratete Frauen nicht ausgenommen waren. Die *weißen* Vorgesetzten kassierten zwanzig Mark pro Monat für die Überlassung *schwarzer* Frauen zum geschlechtlichen Verkehr. Diese Frauen waren entweder von den Deutschen gekaufte ehemalige Sklavinnen oder bei Expeditionszügen verschleppt worden. Sie wurden „Gouvernementsweiber" genannt und von den Deutschen – selbstverständlich unentgeltlich – zum Geschlechtsverkehr gezwungen (vgl. Rüger 1960a: 107). Dieses System und die entwürdigende Behandlung der Frauen und ihrer (Ehe-)Männer war der Auslöser für den Aufstand der Polizeisoldaten, der temporär zur Folge hatte, dass alle Deutschen aus Kamerun fliehen mussten. Der Vorfall löste einen der ersten Kolonialskandale in Deutschland aus, der besonders heftig im Reichstag debattiert wurde. Das Verhalten der Dahomeysoldaten sei ehrenhaft, das der Deutschen gräuelhaft gewesen, so die SPD, die darauf hin die Beendigung des Kolonialismus forderte.

Auch in späteren Jahren wehrten sich *schwarze* Soldaten gegen Übergriffe auf ihr Familienleben. 1909 kam es in Banjo, Kamerun, zu einer erneuten Meuterei, deren Grund die Beschränkung der Zahl der Ehefrauen und der Diener war (vgl. DKZ 1909, Nr. 37: 616). Die Meuterer wurden 1910 nach Südwestafrika verbannt. 21 Frauen und sieben Kinder begleiteten diese 45 Männer – offenbar freiwillig (vgl. DKZ 1910, Nr. 22: 361). Morlang (2008a) verweist darauf, dass die Kolonialsoldaten begehrte Heiratspartner waren und dass manche Frauen sich, wenn ihr Ehemann den entsprechenden sozialen Status verlor, scheiden ließen und einen anderen Soldaten heirateten. Die Verbindungen zwischen den Soldaten und den Frauen waren häufig nur temporär, wobei die Länge der eheähnlichen Gemeinschaften unterschiedlich war, in Ostafrika *mchumba* genannt: manchmal nur für einen Feldzug, manchmal aber auch über Jahre. Einheimische Frauen weigerten sich teilweise, nach Ende der Dienstzeit mit ihren landesfremden Ehemännern auszureisen. Umgekehrt verlängerten auf Zeit angeworbene Soldaten, wie die Shangaan 1892, ihre Verträge nicht, weil sie ihre Familien nicht nachholen durften (vgl. ebd.; Moyd 2008: 214, Michels 2004a: 354).

Wie bereits erwähnt wurden die *schwarzen* Kolonialsoldaten zu einer besonders privilegierten Klasse innerhalb des kolonialen Systems. Ihr Status und ihre Befehlsgewalt machte die militärische Laufbahn für viele junge Männer attraktiv. Sie und ihre Familien gehörten zu einer neuen Elite und so inszenierten sie sich im Habitus der afrikanischen Moderne des 19./20. Jahrhunderts. Auch die Kleidung der Frauen spielte dabei eine wichtige Rolle. Schon seit dem späten 19. Jahrhundert sind Fotografien der westafrikanischen Küste überliefert, die die Männern mit Stock und Zylinder, die Frauen mit langen Reifkleidern, Hut und Regenschirm zur Markierung eines herausragenden Status zeigen (vgl. Schneider/ Röschenthaler/Gardi 2005). Die Soldatenfrauen kleideten sich entsprechend der Stellung ihres Ehemannes, wie das Bild der „Frau Feldwebel Balla" (links) zeigt. Die Frauen vollzogen also die militärische Hierarchie ihrer Ehemänner nach und inszenierten sich als moderne Elite.

Moyd (2008) hat am Beispiel der Askari-Frau Habiba darauf verwiesen, auf welch vielfältige Weise diese die neuen sozio-ökonomischen Möglichkeiten nutzte, die das koloniale System bot. Als Frau eines Askari war sie an die *boma*, die europäische Militärstation, als *insider* gebunden. Daneben arbeitete sie bei einer christlichen Afrikanerin im Haushalt und verdiente sich dadurch Geld. Vorher hatte sie als *danguroni* (eine Art „Prostituierte") gearbeitet und in dieser Position möglicherweise ihren späteren Mann, den Askari Abdallah kennen gelernt (vgl.: ebd: 226-227).

■ Zeichnung einer Frau mit Kind auf dem Marsch

Eine Besonderheit der Soldatenfrauen in den kolonialen Armeen war, dass sie ihre Männer häufig in den Krieg und auf Expedition begleiteten und wichtige logistische Aufgaben übernahmen. Sie trugen die persönlichen Dinge der Soldaten, kümmerten sich um Nahrungsmittel, Wasser und Feuerholz, kochten, wuschen und versorgten

■ Dieses Bild wurde 1913/14 im Süden Kameruns von dem Leiter eines kleinen Unteroffizierspostens aufgenommen. Er versah es selbst mit der Legende „Drei Soldatenweiber". Unübersehbar sind mindestens zwei der abgebildeten Frauen schwanger. Auch schwangere Frauen wurden als Trägerinnen eingesetzt und gebaren teilweise auf dem Marsch ihre Kinder.

Verwundete und Kranke (vgl. Moyd 2008: 247). Zwei Frauen aus Togo beanspruchten für solche Dienste 1964, als die BRD an ehemalige deutsche Kolonialangestellte Gelder auszahlte, ebenfalls ihren Anteil: Martha Akoele Lawson und Nancy Moayem Huedako Johnson. Beide begründeten ihre Ansprüche damit, im Ersten Weltkrieg in der Soldatenküche gearbeitet zu haben (vgl. PAAA B81/478). Auch diese Rolle der Frauen bleibt im hegemonialen kolonialen Diskurs eher verborgen.

Die Frauen brachten sich auch militärstrategisch ein, wie folgende seltene Erwähnung des Offiziers Jesco Bernhard von Puttkamer (nicht zu verwechseln mit dem Gouverneur) zeigt:

„Ich hatte abends in meinem Zelt gerade das Licht ausgemacht, als mich ein farbiger Unteroffizier leise bat, ohne Licht zu machen, herauszukommen. Er hatte sein Weib bei sich und flüsterte mir zu, sein Weib hätte das Dorf wieder erkannt, es stamme aus dieser Gegend und sei vor mehreren Jahren als Kind von ihren Verwandten, die Eltern waren tot, an Sklavenhändler verkauft worden. Der Häuptling sei ein Unterhäuptling eines großen Häuptlings, der wohl zwei Tagesmärsche weiter ein sehr großes Dorf habe. Unserem Häuptling sei nicht zu trauen, er sei mit den Kongoas versippt und verschwägert. Sie selbst traue sich aber, uns von hier aus zu einem großen Kongoahäuptling zu führen. Ein Kongoadorf habe sie von unserer Höhe aus schon erkannt. Dem Weib war zu trauen, und mir konnte es recht sein." (Jesco Bernhard von Puttkamer 1933 in einem Vortrag vor Reichswehrsoldaten. In: MTSÜ. 83, 2002: 53)

Im extrem strapaziösen Ersten Weltkrieg, der von deutscher Seite als Guerillakrieg geführt wurde, zeigte sich die Bedeutung der Askarifrauen für den militärischen Alltag. Die Frau des Gouverneurs Schnee, Ada Schnee, berichtete in ihren Memoiren über die Askarifrauen, die 1916 in Tabora zurückgelassen werden mussten. Ein deutscher Lazarettarzt hätte sich „rührend" um „unsere Askariweiber" gekümmert (vgl. Schnee 1918: 117). Einige hatten sich damals allerdings geweigert, sich von ihren Familien zu trennen und damit den deutschen Befehl missachtet (vgl. Moyd 2008: 245). Ansonsten blieben die Askarifrauen mit ihren Kindern im Krieg bei ihren Männern. Wie Heinrich von Schnee berichtete, war dies notwendig, damit die Männer bei der Truppe blieben. Außerdem konnte die Armee nicht auf ihre Arbeitskraft besonders als Trägerinnen verzichten (vgl. Schnee 1919). Die jungen Askari, die ohne Familie waren, desertierten, ebenso wie die Träger, ab 1916 scharenweise (vgl. Lettow-Vorbeck 1916). Viele wurden ab 1916 zwangsweise rekrutiert. Die älteren Askari ließen sie deutlich spüren, dass sie sich am unteren Ende der Hierarchie befanden (vgl. Moyd 2008: 254). Bis 1917, als sich Lettow-Vorbeck entschloss, nicht zu kapitulieren, sondern mit den verbliebenen Kämpfern deutsch-ostafrikanisches Terrain zu verlassen und sich von allen „überflüssigen Essern" zu trennen, blieben die meisten Askarifrauen bei ihren Männern. Die Askari sahen es als Teil ihrer männlichen Pflichten an, für ihren Haushalt zu sorgen – 1918 kapitulierten neben den offiziellen Soldaten auch 819 Frauen und jugendliche Diener. Während der langen Kriegsjahre wurden weiterhin Kinder in den Askari-Familien geboren. Viele Askari-Familien blieben bis zur Kapitulation 1918 zusammen und gingen auch gemeinsam in die Kriegsgefangenschaft Ende 1918, aus der sie recht schnell entlassen wurden.[80] In Kamerun blieben die Familien ebenfalls bis zum Rückzug 1916 nach Spanisch-Guinea zusammen. Die 5900 Afrikaner wurden dort von 5000 Frauen und 4000 Kindern begleitet.

Die später in Deutschland sprichwörtliche „Treue der Askari" scheint sich also eher auf ihre Frauen und Familien, denn auf „die deutschen Führer" oder gar „das deutsche Vaterland" bezogen zu haben. In vielen Fällen wohl auch auf die Aussichten, besonders für die deutsch-ostafrikanische Truppe auf portugiesischem Gebiet ab 1916, neue Ressourcen, darunter auch Frauen, zu erschließen (vgl. Moyd 2008: 243, 251).

80 Vgl. „Schreiben Lettow-Vorbeck an Gouverneur Schnee vom 26.04.1917", in BAF N103/86 und Persönliches Kriegstagebuch Lettow-Vorbeck, Eintrag am 26.12.1918, in: BAF N103/47.

3.3 Kosmopolitisierende Perspektiven

Dieses letzte Kapitel will andere Perspektiven als bisher ins Zentrum setzen und deutsche Erinnerungen damit dezentrieren, entmächtigen und – im Sinne Chakrabartys provinzialisieren.[81] Kosmopolitisierende Perspektiven sollen, so wie Beck (2004) schreibt, jenseits des Missverständnisses von Territorialität und Homogenisierung die „Andersheit der Anderen" (ebd.: 48) anerkennen, ohne diese jedoch in ihrer „Andersheit" festzulegen. Beck meint weiter, Kosmopolitisierungen der Wirklichkeit seien nicht neu. Neu (in der zweiten Moderne) sei hingegen ihr Erkennen. Die gegenwärtigen Kontexte der Erinnerungen an die deutsche Kolonialzeit werden in einer postkolonialen Situation getroffen. Ob und wie dies für den hier vorgestellten Fall zutrifft, wird sich durch die folgenden Ausführungen zeigen. Dazu werden einige Erinnerungspraktiken und -medien in Kamerun, Tanzania und Namibia ins Zentrum gesetzt.

GERMAN SOLDIERS – BRUTAL UND RESPEKTIERT

Es zeigt sich, dass die koloniale Gewalt in Afrika eigentlich die hegemoniale Erinnerung an die deutsche Kolonialzeit ist – nicht nur in mündlichen Überlieferungen, wie zum Beispiel von mir im Jahr 2000–2003 im Crossrivergebiet in Kamerun durchgeführt,[82] oder in den *Maji-Maji-Records* der 1960er Jahre dokumentiert, sondern auch in Gedichten, Liedern, Theaterstücken, Romanen und historischen Schulbüchern (vgl. dazu auch Kapitel 1, S. 18). Die *german soldiers,* und diese waren in Kamerun, Togo und Tanzania immer Afrikaner, standen gerade in den mündlichen Berichten paradigmatisch für die koloniale Gewalt.[83] Vor diesen *german soldiers* fürchteten sich die Menschen und diese Angst war auch im Jahr 2000 in Kamerun in den Erzählungen, die sich aus den Berichten der Eltern- und Großelterngeneration speisten, präsent.

Die Geschichte auf S. 209 zeigt, wie die *schwarzen* Soldaten in deutschen Diensten heute erinnert werden. Einerseits gibt es die Erinnerung an Krieg und eine militärische Niederlage, andererseits aber auch alltägliche Schikane und Willkür, denen die Bevölkerung durch die Soldaten ausgesetzt war. Die alten Leute

---

81 Dieses Kapitel ist die Weiterentwicklung eines 2006 von mir konzipierten Aufsatzes (Michels 2008b).

82 Damals sprach ich mit über 120 Einzelpersonen in über 60 Dörfern des Crossrivergebietes, d. h. der heutigen Verwaltungseinheit Manyu Division mit der Verwaltungshauptstadt Mamfe, die heute circa 20000 Einwohner hat.

83 Vgl. Temgoua (2005); Michels (2005c); Laurien (1995, 2005); Simtaro (1982); Hussein (1969); Biersteker (1996), bes. S. 194 (Die Askari als dominantes Symbol deutscher Eroberung).

Avah John Genkpe, ein sehr alter Mann aus Ketuya, im denyasprachigen Teil des Crossrivergebietes Kameruns erzählte mir im Jahr 2000 die Geschichte der Deutschen folgendermaßen:
„Als die Deutschen kamen, war ich noch nicht geboren. Mein Vater aber sah sie und erzählte mir die Geschichte der Deutschen: [...] Sie kamen nach Ketuya auf dem Gebiet von Basho, das aus fünf Gemeinden bestand. [...] Nachdem sie sich alles angesehen hatten, entschieden sie sich hier in Ketuya eine Station zu bauen. Die Leute des Ortes stimmten zu und sagten, sie wollten die weißen Männer haben. Heute noch kann man das Haus der Weißen am Dorfausgang sehen. Alle Leute des Dorfes gingen dorthin und rodeten das Gebiet. Die Weißen bauten ein Haus und wohnten darin. Sie errichteten auch einen Handelsposten und statteten ihn mit Waren aus. Sie sagten, sie würden eine Schule eröffnen. Die Leute waren damit einverstanden, dass sie blieben. Die Leute von Basho lebten in Frieden mit den Deutschen. Aber die Soldaten der Deutschen bereiteten viele Probleme. Sie waren auf der Station untergebracht und sagten, sie würden uns hier besuchen kommen. Sie hatten leuchtend rote Kappen auf. Die Leute in ihren Häusern wurden immer gewarnt, bevor die Soldaten kamen. Wenn jemand Fleisch in seinem Haus hatte, kamen die Soldaten, nahmen es weg und aßen es, ohne Kompensation zu bezahlen. Wenn jemand eine junge Frau hatte, gab es noch viel größere Probleme. Die Soldaten kamen und vergewaltigten sie. Die Frau mochte schreien, doch es nützte ihr nichts. Die Soldaten nahmen sie und vergewaltigten sie. Wenn sie ihren Mann sahen, schlugen sie ihn blutig. In unserer Kultur ist Vergewaltigung ein sehr, sehr schmerzhaftes Vergehen. Sogar in der Bibel ist es verboten. Aber die Leute konnten nichts dagegen tun. Deswegen kommunizierten sie mit ihren Brüdern aus der Gegend und verkündeten, es solle gegen die Deutschen gekämpft werden, entweder spirituell oder physisch, damit die deutschen Soldaten verschwinden würden. Dann begann der ganze Ärger. Wir vertrieben sie und sagten, sie sollten gehen, aber bevor sie gingen, fingen sie ebenfalls Probleme mit uns an. Die Deutschen töteten unsere Leute und wir töteten ihre Leute. Aber die Weißen waren stärker. Sie schickten eine Nachricht an die Küste, sie sollten mit Verstärkung kommen – und es kamen viele – viel mehr als wir waren. Wir merkten, dass wir den Weißen nicht widerstehen konnten und entschlossen uns zu kapitulieren. Die Deutschen riefen uns zu sich und fragten uns, ob wir sie liebten oder nicht. Wir entschieden uns dazu, sie zu lieben, und zu wollen, dass sie in unserer Gegend blieben. Die Deutschen sagten: wenn das so ist, dann werden wir den Krieg beenden. Die Deutschen fragten: ‚Wer ist euer Häuptling?' und ihnen wurde Ula Nkwa genannt, der Vater meines Vaters. Die Deutschen sagten: ‚Es haben zwar alle Einwohner der Gegend gekämpft, aber in Eurem Dorf ist der Weiße getötet worden. Deswegen musst Du nun mit uns kommen'. Mein Großvater akzeptierte das. Sie töteten ihn hier, am Dorfausgang. Sie erhängten ihn. Die Deutschen sagten, wir sollten außerdem eine Kuh und einen Hahn abliefern. Die Leute aus dem Dorf gaben dies, wie gewünscht. Dann sagten die Deutschen, das Problem sei nun vorbei: „Mein Bruder ist tot, Dein Bruder ist tot, der Krieg sollte nun zu Ende sein. Lasst uns Frieden schließen."

im Crossrivergebiet Kameruns erinnern sich an die deutschen Soldaten in der ganz überwiegenden Mehrheit entlang der gleichen Linien: Sie waren militärisch überlegen, hatte bessere Waffen, und sie vergewaltigten, folterten, und konfiszierten Lebensmittel. Aufgrund dieser Tatsache war die übliche Strategie der Bevölkerung beim Herannahen von Soldaten ihr Dorf zu verlassen und sich

Zwei weitere Erzählungen aus Kamerun:
„Wie die Deutschen dieses Gebiet permanent besetzten wissen wir nur aus Erzählungen unserer Väter. Von diesen Geschichten wissen wir, dass die Deutschen sehr feindlich waren, insbesondere die Soldaten, die die Frauen vergewaltigten. Deswegen versteckten die Frauen sich immer im Wald, wenn sie hörten, dass die Deutschen kamen. Meine Großmutter hat mir erzählt, dass sie sich mit Exkrementen beschmierte, nur um nicht vergewaltigt zu werden. Aber die Vergewaltigungen waren eigentlich nicht der Hauptgrund dafür, dass die Deutschen gekommen waren. Diese gingen nur von den Soldaten aus. Das Hauptziel der Deutschen war, den Leuten lesen und schreiben beizubringen. Aber die Leute hatten Angst, weil die Deutschen so feindlich waren". (Mann aus Kekukisem I im boki-sprachigen Teil des Crossrivergebietes, am 11.07.2000)

„Der *chief* ordnete an, dass jeder, der einen Weißen sähe, dies sofort mitteilen solle, damit alle Leute fliehen konnten und sie nur den *chief* töten würden. Am nächsten Morgen sahen wir eine rote Kappe. Die Nachricht, dass sie gekommen waren, verbreitete sich. Wir flohen mit allen Frauen. Sie kamen und trafen nur unseren *chief* mit einer seiner Frauen. Sie riefen den *chief* zu einer Unterredung. Er dachte, es wäre eine gute Unterredung gewesen, aber sie nahmen den *chief* gefangen und fragten ihn, wo denn die Dorfeinwohner wären. Er sagte, sie wären in den Wald gegangen. „Was?" (Die Deutschen waren sehr erstaunt). Sie hielten den *chief* weiterhin gefangen, hingen ihn an den Armen auf – dsching-dsching-dsching – (schaukelten ihn daran hin und her) nahmen auch seine Frau gefangen und vergewaltigten sie. Sie gingen in die Häuser und nahmen Mais und Erdnüsse, schlachteten Ziegen und nahmen alle diese Dinge in ihren Taschen mit." (Johnson Besong, ein sehr alter Mann aus Ekpor im kenyang-sprachigen Teil des Crossrivergebietes, am 23.08.2000)

im Wald zu verstecken, bis die Soldaten wieder abgezogen waren. Statt eine „koloniale Begegnung" fand hier eine möglichst konsequente „koloniale Vermeidung" statt, andere haben hierfür treffend von der „Waffe der Mobilität" gesprochen (vgl. Eckert/Pesek 2004).

Während eines Krieges mag es nicht verwundern, dass die Soldaten als zerstörerisch, bedrohlich, und feindlich angesehen und auch erinnert werden. Wie sehr in den kolonialen Kriegen auch die Zivilbevölkerung durch bewusstes Aushungern und Gefangennahme auch von Frauen und Kindern litt, wird durch die Erinnerungen in diesen Gebieten deutlich veranschaulicht. In den deutschen Berichten wird die Taktik des Kriegführens, insbesondere durch eine „verbrannte-Erde-Politik" weit weniger oft und offen dargestellt. Allerdings wurde an vielen Stellen ebenfalls auf die militärische Macht der eigenen Leute verwiesen: sie bauten auf Bündnispolitik, gingen strategisch vor, nutzten ihre Geländekenntnis, kämpften auch mit spirituellen Waffen (*eja*) und konnten mit Guerilla-Taktik (*gorilla war*) die Deutschen in Angst und Schrecken versetzen. Darauf verweist auch die Sammlung „deutscher" Schädel, die mir – nachdem ich kulturelle Insiderin geworden war – in einem historisch und gegenwärtig bedeutenden Dorf in Upper Banyang (Kamerun) präsentiert wurden, mit dem Hinweis, es gäbe noch viel mehr von diesen im örtlichen Palast (s. Abb. S. 212).

■ Stein am Dorfausgang von Kekukisem I, im Crossrivergebiet Kameruns, von dem erzählt, wird, die Deutschen hätten ihn vor das Dorf gerollt, um zu beweisen, wie stark sie wären. Die Geschichte, die im Jahre 2000 noch lebendig war, wurde allerdings nicht erzählt, um die Kraft der Deutschen zu preisen, sondern um die Größe ihres Ärgers darüber zu unterstreichen, dass sie es nicht schafften, einen mächtigen Schrein in der Gegend zu zerstören.

Für Deutsch-Ostafrika und den Maji-Maji-Krieg ist die koloniale Gewaltstrategie besonders früh und intensiv dokumentiert (vgl. Iliffe und Gwassa 1969; Laurien 1995, 2005), ebenso wie für den Hererokrieg in Deutsch-Südwestafrika (vgl. z. B. Zimmerer 2003). Weniger stark diskutiert ist das Phänomen des alltäglichen Terrors der Soldaten gegen die Zivilbevölkerung, der in den Erinnerungen aus dem Crossrivergebiet ebenfalls evident wird (vgl. für Togo Trotha 1994, Sebald 1988; Morlang 2008a: 30-31). In der Kolonialzeit selbst war dieses Phänomen durchaus bekannt, doch da es Teil des kolonialen Systems war, wurde es – wenn überhaupt – nebensächlich diskutiert.

„Daß ein einzeln verwendeter Soldat im Vollgefühl seiner Überlegenheit über die Buschleute, von wenigen Ausnahmen abgesehen, stiehlt, raubt, misshandelt und mordet, dürfte allgemein bekannt sein, ebenso daß auch durch die schärfste Disziplin diese in der natürlichen Veranlagung des Negers begründeten Gefühlsäußerungen nicht hintangehalten werden könnten. Weniger bekannt ist, daß auch Stationsboten, die der Bevölkerung des Bezirks entnommen sind, ihre amtliche Stellung zu den raffiniertesten Erpressungen gegen ihre eigenen Landsleute mißbrauchen und sich ihrer Aufgabe, ein gutes Verhältnis zwischen diesen und der Station herzustellen keineswegs bewußt sind. Ihr Treiben ist umso gefährlicher, als sie natürlich überall im Auftrage der Regierung zu handeln vorgeben und es verstehen die Eingeborenen derart einzuschüchtern, daß sie an keine Beschwerde denken.“ (ANY FA 1/66, B. 166)

Neben der Erinnerung des Leidens unter den deutschen Soldaten tritt – parallel – ein scheinbar widersprüchlicher Erinnerungsstrang. Diejenigen aus dem Crossrivergebiet nämlich, die selbst *german soldiers* wurden, erreichten durch diese Position ein Prestige, dass ihnen ihr ganzes Leben lang erhalten blieb und bis heute bewahrt wird. Nicht nur von den Familien, sondern auch in den

■ „German skulls" aus Takwai in Upper Banyang in Kamerun. Fotografiert im Jahr 2000.

Gemeinden, aus denen sie kamen. Ihre Kinder haben mir stolz deren Geschichten erzählt. Sie wurden respektiert, häufig zum *chief* gemacht, da sie sich mit den *Weißen* auskannten. Die ehemaligen deutschen Soldaten aus dem Crossrivergebiet formierten in den 1960 er Jahren eine eigenen Interessengemeinschaft, die „Ex-German soldiers union" und nahmen während der britischen Mandatsherrschaft als eigene Gruppe an den Paraden zum „Empire Day" teil.

Die individuellen Erinnerungen lassen erahnen, mit welchen körperlichen Strapazen vor allem während des Ersten Weltkrieges ihre Väter konfrontiert wurden, ebenso wie mit den extremen Hierarchien, an deren untersten Ende sie sich befanden und deren Ungerechtigkeit und Brutalität sie ausgeliefert waren. In ihren Erinnerungen galten ihre deutschen Vorgesetzten als äußerst grausam und unmenschlich und war ihre Zeit in der Armee eine der Ungewissheit und des Hungerns (vgl. Michels 2004a). Bezeichnenderweise behielten viele ehemalige *schwarze* deutsche Kolonialsoldaten Ausdrücke wie „Suein" (Schwein) und „Rinnßvieß" (Rindvieh) als Andenken an ihre Vorgesetzten im Gedächtnis (vgl. Morlang 2008a: 29).

Es kann vermutet werden, dass die meisten Rekruten aus dem Crossrivergebiet als „soldier boys" gearbeitet haben. Ein Großteil dieser Jungen oder jungen Männer wurde, zumindest während des Ersten Weltkrieges, zu diesem Dienst gezwungen. Erinnert wurden sie im Jahr 2000 im Crossrivergebiet alle als *german soldiers* und ihre Erfahrungen als Kriegserfahrungen. Ein Sohn erinnerte sich – in meiner Gegenwart etwas unbehaglich – daran, dass sein Vater gezwungen worden war als *boy*, d. h. als Diener, in der deutschen Truppe zu arbeiten. Er gilt heute dennoch als berühmter *german soldier*.

„In Mamfe konnte man der Armee beitreten. Mein Vater konnte ein wenig Deutsch, weil er in Badje lange als Wanderverkäufer gearbeitet hatte, als er jung war. Er verkaufte Schnupftabak, Gewehrpulver und Stoffe an die Leute und gab das Geld, das er dafür bekam, an seine deutschen Auftraggeber ab. Der Handel lief über Tabak und mit Tabak wurde er auch bezahlt. Er wollte in die Armee, weil er das Geld, das er als Wanderverkäufer verdient hatte, seinem Onkel Eban Kekung gegeben hatte, um damit eine Frau zu heiraten. Aber der Onkel suchte eine alte Frau aus, mit der mein Vater nicht glücklich war. Wäre er zu Hause geblieben, hätte er nicht viel mehr Geld verdient, deswegen entschloss er sich, in die Armee einzutreten. Als mein Vater dann zurück vom Krieg kam, war er respektiert. Er brachte eine Frau aus Ogomoko mit, aber die war unfruchtbar. Als er wieder zu Hause war, heiratete er drei Frauen. Alle wichtigen Gäste wurden bei meinem Vater einquartiert, obwohl er eigentlich nicht der *chief* war. Er war der einzige, der auf Englisch und Deutsch reden konnte. Er hatte ein sehr großes Haus. Die Deutschen nannten ihn Ojong Boki, aber sein richtiger Name war Eban Ncha. Er hat mir auch erzählt, dass es im Krieg eine Zeit gab, in der es nichts zu essen gab und als sie zu einem schlammigen Gebiet kamen, nahmen sie den Schlamm und versuchten ihn zu filtern, um nur den weichen Schlamm zurückzubehalten, den sie dann mit etwas Salz aßen. Einmal schoss mein Vater einen Affen, den sie dann nur wenige Stunden in der Sonne trocknen ließen und mit etwas Salz roh aßen – sie hatten kein Feuer und keine Töpfe und es gab auch keine Nahrungsmittelrationen mehr. Sie aßen auch das Mark der Palmblätter. Vor dem Krieg bekam jeder Soldat seine Rationen: Sardinen und Reis, auch Wein wurde getrunken. Während des Krieges wurde für alle gemeinsam gekocht, aber jeder Soldat

■ *Ex-german soldiers union* aus Mamfe, Aufnahme aus dem Jahr 1964. Sie befand sich 2001 im persönlichen Archiv des *Chiefs* von Tinto, Upper Banyang, Kamerun.

aß von seinem eigenen Teller. Die Soldaten kochten für sich selbst und wuschen ihre Kleider selbst. Die Deutschen hatten Diener, die all dies für sie taten, z. B. Essen zubereiten oder Kleider waschen. Die Soldaten hatten aber Frauen. Pa Eban starb 1981, er wurde in seiner deutschen Uniform begraben." (Interview mit dem Sohn von Eban Ncha in Boka, im boki-sprachigen Teil des Crossrivergebietes, am 10.07.2000)

In dieser Geschichte wird die soldatische Erfahrung im Krieg als Grenzerfahrung beschrieben und mit der guten Zeit vor dem Krieg – gemeint ist der Erste Weltkrieg – verglichen. Die deutsche Uniform steht hier als Symbol sowohl für diese gute Zeit, in der Wein getrunken und Sardinen gegessen wurden, als auch für die harte Zeit, in der die Soldaten hungern mussten.

Aus den Geschichten der Menschen aus dem Crossrivergebiet über ihre *german soldiers* werden einige Motivationen klar, die die Männer bewegten, *german soldiers* zu werden. Meistens wurde genannt, dass es sich um junge unverheiratete Männer handelte, die sich das Brautgeld verdienen wollten.

„Die Geschichte beginnt damit, dass mein Vater meine Mutter heiraten wollte, es aber nicht konnte, weil er nicht genug Geld hatte. Deswegen entschloss er sich, in die Armee einzutreten. Er war bei einem Deutschen, der Dominik hieß. Dominik war ein sehr böser deutscher Soldat. Er vergibt und verschont nicht. Er war Dominiks Koch. Er ging mit bis nach Fernando Po. Als Dominik zurück nach Deutschland ging, fragte er meinen Vater, ob er ihm schreiben würde, und er verneinte. Daraufhin fragte Dominik welche guten Nachrichten er seinen Leuten zu Hause erzählen würde und mein Vater antwortete, er würde ihnen erzählen, dass Dominik ein sehr guter, freundlicher Mann gewesen sei, der ihn gut behandelt hätte und großzügig zu ihm gewesen sei. Aber der weiße Mann war nicht zufrieden, nahm Papier und Stift und schrieb eine Nachricht, die er dem Befehlshabenden der Kompanie geben solle, der normalerweise die Soldaten auf ihre Hinterteile schlug. Mein Vater brachte dieses Stück Papier zu dem Befehlshabenden, ohne zu wissen, was darauf stand, weil er nicht lesen konnte. Daraufhin bekam er 24 harte Schläge von dem Befehlshaber auf sein Hinterteil. Als er zurückkam, sagte Dominik ihm, dass dieses die einzige Erinnerung an ihn sein würde. Er floh dann von Dominik, ließ sogar einige seiner Kleidungsstücke zurück, kam nach Hause und heiratete meine Mutter. Als er aber in Fernando Po gewesen war, hatte er dort eine Konkubine und weil er so lange weg war, dachten seine Leute zu Hause, er wäre sicher gestorben. Sie versuchten also herauszufinden, was mit ihm sei. Sie nahmen seine Kleidung und behandelten sie mit einer Medizin. Sollte er noch leben, würde er sich von dort sofort nach Hause aufmachen. Wegen dieses Unternehmens der Leute und der schlechten Behandlung von Dominik ließ mein Vater dort alles hinter sich zurück, sogar einige seiner Kleidungsstücke, und kam zurück nach Hause. Über den Krieg hat er mir erzählt, dass sie im Wald schlafen mussten und feststellten, dass man von Hunger nicht sehr schnell stirbt. Sie aßen weichen Schlamm mit Salz. Ein Mann hieß ‚Company Masa' – den genauen Namen dieses Deutschen kannte mein Vater nicht. Der Mann kämpfte auf einem Pferd sitzend mit einem weißen Taschentuch in der Hand. Sie glaubten, dass dieser Mann eine bestimmte Medizin hätte. Der Mann hielt sein Pferd und winkte mit dem Taschentuch, gleichzeitig rief er Befehle und er konn-

te nie von einer Kugel getroffen werden. Er kehrte nach Deutschland zurück, keiner hatte ihn getötet. Mein Vater hat gesagt, das sei der mächtigste Soldat gewesen, den er je gesehen hatte. Er wäre wie der Eroberer der ganzen Welt gewesen.
Mein Vater wollte in seiner Armeeuniform begraben werden. Immer wenn sie zur Verwaltung nach Mamfe gingen, um nach ihrem Geld zu fragen, zogen sie ihre Uniform an. Sie dachten, das würde die Verwaltung veranlassen, ihnen ihr Geld auszuzahlen, aber er ist gestorben, ohne sein Geld bekommen zu haben. Er ging manchmal auch zum deutschen Friedhof in Nsanakang, um den toten Soldaten dort seine Ehre zu erweisen. In einem kleinen Holzkanu kam er dorthin. Nachdem er mit dem Mann aus Boka [Eban Ncha, SM] zurückgekommen war, sprachen sie nicht mehr ihre Muttersprache, sondern Deutsch. Es gab nach einen anderen aus der Ejagham-Ecke (Awo Keghishi), der auch Deutsch mit ihnen sprach." (Interview in Kekukisem II, am 12.07.2000)

Die Erinnerung an Gewalt, die ihm von den Deutschen angetan wurde ist prominent in dieser Geschichte. Die schlechte Behandlung durch den deutschen Vorgesetzten – Dominik, dessen Name in Kamerun emblematisch für koloniale Gewalt steht – war schließlich auch mit ein Grund dafür, den Dienst zu quittieren. Die eigenen Erfahrungen, die in der deutschen Zeit gemacht wurden, pflegten die *german soldiers* aus der Gegend jedoch, indem sie sich an den Gräbern trafen. Im Crossrivergebiet Kameruns hatten längere und verlustreiche Gefechte stattgefunden (August-September 1914). Es starben acht *Schwarze* und drei *Weiße*. Für die drei *Weißen* wurden Grabsteine gesetzt, die noch erhalten sind. Diese Ereignisse sind in der Gegend in lebendiger Erinnerung geblieben. Dabei verweist die Grabsteinsetzung wieder deutlich auf *schwarz-weiße* Hierarchien, denn unter den gefallenen Afrikanern war auch ein Unteroffizier, während einer der gefallenen Europäer Gefreiter der Reserve war (vgl. zum Ersten Weltkrieg im Crossrivergebiet Michels 2004a: 362-369; ANY FA 5/28). Die Armeeuniform wird in der Geschichte deutlich in einen utilitaristischen Kontext erwähnt. Sie wird getragen, um bei der Verwaltung etwas zu erreichen, nämlich den ausstehenden Lohn zu bekommen. Offen bleibt hier, ob es sich um die britische Kolonialverwaltung oder um die des unabhängigen Kamerun handelt – dass es offen bleibt ist paradigmatisch – die Kontinuitäten entscheidend. Es kann als Widerspruch gelesen werden, dass die *weißen* Vorgesetzten zwar als ungerecht und wütend beschrieben werden, andererseits allerdings den toten deutschen Soldaten in Nsanakang die Ehre erwiesen wird. Die Konstruktion der Erzählung legt allerdings nahe, dass die Ehre, die die kamerunischen Ex-Soldaten den Deutschen erweisen, im Gegensatz stehen zu der Art, wie die Deutschen sie behandelt haben, besonders dadurch, dass sie ihnen bis zu ihrem Tode das ihnen zustehende Geld nicht ausgezahlt haben. Während die Deutschen ihre afrikanischen Angestellten, Diener und Soldaten also vergessen haben, wurde die Erinnerung in Kamerun aufrechterhalten und wurde den Gestorbenen die Ehre erwiesen. Die mag also auch als Kritik an der Art der Deutschen gelesen werden. Dieses Thema wurde an mehreren Stellen unabhängig voneinander aufgegriffen.

„Als die Deutschen Soldaten brauchten, entschloss sich mein Vater in die Armee einzutreten. Nach dem Krieg kam er mit einer Uniform zurück, einer Kappe und einem Gürtel. Mein Vater sagte mir, er wäre bis zum Kongo gekommen, bis nach Fernando Po und Douala. [...] Mein Vater hat für die Deutschen gekämpft. Seine Uniform war eine deutsche Uniform. [...] Als Soldat musste er die Feinde erschießen. Er hatte einen unterzeichneten Vertrag und wurde ausgebildet, aber er hat mir nicht gesagt, wann genau das war. [...] Sie bekamen während des Krieges nur ein wenig Geld, um sich Essen zu kaufen. Sie sollten eigentlich nach dem Krieg alles Geld bekommen, aber unglücklicherweise wurde mein Vater gar nicht bezahlt, weil er sich auf der Seite der Verlierer befand. Einer seiner Freunde ging bis nach Mamfe, um nach dem Geld zu fragen, ohne dass es etwas genützt hätte. Das war Eban Ncha aus Boka. Sie gingen immer in ihren Uniformen, die den meisten Leuten Angst machten. [...] Bei uns werden die Menschen zusammen mit all ihrem Besitz begraben, deswegen kann man diese Dinge jetzt nicht mehr sehen. Mein Vater wurde bei seiner Beerdigung in seiner Uniform begraben. Dies zeigte, dass er ein großer Mann gewesen war." (Interview in Kekukisem II, 12.07.2000)

Hier wird ein weiterer Aspekt der deutschen Uniform deutlich. Ebenfalls als Prestige-Gut, in der der Verstorbene begraben wird, aber auch als Moment der Einschüchterung. Der Verweis auf die Angst vor deutschen Uniformen und die Tatsache, dass derjenige, der diese Angst erzeugen kann, ein „großer Mann" ist, verweist auf die Konstruktion von Männlichkeit in einer kolonialen Situation.

In Agborkem German, einem Dorf im Crossrivergebiet, ist bis heute das Lied und der Tanz von Ojong Ayifen bekannt, das diese Ambivalenz deutlich ausdrückt. Soldaten waren auf dem Weg ins Dorf, die Frauen und Kinder versteckten sich vor Angst, da die Soldaten bekannt für ihre Brutalität waren. Unter den Frauen war auch die Frau von Ojong Ayifen und er rief ihr zu, sie solle keine Angst haben, er wäre es doch, Ojong, aber sie erkannte ihn nicht. Erst nach einer Weile merkte sie, dass sie tatsächlich keine Angst zu haben brauchte vor den *german soldiers*, denn ihr Mann war tatsächlich einer von ihnen. Diese Geschichte können die Frauen von Agborkem bis heute tanzen und singen, als Ausdruck der großen Erleichterung, dass sie von diesem *german soldier* nichts zu fürchten hatten.

Lied der Frauen von Agborkem über Ojong Ayifen
„Nki foh bhere nsoya mmbi
fong ojon Ayifi, ken mme mbega"
(Habt keine Angst vor den bösen Soldaten, ich bin es, Ojong Ayifen, dein Ehemann)

Auffällig ist, dass die Figur der *german soldiers* in den mündlichen Erinnerungen im Crossrivergebiet auf verschiedene und eigentlich widersprüchliche Art und Weise konstruiert wird. Einerseits als wild und brutal, andererseits als mächtig und respektiert. Diese Widersprüchlichkeiten können deswegen koexistieren, da das Phänomen Kolonialismus in einen anderen erinnerungspoli-

■ Die Strapazen des Ersten Weltkrieges werden in Kamerun von den Nachfahren der Beteiligten bis heute erinnert.

tischen Kontext gestellt wird, als in Deutschland. Es geht nicht um eine klare Trennung in „gut“ ODER „böse“, „Opfer“ ODER „Täter“. Stattdessen stehen konkrete lokale Ereignisse und Machtkonstellationen im Vordergrund. Die 1968 im Rahmen des Maji-Maji-Records-Project gewonnenen Berichte afrikanischer Zeitzeugen an den Maji-Maji-Krieg zeigen eine ähnlich ambivalente, Laurien (2005) nennt es „pragmatische“, Erinnerung an die koloniale Situation.

Die Erinnerungen aus dem kamerunischen Waldland, wie das Lied von Ojong Ayifen, zeigen, dass eine Nähe zum kolonialen System nicht nur für die persönliche Biografie, sondern auch für die Familie und das Dorf zum Vorteil sein konnte. Die Zahlungen, die die BRD in den 1960er Jahren an ehemalige koloniale Soldaten und Bedienstete in Togo, Kamerun und Tanzania richtete, schienen manchen wie eine späte Bestätigung dieser Entscheidung (vgl. Kapitel 2.5 „Von den deutschen zu den armen Askari“, S. 116). Durch diese Zahlungen schrieb die BRD auch im kolonialen Diskurs angelegte Dominanzverhältnisse fort und um, denn sie gewährte sie quasi als „Almosen“, als freiwillig geleistete Zahlungen an ihre „armen“ ehemaligen Bediensteten (vgl. Michels 2006, Morlang 2008a: 151-153). Von den Betroffenen selbst wurden die Zahlungen, die einem sehr guten Monatslohn entsprachen, als späte Genugtuung beschrieben. Ein Kameruner erinnerte sich, dass sein Onkel ihm dieses Geld stolz als „den Schweiß, den er für die Deutschen geschwitzt hat“, präsentierte (Interview in Nchang, August 2003). Hier entsteht also eine erhebliche Diskrepanz in der Bedeutung der Zahlungen. Die einen schreiben darin Hilfe- und Mildtätigkeitsdiskurse fort, die anderen verstehen die Zahlungen als legitime Anerkennung ihrer herausragenden persönlichen Leistung.

Einfache Dichotomien versagen nicht nur in den konkreten historischen Situationen, sondern auch in der Betrachtung der Vergangenheit aus der Gegenwart. Viele der von mir befragten Menschen in Kamerun stellten die im heutigen souveränen Kamerun so wichtigen Feierlichkeiten am Nationalfeiertag in die Tradition des Kolonialismus. Am Nationalfeiertag, dem 20. Mai, findet in Yaoundé, Kameruns Hauptstadt, eine große Militärparade statt, die der Staatspräsident, derzeit Paul Biya, abnimmt. Diese Parade wird landesweit im Fernsehen übertragen, ebenso wie die Parade, die am 14. Juli in Paris vor dem französischen Staatspräsidenten filiert und die zum Großteil ebenfalls militärisch ist. Zentral bei solchen Paraden sind die vorbeimarschierenden Soldaten, die bis heute die nationalstaatliche Ordnung visualisieren – in Europa wie in Afrika. Die koloniale Geburtshilfe heutiger unabhängiger afrikanischer Nationalstaaten wird überdeutlich an der mir gegenüber gemachten und nicht einfach chronologisch zu verstehenden Aussage: „*Then* we had Empire Day, *now* we have 20th May“. Viele Augenzeugen der lokalen Veranstaltungen des „Empire Day“ beschreiben ganz ähnliche Aktivitäten wie die, die in Kamerun heute während des Nationalfeiertages am 20. Mai aufgeführt werden. Zentral bleibt die Militärparade. Es marschierten damals die Soldaten der kolonialen Armee, so wie heute die Soldaten der kamerunischen Armee. Der kamerunische Historiker Bakary in seiner Untersuchung über die deutsche Kolonialarmee in Kamerun hat bereits für die Zeit ab 1905 von der „Kamerunisierung“ der Truppe gesprochen (vgl. Bakary 1997: 59). Heute beteiligt sich die „Veterans association“ und damals auch die *german soldiers* als „old men“, wie der Neffe eines dieser Männer es mir gegenüber nannte, als Veteranen, die an diesem Tag den Stolz auf ihre militärische Vergangenheit öffentlich machen konnten und ihren Kindern und Enkeln zu Hause in ihren Dörfern exotische Leckereien aus der Bezirkshauptstadt mitbrachten (vgl. Interview in Nchang, August 2003). Die „Kamerunisierung“ der Armee war somit ein sukzessiver Prozess, in dem aus lokaler Sicht die formelle Unabhängigkeit Kameruns nicht den entscheidenden Bruch darstellt.

Disziplinierende und subversive Uniformierungen

Auch die Uniformierungen der heutigen kamerunischen Soldaten verweisen auf die koloniale Vergangenheit, allerdings nicht ungebrochen. Bereits in vorkolonialer Zeit wurden kosmopolitisierte Uniformstücke von Afrikanern angeeignet – häufig zunächst von solchen, die für Europäer arbeiteten, meistens als Seeleute, wie auf dem Bild auf S. 47 deutlich wird. Im 19. Jahrhundert waren solche Uniformen fest etablierter Teil des Habitus' der Kontaktzone im westlichen und südlichen Afrika und darüber hinaus bekannte Prestigegüter (vgl. Kapitel 2.1 „Kosmopolitisierte Kontaktzonen“, S. 31). Während der Kolonialzeit kam es dann zu einer aus Sicht der Kolonialherren disziplinierten, bzw. disziplinieren-

■ Colorierte Postkarte. Titel: „Bamum König mit Gefolge in Duala, Kamerun." Während dieses Besuches übergab Njoya auch eine Kopie seines Thronsessels für den deutschen Kaiser. Diese ist heute eines der Glanzstücke des Völkerkundemuseums in Berlin.

den und einer undisziplinierten Uniformierung. Für die Kolonialtruppen wurden besondere Uniformen entworfen – für *weiße* wie für *schwarze*. Der koloniale Blick erkannte die „Kostümierungen" und Uniformierung der Oberflächen als Zeichen seiner Herrschaft und Anerkennung (vgl. Pesek 2005: 177), (vgl. Kapitel 3.1 „Schwarz-Weiße Repräsentations(t)räume", S. 160).

An diese disziplinierenden Uniformierungen knüpften während der Kolonialzeit lokale Autoritäten, wie der *mfon* Njoya aus dem Kameruner Grasland an und entwarfen für sich und ihre Notabeln Uniformen, die denen der Kolonialherren ähnelten. Geary (1996) beschreibt diese nicht als Kopien, sondern als Übersetzungen idealisierter Uniformen in ein „indigenous idiom" (Geary 1996: 180), das auch andere prestige-reiche Kleidung, wie die der Banyo-Alliierten (islamisierter Hausa-Stil und Fulbe-Waffen) aufgriff. Auch Bamum-Traditionen, wie elaborierte und mit Federn geschmückte Kopfbedeckungen, wurden verwandt. Die Bamum unter *mfon* Njoya waren Ende des 19. Jahrhunderts politisch und militärisch äußerst erfolgreich. Ihre strategischen Bündnisse mit den Fulbe von Banyo (1897) und den Deutschen (1902) waren dabei entscheidend. Nach 1897 konvertierte Njoya daher zum Islam und mit der militärischen, bzw. „politischen" Kleidung, wie Geary es nennt, setzte sich der Hausa-

Stil durch. Nach 1902 wurde dieser durch deutsche Uniformelemente ergänzt, teilweise aus verschiedenen Elementen zusammengebastelt. Während des Besuches der Bamum-Delegation in Buea und der Übergabe des Throngeschenkes von Njoya an den deutschen Kaiser Wilhelm zeigten sich die Bamum den Deutschen als besonders ähnlich. Nicht nur in Kleidung und Pose, sondern auch im aufgeführten militärischen Zeremoniell. Bis in die 1970er und 1980er Jahre hinein wurde bei den Bamum die Erinnerung an ihren erfolgreichen Auftritt bei den exotischen Deutschen in Buea lebendig. Die Kleidung unterstrich dabei den Status der Träger, sowohl durch die zur Schau gestellte Akkumulierung von Prestigegütern aber auch durch ein elitäres Wissen, das sich exotische Dinge aneignen konnte, um die eigene Macht zu vergrößern. Die politische Aussage der Kleidung war ambivalent: auf der einen Seite unterstrich Njoya damit seine Allianz mit den Deutschen auf der anderen Seite inszenierte er sich als gleichwertig (vgl. ebd.).

Auch in Ostafrika war dies der Fall – wie auf dem Foto auf S. 52 zu sehen ist, erstreckten sich die Gemeinsamkeiten nicht nur auf die Uniformierung sondern auf weite Teile des militärischen Zeremoniells, einschließlich der Kapelle, die hier allerdings afrikanische Instrumente verwendet. 1913 trug Sultan Kahigi von Kianja im äußersten Westen DOAs eine deutsche Kürassieruniform (vgl. Pesek 2005: 74, 218; Becher 1997: 127), (vgl. Kapitel 2.2 „Kont(r)aktarbeiter", S. 44).

Besonders bekannt ist die Bedeutung und heutige Verwendung von Uniformen bei den Herero – und besonders bezeichnend für eine Verkennung der vielschichtigen Historizität, die in ihnen liegt.

Auf der Postkarte (rechts) ist zu erkennen, dass jeder der abgebildeten Herero nicht nur Stiefel, Hut, Jacke und Uniformjacke, sondern auch ein Gewehr mit Munition trägt. Dies unterstreicht die Entstehung der Herero als „Gewehrgesellschaft" seit den 1860er Jahren und die Bedeutung von Krieg und kriegerischem Handwerkszeug für die Konstruktion von Männlichkeit. Gewehre hatten zu diesem Zeitpunkt über ihre rein pragmatische Bedeutung als Machtmittel auch alltägliche und sozioreligiöse Bedeutung, festgeschrieben in bestimmten Ritualen, erlangt (vgl. Henrichsen 2004b). Männlichkeit bei den Herero Ende verlief also in vielen Punkten entlang ähnlicher Achsen wie die kolonial-soldatische Männlichkeit in Deutschland. Beide teilten so einen gewissen militärischen Habitus, was sich durch gemeinsame Kriegslager und gemeinsame Paraden in der frühkolonialen Phase auch visualisierte (vgl. Kapitel 2.3, S. 55). Samuel Maharero steht in diesem gemeinsamen Habitus für eine weitere Phase – im Vergleich zur vorigen Generation. Hendrickson (2000) konnte herausarbeiten, wie er sich körperlich (durch Kleidung, Bartwuchs und Pose) dem militärisch-deutschen Idiom annäherte. Während die ältere Generation der einflussreichen Herero meist sitzend abgebildet wurde, bevorzugte Samuel Maharero die stehende soldatische Pose. So wurden Herero-Vorstellungen von Macht und Potenz verstärkt und stellten daher keinen Bruch dar. Er zeigte statt

▪ „Herero-Großleute". Postkarte aus der Kolonialzeit.

dessen, dass er Zugang zu neuen Ressourcen (materiell und spirituell) hatte und die Inszenierung wurde so Ausdruck seiner politischen Identität (ebd.: 239).

Diese gemeinsame Militärkultur wurde in der frühkolonialen Zeit von den Deutschen und den Herero sowie den Nama genutzt. Während des Krieges von 1904 zwischen Herero und Deutschen zeigte sich, wie bedrohlich der gemeinsame militärische Habitus für die deutschen Soldaten wurde – sowohl militärstrategisch als auch psychologisch. Es wurde damals sowohl als Demütigung verstanden, dass die Herero den gefallenen Deutschen ihre Uniformen auszogen, um sie selbst zu tragen, als auch als geschickte militärische Strategie. Die Historikerin Gesine Krüger verweist eindringlich auf die Angst der Deutschen vor den Leichen ihrer gefallenen nackten Kameraden, ein Gegenbild zum idealisierten, „schönen" Heldentod. Sie beschreibt die Kriegserfahrung 1904 somit auch als gegenseitige Grenzüberschreitungen der deutschen Soldaten, die sich „Afrikaner" nannten und der Herero, für die die deutschen Uniformen ihre eigenen wurden und die sich mit militärischen Rangbezeichnungen der Schutztruppe anredeten (vgl. Krüger 1999: 110-112; dazu auch Kuss 2006). Die bis heute bekannte *otjiserandu* oder *oturupa* hat ihren Ursprung, zumindest der Erzählung nach, ebenfalls im Krieg von 1904.[84] Überliefert wird die Geschichte einer „Hererotruppe", die von den Deutschen aufgestellt wurde, hervorgegangen aus Outjo oder Karibib, die während des Krieges (1904) desertierte und auf Seiten der Herero kämpfte, dazu deutsche Befehle übernahm und die deutsche Schutztruppe so in einem Gefecht überlistete. Tatsächlich desertierten während

84 Vgl. zur Begriffsgeschichte „oturupa" besonders Förster (2005).

des Krieges Herero-Polizisten und wurden deutsche Uniformen und Befehle auf Seiten der Herero benutzt (Krüger 1999: 23 24). Es ist bezeichnend, dass den Herero das Tragen von Uniformen 1905 verboten wurde. Ähnlich reagierten die Deutschen auch auf die Uniformierungen von Njoya und anderen Gruppen und Individuen in Kamerun (vgl. Förster 2005, Geary 1996, Warnier 1996), s. Kasten.

Neben Rängen, wie *oloitnanta* oder *ohauptmana,* wurden in der *oturupa* auch die Namen der früheren deutschen Gegner übernommen, wie beispielsweise „Deimling" und „von Estorff". Sowohl die Übernahme der Uniformen, als auch der Namen bedeuten die Aneignung neuer Machtressourcen, die bereits vorhandene, wie die Reputation als guter Jäger oder politischer Führer unterstützte. Sie erweiterten damit also symbolische Aussagen über ihre Männlichkeit (vgl. Hendrickson 2000: 240).

Die *oturupa* wurde auch eine der bedeutendsten Möglichkeiten der Herero, sich unter den Bedingungen von Kolonialismus und Apartheid zu organisieren, gegenseitig zu unterstützen, Informationen auszutauschen und damit stark zu machen. Besonders interessant ist dabei, dass die Neubegründer dieser Bewegung höchstwahrscheinlich diejenigen Herero waren, die bis zum Ersten Weltkrieg Teil der deutschen „Schutztruppe" im damaligen Südwest-Afrika gewesen waren – als Soldaten, Polizisten, Diener (Bambusen) oder andere Angestellten. Diese hatten sich als neue Klasse besonderes Prestige in der kolonialen Situation erworben und standen nach der deutschen Niederlage gegen südafrikanische Verbände 1915 vor einem drohenden sozialen Abstieg (vgl. Gewald 1999, Selmeci/Henrichsen 1995). In einer binären Denkweise hätten diese meist jungen Männer auf der „falschen" Seite, nämlich der der Kolonialisten gestanden, die für den Tod so vieler Herero verantwortlich gewesen waren. Dennoch wurde die *oturupa*-Bewegung zu einer alle Herero einigenden Möglichkeit der Darstellung von Ehre und Macht und so zentral für die Bildung einer starken Herero-Identität nach 1904. Seit 1923, dem Begräbnisjahr des Herero-helden Samuel Maharero, etablierten die *oturupa* Heldengedenkfeiern an verschie-

■ Die Begräbnisfeierlichkeiten von Samuel Maharero wurden fotografisch von einem unbekannten Fotograf festgehalten. Diese Fotografie wird häufig abgebildet (vgl. dazu Kavari/Henrichsen/Förster 2004: 154-155) und wurde somit zu einem Symbol für die wiedererstandene Herero-Armeen. Auf dem Cover des Buches des Historikers Jan-Bart Gewald von 1999 wird die Aussage durch den Titel des Buches „Herero Heroes" noch verstärkt.

denen Gräbern bedeutender Herero-*chiefs* (vgl. Kavari/Henrichsen/ Förster 2004).

Manche von ihnen lagen auf „weißem" Gebiet (Farmen oder Städten) und der Besuch dieser Gräber durch die wiedererstandene Herero-Armee kann auch als symbolische Wiederbesetzung des verlorenen Landes gedeutet werden (vgl. Krüger 1999, Gewald 2004). Im Jahr 2004, der hundertjährigen Wiederkehr des Völkermordes an den Herero, erfuhren die Heldengedenkfeiern der *oturupa* eine die nationale Arena überschreitende Qualität. Zwar hatten die farbenfrohen Veranstaltungen, die stets an verschiedenen Tagen und Orten im August stattfanden, schon lange dazu geführt, dass die Herero unter europäischen Touristen zu den bekanntesten Gruppen Afrikas gehörten, 2004 aber waren die Gedenkfeiern deutlich politisiert, schließlich wurde die Rede der deutschen „Entwicklungshilfeministerin" Heidemarie Wieczorek-Zeul in Hamakari am 15. August 2004 mit Spannung erwartet. Die von ihr dort geäußerte Entschuldigung für „Verbrechen, die man heute als Völkermord bezeichnen würde" war ein grandioser politischer Erfolg für die Herero, die seit den 1980er Jahren versuchten, Wiedergutmachung für den an ihnen 1904 verübten Völkermord zu erhalten.

Verordnung betr. das unbefugte Uniformtragen in Kamerun 1907
Wer unbefugt Uniformstücke oder uniformähnliche Gegenstände (Kleidungs-, Ausrüstungsstücke, Waffen oder Abzeichen) trägt, welche nach Lage der Verhältnisse geeignet sind den Anschein zu erwekken, als ob der Träger Angehöriger der Polizei- oder Schutztruppe sei oder amtliche Eigenschaft besitze, Wer ohne Erlaubnis des zuständigen Bezirksleiters Gegenstände der bezeichneten Art an Eingeborene [sic!] überläßt oder das Tragen derselben bei einem Eingeborenen [sic!], welcher in seinen Diensten steht, wissentlich duldet [...] wird [...] mit Geldstrafe bis zu 150 M[ark] im Wiederholungsfalle bis zu 1 000 M[ark] in Nichtbeitreibungsfalle mit Haft oder Gefängnis [...] bestraft. (BAB R 1001/4313, B. 81)

Das Beispiel der *oturupa* zeigt zwei Dinge: Erstens, dass in der konkreten historischen Situation vor Ort von Seiten der Herero keine klaren Grenzen zwischen pro- und antikolonialen Herero gezogen wurde und zweitens, dass eine kreative Aneignung und Umdeutung kolonialer Institutionen erfolgreich war, nämlich die ehemaligen Kolonialherren zu einer Entschuldigung zu bringen.[85] Wichtig ist bei der Betrachtung der *oturupa*, den bereits in vorkolonialer Zeit fest etablierten militärischen Habitus zu berücksichtigen. Zwar verweist die Übernahme deutscher Rangbezeichnungen und Namen tatsächlich auf „koloniale Mimikry" (Bhaba) und ist daher eine subversive und parodierende Aneignung gegeben, die Elemente dieser „bricolage" gehen jedoch historisch

85 Vgl. zu den (erinnerungs-)politischen Ereignissen des Jahres 2004: Melber (2005, 2007), Kößler (2007). Zu den genauen Umständen der Rede von Wieczorek-Zeul und den unmittelbaren namibischen Reaktionen daruf Förster (2006): 205-206.

weiter zurück. Ausschließlich koloniale Ursprünge darin zu erkennen, wäre also verkürzt. Förster (2005) interpretiert die *oturupa* daher trefflich als „Verdinglichung der widersprüchlichen und ambivalenten Aspekte geteilter deutsch-namibischer Geschichte“ (ebd. o.S.). Gewald (2002) geht schließlich noch einen Schritt weiter und zeigt auf, wie ähnlich der Habitus der Deutschen in Südwestafrika und der der Herero besonders seit den 1920er Jahren war. Er liest die Paraden Deutscher Pfadfinder in Windhoek und deren Gedenkfeiern auf „deutschen Friedhöfen“ ähnlich wie die Aktivitäten der *oturupa*. Die Deutschen hätten sich nicht nur ähnlich verhalten, sondern seien sogar abhängig von den Herero für den Erfolg ihrer rituellen Praktiken gewesen.

„The ‚civilized' German nationalists, who paraded through the towns and villages of what is now Namibia wearing fantasy uniforms and bearing wooden staves in lieu of rifles, were, but for the colour of their skin, indistinguishable from the ‚primitive' Herero who ‚persisted in playing childish games'. Both the Germans and the Herero drew their inspiration from a common ‚modern' way of conducting public ritual and sought to influence one and the same colonial administration.“(Gewald 2002: 112)

In Ostafrika spielten die *beni ngoma* eine ähnliche Rolle wie die *oturupa* in Bezug auf Erinnerungen an den deutschen Kolonialismus in der Zeit nach dem Ersten Weltkrieg und dem damit verbundenen Umbruch.

Während der deutschen Kolonialzeit war die offizielle Askari-Kapelle neben der Marinekapelle das einzige offizielle Orchester in Deutsch-Ostafrika. Es entwickelten sich jedoch auch private Orchester, zum Beispiel die *boy's band* in Tanga. Bereits zu vorkolonialer Zeit war das Element der Militärmusik vom Hofe des Sultans von Zanzibar ausgehend an der ostafrikanischen Küste populär geworden. In Mombasa und Lamu waren verschiedene „beni“ seit Ende des 19. Jahrhunderts populär. Sie rekurrierten sowohl auf verschiedene afrikanische Stile, als auch auf „moderne“ Elemente, wie Blasinstrumente und Militäruniformen. In Deutsch-Ostafrika verbreiteten sich die „beni“ ebenfalls sehr schnell. Sie nahmen dabei deutsche Militärhierarchien auf und vergaben Titel wie: „Kaiser“, „Bismarck“, „Hindenburg“ aber auch „Gefreiter“ – ganz ähnlich also, wie die „oturupa“ der Herero. Diese Elemente galten als das Gegenteil von „shenzi“ (hinterwäldlerisch) und es waren besonders junge Männer, die sich in den *beni ngomas* engagierten. Die Zugehörigkeit zu bestimmten *beni ngomas* konnte daher auch die Zugehörigkeit zu einer neuen Elite ausdrücken. In der *Marini* aus Tanga waren 1914 beispielsweise christliche Angestellte und Ngoni Askari sowie junge Swahili aus guten Familien in leitender Position. Angestellte der Deutschen, besonders die Askari, waren wichtige Verbreiter der *beni ngoma* ins Inland – so entwickelte sich ein soziales Netzwerk in Deutsch-Ostafrika, das über die *beni ngomas* Zugehörigkeit zur neuen Elite demonstrierte. Dieses

Netzwerk forderte auch deutsche Kommunikationsüberlegenheit heraus und wurde, ebenso wie die teilweise vorhandene Satire auf Europäer, skeptisch betrachtet. Die Multi-Direktionalität solcher Phänomene zeigt sich deutlich darin, dass einige der in *beni ngomas* entstandenen Melodien von der deutschen und britischen Militärmusik aufgegriffen wurden (vgl. Ranger 1975: 34-44). Im Zuge der Militarisierung Deutsch-Ostafrikas während des Ersten Weltkrieges militarisierten sich auch die *beni ngomas.* Sie wurden außerdem noch differenzierter, was das soziale Prestige der Mitglieder betraf. Die schon länger in der Armee beschäftigten Askari wurden Mitglied bei den *Marini,* die kurzfristig rekrutierten bei den *Arinoti.* Die *Marini* sangen: „We Marini are coastal people! Savages from up-country, Ah! You are not able! … We Marini are favoured by God. To be able to read and speak the language of Europe the gates of Heaven are opened for us… We Marini are the people of Paradise; we long to go to our home on the coast. These Arinoti are people of Hell. „(ebd.: 53).

Marini galten als „See-Soldaten“, Arinoti als Infanterie. Hier spielen also lokale und deutsche militärische Prestigevorstellungen ineinander. Die Askari wurden durch den Krieg und den Sieg in Tanga noch stolzer. Das beliebteste *Marini*-Lied wurde: „Our soldiers are exeedingly brave“ – es wurde noch 1972 gesungen.

Nach dem Krieg galten die *beni* zunächst als germanophil und 1921 wurden die deutschen Namen verboten. Die Mitglieder schienen aber relativ wenige Probleme der Anpassung gehabt zu haben, marschierten unter dem Union Jack oder der islamischen Flagge. Einige jedoch hatten durch die Niederlage tatsächlich an Status verloren, für sie wurde *beni* wichtiger als vorher – ein Beispiel ist Saleh bin Mkwawa, der Sohn von Mkwawa, der Ende des 19. Jahrhunderts mit den Hehe gegen die Deutschen gekämpft hatte und ihnen eine ihrer empfindlichsten Niederlagen zugefügt hatte. Saleh war von Missionaren erzogen worden, von 1912 an war er *Akida* im Dodoma Distrikt. 1917 wurde er Kriegsgefangener der Briten, nach seiner Freilassung ging er zurück nach Iringa in untergeordneter Stellung im Kolonialdienst. Er koordinierte dann dort die *Marini*-Aktivitäten und nannte sich Friedrich August König von Sachsen. Als solcher und schrieb er an Thomas Plantan (alias M. König von Hindenberg) in Dar-es-Salaam. Plantan ermutigte Saleh bin Omar aus Tanga nachdrücklich, sich Kaiser und nicht „König“ zu nennen, da der Titel „Kaiser“ sogar mehr bedeute und somit auch höher zu bewerten sei als „Königin (von England)“:

„The name of King is not yours, but you are Emperor. The meaning of Emperor is a Possessor or Sultan, who is superior to various Sultans or Kings… do not call yourself King but Emperor. Do understand, then inform all Marine all over the world that Kaiser is Emperor, Kaiserin in Empress, König is King, Königin is Queen. Think much … Reflect much. Understand much. I do not like you to be called King; your respect is great.“ (ebd.: 57)

Thomas Plantan, Sohn des berühmten „Zulu“ Effendi Plantan, der bereits in der Wissmanntruppe diente und selbst ebenfalls deutscher Kolonialsoldat, wurde 1962 Vorsitzender der „Tanganyika Association of former German Askari“, die in der deutschen Öffentlichkeit durch den Film „Reichsadler und Giraffe“ bekannt wurde und eine finanzielle Unterstützung ihrer Mitglieder durch die BRD erreichen konnte (vgl. Kapitel 2.5. „Von den deutschen zu den armen Askari“, S. 116).

Ob die *oturupa* so wie die *beni ngoma* in Namibia sich heute noch auf ehemalige *schwarze* Soldaten in deutschen Diensten berufen, ist fraglich. Dies ist jedoch äußerst unwahrscheinlich. Es zeigt sich nämlich, dass in der (post-)kolonialen Aushandlung (erinnerungs-)politischer Prozesse die Gruppe der auf Seiten der Deutschen kämpfenden Herero (wie auch anderer afrikanischer Gruppen) verschiedene Erinnerungszyklen durchlief und in jüngster Vergangenheit einem konsensualen Vergessen anheim fiel. Es kann sogar die These aufgestellt werden, dass die Entschuldigung der deutschen Ministerin auf einer radikalen Opfer-Täter-Scheidung beruhte, der ambivalente – aber historisch verbriefte – Positionen und Erfahrungen, wie die der *Herero*-Soldaten auf deutscher Seite, ausschloss.[86] Dieser Konsens des Vergessens wurde dabei in einem historischen Prozess aus unterschiedlichen Positionen, der deutsch-namibischen, der bundesdeutschen, von Hereroseite und vom unabhängigen Staat Namibias, erreicht, wie im Folgenden an den Beispielen des Herero-Soldaten Friedrich und des Soldatenfriedhofes am Waterberg veranschaulicht wird.

Wie Förster (2006) herausstellte, wurde der bereits erwähnte Herero-Soldat Friedrich, der 1904 an der „Patrouille Bodenhausen“ teilnahm und sehr wahrscheinlich getötet wurde, in den Erinnerungen deutschsprachiger Namibier aus dem Jahre 2001 verschwiegen (vgl. zu Friedrich Kapitel 2.4 „,Kriegerische Rasse‘ – koloniale Klasse“, S. 78). Da der Angriff auf diese und die Verstümmelung durch die Herero von deutsch-namibischer Seite bis heute als eine Rechtfertigung für das brutale Vorgehen der deutschen Truppe erzählt wird, würde die Tatsache, dass ein *schwarzer* Soldat auf Seiten der Deutschen daran beteiligt war und sogar selbst verstümmelt wurde, das aus heutiger deutsch-namibischer Sicht benötigte *Schwarz-Weiß*-Bild zerstören. Im Gegensatz dazu wurde in Geschichten herero-sprachiger Menschen, die Förster 2001 erhob, ein afrikanisches Truppenmitglied der Patrouille Bodenhausen thematisiert. Ein namasprachiger Soldat sei zusammen mit Bodenhausen getötet und beerdigt worden (vgl. auch Krüger 1999: 109-110; ausführlich Förster 2006: 119-127). Zwar wird

86 Förster (2006) hat anschaulich gezeigt, wie der Opferstatus der Herero politisch und medial hergestellt und benutzt wurde und hat gleichzeitig herausgearbeitet, dass das Überleben trotz der genozidalen Erfahrung zentral in den Repräsentationen während des Gedenkjahres 2004 war (vgl. ebd.: 222-239).

in der Erzählung der Herero ein *schwarzer* Soldat erwähnt und somit das *Schwarz-Weiß*-Bild der deutschen Seite aufgelöst, andererseits wird er – aus Perspektive der hererosprachigen Erzähler – als *omukuena* (namasprachiger Mensch) vom Selbst abgegrenzt. Dieses Argument wurde auch 2004 von Herero weiterentwickelt. 1904 hätten *schwarze* Truppen auf Seiten der Deutschen gekämpft, dabei habe es sich um Nama und Baster gehandelt (vgl. Förster 2006: 233-234). Unterschlagen wird hierbei, dass zusätzlich zu den Nama- und Basterregimentern über 130 *schwarze* Soldaten auf verschiedene Schutztruppenregimenter verteilt gewesen waren und diese dort besonders wichtige strategische Aufnahmen übernahmen (vgl. Kapitel 2.4 „,Kriegerische Rasse' – koloniale Klasse", S. 78). Förster bezeichnet diese Strategie im Jahre 2004 als „Monopolisierung des Opferstatus" durch die Herero (ebd.: 233).

Die deutsch-namibische Seite verwies im Jahr 2004 an zentralerer Stelle in einer Ausstellung in Swakopmund darauf, dass elf Prozent der Schutztruppe Witbooi- und Baster-Soldaten gewesen seien. Mit der Auflösung der *Schwarz-Weiß*-Scheidungen versuchten sie so, die Schuld ihrer eigenen Vorfahren zu relativieren. Damit berührten sie ein „nationales Tabu", das den antikolonialen und Befreiungskampf aller *Schwarzen* beschwor (vgl. Förster 2006: 242). Förster zeigte auch, dass die deutsch-sprachigen Namibier in Interviews aus dem Jahre 2001 den Herero-Kriegsgegner von 1904 viel stärker diskursiv ausschlossen, indem sie ihn brutal entmenschlichten, als dies in den Herero-Geschichten der Fall war, die den Krieg stärker als gemeinsame Erfahrung mit spiegelbildlichen Heldengeschichten konstruierten. Dennoch benannten die von Förster befragten Herero nicht explizit die Tatsache, dass Herero auf Seiten der Deutschen mitgekämpft haben.

Wie schwierig dieses Thema in der Geschichte war, zeigt auch die Kontroverse über den so genannten „Eingeborenenfriedhof" am Waterberg. Die Gedenkfeiern der deutschsprachigen Namibier und Deutschen aus der BRD am deutschen Friedhof am Waterberg, die seit 1905 abgehalten wurden, waren 1964 von Clemens Kapuo, einem einflussreichen herero-sprachigen Politiker, kritisiert worden. Daraufhin wurden von deutscher Seite außerhalb der Mauern des Waterberg-Friedhofes 1967 neun so genannte „Eingeborenengräber" errichtet. Historisch verbrieft war lediglich die Existenz eines Grabes und zwar für den Herero-Soldaten Theobat Kambuwika, der 2. Batterie der Abteilung Heyde, der im Lazarett in Windhoek an Malaria gestorben war. Zusammen mit den neun Gräbern wurde eine Platte mit folgender Inschrift errichtet: „Hier ruhen treue Kaffernsoldaten der Kaiserl[ichen] Schutztruppe" (Förster 2006: 147, ein Foto des Friedhofes und des Gedenksteins ebd.: 148). Ab 1969 wurde der „Eingeborenenfriedhof" in die Gedenkfeier der Deutschen integriert. Dabei wurden Fahnengrüße erteilt, Reden gehalten und das Lied „Ich hatt' einen Kameraden" angestimmt (vgl. ebd.: 149). Im Zuge politischer Annäherungen zwischen deutsch- und herero-sprachigen Namibiern nach der Turnhallen-Konferenz von 1977 veränderten sich die Gedenkrituale am Waterbergfriedhof dahingehend, dass ab 1978 führende Herero-Vertreter daran teilnahmen, ebenso wie deutschsprachige Namibier am Maharero Day in Okahandja teilnahmen. 1983 beteiligten sich erstmals Mitglieder der *oturupa* der Herero am Waterberg-Gedenken. Im Zuge dieser Annäherung kritisierten deutsche Namibier und bundesdeutsche Besucher den „Eingeborenenfriedhof". Ihre Kritik richtete sich vornehmlich gegen deren Lage außerhalb des Friedhofes der Deutschen und durch die Trennung der beiden Friedhöfe durch die Friedhofsmauer, die die Apartheid über den Tod hinaus nachvollziehe. Die Vertreter der Herero hatten die „Eingeborenengräber" beim Gedenktag von 1982 nicht beachtet und dort auch keine Kränze niedergelegt, wie sie dies an den Gräbern der Deutschen getan hatten. 1984 wurde dann eine neue Tafel am Waterberg-Friedhof angebracht, die dem „Andenken der in der Schlacht am Waterberg gefallenen Hererokriegern" gewidmet ist und bis heute besteht. Die „Eingeborenengräber" gerieten in Vergessenheit und wurden irgendwann zu einfachen „Steinhaufen". Möglicherweise, so die damalige Interpretation, seien es Gräber von „Damara-Hilfskriegern", denn Herero hätten nicht auf Seiten der Deutschen gekämpft. Die Gräber wurden 1988 beseitigt (vgl. ebd.: 159-164). Die Erinnerung an die „treuen Kaffernsoldaten" verschwand damit ebenfalls. Förster interpretiert dieses „Geschichtsentsorgen" als „Wunsch nach klaren Fronten und klaren Freund- und Feindbildern nicht nur auf Seiten der Deutschen, sondern auch auf Seiten der Herero" (ebd.: 164). 2003 wurde das Waterberg-Gedenken vom seit 1990 unabhängigen Staat Namibia verboten. Die gesamte namibische Nation sei Opfer des Genozids von 1904 geworden. Zwar sprachen sich auch einige Herero-Vertreter gegen das Verbot aus, die deutschsprachigen Namibier beharrten jedoch darauf, die deutschen Soldaten weiterhin als Helden zu feiern, ohne die Versöhnungsrhetorik der „national unity" aufzugreifen (vgl. ebd.: 175-176). Auch die Gedenkfeiern und Erinnerungsrituale auf Seiten der Herero (*omazemburukiro* wie der Maharero Day und Ohamakari Day) thematisieren die *schwarzen* Soldaten auf deutscher Seite nicht. Die Regierungspartei in Namibia ist bis heute die SWAPO, die ehemalige Befreiungsbewegung, deren Helden nur klar antikoloniale Kämpfer sein sollen. Die unabhängige Nation Namibia ehrt daher am „Heroes Day" und auf dem „Heroes Acre" nur solche Krieger, die gegen Kolonialismus und Apartheid gekämpft haben. In DSWA waren ja tatsächlich die Mehrzahl der eingesetzten Soldaten *Weiße*, was das Vergessen der auf deutscher Seite beteiligten *schwarzen* Soldaten, Polizisten und Bediensteter erleichtert, auch wenn Historiker wie Krüger (1999) dringend anraten, dies nicht zu tun und *Schwarz-Weiß*-Scheidungen nicht schärfer zu zeichnen, als sie waren. In den anderen ehemaligen deutschen Kolonialgebieten, in denen die Mehrheit der Soldaten in den Kolonialtruppen *schwarz* waren, kann wie gezeigt, ein solch konsensuales Vergessen jedoch nicht funktionieren (vgl. dazu das folgende Kapitel).

4. Ausblick

Es ist frappierend, wie ähnlich die Benennungspraxis der *beni ngoma* im ehemaligen Deutsch-Ostafrika derjenigen der *oturupa* im ehemaligen Deutsch-Südwestafrika war und auch aus Kamerun wurde berichtet, dass sich ehemalige Kameraden an den Gräbern der gefallenen *weißen* Soldaten trafen, um Deutsch zu sprechen und ihre Erinnerung zu pflegen (vgl. Kapitel 3.3 „Kosmopolitisierende Perspektiven“, S. 208). Dies mit dem im deutschen Diskurs etablierten Begriff der „Treue“ gleichzusetzen, würde jedoch afrikanische Interessen und Handlungsmacht und deren Verständnis von den Rechten und Pflichten von professionellen Soldaten ausblenden. Die „Treue“ der Askari „bis in den Tod“, die besonders im deutschen Diskurs der Zwischenkriegszeit von kolonialrevanchistischen Gruppen beschworen wurde, war aus der Perspektive der *schwarzen* Kolonialsoldaten selbst an Erwartungen an die deutschen Offiziere geknüpft und konnte, wurden diese nicht erfüllt, aufgekündigt werden. Das Verhältnis der *schwarzen* Soldaten zu den *weißen* Vorgesetzten wurde somit aus der Perspektive der *schwarzen* Kolonialsoldaten in bestehende Vorstellungen von Patronageverhältnissen eingebettet. Die eigenen Patronagesysteme und Männlichkeitsentwürfe, die die *schwarzen* Soldaten aufbauten, waren aus kolonial-deutscher Perspektive dabei unerwünscht und widersprachen der Vorstellung klarer „Rassehierarchien“. In hegemonialen Darstellungen im deutsch-kolonialen Repräsentationsraum wurde der *schwarze* deutsche Kolonialsoldat eher anonymisiert – ganz gemäß biopolitischen Visionen – als „Menschenmaterial“ dargestellt und diente damit der Herstellung und Selbstvergewisserung der *weißen* Männlichkeit als pater familias mit großem Gefolge. Diese inszenierte Entmännlichung *schwarzer* Männer stand im Gegensatz zur eigenen Inszenierung der Soldaten als Vorsteher großer Haushalte mit oft mehreren Frauen, vielen Kindern und Dienern. Deren Präsenz wurde auf der Ebene der Repräsentation versucht auszuschließen.

Wie in der Einleitung bereits angedeutet, gab und gibt es antikoloniale Positionen, die die *schwarzen* Kolonialsoldaten als Söldner brandmarken. Die historischen Ausführungen haben jedoch gezeigt, dass ihnen dieses Stigma nicht gerecht wird, die Gruppe der Menschen sehr heterogen war, sich als professionelle respektable Soldaten sah, am Ende der Kolonialzeit mehrheitlich aus den Kolonialgebieten selbst kam und stets in komplexe Machtverhältnisse und Hierarchien eingebunden war. Nach der deutschen Kolonialzeit waren sie als *german soldiers* weiterhin einflussreich und konnten von dem erworbenen Prestige zehren, wie die Interviews aus Kamerun gezeigt haben, und das obwohl die *german soldiers* gleichzeitig als diejenigen erinnert wurden, die brutale koloniale Gewalt ausübten.

Im Raum der kolonial-deutschen Repräsentation – in Text, Bild und Performanz – zeigte sich dabei der Versuch, eine homogene und stabile koloniale Ordnung zu schaffen, als stets prekär und bedroht. Die Uniformen, die in West-, Ost- und im südwestlichen Afrika von Afrikanern benutzt wurden, können als subversive Handlungspraxis von Kolonisierenden – im Sinne von Bhabas kolonialer Mimikry – gelesen werden. Koloniale Mimikry fungiert einerseits als Übersetzung kolonialer Macht und andererseits als Verunsicherung derselben. Wichtig erscheint an dieser Stelle jedoch gerade die Uneindeutigkeit kolonialer Machtverhältnisse auf der einen Seite und auf der anderen Seite eine Kontinuität des bereits in vorkolonialer Zeit etablierten militärischen Habitus'. Für dessen Etablierung waren kosmopolitische Stile – jenseits von einfachen Dichotomien – prägend gewesen. Sie bezogen sich auf einen multifokalen Raum, der als atlantischer (Europa, Westafrika, Karibik, USA), pan-islamischer (Ostafrika, Arabien, Nordafrika) mit unzähligen Übergängen und ständigen Kontaktzonen bezeichnet werden kann. Die Mobilität der in diesen Räumen aktiven Protagonisten über soziale und geografische Räume hinweg wurde bereits angedeutet (vgl. Kapitel 2.1 und 2.2). Anstatt also klare Oppositionen zwischen einer homogenen Gruppe der Kolonisierenden und einer homogenen Gruppe der Kolonisierten herauszustellen mit einem „hybriden Raum" dazwischen, scheint es sinnvoller zu sein, von sich ständig gegen- und ineinander auflösenden Repräsentationssystemen zu sprechen, die von konstanter Verwirrung, Uneindeutigkeit und Dialog – durchaus auch asymmetrischem – gekennzeichnet sind. Ebenso wie Differenz konstituiert wird, wird sie gleichzeitig wieder ausgelöscht. Es ist von daher in Frage zu stellen, ob die Uniformierungen Njoyas und seiner Notabeln oder die Inszenierung Kahigis „europäisch" zu nennen ist. Somit ist Mimikry auch eine Frage der Perspektive und „koloniale Mimikry" nicht nur ein Resultat von „double vision" oder „double consciousness", sondern polyvalent. Im Perspektivwechsel werden weitere fundamentale Verschiebungen europäischer Konzepte deutlich, zum einen durch die komplexe gelebte soziale und historische Praxis zum anderen durch die Einbettung, An- und Umeignung in bestehende Repräsentationssysteme. Ein einfaches und unmittelbares Verstehen ist dabei aus keiner Perspektive möglich.

Mir scheint „Missverstehen" eine Konstante in *schwarz-weißen* Begegnungsgeschichten zu sein. Auch der kamerunische Historiker Madiba Essiben sprach für den 1884 zwischen Duala und Deutschen abgeschlossenen Vertrag und dessen Folgen von einem „Missverständnis", ebenso der kamerunische Filmemacher Jean-Marie Teno über die deutsche Kolonialzeit („Le malentendue colonial", vgl. Essiben 2005). Dieses „Missverstehen" setzt sich bis in die Gegenwart fort, allerdings nicht an allen Stellen ungebrochen. Chakrabarty (2007) beschrieb beispielsweise die Tatsache, dass das, was „Europa" in Bengalen zur Kolonialzeit bedeutete, etwas ganz anderes war, als die Art, wie Europa sich selbst definierte. Becks Vision des „kosmopolitischen Blicks", der dialogisch sei für „Ambivalenzen im Milieu verschwimmender Unterscheidungen und kultureller Widersprüche" scheint sich somit für diesen Fall als Illusion zu erweisen (vgl. Beck 2004: 10). Ein Beispiel am historischen Dokumentarfilm kann abschließend einige der Schwierigkeiten aber auch Möglichkeiten, dieser fortgeschriebenen Missverständnisse aufzeigen. Ausgehen möchte ich von einer Szene im 1966 ausgestrahlten Dokumentarfilm „Heia Safari" von Ralph Giordano: Am Strand von Tanga im damaligen Tanganyika – sehr idyllisch unter Kokospalmen – sitzen mehrere alte Herren im *kanzu*, dem langen Hemd der angesehenen islamischen Bevölkerung Ostafrikas, und singen leise das Lied „Ich hatt' einen Kameraden".

Auch Giordano, dessen Hauptanliegen in dem Film war, koloniale Gewalt aufzudecken und zu verurteilen, konnte sich der Eindrücklichkeit dieser Szene nicht entziehen, wiewohl diese alten Herren doch die Soldaten waren, die den kolonialen Terror entfachten – die Männer also, die die ostdeutschen Historiker als skrupellose Söldner sahen. Durch die persönliche Begegnung mit ihnen eröffneten sich Giordano jedoch Perspektiven auf den deutschen Kolonialismus, die außerhalb des deutschen Kontextes und der Dichotomie von „treuen Askari" zu „skrupellosen Kolonialsöldnern" standen. Er hatte die ambivalente und sich einfachen Dichotomien wie „gut" und „böse" widersetzende Natur der Kolonialsoldaten erfahren. Im Gegensatz zur Mehrheit seiner Zeitgenossen befand er deren ungewohntes „Kaiserlich-Deutschsein" nicht als Genugtuung und „Beweis" für Deutschlands Größe im Rekurs auf Debatten der 1920er Jahre um „Deutschlands Fähigkeit oder Unfähigkeit zur Kolonisation". Giordano war explizit ANTI-kolonial eingestellt. Durch viele Gespräche mit Afrikanern, die die deutsche Kolonialzeit miterlebt hatten, war er aber auch mit der sozialen Realität konfrontiert worden, die durch den Kolonialismus entstanden war und die Lebenswege und Biografien hervorgebracht hatte, die sich nicht leicht in die politischen Debatten in Deutschland auflösen ließen. Spätere antikoloniale Positionen, wie der 1978 entstandene Film „Liebe zum Imperium" umgingen solche Widersprüche, indem sie die *schwarzen* deutschen Kolonialsoldaten nicht thematisierten, ja, ihre Existenz bewusst aus ihrem bildlichen Material tilgten (vgl. Kapitel 2.5 „Von den deutschen zu den armen Askari", S.116). Schmitz hat 1998 für Dokumentarfilme über den deutschen Kolonialismus in Togo ebenfalls von einer „Reinigung" der eigentlich ambivalenten Bilder und Symbole der kolonial-deutschen Vergangenheit gesprochen. Dabei verweist sie auf einen Prozess, der es in der heutigen deutschen Perspektive ermöglicht, sich ungebrochen in die Kontinuität des Modernisierungsdiskurses zu stellen und dabei die eigene Position ganz klar von der anderen zu trennen. Die deutschen Spuren

■ Postkarte des „Kolonialkriegerdankes der Zwischenkriegszeit".

werden als Symbole für Ordnung und Effizienz inszeniert, die afrikanische Gegenwart als archaisch und „unterentwickelt" (vgl. Schmitz 1998). Die tatsächliche Veränderung im Bildausschnitt in dem Film und Begleitbuch „Liebe zum Imperium" „reinigt" die Hinrichtungsszene komplett von der tatsächlich dort abgebildeten Präsenz der Askari. Solcherlei Verfahren zeigen also, dass, wie Schmitz schreibt, der Rückblick auf den deutschen Kolonialismus „zum bloßen Blick auf die eigene Identität [gerät]" (ebd.: 212), des sich „modern", „fortschrittlich" und „überlegen" imaginierenden Europäers.

Das Beispiel des Filmes von Giordano zeigt die mediale Vernetztheit von Erinnerungsräumen, die eben nicht geschlossen und unüberwindbar nebeneinander stehen. Die Konfrontation von Ralph Giordano in den 60er Jahren mit den afrikanischen Zeitzeugen und deutschen Kolonialveteranen ist ein Beispiel dafür. Das „Verschwinden" der Askari aus dem Blickwinkel antikolonialer Anklagen, wie dem Bild von 1978, steht paradigmatisch für die machtvolle Aufrechterhaltung der eigenen Position durch ein Verschweigen des Ambivalenten. Dies ist als eine diskursive Strategie zur Aufrechterhaltung der erwünschten „Wahrheit" zu sehen. Der Produzent dieser medialen Inszenierung von Geschichte wird erst durch die Aufdeckung der Zensur als politisch handelnder Akteur sichtbar.

Spätere deutsche Filmemacher, die in Afrika nach der deutschen Kolonialgeschichte suchten, verfielen mehrheitlich der Kolonialromantik, auch Reiseführer verweisen meist recht unkritisch auf das positive Bild, das Deutschland in den ehemaligen Kolonien hätte. Im 2006 vom ZDF ausgestrahlten Spielfilm

■ Plakat eines ZDF-Zweiteilers aus dem Jahr 2006. Verfilmung mit Iris Berben in der Hauptrolle. Im Hintergrund sieht man verschwommen *schwarze* Kolonialsoldaten.

„Afrika, mon amour“ mit Iris Berben in der Hauptrolle wird ein zaghafter Versuch gemacht, sich der Figur der Askari komplex zu nähern. Die wahre Heroin bleibt jedoch die deutsche Frau als aufopfernde Krankenschwester, der der „treue Askari“ folgt, mit dem sich aber immerhin ein vertrauliches Gespräch entwickelt, in dem er nach seinen persönlichen Gründen gefragt wird, warum er in die deutsche Kolonialarmee eingetreten sei. In der gesamten Inszenierung des Krieges bleiben aber die *weißen* Figuren dominant. Auch auf den Plakaten, die prominent in deutschen Großstädten hingen waren *schwarze* Kolonialsoldaten nur verschwommen im Hintergrund zu sehen – exotisierend mit Palmen und Kamelen – eigentlich einem Wahrzeichen der „*weißen* Reiter“ der deutsch-südwestafrikanischen Kolonialtruppe, das anscheinend wegen seines Wiedererkennungswertes für das Plakat ausgewählt wurde. Die Reiter fehlen auf dem Plakat von 2006. Der Platz des *weißen* Mannes bleibt zwar leer, aber sichtbar. Es erscheint wie eine Hommage an das Gewaltdispositiv des Kolonialismus, deren Heroen, die „treuen Askari“ und die „Reiter aus Südwest“ als gemeinsamen Hintergrund für das Plakat auszuwählen und lässt den romantisierenden Titel „Afrika, mon amour“ noch obskurer erscheinen, zumal es ja die *weiße* Frau ist, die diese Liebe bekennt. Die bildliche Verbindung von *weißer* Frau und *schwarzem* Mann verweist auf (post-)koloniale Ängste *weißer* Männer. Sie kann auch gelesen werden als Verlangen der *weißen* Frau nach kriegerischer Männlichkeit, so wie sie auch in den Büchern und Filmen à la „die weiße Massai“ zu finden sind. Hier bleibt Afrika die Projektionsfläche für *weiße* Abenteuerphantasien und Grenzüberschreitungen. In der Werbung – vorzugsweise für Kaffee und Kakao – haben solche kolonialen Bilder ebenfalls noch Gültigkeit. In Afrika funktioniert für viele *Weiße* die Verschränkung von „Rasse" und Klasse bis heute, ganz besonders wenn sie in Institutionen wie der Entwicklungszusammenarbeit und dem Diplomatischen Dienst arbeiten. In ehemals von Deutschland kolonisierten Gebieten arbeitende Deutsche konstatieren meist ebenfalls ein positives Bild der Deutschen in diesen Ländern. Nur Einzelne unter ihnen nehmen sich die Zeit, um tiefer gehende Fragen zu stellen. Wie Befragungen unter Deutschen in Kamerun zeigten, die ich im Jahr 2000 mittels anonymer Fragebogen durchführte, war die absolute Mehrheit von ihnen der Meinung, sie wisse mehr über die deutsche Kolonialzeit als die Kameruner selbst, weil sie besseren Zugang zu Informationen hätten. Viele der dort als so genannte Experten (auch im Kulturwesen) arbeitenden Deutschen sind der Meinung, in Kamerun werde die Geschichte „falsch" dargestellt und die Debatten, die in Deutschland über die Kolonialgeschichte geführt würden, zeigten ein „besseres", „richtigeres" Verständnis von Geschichte. Hier zeigt sich eine Tradierung *weißer* Überlegenheitsinszenierungen, die ohne Kenntnis der vielschichtigen in Kamerun eingesetzten Erinnerungsmedien argumentiert und die auf der Annahme beruht, die „wahre Geschichte" ließe sich neutral formulieren (vgl. Michels 2006). Erstaunlich aktiv sind die deutschen Botschaften, d. h. die offiziellen Vertretungen Deutschlands in diesen Ländern, in der Pflege von Gräbern und Bauten, wobei sie dabei sehr häufig auf Finanzmittel solch offen kolonialapologetischer Organisationen wie des bereits erwähnten Traditionsverbandes deutscher Schutz- und Überseetruppen zurückgreifen, der immer noch aktiv ist und durch seine Präsenz im Medium Internet großen Einfluss gerade auf jüngere Benutzer ausübt. So gelingt es den Deutschen mehrheitlich – sowohl in der direkten Konfrontation vor Ort, als auch in Deutschland – die komplexen Vergangenheitsbezüge in Afrika zurückzuweisen, bzw. nicht wahrzunehmen. Wie ich argumentiert habe, liegt dem ein grundsätzlicher Überlegenheitskomplex und damit verbunden ein Missverstehen zu Grunde, das auf Ignoranz und mangelndem Kontextwissen beruht.

Die postkoloniale Situation ist weiterhin geprägt durch asymmetrische Machtverhältnisse, deren Aufrechterhaltung der selbst ernannten „ersten Welt", durch verschiedene Dispositive gelingt, die ihren Ursprung meist im Kolonialismus haben. Als erstes zu nennen wäre hier der breite Bereich Entwicklungszusammenarbeit, der zum Beispiel im Crossrivergebiet Kameruns durch eine Vielzahl kleinerer Projekte und ein großes, zeitweilig von deutschen Experten mitbetriebenes Naturschutzprojekt repräsentiert ist. Diese Entwicklungszusammenarbeit schreibt Machtverhältnisse fort – einerseits durch die materielle Ausstattung der Projekte und ihrer Mitarbeiter, andererseits durch massive Eingriffe in das Leben der Menschen, die teilweise sogar mit Gewalt durchgesetzt wurden – im Bereich des Naturschutzes – eines sehr fragwürdigen aber auch sehr mächtigen Dispositivs – offenbar keine Seltenheit.[87] Es erstaunt daher nicht, dass die von mir befragten Menschen die „Entwicklungs-Deutschen" mit den „Kolonialbeamten" in eine Linie stellten, allerdings betonten, dass sie in der heutigen Zeit auch ihre Wünsche berücksichtigen sollten. C.S.L. Chachage, Soziologieprofessor an der Universität von Dar-es-Salaam verbindet gleichfalls die Ereignisse des Maji-Maji-Krieges mit der Errichtung des Selous-Reservates im Süden Tanzanias und benennt eine deutliche Kontinuität zwischen Kolonialismus und Naturschutz:

„The [Maji Maji] war resulted into an appalling ecological disaster across southern Tanzania. […] Selous was expanded to the detriment of people's livelihood. Germans were to ban African hunting in South East Tanzania. […] Over the years, Germany, through GTZ has been spending millions of money in conservation measures. These measures resulted into the harassing and beating of the poor men, women and children of Southern and Southern East Tanzania on the pretext that they were poachers and illegal arm owners." (Chachage 2006)

In kosmopolitischen Räumen lebende Afrikaner, wie die Kamerunerin Veye Tatah, Herausgeberin der auf Deutsch erscheinenden Zeitschrift „Africa positiv", mischen sich denn auch kritisch in die Debatte über „Entwicklungshilfe" ein. Im hegemonialen westlichen Diskurs wird „Entwicklungshilfe" stets zu einer „guten" Forderung, der neben Hilfsorganisationen auch Popstars Ausdruck verleihen. Veye Tatah hingegen äußert sehr pointiert: „Ich stehe auf dem Standpunkt, dass Afrika keine Entwicklungshilfe benötigt. Wenn die Europäer ihr schlechtes Gewissen, das durch die Ausbeutung der afrikanischen Länder während der Kolonialzeit entstanden ist, entlasten wollen, dann sollten sie einen Wiedergutmachungs-Fonds einrichten. Ich habe vor allem auch ein Problem mit dem Wort ‚Entwicklungshilfe'. Das ist […] demotivierend. Die Empfänger von Entwicklungshilfe werden in eine Position gebracht, durch die man nicht als gleichwertiger Partner angesehen werden kann. Es kann nicht sein, dass immer Experten nach Afrika kommen, um dort die Länder zu entwickeln. Die Afrikaner wissen doch selbst, wo der Schuh drückt".[88] C.S.L. Chachage wird noch deutlicher:

„The fact that Germany can dictate (of course not directly) on some issues, and even decide that she understands better what Tanzanians want, simply demonstrates the fact that what is supposed to be a ‚positive direction' is an acknowledgement that Tanzanians are a subservient people to German economic interests […] No wonder

87 Vgl. z. B. für den Mount Cameroon Fisiy (1996).

88 Zitiert aus einem WDR-Interview mit ihr vom 4. Juli 2007, http://www.wdr.de/themen/politik/international/g8_gipfel/050606_interview/050606.jhtm.

that GTZ could sponsor what are called KAP studies (Knowledge, Attitudes and Practices) on their projects, since with the failure of the water projects in Tanga, for example, they were convinced that there was something wrong with the knowledge, attitudes and practices of Tanzanians. [...] It is such studies that perpetuate the colonial language in this country." (Chachage 2006)

Dem kenianischen Ökonomen James Shikwati ist es in den letzten Jahren zunehmend gelungen, mit diesen Thesen eine global geführte Debatte anzustoßen. Auch er verbindet seine radikale Kritik an Entwicklungshilfe mit dem Kolonialismus:

„Kenyans should not fall into the trap being set by Westerners through ; such a drive evokes the memories of the infamous Berlin conference where Western powers euphemistically resolved to modernize (plunder) Africa. The aid effectiveness drive is meant to check „rogue states" that want to join the Aid Pie strategy to dominate and access raw materials – China, India, Turkey, Iran, Russia, Brazil among others. Kenya should take advantage; develop its own interests, equipped with the knowledge that Foreign Aid will not develop Kenya!" (Shikwati 2008)

Afrikanische Kritik fordert zur Kosmopolitisierung unseres Blickes auf, „als Resultat und Voraussetzung begrifflicher Restrukturierung und Wahrnehmung" (vgl. Beck 2004: 8) – eine Umkehrung der eingeübten Richtung des Wissenstransfers. Diese eingeübten Richtungen werden derzeit auch durch neue *global players*, wie Indien, China und Brasilien, herausgefordert und können so bestehende Widerstände und Einsprüche verstärken, wie die des Post-Development (vgl. Kapitel 2.5, S. 116) und afrikanischer Intellektueller, die zunehmend mehr auch in Europa hörbare mediale Aufmerksamkeit, erlangen.

Gerade Widersprüche, verschiedene Gewichtungen, Aussparungen, Ausschmückungen und Neuinterpretationen können – ernst genommen – scheinbar hegemoniale Deutungsmuster dezentrieren. Solche Widersprüche sollten als andauernder Dialog und Konflikt zugleich zwischen ehemals Kolonisierten und Kolonisierenden verstanden werden – ambivalente Figuren, wie die *schwarzen* Kolonialsoldaten stehen zentral darin. Ihre sich verändernde historische Position, sowohl im sozialen wie auch im repräsentativen Raum, bleibt widersprüchlich und kontrovers. Im langen Dialog zwischen verschiedenen kosmopolitisch agierenden Gruppen etablierten sich spezifische Militärkulturen mit heterogenen Elementen und Traditionen, die sich unter geänderten Bedingungen ständig veränderten. Dieser Prozess war multi-fokal – sein Zentrum in Europa zu setzen, macht eine lange Geschichte verschiedenster Netzwerke und Knotenpunkte unsichtbar. Solche Eindimensionalität und Allmachtsphantasien, wie sie auf der Ebene deutsch-kolonialer Texte und Bilder zu inszenieren versucht wurde, zu entmächtigen, und ihm polyphone Deutungsmuster und Handlungsalternativen entgegenzusetzen, war das Anliegen dieses Buches.

5. Anhang

Bibliografie

Aas, Norbert und Werena Rosenke (1992): Kolonialgeschichte im Familienalbum. Frühe Fotos aus der Kolonie Deutsch-Ostafrika, Münster: Unrast.

Anderson, Benedict (1993): Imagined Communities. Reflections on the Origin and Spread of Nationalism, London/New York: Verso.

Appiah, Kwame Anthony (2004): „Language, Race, and the Legacies of the British Empire". In: Morgan/Hawkins (Hg.), S. 387-408.

Ardener, Shirley (2002): Swedish ventures in Cameroon, 1883–1923. Trade and Travel, People and Politics. The Memoir of Knut Knutson, New York und Oxford: Berghahn Books.

Arendt, Hannah (2006). Elemente und Ursprünge totaler Herrschaft. Antisemitismus, Imperialismus, totale Herrschaft. München (Erstausgabe 1951): Piper.

Austen, Ralph A. und Derrick, Jonathan (1999): Middlemen of the Cameroons Rivers. The Duala and their Hinterland, c. 1600–c.1960, Cambridge: Cambridge University Press.

Bald, Detlef/Heller, Peter/Hundsdörfer, Volkhard/Paschen, Joachim (1978): Deutschlands dunkle Vergangenheit in Afrika. Die Liebe zum Imperium, Bremen: Übersee Museum.

Balibar, Etienne (1988): „Is there a ‚neo-racism'?". In: Balibar/Wallerstein, S. 17-28.

Balibar, Etienne/Wallerstein, Immanuel (1988): Race, Nation, Class. Ambiguous Identities, London, New York: Verso.

Bakary (1997): La force publique au Kamerun sous administration allemande: 1884–1916, unveröffentlichte Arbeit für die Maîtrise in Geschichte, Universität Yaoundé I.

Barthes, Roland (1957): Mythen des Alltags. Frankfurt/M.: Suhrkamp.

Becher, Jürgen (1997): Dar es Salaam, Tanga und Tabora. Stadtentwicklung in Tansania unter deutscher Kolonialherrschaft (1885–1914), Stuttgart: Franz Steiner.

Bechhaus-Gerst, Marianne (2007): Treu bis in den Tod. Von Deutsch-Ostafrika nach Sachsenhausen – Eine Lebensgeschichte, Berlin: Links.

Beck, Ulrich (2004): Der kosmopolitische Blick, oder: Krieg ist Frieden, Frankfurt/M.: Suhrkamp.

Becker, A./ Perbandt, C./Richelmann, G./ Schmidt, Rochus/, Steuber, W. (1914): Hermann von Wissmann. Deutschlands größter Afrikaner, Berlin: Alfred Schall.

Becker, Frank (2004a) (Hg.): Rassenmischehen – Mischlinge – Rassentrennung. Zur Politik der Rasse im deutschen Kolonialreich, Stuttgart: Franz Steiner.

Becker, Frank (2004b): „Soldatenkinder und Rassenpolitik". Militärgeschichtliche Zeitschrift (63), S. 53-77.

Bersselaar, Dmitri van den (2005): „Palmöl, Elfenbein und europäische Waren. Faktoreien und Handelshäuser in West- und Zentralafrika". In: Schneider/Röschenthaler/Gardi (Hg.), S. 151-162.

Bhaba, Homi (1994): The Location of Culture, London: Routledge.

Bickford-Smith, Vivian (2004): „The Betrayal of Creole Elites, 1880–1920". In: Morgan/Hawkins (Hg.), S. 194-227.

Biersteker, Ann (1996): Kujibizana. Questions of Language and Power in Nineteenth- and Twentieth-Century Poetry in Kiswahili, East Lansing: Michigan State University Press.

Bitchoka, Isidore Sylvain (1986): Les Soldats Camerounais dans la Premiere Guerre Mondiale: 1914–1918, unveröffentlichte Abschlussarbeit für die Maîtrise in Geschichte an der Universität Yaoundé.

Bitterli, Urs (1984): „Der ‚Edle Wilde'". In: Theye, Thomas (Hg.), Wir und die Wilden. Einblicke in eine kannibalische Beziehung, Reinbek bei Hamburg: Rowohlt, S. 270-287.

Bitterli, Urs (1985): Die ‚Wilden' und die ‚Zivilisierten'. Grundzüge einer Kulturgeschichte der europäisch-überseeischen Begegnung, München: Beck.

Bley, Helmut (1968): Kolonialherrschaft und Sozialstruktur in Deutsch-Südwestafrika 1894–1914, Hamburg: Leibniz.

BMZ (2001): Die afrikanische Herausforderung, Bonn: BMZ.

Brehl, Medardus (2004). „ ‚Diese Schwarzen haben vor Gott und Menschen den Tod verdient'. Der Völkermord an den Herero 1904 und seine zeitgenössische Legitimation". In: Wojak, Irmtrud/Meinl, Susanne (Hg.), Völkermord und Kriegsverbrechen in der ersten Hälfte des 20. Jahrhunderts, Frankfurt/M.: Campus, S. 77-97.

Buch der deutschen Kolonien (1937): hg. unter Mitarbeit der früheren Gouverneure von Deutsch-Ostafrika, Deutsch-Südwestafrika, Kamerun, Togo, Deutsch-Neuguinea. Vorw. von Heinrich Schnee. (Für die Zusammenstellung verantwortlich: Alex Haenicke), Leipzig: Goldmann.

Buchner, Max (1914): Aurora Colonialis. Bruchstücke eines Tagebuchs aus dem ersten Beginn unserer Kolonialpolitik 1884/85, München: Piloty & Loehle.

Bühler, Andreas (2003): Der Namaaufstand gegn die deutsche Kolonialherrschaft in Namibia von 1904 bis 1913, Frankfurt/M.: IKO.

Chachage, C.S.L. (2006): A Patriot's Response to Hon. Wolfgang Ringe, German Ambassador to Tanzania, abrufbar unter www.majimaji.de/article32.htm.

Chakrabarty, Dipesh (2007): Provincialising Europe. Postcolonial Thought and Historical Difference, Princeton und Oxford: Princeton University Press (2. Auflage).

Clifford, James (Hg.) (1997): Routes. Travel & Translation in the Late 20th Century, Berkeley: Harvard University Press.

Conrad, Sebastian (2006): Globalisierung und Nation im Deutschen Kaiserreich, München: Beck.

Curto, José C./Lovejoy, Paul E. (2004) (Hg.): Enslaving Connections. Changing Cultures of Africa and Brazil during the Era of Slavery, New York: I.B. Tauris.

Dammann, Ernst (1989): „Die Schlacht von Tanga (D.O.A.)“ MTSÜ (68), S. 102-104.

Dammann, Ernst (1999): „Zur Erinnerung an Kai-Uwe von Hassel“ MTSÜ (84), S. 1-7.

Debrunner, Hans-Werner (1979): Presence and Prestige. Africans in Europe. A History of Africans in Europe before 1918, Basel: Basler Afrika Bibliographien.

Deutsch, Jan-Georg/Reinwald, Brigitte (2002) (Hg.): Space on the Move. Transformations of the Indian Ocean Space in the Nineteenth and Twentieth Century, Berlin: Klaus Schwarz Verlag.

Dietrich, Anette (2007): Weiße Weiblichkeiten. Konstruktionen von „Rasse” und Geschlecht im deutschen Kolonialismus, Bielefeld: Transcript.

Dobbertin, Walther (1932): Die Soldaten Lettow Vorbecks. Ein Buch v. dt. Wehrwillen u. dt. Waffenehre, Wiedenhof-Buchholz: Verlag Dobbertin.

Dominik, Hans (1908): Vom Atlantik zum Tschadsee. Kriegs- und Forschungsfahrten in Kamerun, Berlin: Mittler und Sohn.

Dorsch, Hauke (2000): Afrikanische Diaspora und Black Atlantic. Einführung in Geschichte und aktuelle Diskussion, Münster: LIT.

Draeger, Hans (1931): Gouverneur Schnee - ein Künder u. Mehrer deutscher Geltung; zu seinem 60. Geburtstag, Berlin: Stilke.

Drechsler, Horst (1966): Südwestafrika unter deutscher Kolonialherrschaft. Berlin: Akademie.

Dünne, Jörg (2006): „Soziale Räume – Einleitung“- In: Dünne, Jörg/Günzel, Stefan (Hg.). Raumtheorie. Grundlagentexte aus Philosophie und Kulturwissenschaften, Frankfurt/M.: Suhrkamp, S. 289-303.

Eckert, Andreas (1999): Grundbesitz, Landkonflikte und kolonialer Wandel. Douala 1880–1960, Stuttgart: Franz Steiner..

Eckert, Andreas (2007): „Bringing the ‚Black Atlantic’ into Global History: The Project of Pan-Africanism“. In: Conrad, Sebastian/Sachsenmaier, Dominic (Hg.), Competing Visions of World Order. Global Moments and Movements 1880–1930s, New York: Palgrave Macmillan, S. 237-258.

Eckert, Andreas/Pesek, Michael (2004): „Bürokratische Ordnungen und koloniale Praxis. Herrschaft und Verwaltung in Preußen und Afrika". In: Conrad, Sebastian/Osterhammel, Jürgen (Hg.). Das Kaiserreich transnational. Deutschland in der Welt 1871–1914, Göttingen: Vandenhoeck & Rupprecht, S. 87-106.

Eckl, Andreas (2005): „S'ist ein übles Land hier". Zur Historiographie eines umstrittenen Kolonialkrieges. Tagebuchaufzeichnungen aus dem Herero-Krieg in Deutsch-Südwestafrika 1904 von Georg Hillebrecht und Franz Ritter von Epp, Köln: Rüdiger Köppe.

Eggers, Maureen Maisha/Kilomba, Grada/Peggy, Piesche/Arndt, Susan (Hg.) (2006): Mythen, Masken und Subjekte. Kritische Weißseinsforschung in Deutschland, Münster: Unrast.

Engel, Ulf (2005): „Deutschland, Afrika und die Entstehung gemeinsamer Interessen". Aus Politik und Zeitgeschichte (4), S. 11-17.

Essiben, Madiba (2005): „Le traité du 12 Juillet 1884 comme source de l'antagonisme germano-douala à la veille de la première guerre mondiale". In: Michels/Temgoua (Hg.), S. 15-24.

Félix-Eyoum, Jean-Pierre/Michels, Stefanie/Zeller, Joachim (2005): „Bonamanga – eine kosmopolitische Familiengeschichte." Mont Cameroun – Afrikanische Zeitschrift für interkulturelle Studien zum deutschsprachigen Raum (Universität Dschang/Kamerun), S. 11-48.

Fischer, Fritz (1961): Griff nach der Weltmacht. Die Kriegszielpolitik des kaiserlichen Deutschland 1914/18, Düsseldorf: Droste.

Fisiy, Cyprian (1996): „Techniques of land acquisition. The concept of ‚crown land' in colonial and post-colonial Cameroon". In: Debusmann, Robert/Arnold, Stefan (Hg.), Land law and land ownership in Africa. Case studies from colonial and contemporary Cameroon and Tanzania, Bayreuth: Bayreuth African Studies, S. 223-254.

Föllmer, Wilhelm (1923): „Eine deutsche Ehrenpflicht". Brücke zur Heimat, Nr. 2, 20.02.1923, BAF N103/94, B. 47.

Förschler, Silke (2005): „Die orientalische Frau aus der hellen Kammer. Zur kolonialen Postkarte". In: Graduiertenkolleg Identität und Differenz (Hg.): Ethnizität und Geschlecht. (Post-)Koloniale Verhandlungen in Geschichte, Kunst und Medien, Köln/Weimar/Wien: Böhlau, S. 77-94.

Förster, Larissa (2005): „Parodie und Subversion. Deutsche koloniale Militärkultur und die oturupa der Herero im heutigen Namibia. In: Leitolf, Eva (Hg.). Rostock Ritz, Köln: schaden.com, o.S.

Förster, Larissa (2006): Erinnerungslandschaften im kolonialen und postkolonialen Namibia: Deutsche, Herero und der Krieg im Jahr 1904. Unveröffentlichte Dissertation, Universität Köln.

Förster, Larissa (2008): „From ‚General Field Marshal' to ‚Miss Genocide'. The Reworking of Traumatic Experiences among Herero-Speaking Namibians". Journal of Material Culture Vol. 13(2), S. 175–194.

Förster, Larissa/Henrichsen, Dag/Bollig, Michael (2004) (Hg.): Namibia-Deutschland. Eine geteilte Geschichte, Köln: Edition Minerva.

François, Hugo von (1895): Nama und Damara – Deutsch-Südwest-Afrika. Magdeburg: Baensch.

Frost, Diane (1995) (Hg.): Ethnic labour and British imperial trade: a history of ethnic seafarers in the UK, London: Frank Cass.

Frost, Diane (2005): „Die Kru – Saisonarbeiter an der westafrikanischen Küste". In: Schneider/Röschenthaler/Gardi, S. 97-110.

Gann, L. H./Duignan, Peter (1977): The Rulers of German Africa 1884–1914, Stanford, California: Stanford University Press.

Geary, Christraud/Webb, Virginia-Lee (1998). „Different Visions? Postcards from Africa by European and African Photographers and Sponsors". In: Geary/Webb, S. 147-178.

Geary, Christraud/Webb Virginia-Lee (1998) (Hg.): Delivering Views: Distant Cultures in Early Postcards, Washington: Smithsonian.

Geulen, Christian (2003): „ ‚The Final Frontier…'. Heimat, Nation und Kolonie um 1900: Carl Peters". In: Kundrus (Hg.), S. 35-55.

Geulen, Christian (2004): Wahlverwandte. Rassendiskurs und Nationalismus im späten 19. Jahrhundert, Hamburg: Hamburger Edition.

Gewald, Jan-Bart (1999): Herero Heroes. A Socio-Political History of the Herero of Namibia 1890–1923, Oxford et al.: James Currey.

Gewald, Jan-Bart (2002): „Flags, funerals and fanfares: Herero and missionary contestations of the acceptable, 1900–1940" Journal of African Cultural Studies, Vol. 15, Nr. 1, S. 105-117.

Gewald, Jan-Bart (2004): „Die Beerdigung von Samuel Maharero und die Reorganisation der Herero". In: Zimmerer, Jürgen/Zeller, Joachim (Hg.), Völkermord in Deutsch-Südwestafrika. Der Kolonialkrieg (1904–1908) in Namibia und seine Folgen, Berlin: Links, S. 192-208.

Gilroy, Paul (1993): The Black Atlantic. Modernity and Double Consciousness, Cambridge, Massachusetts: Harvard University Press.

Goebel, Klaus (1989): „Der Schutztruppen-Friedhof auf dem Sakarani-Platz von Tanga". MTSÜ (68), S. 139-151.

Götzen, Graf von (1909): Deutsch-Ostafrika im Aufstand 1905/06, Berlin: Reimer.

Grosse, Pascal (2000): Kolonialismus, Eugenik und bürgerliche Gesellschaft in Deutschland 1850–1918, Frankfurt: Campus.

Gründer, Horst (2000): Geschichte der deutschen Kolonien, Frankfurt/M.: Suhrkamp.

Haase, Lene (1915): Durchs unbekannte Kamerun. Beiträge zur deutschen Kulturarbeit in Afrika, Berlin: Egon Fleischel & Co.

Hall, Gwendolyn Midlo (2002): „African Ethnicities and the Meaning of ‚Mina'". In: Lovejoy/Trotman (Hg.), S. 65-81.

Hall, Stuart (1994): Rassismus und kulturelle Identität, Hamburg: Argument Verlag.

Hassel, Kai-Uwe von (1984): Europa und Afrika, 1884–1984, Marburg/Lahn: Traditionsverband ehemaliger Schutz- und Überseetruppen (Beiträge zur deutschen Kolonialgeschichte, Bd. 8).

Haupt, Paul (1916): „Askari, ‚Soldier', and Lascar, ‚Sailor'". Journal of the American Oriental Society, vol. 36, S. 417-418.

Hausen, Karin (1970): Deutsche Kolonialherrschaft in Afrika. Wirtschaftsinteressen und Kolonialverwaltung in Kamerun vor 1914, Zürich und Freiburg: Atlantis.

Hendrickson, Hildi (2000): „A Sign of the Times. Samuel Maharero's body and the legitimatin of Herero leadership". In: Bollig, Michael (Hg.), People, cattle and land, Köln: Rüdiger Köppe, S. 227-245.

Henrichsen, Dag (2004a): „Ozombambuse and Ovosolondate. Everyday military life and African service personnel in German South West Africa". In: Hartmann, Wolfram (Hg.), Hues between black and white. Historical photography from colonial Namibia 1860s to 1915, Windhoek: Out of Africa Publishers, S. 161-184.

Henrichen, Dag (2004b): „Die Hegemonie der Herero in Zentralnamibia zu Beginn der deutschen Kolonialherrschaft". In: Förster/Henrichsen/Bollig (Hg.), S. 44-59.

Heyden, Ulrich van der/Zeller, Joachim (Hg.) (2002): Kolonialmetropole Berlin. Eine Spurensuche, Berlin: Berlin Edition.

Heywood, Annemarie/Lau, Brigitte/Ohly, Raimund (1992) (Hg.): Warriors Leaders Sages and Outcasts in the Namibian Past. Narratives collected from Herero sources for the Michael Scott Oral Records Project (MSORP) 1985-6, Windhoek: MSORP.

Hiery, Hermann Joseph (2005): Bilder aus der deutschen Südsee. Fotografien 1884–1914, Paderborn: Schöningh.

Hight, Eleanor/Sampson, Gary (2002) (Hg.): Colonialist Photography. Imag(in)ing race and place, London/New York: Routledge.

Hinz, Manfred (2004): „Der Krieg gegen die Herero. Friedensschluss hundert Jahre danach". In: Paech, Norman (Hg.), Völkerrecht statt Machtpolitik, Hamburg: VSA-Verlag, S. 148-171.

Hoffmann, Florian (2002): „ ‚Ich habe Edea gebaut.' – Richard Volckamer v. Kirchensittenbach in Kamerun (1890–1892)". MTSÜ, Nr. 88, S. 9-19.

Hull, Isabel (2005a): Absolute Destruction. Military Culture and the Practices of War in Imperial Germany, Ithaca and London: Cornell University Press.

Hull, Isabel (2005b): „The Military Campaign in German Southwest Africa, 1904–1907". GHI Bulletin No. 37, S. 39-44.

Hussein, Ebrahim (1969): Kinjeketile. Oxford: Penguin.

Hutter, Franz (1902): Wanderungen und Forschungen im Nord-Hinterland von Kamerun, Braunschweig: Vieweg.

Iliffe, John (1979): A Modern History of Tanganyika, Cambridge: Cambridge University Press.

Iliffe, John/Gwassa, Gilbert (1967) (Hg.): Records of the Maji Maji Rising, Nairobi: Historical Association of Tanzania.

Jaeck, Hans-Peter (1960): Die deutsche Annexion. In: Stoecker (Hg.), S. 29-96.

Jäger, Jens (2008). „‚Heimat' in Afrika. Oder: die mediale Aneignung der Kolonien um 1900" 7, Nr. 2, abrufbar unter http://www.zeitenblicke.de/2008/2/jaeger/index_html (8.10.2008).

Jakobeit, Cord (2001): „Entwicklungshilfe-Politik in Afrika. Welche Hilfe zu welcher Entwicklung". In: Arndt, Susan (Hg.), AfrikaBilder. Studien zu Rassismus in Deutschland, Münster: Unrast, S. 447-457.

Karasch, Mary C. (2004): „Guiné, Mina, Angola, and Benguela. African and Crioulo Nations in Central Brazil 1780–1835". In: Curto/Lovejoy (Hg.), S. 163-186.

Kavari, Jekura/Henrichsen, Dag/Förster, Larissa (2004): „Die oturupa". In: Förster/Henrichsen/Bollig, S. 154-163.

Kettlitz, Eberhardt (2007): Afrikanische Soldaten aus deutscher Sicht seit 1871. Stereotype, Vorurteile, Feindbilder und Rassismus, Frankfurt/M.: Peter Lang.

Kienitz, Ernst (1941): Zeittafel zur deutschen Kolonialgeschichte, München: Fichte.

Killingray, David (1999): „Guardians of Empire". In: Killingray, David/Omissi, David (Hg.): Guardians of Empire. The armed forces of the colonial powers c. 1700–1964, Manchester und New York: Manchester University Press, S. 1-24.

Klein, Thoralf (2004): „Rasse – Kultur – soziale Stellung: Konzeptionen des ‚Eingeborenen' und koloniale Segregation in Kiautschou". In: Becker (Hg.), S. 304-328.

Kleist, Detlef von (1908): Der Hererofeldzug 1904/06. Unter besonderer Berücksichtigung der 6. Kompanie Feld-Regiments I, Flensburg: Huwald.

Klenke, Dietmar (1995): „Nationalkriegerisches Gemeinschaftsideal als politische Religion: Zum Vereinsnationalismus der Sänger, Schützen und Turner am Vorabend der Einigungskriege". HZ, Bd. 260, S. 395- 448.

Kohl, Karl-Heinz (1981): Entzauberter Blick. Das Bild vom guten Wilden und die Erfahrung der Zivilisation, Frankfurt/M.: Suhrkamp.

Koller, Christian (2001): ‚Von Wilden aller Rassen niedergemetzelt'. Die Diskussion um die Verwendung von Kolonialtruppen in Europa zwischen Rassismus, Kolonial- und Militärpolitik (1914–1930), Stuttgart: Franz Steiner.

Kopytoff, Igor (1987): The Internal African Frontier: The Making of African Political Culture“, In: Kopytoff, Igor (Hg.), The African Frontier. The Reproduction of Traditional African Societies, Bloomington: Indiana University Press, S. 3-84.

Kößler, Reinhart (2007): „Namibias Deutschland. Afrikanische Perspektiven“. In: Hobuß/Lölke (Hg.), S. 61-72.

Krüger, Gesine (1999): Kriegsbewältigung und Geschichtsbewußtsein. Realität, Deutung und Verarbeitung des deutschen Kolonialkriegs in Namibia 1904 bis 1907, Göttingen: Vandenhoek & Rupprecht.

Krüger, Gesine (2005). „Coming to terms with the Past“. GHI Bulletin No. 37, S. 45-49.

Kühn, Walter Julius (1981): „‚Zamani' – Damals“. MTSÜ (60), S. 2-12.

Kukuri, Andreas/Dammann, Ernst (1983): Herero-Texte. Erzählt von Pastor Andreas Kukuri. Übersetzt und herausgegeben von Ernst Dammann, Berlin: Dietrich Reimer.

Kundrus, Birthe (1997): „Weiß und herrlich. Überlegungen zu einer Geschlechtergeschichte des Kolonialismus“. In: Friedrich, Annegret et. al. (Hg.), Projektionen, Rassismus und Sexismus in der visuellen Kultur, Marburg: Jonas Verlag, S. 41-50.

Kundrus, Birthe (2003): Moderne Imperialisten. Das Kaiserreich im Spiegel seiner Kolonien, Köln/Weimar: Böhlau.

Kuss, Susanne (2006): „Kriegsführung ohne hemmende Kulturschranke: Die deutschen Kolonialkriege in Südwestafrika (1904–1907) und Ostafrika (1905–1908). In: Klein, Thoralf/Schumacher, Frank (Hg.), Kolonialkriege. Militärische Gewalt im Zeichen des Imperialismus, Hamburg: Hamburger Edition, S. 208-247.

Kusser, Astrid/Lewerenz, Susann (2006): „Genealogien der Erinnerung – die Ausstellung Bilder verkehren im Kontext der Gedenkjahre 2004/2005“. In: Hobuß/Lölke (Hg.), S. 240-271.

Küttner, Sibylle (2000): Farbige Seeleute im Kaiserreich. Asiaten und Afrikaner im Dienst der deutschen Handelsmarine, Erfurt: Sutton.

Laak, Dirk van (2005): Über alles in der Welt. Deutscher Imperialismus im 19. und 20. Jahrhundert, München: Beck.

Langheld, Wilhelm (1909): Zwanzig Jahre in deutschen Kolonien, Berlin: Weicher.

Längin, Bernd (2005): Die deutschen Kolonien. Schauplätze und Schicksale 1884–1918, Hamburg et al.: Mittler & Sohn.

Latouche, Serge (1991): In the wake of the affluent society. An exploration of post-development, London, New Jersey: Zed Books.

Laurien, Ingrid (1995): „That Homa Homa was worse, child!" Berichte afrikanischer Zeitzeugen über den Maji Maji Aufstand in Deutsch-Ostafrika“. In: Heine, Peter/Heyden, Ulrich van der (Hg.), Studien zur

Geschichte des deutschen Kolonialismus in Afrika, Pfaffenweiler: Centaurus, S. 350-367.

Laurien, Ingrid (2005): „'Zu keiner Zeit konnten wir sagen: Jetzt haben wir Frieden'. Berichte afrikanischer Zeitzeugen". In: Becker, Felicitas/Beez, Jigal (Hg.), Der Maji-Maji-Krieg in Deutsch-Ostafrika. 1905–1907, Berlin: Links, S. 115-121.

Lawless, Dick (1995): „The Role of Seamen's Agents in the Migration for Employment of Arab Seafarers in the Early Twentieth Century". In: Frost (Hg.), S. 34-58.

Lettow-Vorbeck, Paul von (1904): Tagebuchnotizen (DSWA), Mai-Okt. 1904, BAF N103/73.

Lettow-Vorbeck, Paul von (1916): Persönliches Kriegstagebuch (DOA), BAF N103/39.

Lettow-Vorbeck, Paul von (1920a): Heia Safari! – Deutschlands Kampf in Ostafrika, Leipzig: Koehler & Amelang.

Lettow-Vorbeck, Paul von (1920b): Meine Erinnerungen aus Ostafrika, Leipzig: Hase & Koehler.

Lettow-Vorbeck, Paul von (1957): Mein Leben, Biberach: Koehler.

Leue, A. (1905): „Ein Weihnachts-Vorabend zu Bagamoyo". DKZ, no. 2, S. 13-14.

Linebaugh, Peter/Rediker, Marcus (2000): The many-headed hydra. Sailors, slaves, commoners, and the hidden of the Revolutionary Atlantic, London/New York: Verso.

Lölke, Ulrich/Hobuß, Steffi (2007) (Hg.): Erinnern verhandeln. Kolonialismus im kollektiven Gedächtnis Afrikas und Europas, Münster: Westfälisches Dampfboot

Lovejoy, Paul (2003): „Ethnic Designations of the Slave Trade and the Reconstruction of the History of the Trans-Atlantic Slavery". In: Lovejoy/Trotman (Hg.), S. 9-42.

Lovejoy, Paul E./Trotman, David V. (2003) (Hg.): Trans-Atlantic Dimensions of Ethnicity in the African Diaspora, London und New York: Continuum.

Mamozai, Martha (1982): Schwarze Frau, Weiße Herrin. Frauenleben in den deutschen Kolonien, Reinbek bei Hamburg: Rowohlt.

Mann, Erick J. (2002): Mikono ya damu: „Hands of Blood". African Mercenaries and the Politics of Conflict in German East Africa, 1888–1904, Frankfurt/M.: Peter Lang.

Mann, Michael (2004): „Das Gewaltdispositiv des modernen Kolonialismus". In: Dabag, Mihran/Gründer, Horst/Ketelsen, Uwe-K. (Hg.), Kolonialismus, Kolonialdiskurs und Genozid, München: Beck, S. 111-135.

Martin, Peter (1993): Schwarze Teufel, edle Mohren. Afrikaner in Geschichte und Bewußtsein der Deutschen, Hamburg: Hamburger Edition.

Martin, Peter (1996): „Die Kampagne gegen die ,Schwarze Schmach' als Ausdruck konservativer Visionen vom Untergang des Abendlandes". In: Höpp, Gerhard (Hg.), Fremde Erfahrungen. Asiaten und Afrikaner in Deutschland, Österreich und in der Schweiz bis 1945, Berlin: Das arabische Buch, S. 211-227.

Maß, Sandra (2001): „Das Trauma des weißen Mannes. Afrikanische Kolonialsoldaten in propagandistischen Texten, 1914–1923". L'Homme 12, 1, S. 11-33.

Maß, Sandra (2005): „,Wir sind zu allem entschlossen: Zur Vernichtung dieser Halbmenschen.' Gewalt, Rassismus und Männlichkeit in der deutschen Kriegspropaganda, 1914–1940". In: Graduiertenkolleg Identität und Differenz (Hg.): Ethnizität und Geschlecht. (Post-)Koloniale Verhandlungen in Geschichte, Kunst und Medien, Köln/Weimar/ Wien: Böhlau, S. 137-150.

Maß, Sandra (2006): Weiße Helden, schwarze Krieger. Zur Geschichte kolonialer Männlichkeit in Deutschland, 1918–1964, Köln: Böhlau.

Massing, Andreas (1980): The Economic Anthropology of the Kru (West-Africa), Wiesbaden: Franz Steiner.

Melber, Henning (1992): Der Weißheit letzter Schluß. Rassismus und kolonialer Blick, Frankfurt/M.: Brandes & Apsel.

Melber, Henning (2005): Genozid und Gedenken. Namibisch-deutsche Geschichte und Gegenwart, Frankfurt/M.: Brandes & Apsel.

Melber, Henning (2007): „Über die Mühen des Erinnerns und die Last des Erinnert Werdens. Namibisch-deutsche Geschichte in der Gegenwart". In: Hobuß/Lölke (Hg.), S. 46-60.

Metzger, O.F. (1941): Unsere alte Kolonie Togo, Neudamm: J. Neumann.

Meyer, Hans (1893): Die Entwickelung unsrer Kolonien (nach einem Vortrag, gehalten im „Verein für Erdkunde" zu Leipzig), Leipzig: Duncker & Humblot.

Michels, Eckard (2006): „Deutschlands bekanntester ,Kolonialheld' und seine ,Askari'. Paul von Lettow-Vorbeck und der Feldzug in Ostafrika im ersten Weltkrieg". Revue d'Allemagne et des Pays de langue allemande, Bd. 38, S. 541-554.

Michels, Stefanie (2004a): Imagined Power Contested. Germans and Africans in the Upper Cross River Area 1887–1915, Münster/Berlin: LIT.

Michels, Stefanie (2004b): „Askari – treu bis in den Tod? Vom Umgang der Deutschen mit ihren schwarzen Soldaten". In: Bechhaus-Gerst, Marianne/Klein-Ahrendt, Reinhard (Hg.), AfrikanerInnen in Deutschland und schwarze Deutsche – Geschichte und Gegenwart, Münster und Berlin: LIT, S. 171-186.

Michels, Stefanie (2005a): „Patrioten im Pulverdampf. Die Berichterstattung über die Kriegsereignisse vom Dezember 1884 in Kamerun." In: Schneider/Röschenthaler/Gardi (Hg.), S. 83-96.

Michels, Stefanie (2005b): „The Germans were brutal and wild". In: Michels/Temgoua (Hg.), S. 37-58.

Michels, Stefanie (2007): Postkoloniale Gedächtnistopografien in Kamerun: Medien, Akteure, Topoi. In: Lölke/Hobuß (Hg.), S. 117-139.

Michels, Stefanie (2008a): „Treue Askari – gefürchtete German soldiers. (Erinnerungs-) Politische Grenzüberschreitungen". In: Speitkamp, Winfried (Hg.), Erinnerungsräume und Wissenstransfer in Afrika. Beiträge zur afrikanischen Geschichte, Göttingen: Vandenhoek und Rupprecht, S. 171-196.

Michels, Stefanie (2008b): „Der kleine schwarze Prinz – das Grab von Equalla Deido in Mülheim/Ruhr". In: Heyden, Ulrich van der/Zeller, Joachim (Hg.), Kolonialismus hierzulande. Eine Spurensuche in Deutschland, Erfurt: Sutton, S. 417-421.

Michels, Stefanie und Albert-Pascal Temgoua (2005) (Hg.): La politique de la mémoire coloniale en Allemagne et au Cameroun, Münster, Berlin: LIT.

Möhle, Heiko (1999) (Hg.): Branntwein, Bibeln und Bananen. Der deutsche Kolonialismus in Afrika – eine Spurensuche in Hamburg, Berlin, Hamburg: Association A.

Möhle, Heiko (2005): „Colonial monuments and politics of memory. The debate about a ‚Tanzania Park' in Hamburg". In: Michels/Temgoua (Hg.), S. 129-140.

Möhle, Heiko (2007): „Kolonialismus und Erinnerungspolitik. Die Debatte um die Hamburger ‚Askari-Reliefs'" In: Lölke/Hobuß (Hg.): 222-239.

Möhle, Heiko (2008): „Hamburg-Jenfeld: Von der Traditionspflege zum postkolonialen Erinnerungsort? Der ‚Tansania-Park' in der ehemaligen Lettow-Vorbeck-Kaserne". In: Heyden, Ulrich van der/Zeller, Joachim (Hg.), Kolonialismus hierzulande. Eine Spurensuche in Deutschland, Erfurt: Sutton, S. 275-280.

Monson, Jamie (1998): „Relocating Maji Maji: The Politics of Alliance and Authority in the Southern Highlands of Tanzania, 1870–1918." Journal of African History, 39, S. 95-120.

Morgan, Philip/Hawkins, Sean (Hg.): Black Experience and the Empire, Oxford: Oxford University Press.

Morgen, Kurt (1893): Durch Kamerun von Süd nach Nord. Reisen und Forschungen im Hinterlande 1889 bis 1891, Leipzig: Brockhaus.

Morlang, Thomas (2005): „‚Finde ich keinen Weg, so bahne ich mir einen'. – Der umstrittene ‚Kolonialheld' Herrmann von Wissmann". In: Heyden, Ulrich van der/Zeller, Joachim (Hg.), „…Macht und Anteil an der Weltherrschaft". Berlin und der deutsche Kolonialismus, Münster: Unrast.

Morlang, Thomas (2006): „‚Die Wahehe haben ihre Vernichtung gewollt'. Der Krieg der ‚Kaiserlichen Schutztruppe' gegen die Hehe in Deutsch-

Ostafrika (1890–1898). In: Klein, Thoralf/Schumacher, Frank (Hg.), Kolonialkriege. Militärische Gewalt im Zeichen des Imperialismus, Hamburg: Hamburger Edition, S. 80-108.

Morlang, Thomas (2008a): Askari und Fitfita. „Farbige“ Söldner in den deutschen Kolonien, Berlin: Links.

Morlang, Thomas (2008b): „Vom Diener in Europa zum Kolonialsoldaten in Afrika. Das abenteuerliche Leben des deutsch-österreichischen Untertan Leopold Suror“. In: Heyden, Ulrich van der (Hg.). Unbekannte Biografien: Afrikaner im deutschsprachigen Raum vom 18. Jahrhundert bis zum Ende des Zweiten Weltkrieges, Berlin: Kai Homilius, S. 135-142.

Moyd, Michelle (2008): Becoming Askari: African soldiers and everyday colonialism in German East Africa, 1850–1918. Unpublished Dissertation Cornell University.

Myers, Norma (1995): „The black poor of London: Initiatives of eastern seamen in the Eighteenth and Nineteenth Centuries". In: Frost (Hg.), S. 7-21.

Ndumbe, Kum'a Alexandre (1986): „Les traités camerouno-germaniques (1884–1907)". In: Ndumbe, Kum'a Alexandre (Hg.), L'Afrique et l'Allemagne de la Colonisation à la Cooperation 1884–1986. Le cas du Cameroun, Yaoundé: Editions Africavenir, S. 42-68.

Nigmann, Ernst (1911): Die Geschichte der Kaiserlichen Schutztruppe für Deutsch-Ostafrika, Berlin: Mittler und Sohn.

Nipperdey, Heinrich (1886): „Der Kruboy als Arbeiter und seine Geschichte“. DKZ (3), S. 411-412.

Njike-Bergeret, Claude (1999): Meine afrikanische Leidenschaft, Köln: Bergisch Gladbach: Bastei Lübbe.

Norris, Edward Graham (1993): Die Umerziehung des Afrikaners. Togo 1895–1938, München: Trickster.

Northrup, David (2004): „West Africans and the Atlantic, 1550–1800“. In: Morgan/Hawkins, S. 35-57.

Noyes, John (1992): Colonial Space. Spatiality in the discourse of German South West Africa 1884–1915, Chur et. al.: Harwood academic publishers.

Ofener, Ulrike (1992): Modernität als Tradition. Von den Crew-Men der Küstenboote zur „Ethnie“ der Kru, Saarbrücken und Fort Lauderdale: Breitenbach.

Parsons, Timothy (1999): The African Rank-and-File. Social Implications of Colonial Military Service in the King's African Rifles, 1902–1964, Oxford: James Currey.

Patera, Herbert (1939): Der weiße Herr Ohnefurcht. das Leben des Schutztruppenhauptmanns Tom von Prince, Berlin: Deutscher Verlag.

Pesek, Michael (2005): Koloniale Herrschaft. Expeditionen, Militär und Verwaltung seit 1880, Frankfurt/New York: Campus.

Pflugk-Harttung (1896): Die Heere und Flotten in der Gegenwart, Berlin: Schall & Grund.

Pieken, Gorch/Kruse, Cornelia (2007): Preußisches Liebesglück. Eine deutsche Familie aus Afrika, Berlin: Ullstein.

Pratt, Marie Louise (1993): Imperial Eyes. Travel Writing and Transculturation, London: Routledge.

Prince, Magdalene von (1908): Eine deutsche Frau im Innern Deutsch-Ostafrikas, Berlin: Mittler.

Prodolliet, Simone (1987): Wider die Schamlosigkeit und das Elend der heidnischen Weiber. Die Basler Frauenmission und der Export des europäischen Frauenideals in die Kolonien, Zürich: Limmat.

Rafalski, Hans (1930): Vom Niemandsland zum Ordnungsstaat: Geschichte der ehemaligen Kaiserlichen Landespolizei für Deutsch-Südwestafrika, Berlin: Wernik.

Ranger, Terence (1975): Dance and society in eastern Africa, 1890–1970. The Beni Ngoma, London: Heinemann.

Rediker, Marcus (2007): The slave ship. A human history, London: John Murray.

Reinwald, Brigitte (2005): Reisen durch den Krieg. Erfahrungen und Lebensstrategien westafrikanischer Weltkriegsveteranen, Berlin: Klaus Schwarz.

Richardson, David (2004): „Through a Looking Glass: Olaudah Equiano and African Experiences of the British Atlantic Slave Trade“. In: Morgan/Hawkins, S. 58-86.

Riebe, Otto (1897): Drei Jahre unter deutscher Flagge im Hinterland von Kamerun, geschildert nach den Tagebuchblättern, Berlin: A. W. Hayn's Erben.

Roehle, Reinhard (1921): Mit treuen Askari auf großer Safari, Stuttgart: Union Deutsche Verlaggesellschaft.

Rogowski, Christian (2003): „,Heraus mit unseren Kolonien!' Der Kolonialrevisionismus der Weimarer Republik und die ,Hamburger Kolonialwoche' von 1926". In: Kundrus, Birthe (Hg.), Phantasiereiche. Zur Kulturgeschichte des deutschen Kolonialismus, Frankfurt, New York: Campus, S. 243-262.

Rosenhaft, Eve (2003): „Afrikaner und ,Afrikaner' im Deutschland der Weimarer Republik“. In: Kundrus, Birthe (Hg.), S. 282-301.

Rudin, Harry (1938): Germans in the Cameroons 1884–1914. A Case Study in Modern Imperialism, New Haven: Yale University Press.

Rüger, Adolf (1960a): „Der Aufstand der Polizeisoldaten“. In: Stoecker (Hg.), S. 97-148.

Rüger, Adolf (1960b): „Die Entstehung und Lage der Arbeiterklasse unter dem deutschen Kolonialregime in Kamerun (1895–1905)“. In: Stoecker (Hg.), S. 149-242.

Rüger, Adolf (1986): „Le mouvement de résistance du Rudolf Manga Bell au Cameroun“. In: Ndumbe (Hg.), S. 147-178.

Scheer, Admiral von (1925): Vom Segelschiff zum U-Boot, Leipzig: Quelle & Meyer.

Scheulen, Peter (1998): Die „Eingeborenen" Deutsch-Südwestafrikas: ihr Bild in deutschen Kolonialzeitschriften von 1884 bis 1918, Köln: Rüdiger Köppe.

Scheunemann, Oberleutnant (1904a): „Bericht des Oberleutnants Scheunemann über die Expedition zur Unterdrückung der Unruhen im Djem- und Ndsimu-Gebiet". DKB, nr. 25, S. 765-770.

Scheunemann, Oberleutnant (1904b): „Bericht des Oberleutnants Scheunemann über den Rückmarsch seiner Expedition zur Küste". DKB, nr. 25, S. 770-776.

Schleinitz, Hauptmann Freiherr von (1904): „Bericht des Hauptmanns Freiherrn v. Schleinitz über seine Reise durch das Massaigebiet von Ikoma bis zum ostafrikanischen Graben im März 1904". DKB, Nr. 17, S. 527-535.

Schmidt, Rochus (1911): „Die Vernichtung der Zelewskischen Expedition in Uhehe am 17. August 1891 und ihre Folgen – Zur 20jährigen Wiederkehr des Unglückstages". DKZ, Nr. 33, S. 559-560

Schmiedel, Hans (1974): „Hauptmann Tom von Prince: Offizier der Schutztruppe für Deutschostafrika 1890–1914". MTSÜ, Nr. 53, S. 20-24.

Schmitz, Birgit (1998): „Deutschland postkolonial?". In: Mayer, Ruth/Terkessidis, Mark (Hg.), Globalkolorit. Multikulturalismus und Populärkultur, Andrä/Wörden (Österreich): hannibal.

Schnee, Ada (1918): Meine Erlebnisse während der Kriegszeit in Deutsch-Ostafrika, Leipzig: Quelle & Meyer.

Schnee, Heinrich (1919): Deutsch-Ostafrika im Weltkriege. Wie wir lebten und kämpften, Leipzig: Quelle & Meyer.

Schnee, Heinrich (1927): Die koloniale Schuldlüge, München: Buchverlag der Süddeutschen. Monatshefte.

Schnee, Heinrich (1940): Die koloniale Schuldlüge (Zwölfte Auflage), München: Buchverlag der Süddeutschen. Monatshefte..

Schnee, Heinrich (1964): Als letzter Gouverneur in Deutsch-Ostafrika – Erinnerungen, hg. von Ada Schnee. Heidelberg: Quelle & Meyer.

Schneider, Jürg/Röschenthaler, Ute/Gardi, Bernhard (2005) (Hg.): Fotofieber – Bilder aus West- und Zentralafrika. Die Reisen von Carl Passavant 1883–1885, Basel: Christoph Merian.

Schneider, Rosa B. (2003): Um Scholle und Leben. Zur Konstruktion von „Rasse" und Geschlecht in der deutschen kolonialen Afrikaliteratur um 1900. Frankfurt/Main: Brandes & Apsel.

Schubert, Michael (2003): Der schwarze Fremde. Das Bild des Schwarzafrikaners in der parlamentarischen und publizistischen Kolonialdiskussion in Deutschland von den 1870er bis in die 1930er Jahre, Stuttgart: Franz Steiner.

Schulte-Vahrendorff, Uwe (2007): Kolonialheld für Kaiser und Führer. General Lettow-Vorbeck, Berlin: Links.

Schülting, Sabine (1997): Wilde Frauen, fremde Welten. Kolonialgeschichten aus Amerika, Reinbek: Rowohlt.

Schürmann, Felix (2008): „Ungeahnte Wege: Mobilitätserfahrungen des befreiten Sklaven Timbo Samuel Samson im südlichen Afrika des 19. Jahrhunderts". Historische Anthropologie (3) (im Druck).

Schwabe, Kurd (1904): Mit Schwert und Pflug in Deutsch-Südwestafrika, Berlin: Weller.

Sebald, Peter (1988): Togo 1884–1914. Eine Geschichte der deutschen „Musterkolonie" auf der Grundlage amtlicher Quellen, Berlin: Akademie-Verlag.

Sebald, Peter (2005): „‚Lust' und ‚List' kolonialer Erinnerung – Togo 2005". In: Lölke/Hobuß (Hg.), S. 140-160.

Selmeci, Andreas/Henrichsen, Dag (1995): Das Schwarzkommando. Thomas Pynchon und die Geschichte der Herero, Bielefeld: Aisthesis.

Sen, Amartya (1992): Inequality reexamined, New York: Russell Sage Foundation.

Sen, Amartya (1999): Development as freedom, Oxford: Knopf.

Shikwati, David (2008): „Role of Foreign Aid to Kenya's Future Development", Rede gehalten am 18.9.2008 im Kenyatta International Conference Center, Nairobi, abrufbar unter http://www.irenkenya.com/modules/news/index.php?new_title_id=44.

Silvester, Jeremy/Gewald, Jan-Bart (2003): Words cannot be found. German Colonial Rule in Namibia. An Annotated Reprint of the 1918 Blue Book., Leiden, Boston , Tokyo: Brill Academic Publishers.

Simplex Africanus/Leutnant Laasch/Hauptmann Leue (1905): Mit der Schutztruppe durch Deutsch-Afrika, Minden: Köhler.

Simtaro, Dadja Halla-Kawa (1982): Le Togo „Musterkolonie". Souvenir de l'Allemagne dans la Société Togolaise, Aix-en Provence: Université de Provence Tome III.

Sow, Noah (2008): Deutschland Schwarz Weiss. Der alltägliche Rassismus, München: Bertelsmann.

Speitkamp, Winfried (2005): Deutsche Kolonialgeschichte, Ditzingen: Reclam.

Stein, Freiherr von (1904): „Bericht des Oberleutnants Freiherrn v. Stein über die Expedition gegen Kunabembe". DKB, nr. 3, S. 83-89.

Stemmler, Susanne (2004): Topografien des Blicks. Eine Phänomenologie literarischer Orientalismen des 19. Jahrhunderts in Frankreich, Bielefeld: Transcript.

Stoecker, Helmut (1960) (Hg.): Kamerun unter deutscher Kolonialherrschaft, Bd. 1, Berlin: Akademie-Verlag.

Strachan, Hew (2001): The first world war. Vol. 1: To Arms, Oxford: Oxford University Press.

Strickrodt, Silke (2004): „‚Afro-Brazilians' of the Western Slave Coast in the Nineteenth Century". In: Curto/Lovejoy (Hg.), S. 213-244.

Streets, Heather (2004): Martial Races. The Military, Race and Masculinity in British Imperial Culture, 1857–1914, Manchester/New York: Manchester University Press.

Student, Erich (1936): Kameruns Kampf 1914–1918, Berlin: Bernard & Graefe.

Sweet, James H. (2003): Recreating Africa. Culture, Kinship, and Religion in the African-Portuguese World, 1441–1770, Chapel Hill und London: University of North Carolina Press.

Temgoua, Albert-Pascal (2005): „Souvenirs de l'Epoque coloniale allemande au Cameroun. Témoignages des Camerounais". In: Michels/Temgoua (Hg.), S. 25-36.

Tesch, Johannes (1902): Die Laufbahn der deutschen Kolonialbeamten, ihre Pflichten und Rechte, Berlin: Salle.

Theweleit, Klaus (1977, 1978): Männerphantasien I und II, Stroemfeld: Roter Stern.

Trotha, Trutz von (1994): Koloniale Herrschaft: Zur soziologischen Theorie der Staatsentstehung am Beispiel des „Schutzgebietes Togo", Tübingen: J.C.B. Mohr (Paul Siebeck).

Walgenbach, Katharina (2004): „Rassenpolitik und Geschlecht in Deutsch-Südwestafrika (1907–1914)". In: Becker (Hg.), S. 165-183.

Warnier, Jean-Pierre (1996): „Rebellion, defection and the position of male cadets: a neglected category". In: Fowler, Ian/Zeitlyn, David (Hg.), African Crossroads. Intersections between History and Anthropology in Cameroon, Providence: Berghahn Books, S. 115-124.

Werner, Jean-François/Nimis, Erika (1998). „Zur Geschichte der Fotografie im frankophonen Westafrika". In: Behrend, Heike/Wendl, Tobias (Hg.), Snap me one! Studiofotografie in Afrika, München/London/New York: Prestel, S. 17-23.

Weule, Karl (1926): „Ostafrikanische Eingeborenen-Zeichnungen: Psychologische Einblicke in die Künstlerseele des Negers". In: IPEK: Jahrbuch für prähistorische und ethnographische Kunst, S. 116-121.

Widlok, Thomas (2000): „On the Ohter Side of the Frontier: Relations between Herero and Bushmen". In: Bollig, Michael (Hg.), People, cattle and land, Köln: Rüdiger Köppe, S. 497-522.

Wigger, Iris (2007): Die „Schwarze Schmach am Rhein", Rassistische Diskriminierung zwischen Geschlecht, Klasse, Nation und Rasse, Münster: Westfälisches Dampfboot.

Wildenthal, Lora (2001): German Women for Empire, 1884–1945, Durham und London: Duke University Press.

Winkler, Hella (1960): „Das Kameruner Proletariat 1906–1914". In: Stoecker (Hg):, S. 243-286.

Wirz, Albert (1972): Vom Sklavenhandel zum kolonialen Handel. Wirtschaftsräume und Wirtschaftsformen in Kamerun vor 1914, Zürich: Atlantis.

Wissmann, Hermann von (1926): „Zur Behandlung des Negers". In: Zache (Hg.), S. 39-40.

Wolfrum, Edgar (2001): Geschichte als Waffe. Vom Kaiserreich bis zur Wiedervereinigung. Göttingen: Vandenhoek und Rupprecht.

Woody, Howard (1998): „International Postcards. Their History, Production, and Distribution (circa 1895 to 1915)". In: Geary/Webb (Hg.), S. 13-46.

Zache, Hans (1926) (Hg.): Das deutsche Kolonialbuch. Berlin und Leipzig: Wilhelm Andermann.

Zanella, Ines Caroline (2004): Kolonialismus in Bildern. Bilder als herrschaftssicherndes Instrument mit Beispielen aus den Welt- und Kolonialausstellungen. Frankfurt/M.: Peter Lang.

Zeller, Joachim (2000): Kolonialdenkmäler und Geschichtsbewußtsein. Eine Untersuchung der kolonialdeutschen Erinnerungskultur, Frankfurt/ M.: IKO.

Zeller, Joachim (2002): „Das Ende der deutschen Kolonialgeschichte. Der Einzug Lettow-Vorbecks und seiner ‚Heldenschar' in Berlin". In: Heyden/ Zeller (Hg.), S. 229-232.

Ziai, Aram (2001): Post-Development. Perspektiven für eine afrikanische Debatte, Hamburg: Institut für Afrikakunde.

Zimmerer, Jürgen (2001): Deutsche Herrschaft über Afrikaner. Staatlicher Machtanspruch und Wirklichkeit im kolonialen Namibia, Münter/Hamburg/Berlin: LIT.

Zimmermann, Emil (1912): Unsere Kolonien, Berlin: Ullstein.

Zintgraff, Eugen (1895): Nord-Kamerun. Schilderung der im Auftrage des Auswärtigen Amtes zur Erschließung des nördlichen Hinterlandes von Kamerun während der Jahre 1886–1892 unternommenen Reisen, Berlin: Paltel.

Zöller, Hugo (1885a): Das Togoland und die Sklavenküste: Leben und Sitten der Eingebornen, Natur, Klima und kulturelle Bedeutung des Landes, dessen Handel u. die deutschen Faktoreien auf Grund eigner Anschauung und Studien geschildert, Berlin und Stuttgart: Spemann.

Zöller, Hugo (1885b): Forschungsreisen in der deutschen Colonie Kamerun. Zweiter Teil. Das Flußgebiet von Kamerun. Seine Bewohner und seine Hinterländer, Berlin und Stuttgart: Spemann.

Archivalien (Originaltitel)

ANY FA 1/66	Jahresberichte 1905/1906
ANY FA 1/84	Kamerun-Hinterland-Forschungsexpedition (1891–1892)
ANY FA 5/28	Kopienbuch der Kp. Schaade 1915
BAB R1001/735	Entsendung des Hauptmanns Hermann Wissmann als Reichskommissar zur Unterdrückung des Aufstandes in Ostafrika in Anwendung des Gesetzes über „Maßregeln zur Unterdrückung des Sklavenhandels und zum Schutz der deutschen Interessen in Ostafrika" Bd. 1
BAB R1001/738	Entsendung des Hauptmanns Hermann Wissmann als Reichskommissar zur Unterdrückung des Aufstandes in Ostafrika in Anwendung des Gesetzes über „Maßregeln zur Unterdrückung des Sklavenhandels und zum Schutz der deutschen Interessen in Ostafrika" Bd. 4
BAB R1001/4015	Schutz- und Polizeitruppe in Kamerun, Bd. 2 (Okt. 1913 - Jan. 1915, 1926)
BAB R1001/4228	Angelegenheiten der Residenturen für das Adamaua- und Tschadsee-Gebiet. – Politische, wirtschaftliche und soziale Verhältnisse, Unruhen und Aufstände, Expeditionen und Dienstreisen Bd. 1 (1903–1906)
BAB R1001/4313	Verhandlungen des Gouvernementsrats in Kamerun. Enthält: Sitzungsprotokolle. – Verordnungen. –Haushaltspläne, Bd. 1 (1906–1908)
BAB R1001/4597	Zeitschrift „East Africa" (Okt. 1924 - Apr. 1934)
BAB R1001/7245	Kolonialpolitische Unterlagen für die Bundesrats- und Reichstagsverhandlungen Bd: 5 (1900–1901)
BAF N103/39	Lettow-Vorbeck – persönliches Tagebuch 1916
BAF N103/47	Lettow-Vorbeck – Skizzenbuch
BAF N103/73	Lettow-Vorbeck – Tagebuchnotizen (Mai-Okt. 1904)
BAF N103/86	Abschiebung entlassener deutscher Truppenangehöriger über den Rufidji in Feindesland. Anordnungen des Gouverneurs Dr. Schnee: Streitigkeiten mit dem Kommandeurs der Schutztruppen wegen der Zuständigkeit
BAF N103/94	Askari der Schutztruppen für Deutsch-Ostafrika. Soldabfindung: Diesbezügliche Bemühungen v. Lettow-Vorbecks (9.10.1920-21.6.1924)
PAAA B34/365	Staat, Innenpolitik, Presse
PAAA B34/524	Tansania 1964. Reisen in das fr. Land, Reisen in die B.R. Deutschland
PAAA B34/366	Tanganyika
PAAA B34/440	Tanganyika 1963

PAAA B34/527	Tansania 1964; Allg. Militärpolitik Unterstützung ehem. Askaris
PAAA B81/298b	Zuwendung an noch lebende afrik. Bedienstete des Deutschen Reiches in Togo, Kamerun u. Ghana 60-62; Ansprüche einzelner Interessengemeinschaften und Verbände
PAAA B81/478	Zuwendung an noch lebende afrikanische Bedienstete des Deutschen Reiches in Togo, Kamerun u. Ghana (1963–1965)
PAAA B81/621	Gratialzahlungen an ehemalige afrikanische Bedienstete (November 1968–Dezember 1968)
PAAA ZA 102.596	Tansania 1973-74; Innenpolitik, Bez. BRD-Tansania, Vertretung der BRD u.d. fremd. Landes [2004 im Zwischenarchiv]
PRO CAB 45/27	Cabinet Office
PRO CAB 45/10	Cabinet Office

Webseiten

www.100prozentmulatto.de
www.adefra.de/
www.afrika-hamburg.de
www.derbraunemob.de
www.isdonline.de/
www.majimaji.de
www.wdr.de/themen/politik/international/g8_gipfel/050606_interview/050606.jhtml

Abkürzungen

AA	Auswärtiges Amt
AAKA	Auswärtiges Amt, Kolonialabteilung
ANY FA	Archives Nationales Yaoundé, Fonds Allemands
B.	Blatt
BAB	Bundesarchiv Berlin
BAF	Bundesarchiv Freiburg
DKB	Deutsches Kolonialblatt
DKG	Deutsche Kolonialgesellschaft
DKZ	Deutsche Kolonialzeitung
DOA	Deutsch Ostafrika
DOAG	Deutsch-ostafrikanische Gesellschaft
DSWA	Deutsch Südwest-Afrika
HZ	Historische Zeitschrift
KöZ	Kölnische Zeitung
MTSÜ	Mitteilungsblatt des Traditionsverbandes deutscher Schutz- und Überseetruppen
PAAA	Politisches Archiv des Auswärtigen Amtes
PRO	Public Records Office, London
RKA	Reichskolonialamt
TSÜ	Verband des Traditionsverbandes deutscher Schutz- und Überseetruppen

Index (Personenverzeichnis, Ortsverzeichnis)

Abbildungsverzeichnis

Allen, die mir Bilder zur Verfügung gestellt haben, danke ich sehr für die freundliche Genehmigung zum Abdruck. Leider war es nicht immer möglich, die Rechteinhaber ausfindig zu machen. Alle Ansprüche bleiben gewahrt.

S. 13: Leibniz-Institut für Länderkunde: S. 14: Schmidt (1898), S. 87; S. 16: Fotografie von Hans Hirsch; S. 17: Schülerbild Max-Brauer Schule, Altona; S. 19: Roehle (1921); S. 47: Museum der Kulturen, Basel; S. 51: Dobbertin (1932); S. 52: Leibniz-Institut für Länderkunde; S. 53: Bundesarchiv (DOA6492); S. 58: Becker et al. (1914) (Cover); S. 87: Wichterich (1934), S. 49 und Schmidt (1898), S. 51; S. 101: Hutter (1902), S. 217; S. 102: Student (1936), zwischen S. 256-257; S. 103: Student (1936) zwischen S. 48-49; S. 105: Simplex Africanus et al. (1905); S. 109: Schwabe (1904), S. 295; S. 110: Braunschweigisches Landesmuseum; S. 113: Postkarte (Sammlung Michels); S. 114: Bundesarchiv Freiburg; S. 125: Draeger (1931). S. 120; S. 126: Zache (1926), S. 425; S. 127: Unvergessenes Heldentum – das Kolonisationswerg der deutschen Schutztruppe und Marine (1924), S. 1; S. 130: Lettow-Vorbeck (1957), S. 176 und Postkarte (Sammlung Michels); S. 139: Kölner StadtAnzeiger 1964; S. 140: Politisches Archiv des Auswärtigen Amtes; S. 144 und 145: Fotografien von Jutta Körner; S. 152-153: Bundesarchiv (DOA3065); S. 162: Wichterich (1934), S. 56; S. 163: Daheim, 14.2.1885; S. 164 und 166: Postkarte (Sammlung Michels); S. 167: Goetzen (1909), S. 104; S. 168: Bundesarchiv (DOA6381); S. 169: Student (1936): zwischen S. 176 und 177; S. 170-171: Goetzen (1909), Titel; S. 172, 175 und 176: Leibniz Institut für Länderkunde, Leipzig; S. 178: Bundesarchiv (DOA6107); S. 180: Leibniz Institut für Länderkunde, Leipzig; S. 181: Bundesarchiv (147-0041) und (DOA6251); S. 182, 184 und 185: Leibniz Institut für Länderkunde, Leipzig; S. 186: Patera (1939), S. 61; S. 187: Weule (1926): 41; S. 188: Michels (2005), S. 187; S. 189 (oben): Postkarte (Sammlung Michels); S. 189 (unten): Weule (1926), S. 40; S. 194: Postkarte (Sammlung Michels); S. 196: Bundesarchiv (146-1982-173-09A); S. 198: Bundesarchiv (146-1982-170-03A); S. 199: Student (1936), zwischen S. 224 und 225; S. 200: Leibniz Institut für Länderkunde, Leipzig; S. 201: Langheld (1909), S. 315; S. 202: Bundesarchiv (134-C0255); S. 204 und 205: Simplex Africanus et al. (1905), S. 168; S. 206: Leibniz Institut für Länderkunde, Leipzig; S. 211 und 212: Fotografien von Stefanie Michels; S. 213: Archiv des chiefs von Tinto (Kamerun); S. 217: Student (1936), zwischen S. 256 und 257; S. 219 und 221: Postkarten (Sammlung Michels); S. 222: Gewald (1999); S. 234: Postkarte (Sammlung Michels); S. 235: Fotografie von Stefanie Michels

Abbildungen auf dem Buchrücken: Daheim 1885 und Fotografie von Larissa Förster 2004

Danksagung

Ohne Marianne Bechhaus-Gerst wäre ich nie zu den *schwarzen* deutschen Kolonialsoldaten gekommen. Deswegen steht der Dank an sie an erster Stelle! Intensive Beschäftigung mit einem Thema erfordert Ressourcen und die konnte ich über ein DFG-Projekt bekommen, dass sie ursprünglich beantragt hatte und mir zur Bearbeitung überließ. Der DFG ist zu danken, dass sie das Projekt und die Publikation förderten und großzügig mit zeitlichen Fristen umgingen. Ebenso danke ich den Stellen an der Universität Köln, die mit der Betreuung des Projektes auf verschiedene Weise betraut waren: Heike Behrend, Danielle Jansen, Monika Feinen und in der Verwaltung Gudrun Kutschki. Die abschließenden Arbeiten an dem Buch wurden durch eine Beschäftigung an der Universität Hannover möglich, hierfür danke ich Brigitte Reinwald. Erfreulich war auch die Zusammenarbeit mit dem transcript-Verlag und hier besonders mit Herrn Alexander Masch. Für Layout und abschließende Kommentare und Korrekturen zeichnet Katharina Raters verantwortlich, der ich ebenfalls für ihre große Flexibilität danken möchte. Den Mitarbeiterinnen und Mitarbeitern der diversen von mir besuchten Archive danke ich, besonders denen, die Bildmaterial kostenfrei zur Verfügung stellten: dem Leibniz-Institut für Länderkunde (Heinz-Peter Brogiato/Marlis Hahn), dem Braunschweigischem Landesmuseum (Wulf Otte) und dem Museum der Kulturen in Basel (Jürg Schneider), sowie Joachim Zeller für zahlreiche Hinweise auf historische Fotografien und Larissa Förster für die Erlaubnis der Reproduktion ihrer Fotografien aus Hamakari (Namibia) 2004. Während meiner Nachforschungen zu den Nachkommen der *german soldiers* in Kamerun im Jahr 2001 war mir Richard Etchu Ayuk eine große Hilfe. Den Mitarbeitern der *Divisional* und *Senior Divisional Office* in Mamfe danke ich ebenso wie den Menschen in Mamfe, Nchang und Tawo, die sich Zeit nahmen, mit mir über die Geschichte zu sprechen. Ich danke außerdem der Familie Arrey dafür, dass sie immer für mich da sind.

Groß ist auch die Reihe derjenigen, die kritische Kommentare zum Text oder zu Teilen des Textes gegeben haben oder die nach Vorträgen und bei Diskussionen wichtige Fragen stellten. Unter ihnen waren Joachim Zeller, Thomas Morlang, Larissa Förster, Astrid Kusser, Thomas Hurst, Peter Sebald, Raphaela von Weichs, Jokinen, Heiko Möhle, Reinhard Klein-Arendt, Michelle Moyd, Ute Röschenthaler, Heiko Wegmann, Felix Schürmann, Susanne Heyn, Hassan Adam, Omar-Babu Marjan, Cornelia Limpricht, Djomo Esaïe, Albert-Pascal

Temgoua, Albert Gouaffo, Magueye Kassé, Wibke Becker, sowie die Teilnehmerinnen und Teilnehmer meiner Lehrveranstaltung zu den „*schwarzen* deutschen Kolonialsoldaten" am Historischen Seminar der Universität Hannover. Larissa Förster, Michelle Moyd, Dag Henrichsen und Thomas Morlang danke ich ganz besonders dafür, dass sie mir ihre (damals) noch unveröffentlichten Manuskripte zur Verfügung stellten!

Wie lang die Zeit war, die zur Erstellung dieses Buches notwendig war, zeigt, dass in der Zwischenzeit meine jetzt bereits zweijährige Tochter geboren wurde. Dass ich trotz der Höhen und Tiefen dieser Jahre das Werk schließlich vollenden konnte, wäre ohne Andreas, meinen stets motivierenden und gleichzeitig verständnisvollen Partner nicht möglich gewesen. Traurig stimmt mich, dass mein Großvater die Veröffentlichung dieses Buches nicht mehr erleben konnte, war er doch stolz darauf, dass er mir einige Details aus dem Soldatenleben im Kriege näher bringen konnte. Für langjährige und erfolgreiche Unterstützung gegen alle „Feinde", auch die in uns selbst, danke ich dem E-Team: Angelika, Annette, Carolin und Julia.

Histoire

THOMAS ETZEMÜLLER (HG.)
Die Ordnung der Moderne
Social Engineering im 20. Jahrhundert

Juni 2009, ca. 328 Seiten, kart., zahlr. Abb.,
ca. 29,80 €,
ISBN 978-3-8376-1153-3

TORBEN FISCHER,
MATTHIAS N. LORENZ (HG.)
Lexikon der »Vergangenheits-bewältigung« in Deutschland
Debatten- und Diskursgeschichte des Nationalsozialismus nach 1945
(2. unveränderte Auflage 2009)

2007, 398 Seiten, kart., 29,80 €,
ISBN 978-3-89942-773-8

JÜRGEN MARTSCHUKAT,
OLAF STIEGLITZ (HG.)
Väter, Soldaten, Liebhaber
Männer und Männlichkeiten in der Geschichte Nordamerikas. Ein Reader

2007, 432 Seiten, kart., 32,80 €,
ISBN 978-3-89942-664-9

Leseproben, weitere Informationen und Bestellmöglichkeiten finden Sie unter www.transcript-verlag.de

Histoire

Nicole Colin,
Beatrice de Graaf,
Jacco Pekelder,
Joachim Umlauf (Hg.)
Der »Deutsche Herbst« und die RAF in Politik, Medien und Kunst
Nationale und internationale Perspektiven
2008, 232 Seiten, kart., 22,80 €,
ISBN 978-3-89942-963-3

Rheinische Archivberatung – Fortbildungszentrum Brauweiler Landschaftsverband Rheinland (Hg.)
Eine Gesellschaft von Migranten
Kleinräumige Wanderung und Integration von Textilarbeitern im belgisch-niederländisch-deutschen Grenzraum zu Beginn des 19. Jahrhunderts
2008, 200 Seiten, kart.,
zahlr. z.T. farb. Abb., 21,80 €,
ISBN 978-3-8376-1059-8

Nina Möllers
Kreolische Identität
Eine amerikanische ›Rassengeschichte‹ zwischen Schwarz und Weiß.
Die Free People of Color in New Orleans
2008, 378 Seiten, kart., 33,80 €,
ISBN 978-3-8376-1036-9

Thomas Müller
Imaginierter Westen
Das Konzept des »deutschen Westraums« im völkischen Diskurs zwischen Politischer Romantik und Nationalsozialismus

April 2009, 434 Seiten, kart., 33,80 €,
ISBN 978-3-8376-1112-0